KB084411

삼
국
지

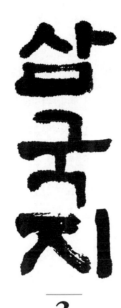

정사 비교 고증 완역판

삼국지

3

나관중 지음 | 모종강 정리
송도진 옮김

글항아리

차 례

일러두기

1. 역자가 번역의 기본으로 삼은 소설 『삼국지三國志』의 판본은 역사적으로 가장 압도적으로 유행하고 보편적으로 읽히는 세칭 '모종강본毛宗崗本' 120회본이다. 2009년 평황출판사鳳凰出版社에서 간행된 '교리본校理本' 『삼국연의』(선보쥔沈伯俊 교리)를 기본으로 삼고, 부가적으로 2013년 런민문학출판사人民文學出版社에서 간행된 『삼국연의』 제3판을 채택했다. 그 외에 모종강毛宗崗의 비평이 실려 있는 평황출판사의 모종강 비평본 『삼국연의』(2010)와 중화서국中華書局의 모륜毛綸, 모종강 점평點評 『삼국연의』(2009) 등 관련 서적들을 추가로 참조했다.

2. 소설 『삼국지』는 매회 두 구절의 제목을 제시하여 전체 줄거리를 예시했는데, 제목이 길고 번잡하여 역자가 간단한 제목을 새로 붙였다.

3. 독자들의 이해를 돕고 소설과 실제 역사와의 차이를 살펴볼 수 있도록 매회 말미에 【실제 역사에서는……】을 추가해 역사서에 기록된 내용을 소개했다. 정사正史 자료를 기본으로 삼았으며, 소설과 역사가 상이한 경우에는 그 내용을 소개하여 독자들이 비교할 수 있도록 했으며, 역자의 비평은 최대한 지양했다.

4. 소설 『삼국지』에는 내용상 이치에 맞지 않는 부분 혹은 지명, 관직명, 정확한 연대, 허구 인물, 등장인물의 한자 성명이나 자 혹은 직책, 출신 지역, 연령 등 상당히 많은 부분에 오류가 있다. 오류는 주석을 통해 '오류'라고 명시하고, 교리본을 기초로 정사 자료를 일일이 대조하여 이를 바로잡았다. 또한 이해하기 어려운 개념이나 역사적 사실 등 설명이 필요하다고 판단되는 내용도 함께 소개했다. 일부는 【실제 역사에서는……】에서 지적하기도 했다.

5. 오류 가운데 전체에 걸쳐 반복되는 것은 처음 등장할 때 주석을 통해 바로잡고 '이하 동일'이라 표기했다.

6. 주석 혹은 【실제 역사에서는……】은 기본적으로 정사인 진수陳壽 『삼국지』와 배송지裴松之 주석, 『후한서』와 이현李賢 주석, 『진서』, 『자치통감』을 기본으로 삼았고, 필요한 경우에는 『사기』와 『한서』, 왕선겸王先謙의 『후한서집해』와 노필盧弼의 『삼국지집해』를 참조했다. 또한 일부 소개 자료는 2007년 상하이런민출판사上海人民出版社에서 간행된 『삼국연의 보증본補證本』을 참고했으며, 역자의 의견이나 비평은 최대한 지양했다.

7. 맞춤법과 외래어 표기는 국립국어원 표준국어대사전 및 외래어표기법을 따랐다. 독자들이 이해하기 어려운 한자어나 고사성어, 고유명사 등은 한자를 병기했으며, 본문에 등장하는 고사성어 및 인용문의 원문, 출처, 상세한 배경 등을 주석을 통해 최대한 자세히 소개하고자 했다.

8. 지명은 『후한서』「군국지」를 기본으로 하여 주석에 명시했고, 현재와 다른 명칭으로 사용되는 지명은 현재 중국에서 사용되는 정식 지명으로 적었다.

9. 본문에 등장하는 도량형은 후한 시기의 기준으로 표기했으며, 독자들의 이해를 돕기 위해 주석 혹은 【실제 역사에서는……】에서 상세히 설명했고, 현재 사용되는 도량형으로 환산하여 제시했다.

10. 날짜와 계절은 모두 음력으로, 시간은 시진時辰으로, 밤은 고대 관습에 따라 오경五更으로 표기했다.

11. 본문에 표기된 서기 연도는 독자의 이해를 돕기 위해 역자가 표기한 것이다.

12. 최대한 원전에 충실하게 번역했으나 매끄러운 번역을 위해 부득이 단어를 보충한 부분이 있음을 미리 밝혀둔다.

13. 후한 13자사부刺史部 명칭 중에 涼州와 揚州는 우리말 발음상의 혼동을 피하고 이를 구별하기 위해 涼州는 '양주涼州'로, 揚州는 '양주'로 표기했다.

14. 독자들에게 생소한 어휘는 쉽게 이해되고 많이 사용되는 단어를 선택했음을 밝혀둔다. 예를 들어 '경사京師', '경京', '도都' 등은 '도성'으로, '채寨'는 '군영'으로 표기했으나 【실제 역사에서는……】에서는 원문 그대로 번역했다.

15. 대화체에 자주 등장하는 '모某(아무개)'는 문맥상 변경하기 곤란한 경우를 제외하고는 '저' 혹은 '제가'로 번역했음을 밝혀둔다.

16. 모종강의 정통론과 서술 기법, '재자서才子書'의 목록에서 삼국지를 첫 번째로 해야 한다는 당위성과 우수성을 분석·설명한 「삼국지 읽는 법讀三國志法」을 6권 마지막에 부록으로 실었다.

필마단기로 아두를 구한 상산 조자룡

유현덕은 백성을 거느리며 강을 건너고,
조자룡은 단기로 어린 주인을 구하다

劉玄德攜民渡江,
趙子龍單騎救主

장비는 관공이 상류의 물을 터뜨리자 즉시 군사를 이끌고 하류부터 치고 올라와 조인을 가로막고 적과 뒤섞여 어지럽게 싸웠다. 그때 갑자기 허저와 마주치게 됐다. 장비는 즉시 맞붙으려 했으나 허저는 승리에 연연해 싸우려 하지 않고 퇴로를 찾아 달아났다. 뒤를 쫓던 장비는 현덕과 공명을 만나 함께 강변을 따라 상류로 올라갔다. 유봉과 미방이 이미 배를 준비해 기다리고 있었고 마침내 일제히 강을 건너 번성으로 향했다. 공명은 배와 뗏목들을 불태우게 했다.

　한편 조인은 패잔병을 수습해 신야에 주둔했고 조홍을 시켜 조조에게 패전의 일을 자세히 보고하도록 했다. 조조가 크게 노했다.

　"제갈 촌놈이 어찌 감히 이럴 수 있단 말이냐!"

　그러고는 삼군을 재촉해 산과 들을 가득 채우며 진군했고 신야에 이르러 군영을 세웠다. 군사들에게 명령을 전달하여 산을 수색하게 하는 한편 백하를 메우도록 했으며 대군을 여덟 길로 나누어 일제히 진격해서 번성을 취할 것을 명했다. 유엽이 말했다.

"승상께서 처음으로 양양에 이르렀으니 반드시 먼저 민심부터 수습하셔야 합니다. 지금 유비가 신야의 백성을 모조리 거느리고 번성으로 옮겨 들어갔으나 우리 군이 즉시 진격한다면 두 현은 가루가 될 것입니다. 차라리 먼저 사람을 보내 유비에게 투항을 권유하는 것이 낫습니다. 유비가 항복하지 않더라도 우리는 백성을 사랑하는 마음을 보여줄 수 있고, 만약 항복한다면 형주의 땅은 싸우지 않고서도 평정할 수 있을 것입니다."

조조는 그 말을 따르기로 하고 바로 물었다.

"누구를 사자로 삼으면 좋겠소?"

유엽이 말했다.

"서서와 유비는 관계가 지극히 두터운 데다 지금 군중에 있으니 어찌 그에게 가보라고 명하지 않으십니까?"

조조가 말했다.

"그가 가면 다시 돌아오지 않을까 걱정되오."

유엽이 말했다.

"그가 돌아오지 않으면 남들에게 웃음거리가 될 것입니다. 승상께서는 의심하지 마십시오."

조조가 이에 서서를 불렀고 그에게 일렀다.

"내가 본래는 번성을 짓밟아 철저하게 평정하고자 했으나 백성의 생명이 가엾게 여겨지니 어찌하겠소. 공이 가서 유비를 설득하시오. 항복한다면 죄를 용서하고 작위를 하사할 것이나 더욱 고집을 부리고 깨닫지 못한다면 군사와 백성을 전부 도륙하고 옥과 돌을 가리지 않고 모조리 불태울 것이오.

내가 공의 충의를 잘 알기에 특별히 공을 보내는 것이니 원컨대 내 뜻을 저 버리지 말아주시오."

서서는 명을 받고 떠났다. 번성에 이르자 현덕과 공명이 그를 접견하며 함께 옛정을 이야기했다. 서서가 말했다.

"조조가 저를 보내 사군에게 투항을 권유하는 것은 바로 거짓으로 민심을 얻으려는 것입니다. 지금 저들은 군사를 여덟 길로 나누어 백하를 메우고 진격하려 하니 번성은 아마도 지켜낼 수 없을 것입니다. 속히 실행할 계책을 세우셔야 합니다."

현덕이 서서를 남겨두려고 했으나 서서가 감사하며 말했다.

"제가 돌아가지 않으면 사람들이 비웃을 것입니다. 노모께서 이미 돌아가셨으니 평생토록 한스러우며, 몸이 비록 저들에게 있다고는 하나 맹세코 단 하나의 계책도 세우지 않을 것입니다. 공께는 와룡이 있으니 어찌 대업을 이루지 못하실까 걱정하겠습니까? 저는 이만 작별을 청합니다."

현덕은 억지로 머물게 할 수 없었다.

작별한 서서는 돌아가서 조조를 만나 현덕은 결코 항복할 뜻이 없다고 말했다. 크게 노한 조조는 그날로 군대를 진격시켰다. 현덕이 공명에게 계책을 물었다. 공명이 말했다.

"속히 번성을 버리고 양양을 취해 잠시 쉬시지요."

현덕이 말했다.

"백성이 뒤따른 지 오래되었는데 어찌 그들을 버린단 말이오?"

공명이 말했다.

"사람을 시켜 백성에게 두루 알리시어, 따르기를 원하는 자는 함께 가고 원하지 않는 자들은 남겨두십시오."

먼저 운장을 시켜 강변에 가서 배를 정돈하도록 하고 손건과 간옹에게 성 안에서 소리 높여 알리게 했다.

"곧 조조군이 이를 것이라 고립된 성을 오래 지킬 수 없게 되었다. 따르기를 원하는 자는 함께 강을 건너가겠노라."

두 현의 백성이 이구동성으로 크게 소리쳤다.

"우리가 비록 죽는다 하더라도 원컨대 사군을 따르겠습니다!"

그날로 엉엉 울면서 길을 나서니 노인을 부축하고 어린아이는 손을 잡아 끌며 남자는 사람들을 거느리고 여자는 뒤따르며 세차게 출렁이는 강을 건너는데 양쪽 강기슭에 울음소리가 끊이지 않았다. 배 위에서 현덕이 멀리 바라보며 크게 통곡했다.

"나 한 사람 때문에 백성이 이런 큰 재난을 당하게 됐으니 내 살아서 무엇 하리오!"

그러고는 강에 뛰어들어 죽으려 했으나 좌우에서 급히 제지하여 구했다. 이 일을 전해 들은 이들 중 통곡하지 않는 자가 없었다. 배가 남쪽 기슭에 당도하여 백성을 돌아보니 건너지 못한 사람들이 남쪽을 바라보며 울고 있었다. 현덕은 급히 운장에게 명하여 배를 재촉해 그들을 건너게 한 다음에야 비로소 말에 올랐다.

양양성 동문에 이르니 성 위에 깃발들이 꽂혀 있고 해자 주변에는 녹각¹들이 빈틈없이 배치되어 있었다. 현덕이 고삐를 당겨 말을 세우고는 크게 소리 질렀다.

"유종 조카님, 나는 다만 백성을 구하고자 할 뿐 다른 생각은 없으니 빨리 문을 열게나."

현덕이 왔다는 소리를 들은 유종은 두려워서 나오지도 못했다. 채모와 장윤이 적루敵樓(성벽 위의 적을 방어하는 성루)에 올라 군사들을 큰 소리로 꾸짖으며 화살을 난사하게 하니 성 밖의 백성들은 적루를 바라보며 큰 소리로 울었다. 이때 성안에서 별안간 한 장수가 수백 명을 이끌고 성루로 올라가며 크게 소리 질렀다.

"채모와 장윤은 나라를 팔아먹는 역적이다! 유사군께서는 인덕 있는 분으로 지금 백성을 구원하기 위해 오셨는데 어찌하여 막는단 말이냐!"

사람들이 그를 보니 키는 8척에 얼굴은 익은 대추처럼 짙은 붉은색이었는데, 의양² 사람이며 성이 위魏이고 이름이 연延이요 자가 문장文長이었다. 위연은 즉시 칼을 들어 문을 지키던 장수와 군사들을 찍어 죽이고는 성문을 열고 조교를 내리며 크게 소리 질렀다.

"유황숙께서는 빨리 군사를 이끌고 성으로 들어오십시오. 함께 나라를 팔아먹은 역적 놈들을 죽입시다!"

장비가 즉시 말에 박차를 가하며 성으로 들어가려고 했다. 현덕이 급히 제지하며 말했다.

"백성을 놀라게 하지 말거라!"

위연은 현덕의 군마를 돌아보며 성으로 들어오라고 불렀는데, 이때 성안에서 한 장수가 군사를 이끌고 나는 듯이 달려나오면서 크게 소리 질렀다.

"위연, 이름도 없는 졸개 놈이 어찌 감히 난을 일으키려 하느냐! 대장 문빙文聘을 알아보겠느냐!"

깜짝 놀란 위연은 창을 잡고 말에 박차를 가하며 바로 맞붙어 싸웠다. 양쪽의 군병들도 성 주위에서 뒤섞여 싸우니 함성이 크게 진동했다. 현덕이 말했다.

"본래는 백성을 보호하고자 했는데 도리어 백성을 해치게 되었구나! 나는 양양에 들어가고 싶지 않소."

공명이 말했다.

"강릉³은 바로 형주의 요지이니 차라리 먼저 강릉을 취해 근거지로 삼는 것이 나을 듯합니다."

현덕이 말했다.

"내 마음에 부합하오."❶

이에 백성을 이끌고 양양의 큰길을 벗어나 강릉을 향해 떠났다. 양양성 안에 있던 백성이 혼란한 틈을 이용해 성을 빠져나와 현덕을 따라 떠났다. 위연은 문빙과 사시巳時부터 미시未時까지 맞붙어 싸웠으나 수하 병졸들이 모조리 죽고 말았다. 이에 말을 돌려 달아나 현덕을 찾았으나 그가 보이지 않자 장사태수 한현韓玄에게 의탁하러 갔다.

한편 10여 만 명의 군사와 백성이 현덕과 동행했다. 크고 작은 수레가 수천 대에 달했고 등에 짐을 진 사람들을 헤아릴 수 없었다. 그러다 유표의 무덤을 지나게 되었는데 현덕이 장수들을 인솔하여 무덤 앞에서 절을 올리고 울면서 고했다.

"욕된 아우가 덕도 없고 재주도 없어 형님께서 부탁하신 막중함을 저버렸으니 그 죄는 제 한 몸에 있지 결코 백성과는 아무런 관계가 없습니다. 바라건대 형님의 영혼이시여, 형양의 백성을 구원해주소서!"

그 말이 심히 비통했다. 그때 별안간 정찰 기병이 보고했다.

"조조의 대군이 이미 번성에 주둔했으며 사람들을 시켜 배를 수습한 후 오늘로 강을 건너 추격해올 것이라 합니다."

장수들이 모두 말했다.

"강릉은 요지이니 충분히 막아서 지킬 수 있습니다. 그런데 지금 백성 수만 명[4]을 한데 모아 가느라 하루에 10여 리밖에 갈 수 없으니 이래서야 언제 강릉에 다다를 수 있겠습니까? 조조의 군대가 당도하기라도 하면 또 어떻게 적에 맞설 수 있겠습니까? 차라리 잠시 백성을 버리고 먼저 가는 것이 상책일 듯합니다."

현덕이 울면서 말했다.

"큰일을 일으키는 자는 반드시 백성을 근본으로 삼아야 한다고 했소. 지금 백성이 내게 돌아왔는데 어떻게 그들을 버린단 말이오?"

현덕의 말을 들은 백성 중 비탄에 빠지지 않는 자가 없었다. 후세 사람이 이를 찬탄한 시가 있다.

환란 당해서도 어진 마음으로 백성만을 보살피고
배에 올라서도 눈물을 훔치니 삼군이 감동했다네
지금까지도 양강[5] 어귀에서는 위령제를 거행하니
동네 어르신들은 아직도 유사군을 그리워한다네
臨難仁心存百姓, 登舟揮淚動三軍
至今憑弔襄江口, 父老猶然憶使君

한편 현덕은 백성을 한데 모아 천천히 길을 갔다. 공명이 말했다.

"머지않아 추격병이 이를 것이니 운장을 강하로 보내 공자 유기에게 구원을 요청하고 그로 하여금 속히 군대를 일으켜 배를 타고 강릉으로 와서 만나자고 하십시오."

현덕은 그 말에 따랐다. 즉시 편지를 써서 운장에게 주면서 손건과 함께 군사 500명을 이끌고 강하로 가서 구원을 요청하도록 했고, 장비를 시켜 뒤를 끊게 했으며 조운에게는 가족을 보호하게 했다. 나머지 사람은 백성을 돌보며 나아갔는데 하루에 겨우 10여 리밖에 갈 수 없었다.

한편 번성에 있던 조조는 유종을 만나고자 사람을 시켜 양양에 가서 유종을 불러오도록 했다. 유종이 두려워하며 감히 만나려 하지 않자 채모와 장윤이 가보라고 청했다. 왕위王威가 몰래 유종에게 고했다.

"장군께서는 이미 항복하셨고 현덕도 달아났으니 조조는 반드시 느슨해져서 방비가 없을 것입니다. 원컨대 장군께서 분발하시어 기병奇兵(적의 예상에서 벗어나 기습 공격하는 군대)을 정돈하고 험한 곳에 배치하여 공격한다면 조조를 잡을 수 있을 것입니다. 조조를 잡는다면 천하에 위세를 떨칠 수 있으니 중원이 비록 넓다고는 하나 격문만 전달해도 평정할 수 있을 것입니다. 이는 만나기 어려운 좋은 기회이니 놓치지 마십시오."

유종이 그 말을 채모에게 알렸다. 채모가 왕위를 큰 소리로 꾸짖었다.

"너는 천명을 모르면서 어찌 감히 허튼소리를 한단 말이냐!"

그러자 왕위가 성내며 욕을 했다.

"나라를 팔아먹는 패거리들아, 내 네놈의 고기를 생으로 씹어먹지 못하는 것이 한이로다!"

채모가 죽이려 했으나 괴월이 타일러서 그만두었다. 채모는 마침내 장윤과 함께 번성으로 가서 조조를 알현했다. 채모 등의 말투와 표정은 아첨 그 자체였으며 달콤한 말로 비위를 맞췄다. 조조가 물었다.

"형주의 군사와 말, 돈과 양식은 지금 얼마나 되는가?"

채모가 말했다.

"마군이 5만 명이고 보군은 15만 명, 수군이 8만 명으로 도합 28만 명입니다. 돈과 양식은 태반이 강릉에 있고, 나머지는 각처에 있는데 족히 1년은 공급할 수 있습니다."

조조가 말했다.

"전선은 얼마나 되는가? 원래 누가 관할하고 통솔하는가?"

채모가 말했다.

"크고 작은 전선이 모두 7000여 척이고 원래는 저와 장윤 두 사람이 맡아서 관리하고 있습니다."

조조는 즉시 채모에게 진남후鎭南侯, 수군대도독水軍大都督의 벼슬을 더해줬고, 장윤은 조순후助順侯, 수군부도독水軍副都督으로 삼았다.[6] 두 사람은 크게 기뻐하며 예를 갖춰 감사드렸다. 조조가 또 말했다.

"유경승은 이미 죽었고 그 아들이 항복하여 순종하니 내 마땅히 표문으로 천자께 아뢰어 영원히 형주의 주인이 되도록 하겠네."

두 사람은 크게 기뻐하며 물러났다. 순유가 말했다.

"채모와 장윤은 아첨하는 무리인데 주공께선 어찌하여 그런 존귀한 작위를 더해주고, 게다가 수군도독으로 삼으셨습니까?"

조조가 웃으면서 말했다.

"내 어찌 사람을 몰라보겠소! 지금 거느리고 있는 북쪽 출신 병사들이 수전에 익숙하지 않아 잠시 이 두 사람을 쓰는 것이니, 일이 이루어진 뒤에는 내게 달리 생각이 있소."

한편 채모와 장윤은 돌아와서 유종을 만나 자세하게 이야기했다.

"조조는 장군께서 형양을 영원히 다스릴 수 있도록 조정에 추천하고 보증하겠다고 승낙했습니다."

유종이 크게 기뻐했다. 이튿날 어미 채부인과 더불어 인수印綬와 병부兵符를 두 손으로 받들고 직접 강을 건너 조조에게 바친 후 절을 올려 영접했다.

위로를 마친 조조는 즉시 군사들을 거느리고 양양성 밖에서 주둔했다. 채모와 장윤은 양양 백성에게 향을 피우고 절을 올려 맞이하도록 했다. 조조는 모두 좋은 말로 백성을 위로했다. 성으로 들어간 조조는 부중에 이르러 자리에 앉자마자 괴월을 가까이 불러 위로했다.

"내가 형주를 얻어 기쁜 것보다 이도異度(괴월의 자)를 얻은 것이 더 기쁘오."

즉시 괴월을 강릉태수, 번성후[7]로 봉하고, 부손과 왕찬 등을 모두 관내후關內侯로 임명했으며 유종을 청주자사로 삼아 즉시 길을 나서게 했다.❷

명령을 받은 유종은 깜짝 놀라 사양했다.

"저는 관직을 원하지 않으니 원컨대 부모의 고향을 지키게 해주십시오."

조조가 말했다.

"청주는 황제가 계신 도성과 가깝기[8] 때문에 그대에게 조정을 따르면서 관직 생활을 하게 하려는 것이고, 또한 형양에 있다가 다른 사람에게 모해당하는 것을 피할 수 있도록 해주려는 것이네."

유종이 두 번 세 번 사양했으나 조조는 허락하지 않았다. 유종은 어쩔 수 없이 모친인 채부인과 함께 청주로 가야 했다. 옛 장수 왕위만이 뒤따랐고 나머지 관원은 강어귀까지만 전송하고 돌아갔다. 조조가 우금을 불러 분부했다.

"자네는 가볍게 무장한 기병을 이끌고 유종 모자를 뒤쫓아 그들을 죽여 후환을 없애도록 하게."

명령을 받은 우금은 무리를 이끌고 뒤쫓아서 크게 외쳤다.

"나는 승상의 영을 받들어 너희 모자를 죽이러 왔노라! 어서 수급을 내놓거라!"

채부인은 유종을 끌어안고 통곡을 했다. 우금은 군사들에게 큰 소리로 죽이라 명했다. 왕위가 분노하여 있는 힘을 다해 싸웠으나 결국 살해되었다. 군사들은 유종과 채부인도 죽였다.❸

우금이 돌아가서 보고하자 조조는 그에게 후한 상을 내렸다. 그러고는 즉시 사람을 시켜 융중으로 가서 공명의 처자식을 수색하게 했으나 어디로 갔는지 행방을 알 수 없었다. 알고 보니 공명이 이미 사람을 보내 삼강 안으로 피신시킨 것이었다. 조조는 몹시 증오했다.

양양이 평정되자 순유가 진언했다.

"강릉은 바로 형양의 요충지로 돈과 양식이 지극히 많은 곳이라 유비가 이 땅을 차지한다면 급히 동요시키기 어려울 것입니다."

조조가 말했다.

"내 어찌 그것을 잊겠소!"

곧바로 양양의 각 장수 중에 군사를 이끌고 앞서 인도할 사람을 선발하도록 했다. 그런데 제장 가운데 문빙만이 보이지 않았다. 조조가 사람을 시켜 탐문하니 그제야 찾아왔다. 조조가 말했다.

"그대는 어찌하여 늦게 왔는가?"

문빙이 대답했다.

"신하가 되어서 그 주인으로 하여금 영토를 보전할 수 없게 했으니 마음이 참으로 슬프고 부끄러워 일찍 얼굴을 내밀 면목이 없었을 따름입니다."

말을 마치더니 흐느끼며 눈물을 흘렸다. 조조가 말했다.

"진정 충신이로다!"

그러고는 그에게 강하태수를 수여하고 관내후 관직을 하사했으며 즉시 군사를 이끌고 길을 인도하도록 했다.❹ 이때 정찰 기병이 보고했다.

"유비가 백성을 거느리고 하루에 고작 10리밖에 못 가고 있으니 거리를 계산해보면 300리쯤 갔을 것입니다."

조조는 각 부대에서 5000명의 철기를 선발하고 밤새 전진하여 하루 밤낮으로 유비를 따라잡게 했다. 대군이 연이어 그들을 뒤따라 전진했다.

한편 현덕은 10여 만 명의 백성과 3000여 명의 군마를 거느리고 일정 거리마다 지체하면서 강릉을 향해 전진했다. 조운은 현덕의 가족을 보호하고 장비는 후방을 엄호했다. 공명이 말했다.

"운장이 강하로 간 다음 회신이 전혀 없으니 어떻게 된 일인지 모르겠습니다."

현덕이 말했다.

"수고롭겠지만 군사께서 직접 한 번 다녀오시죠. 유기가 공의 지난날 가르침에 감동했으니 공이 친히 가시면 일이 틀림없이 잘 처리될 것이오."

공명은 승낙하고 즉시 유봉과 함께 군사 500명을 이끌고 앞서 나가 강하로 구원을 청하러 갔다. 그날도 현덕은 간옹, 미축, 미방과 함께 동행했다. 한참 가고 있는데 갑자기 한바탕 광풍이 일어나 현덕의 말 앞에서 몰아치더니 먼지가 하늘로 치솟으며 붉은 해를 가렸다. 현덕이 놀라 말했다.

"이것은 무슨 징조요?"

자못 음양에 밝은 간옹이 소매 속에서 점을 한 번 쳐보더니 아연실색했다.

"이것은 대흉의 징조인데 오늘 밤에 일어날 것입니다. 주공께서는 속히 백성을 버리고 달아나십시오."

현덕이 말했다.

"그들이 신야에서 여기까지 따라왔는데, 어찌 버린단 말이오?"

간옹이 말했다.

"미련 때문에 버리지 못하신다면 화가 멀지 않을 것입니다."

현덕이 물었다.

"저 앞쪽은 어디요?"

좌우에서 대답했다.

"당양현⁹입니다. 그리고 저기 보이는 산은 경산景山이라고 합니다."

현덕은 즉시 그 산에서 묵게 했다. 때는 늦가을에서 초겨울이 시작되는 시기라 찬바람이 뼛속까지 스며들었고, 해질 무렵이 가까워지자 신음 소리가 온 들판에 퍼졌다.

사경쯤에 서북쪽에서 땅을 진동하는 듯한 함성이 들려왔다. 깜짝 놀란 현덕이 급히 말에 올라 본부 정예병 2000여 명을 이끌고 적과 맞섰다. 조조군이 덮쳐오는데 그 세력을 감당할 수 없었다. 현덕은 결사적으로 싸웠다. 위급한 상황에서 다행히 장비가 군사를 이끌며 당도했고 한 갈래 혈로를 뚫어 현덕을 구한 후 동쪽으로 달아났다. 이때 문빙이 앞장서서 가는 길을 가로막자 현덕이 욕을 했다.

"주인을 배신한 도적놈이 무슨 낯으로 아직도 얼굴을 내민단 말이냐!"

문빙은 온 얼굴에 부끄러운 표정을 짓더니 군사를 이끌고 동북쪽으로 사라졌다.❺

장비는 현덕을 보호하며 적과 싸우면서 달아났다. 날이 밝을 때까지 달아나니 함성이 점점 멀어졌고 그제야 현덕은 말에서 내려 쉬었다. 따라온 수하들을 보니 100여 기에 불과했는데 백성과 가족들 그리고 미축, 미방, 간옹, 조운 등의 무리는 모두 행방을 알 수가 없었다. 현덕이 통곡을 했다.

"10여 만 명의 백성이 나를 잊지 못하다가 이런 큰 난리를 만났구나. 장수들과 가족들 모두 생사를 알 수 없으니 나무와 흙으로 만든 인간이라 하더라도 어찌 슬프지 않겠는가!"

한창 비참해하고 있는데 갑자기 미방이 얼굴에 몇 대의 화살이 꽂힌 채 비틀거리며 와서는 말했다.

"조자룡이 배반하고 조조에게 갔습니다!"

현덕이 큰 소리로 꾸짖었다.

"자룡은 나의 오랜 벗인데 어찌 배반했겠는가?"

장비가 말했다.

"지금 우리 세력이 미약하고 힘이 다한 것을 보고는 우리를 배반하고 조조에게 의탁하여 부귀를 도모하려는 게지요!"

현덕이 말했다.

"자룡은 환난 속에서도 나를 따랐고 마음이 철석같아 부귀에 흔들릴 사람이 아니네."

미방이 말했다.

"그가 서북쪽으로 가는 것을 제가 직접 봤습니다."

장비가 말했다.

"내가 직접 그놈을 찾으러 가겠소. 만나기만 하면 그때는 창으로 찔러 죽여버리겠소!"

현덕이 말했다.

"의심하지 말거라. 너는 어찌 둘째 형이 안량과 문추를 죽인 일을 보지 못했단 말이냐? 자룡이 갔다면 틀림없이 무슨 까닭이 있을 것이다. 나는 자룡이 나를 버리지 않을 것이라고 생각한다."

장비가 그 말을 들으려 하겠는가, 20여 명의 기병을 이끌고 장판교[10]로 달려갔다. 다리 동쪽 일대에 나무들이 있었는데 장비는 한 가지 계책을 생각하고 20여 명의 기병에게 나뭇가지를 찍어 말 꼬리에 묶게 하고는 숲속에서 말을 내달리게 하여 먼지를 일으키며 마치 의병이 있는 것처럼 꾸몄다. 장비는 직접 장팔사모를 비껴들고 다리 위에 말을 세우고는 서쪽을 바라봤다.

한편 조운은 사경쯤에 조조의 군사들과 싸우기 시작했는데 좌충우돌하며 부딪치다 보니 어느덧 날이 밝았다. 그런데 현덕을 찾아봤으나 어디에도 보이지 않았고 더욱이 현덕의 가족마저 잃어버렸다. 조운은 혼자 생각했다.

'주공께서 감, 미 두 부인과 작은 주인 아두阿斗까지 내게 맡기셨는데, 오늘 군중에서 잃었으니 무슨 면목으로 주인을 뵙는단 말인가? 차라리 생사를 걸고 마지막 승부를 겨루는 것이 낫겠다. 어떻게든 주모¹¹님들과 작은 주인의 행방을 찾아야겠다!'

좌우를 돌아보니 30~40명의 기병만이 따르고 있을 뿐이었다. 조운은 말에 박차를 가하며 혼란에 빠진 군중 속으로 달려들어 찾으려 했으나 두 현의 백성이 울부짖는 소리가 천지를 뒤흔들었고, 화살에 맞은 사람, 창에 찔린 사람, 아들딸을 버리고 달아나는 사람들이 헤아릴 수 없이 많았다. 조운이 한창 달리고 있는데 풀밭에 누워 있는 사람이 눈에 들어왔다. 다름 아닌 간옹이었다. 조운이 급히 물었다.

"두 주모님을 보지 못했소?"

간옹이 말했다.

"두 주모님께서는 수레를 버리고 아두를 안은 채 도망치셨소. 내가 나는 듯이 말을 몰아 뒤쫓아 갔는데 산비탈을 돌다가 한 장수의 창에 찔려 말에서 떨어졌고 말까지 빼앗겼소. 내가 어떻게 싸울 방법이 없어서 여기에 이렇게 누워 있는 것이오."

조운은 이에 자신을 따르던 기병이 타고 있던 말 한 필을 빌려 간옹을 태우고는 다시 두 병졸에게 간옹을 부축해 보호하면서 먼저 떠나 주공께 보고하도록 했다.

"내가 하늘을 오르든 땅속으로 들어가든 두 주모님과 작은 주인을 찾아오겠소. 만약 찾지 못하면 이곳에 뼈를 묻겠소!"

말을 마치고는 박차를 가하며 장판파를 향해 달려갔다. 그때 별안간 한 사람이 크게 소리 질렀다.

"조장군께서는 어디로 가십니까?"

조운이 말고삐를 당겨 세우고는 물었다.

"너는 누구냐?"

군사가 대답했다.

"저는 바로 유사군의 부하로 수레를 호송하던 군사인데 화살에 맞아 이곳에 쓰러져 있습니다."

조운은 즉시 두 부인의 소식을 물었다. 군사가 말했다.

"감부인께서 방금 전 머리를 풀어헤치고 맨발로 한 무리의 부녀자들을 따라 남쪽을 향해 달아나시는 것을 봤습니다."

그 말을 들은 조운은 그 군사를 돌볼 겨를도 없이 급히 남쪽을 향해 달려갔다. 한 무리의 백성이 눈에 들어왔는데 남녀 수백 명이 서로 잡아끌며 달아나고 있었다. 조운이 크게 소리 질렀다.

"이 안에 감부인이 계십니까?"

뒤쪽에 있던 부인이 멀리서 조운을 바라보고는 울음을 터뜨렸다. 조운이 말에서 내려 창을 땅에 꽂고 울면서 말했다.

"주모님을 뿔뿔이 흩어지게 한 것은 제 죄입니다! 미부인과 작은 주인께서는 어디에 계십니까?"

감부인이 말했다.

"나와 미부인이 쫓기다가 수레를 버리고 백성 속에 섞여 걸었는데, 또 한 떼의 군마와 맞닥뜨리는 바람에 흩어지게 되었어요. 미부인과 아두는 어디로 갔는지 알 수 없고 나 혼자 죽음에서 벗어나 여기까지 온 거예요."

한창 말하고 있는데 갑자기 놀란 듯한 비명이 들렸다. 또 한 떼의 군사들이 돌진하고 있었다. 조운이 창을 뽑아 들고 말에 올라 바라보니 눈앞에 한 사람이 말 위에 묶여 있었는데 다름 아닌 미축이었다. 그 뒤에는 한 장수가 대도를 손에 들고 1000여 명의 군사를 이끌며 오고 있었다. 바로 조인의 부하 장수인 순우도淳于導였는데 미축을 사로잡아 공로를 보고하고자 끌고 가는 중이었다. 조운이 크게 고함을 치며 창을 잡고 곧장 순우도에게 달려들었다. 순우도는 막아내지 못해 조운의 한 창에 찔려 말 아래로 떨어졌고, 조운은 앞으로 달려가 미축을 구하며 말 두 필을 빼앗았다. 감부인에게 말에 오르도록 청하고는 한 갈래 대로를 열어 곧장 장판파까지 모시고 갔다. 이때 다리 위에서 장팔사모를 비껴들고 말을 세우고 있던 장비가 보고서 크게 소리 질렀다.

"자룡! 네가 어찌하여 우리 형님을 배반했느냐?"

조운이 말했다.

"내가 주모와 작은 주인을 찾지 못해 뒤떨어진 것인데 어찌하여 배반했다고 말씀하시오?"

"간옹이 먼저 와서 보고하지 않았다면 내 지금 너를 보고서 어떻게 가만히 있겠는가!"

"주공께서는 어디에 계시오?"

"앞쪽 멀지 않은 곳에 계시네."

조운이 미축에게 일렀다.

"미자중糜子仲(미축의 자)께서는 감부인을 보호하여 먼저 가십시오. 나는 다시 가서 미부인과 작은 주인을 찾아야겠소."

말을 마치더니 몇 명의 기병을 이끌고 오던 길로 되돌아갔다.

한창 달려가고 있는데 한 장수가 손에 철창을 들고 등에 검 한 자루를 메고는 수십 명의 기병을 이끌고 말에 박차를 가하며 달려오고 있었다. 조운은 말 한마디 없이 곧장 그 장수에게 달려들었다. 두 말이 엎치락뒤치락한 지 단 1합 만에 조운이 장수를 찔러 쓰러뜨리자 따르던 기병들이 모두 달아났다. 알고 보니 조조 곁을 따라다니며 검을 메고 다니던 장수 하후은夏侯恩이었다. 조조에게는 두 자루의 보검이 있었는데 하나는 '의천倚天'이라 했고 다른 하나는 '청강靑釭'이라 했다. 의천검은 조조 자신이 차고 다녔고 청강검은 하후은에게 차게 했었다. 그 청강검은 무쇠를 진흙 자르듯이 쉽게 벨수 있어 날카롭기가 비할 데 없었다. 당시 하후은은 용력만 믿고 조조 곁을 벗어나 사람들을 이끌고 다니면서 오로지 약탈에만 정신이 팔려 있었는데 생각지도 못하게 조운과 맞닥뜨리게 되어 한 창에 찔려 죽임을 당한 것이다. 보검을 빼앗은 조운은 칼자루에 '청강'이란 두 글자가 황금으로 상감象嵌된 것을 보고는 비로소 보검이란 것을 알게 되었다. 조운은 보검을 차고 창을 잡고는 다시 겹겹이 둘러싸인 포위를 뚫고 들어갔다. 고개를 돌려보니 따르던 수하 기병은 단 한 명도 보이지 않았고 남은 것이라고는 그 자신뿐이었다. 그러나 조운은 조금도 물러날 마음이 없어 오직 사람을 찾을 생각만으로 백성을 만나기만 하면 미부인의 소식을 물었다. 그때 갑자기 한 사람이 저쪽을 가리키며 말했다.

"부인께서 아이를 안고 계시는데 왼쪽 다리를 창에 찔려 걸을 수 없어 저

앞쪽 무너진 담장 안에 앉아 계십니다."

말을 들은 조운은 얼른 그곳으로 달려갔다. 한 인가가 눈에 들어왔고 불에 타 무너진 토담이 보였는데 미부인이 아두를 안고 담장 아래 마른 우물 곁에 앉아서 목놓아 울고 있었다. 조운이 급히 말에서 내려 땅에 엎드려 절을 올렸다. 부인이 말했다.

"첩이 장군을 만나니 아두에게 천명이 있나 봐요. 장군께선 이 아이의 부친이 반평생을 떠돌아다니느라 골육이라고는 이 아이 하나밖에 없음을 가련하게 여겨주세요. 아이를 보호해서 그 부친을 만나게 해줄 수 있다면 첩은 죽어도 한이 없습니다!"

조운이 말했다.

"부인께서 화를 당하신 것은 저의 죄입니다. 여러 말씀 마시고 부인께서는 말에 오르십시오. 제가 걸어가며 죽을힘을 다해 싸우면서 부인을 보호하고 겹겹의 포위망을 뚫고 나갈 것입니다."

미부인이 말했다.

"안 돼요! 장군께서 어찌 말이 없을 수 있단 말입니까? 이 아이는 완전히 장군의 보호에 의지해야 합니다. 첩은 이미 중상을 입었기에 죽어도 애석하게 생각하지 않아요! 속히 이 아이를 안고 떠나시되 첩 때문에 애쓰지 말아주세요."

"적의 함성이 가까워지고 있습니다. 추격병이 곧 이를 것이니 부인께서는 속히 말에 오르십시오."

"첩신은 정말로 가기 어려우니 두 사람 모두 잘못되게 하지 마세요."

이에 아두를 조운에게 건네주며 말했다.

"이 아이의 목숨은 오직 장군 한 몸에 달려 있어요!"

조운이 여러 번 부인에게 말에 오르기를 청했으나 오르려 하지 않았다. 사방에서 함성이 또 일어났다. 조운이 엄하게 말했다.

"부인께서 계속 고집하시니 추격병이 당도하면 어떻게 하시렵니까?"

미부인이 아두를 땅바닥에 내려놓더니 갑자기 몸을 돌려 마른 우물로 뛰어들어 목숨을 끊었다. 후세 사람이 미부인을 찬탄한 시가 있다.

조운은 오직 말 힘에 의해 많은 군공 세웠지
걸어가면서 어떻게 어린 주인을 구하겠는가
서슴없이 목숨 버리면서 유씨 후사 살렸으나
용맹스러운 결단력은 여장부보다 부족했다네
戰將全憑馬力多, 步行怎把幼君扶
拚將一死存劉嗣, 勇決還虧女丈夫 ❻

부인이 이미 죽은 것을 본 조운은 조조의 군사들이 시신을 훔치지 않을까 걱정되어 토담을 밀어 넘어뜨리며 마른 우물을 덮어 가렸다. 덮기를 마치고 갑옷 허리끈을 풀어 엄심경¹²을 내려놓은 뒤 아두를 가슴에 품어 보호하고 창을 움켜쥐며 말에 올랐다. 어느 결에 한 장수가 한 부대의 보군을 이끌고 이르렀는데 바로 조홍의 부하 장수인 안명晏明이었다. 안명은 삼첨양인도三尖兩刃刀를 쥐고 조운에게 달려들었으나 3합을 싸우지도 못하고 창에 찔려 쓰러졌고 조운은 군사들을 흩어버리며 한 갈래의 길을 열었다. 한창 달아나는데 전면에 또 한 무리의 군마가 길을 가로막았다. 앞장선 대장의 깃발에는 뚜렷하게 '하간河間 장합張郃'이라는 큼지막한 글자가 쓰여 있었다. 조운은 다시 아무런 말도 하지 않은 채 창을 잡고 맞서 싸웠다. 대략 10여 합을 싸웠는데 조운은 승리에 연연해하지 않고 길을 찾아 달아났다. 등 뒤에서 장합이 쫓아오는 가운데 조운은 말에 채찍질하며 달렸는데 생각지도 않게 '와당탕!' 소리와 함께 말과 사람이 연달아 흙구덩이 속으로 뒤집히고 말았다. 장합이 창을 잡고 찌르려 할 때 별안간 한 줄기 붉은빛이 흙구덩이 속에서 퍼져 솟구치더니 조운이 타던 말이 갑자기 기세 좋게 도약하여 구덩이 밖으로 뛰어올랐다. 후세 사람이 시를 지었다.

붉은빛 몸에 휘감고 곤경에 빠진 용 날아오르니
전마는 장판파 겹겹이 포위망 뚫고 달리는구나
사십이 년[13] 동안 천명을 받은 군주가 될 것이니
그 때문에 조운 장군은 신비한 위력을 드러냈도다
紅光罩體困龍飛, 征馬衝開長坂圍
四十二年眞命主, 將軍因得顯神威

그 광경을 본 장합은 깜짝 놀라 뒤로 물러났다. 조운이 말고삐를 놓고 달아나는데 등 뒤에서 별안간 두 장수가 크게 소리 질렀다.

"조운은 달아나지 마라!"

앞쪽에서도 또 각기 다른 종류의 무기를 사용하는 두 장수가 나타나더니 가는 길을 가로막았다. 뒤에서 쫓아오는 자들은 마연馬延과 장의張顗였고, 앞에서 가로막은 이들은 초촉焦觸과 장남張南으로 모두 원소 수하에 있다가 조조에게 항복한 장수였다. 조운은 네 장수와 필사적으로 싸웠으나 조조의 군사들이 일제히 밀어닥쳤다. 이에 청강검을 뽑아서 난도질하니 손이 들리는 곳마다 갑옷이 쪼개지면서 피가 샘물처럼 솟았다. 그는 군장들을 죽여 물리치고는 곧장 포위망을 뚫고 나갔다.

한편 조조는 경산 꼭대기에 있었다. 아래를 내려다보니 한 장수가 종횡무진하는데 다다르는 곳마다 그 위력이 감당할 수 없을 정도였다. 급히 좌우에서 누구냐고 물었다. 그러자 조홍이 나는 듯이 말을 몰아 산을 내려가며 크게 소리 질렀다.

"군중에서 싸우는 장수는 이름을 밝히거라!"

조운이 대꾸했다.

"내가 바로 상산常山의 조자룡이다!"

조홍이 돌아가 조조에게 보고했다. 조조가 말했다.

"정말 호랑이 같은 용장이로다! 내 마땅히 저자를 사로잡아야겠구나."

즉시 빠른 말로 각처에 영을 전달하게 했다.

"조운이 이르더라도 냉전冷箭(상대가 대비하지 않은 틈을 이용해 몰래 숨어서 쏘는 화살)을 쏘아서는 안 되며 반드시 사로잡아야 한다."

이 때문에 조운은 그 힘든 상황에서 벗어날 수 있었고 이것 또한 아두의 복이 만들어낸 결과였다. 이 한바탕 전투에서 조운은 후주[14]를 품에 안은 채 겹겹의 포위망을 뚫고 나오면서 큰 깃발 두 폭을 찍어 쓰러뜨렸고 세 자루의 삭槊을 빼앗았으며, 전후를 창으로 찌르고 검으로 찍어 조조 군영의 명장을 50여 명이나 죽였다. 후세 사람이 지은 시가 있다.

전포를 물들인 피 갑옷까지 스며들어 붉게 만들었으니
당양 싸움에서 누가 감히 조운과 승리를 다투겠는가
예로부터 전장을 뚫고 위기에 빠진 군주를 구한 장수
오로지 상산 땅의 조자룡 말고 그 누가 있었겠는가

血染征袍透甲紅, 當陽誰敢與爭鋒

古來衝陣扶危主, 只有常山趙子龍

조운이 겹겹의 포위망을 뚫고 큰 전장을 벗어나니 전포 전체가 피범벅이었다. 한창 달려가는데 산비탈 아래에서 또 뛰쳐나온 두 무리의 군사들과 맞닥뜨렸다. 바로 하후돈의 부하 장수인 종진鍾縉과 종신鍾紳 형제로 한 사람은 큰 도끼를 쓰고 다른 사람은 화극을 사용하는데, 이들이 크게 호통쳤다.

"조운은 빨리 말에서 내려 결박을 받아라!"

겨우 호랑이 굴에서 벗어나 목숨을 건졌는데

다시 용의 연못에서 파도가 몰아쳐 오는구나

才離虎窟逃生去, 又遇龍潭鼓浪來

자룡은 어떻게 빠져나올 것인가?❼

제41회 필마단기로 아두를 구한 상산 조자룡

❶

강릉으로 가자는 건의는 제갈량이 한 것이 아니었다

『삼국지』「촉서·선주전」은 당시 상황을 다음과 같이 기록하고 있다.

"유종이 있는 양양襄陽을 지날 때, 제갈량이 선주에게 유종을 치면 형주를 점유할 수 있다고 설득하자, 선주가 말했다.

'나는 차마 그렇게 하지 못하겠소.'

그러고는 즉시 말을 멈추고 유종을 불렀으나 유종은 두려워서 일어날 수 없었다. 유종의 측근과 형주 인사들 대부분이 선주에게 귀의했다. 당양當陽에 당도했을 때는 그 무리가 10만여 명이나 되고 군수 물자를 실은 수레는 수천 대나 되어 하루에 10여 리밖에 가지 못했으므로, 별도로 관우를 보내 수군을 태운 배 수백 척을 인솔하여 강릉江陵에서 만나기로 했다. 어떤 이가 선주에게 말했다.

'마땅히 신속하게 진군하여 강릉을 보존해야 합니다. 지금은 비록 사람이 매우 많지만 갑옷 입은 사병은 매우 적습니다. 만일 조공 군대가 오기라도 하면 그들을 어떻게 막겠습니까?'

선주가 말했다.

'큰일을 이루는 데는 모름지기 사람을 근본으로 삼아야 하오. 지금 사람들이 내게 귀의했는데, 내가 어떻게 그들을 버리고 가겠소!'"

❷

『후한서』「유표전」에 따르면 "조조는 유종을 청주자사로 임명하고 열후로 봉했다. 괴월 등 15명 또한 후작에 봉해졌다. 감옥에 갇혀 있던 한숭을 석방했는데 그의 명망이 매우 높았기 때문에 더욱 깍듯하게 예우했다. 그리고 그에게 형주 인재의 우열을 품평하도록 했고 모두 선발해 임용했다. 한숭을 대홍려大鴻臚로 임명하고 친구의 예절로 그를 상대했다. 괴월을 광록훈, 유선劉先을 상서령尚書令으로 임명했다. 그리고 등의鄧義를 시중으로 삼았다. 나머지 사람도 모두 고관이 되었다"고 기록하고 있다.

❸

유종이 우금에게 살해당했을까?

『삼국지』「위서·유표전」에 "태조의 군대가 양양에 당도하자 유종은 주州를 바치고 투항했으며 유비는 하구夏口로 달아났다. 태조는 유종을 청주자사로 임명하고 열후로 봉했다"고 기록되어 있다. 배송지 주『위무고사魏武故事』「재령載令」에 따르면 "청주자사 유종은 심지가 강건하고 뜻이 고결하며 지혜가 깊었고 생각이 넓어 영화를 가볍게 여기고 의리를 중시하며 이익에 얽매이지 않는 후덕한 사람"이라고 기록하고 있으며, 또 "비록 열후로 봉해져 한 주를 맡고 있었으나 지위가 그의 사람됨과 공적에 충분히 부합되지 못하는 것을 유감스럽게 여겼다"고도 기록하고 있다. 그리고 "표문을 올려 유종을 간의대부諫議大夫로 삼고 군사 사무에 함께 참여하도록 했다"고 기록되어 있어 우금에게 피살되기는커녕 오히려 나중에 '간의대부'라는 관직까지 제수받은 것으로 역사는 기록하고 있다. 유종의 사망 시기에 관련된 정확한 역사 기록은 없지만 최소한 소설의 내용처럼 우금에게 살해되지는 않았으며, 오히려 조조로부터 상당한 신임을 얻었음을 알 수 있다.

❹

『삼국지』「위서·문빙전」에 따르면 "태조가 먼저 형주를 평정했는데, 강하군은 오나라와 국경을 접하고 있었으므로 민심이 불안했다. 그래서 문빙을 강하태수로 임명하고 북방 군대를 통괄하도록 했으며 변방의 사무를 그에게 위임하고 관내후關內侯의 작위를 하사했다"고 기록하고 있다.

유표의 사람이었던 문빙이 조조에게 투항한 내용은 사실이다.

❺

장판에서 유비를 추격했던 조조의 부대

『삼국지』「촉서·선주전」에 따르면 "조공은 강릉에 군용 물자가 있다고 생각했으므로 선주가 그곳을 점거할까 염려하여 군수 물자를 포기하고 가볍게 무장한 날랜 병력으로 양양에 이르렀다. 선주가 이미 그곳을 지나갔다는 말을 들은 조공은 정예 기병 5000명을 이끌고 급히 뒤쫓아 하루 밤낮에 300여 리를 행군하여 당양當陽의 장판長坂(후베이성 당양當陽 동쪽)까지 추격했다. 선주는 처자식을 버리고 제갈량, 장비, 조운 등 수십 명의 기병과 함께 달아났고 조공은 그를 따르던 무리와 군수 물자를 대량으로 노획했다"고 기록하고 있어 이때 조조군의 주력은 양양에 머물렀음을 알 수 있다. 그리고 「위서·문빙전文聘傳」에 "문빙에게 군사를 주어 조순曹純(조인의 아우)과 함께 장판으로 가서 유비를 추격하도록 했다"고 했고, 「위서·조인전」은 "조순은 장판에서 유비를 추격하여 그의 두 딸과 군수 물자를 획득했고 도망쳐 흩어진 병사들을 거두었다"고 기록되어 있어 유비의 추격 부대는 문빙과 조순이었음을 알 수 있다.

❻

미부인의 죽음

유비가 장판에서 조조군에게 쫓기는 과정 중 미부인에 관련된 역사 기록은 존재하지 않는다. 『삼국지』「촉서·조운전」과 배송지 주의 기록에는 이 당시 아두(유선)는 감부인과 같이 있었고 조운의 보호를 받아 난을 피할 수 있었다고만 기록하고 있다.

미부인의 생몰 연대와 사망과 관련된 역사 기록은 없으며 소설처럼 부상을 당하고 아두를 보호하기 위해 우물에 뛰어들어 자결한 것은 허구라 할 수 있다.

❼

조운이 유선을 구한 활약상

장판에서 조운의 대단했던 용맹과 유선을 구한 내용에 관한 역사 기록은 상세하지 않다.

『삼국지』「촉서·조운전」에 "선주가 당양 장판에서 조공에게 추격당했을 때 처자식마저 버리고 남쪽으로 달아났는데 조운이 직접 아이, 즉 후주後主를 안고 감부인을 보호하여 모두 난을 피할 수 있게 했다. 이에 조운은 아문장군牙門將軍(이 당시 유비가 설치했으며 낮은 군사 장령)으로 승진됐다"고 기록되어 있고, 「촉서·감황후전」은 "조공의 군대가 이르러 당양의 장판에서 선주를 추격했다. 당시 형세가 위급하고 긴박하여 선주가 감황후와 후주를 버렸는데 조운의 보호를 받아 두 사람은 어려움을 면할 수 있었다"고 기록하고 있다.

또한 『자치통감』 권65 「한기 57」과 『삼국지』「촉서·조운전」 배송지 주 『운별전』에 따르면 "어떤 사람이 '조운이 이미 북쪽으로 달아났습니다'라고 말하자 선주가 손에 극을 잡고 '자룡은 나를 버리고 도망치지 않는다'고 했고, 잠시 후 조운이 유비의 아들 유선을 안고 왔다"고 기록하고 있다.

소설의 내용처럼 조운이 종횡무진하며 조조의 장수를 50여 명이나 쓰러뜨리고 유선을 구한 내용은 믿기 어려우며 사실 여부도 확인할 수 없다. 또한 『삼국지』「위서·문빙전」의 기록에 따르면 이 당시 추격병의 주축은 문빙과 조순으로 기록되어 있으며 전투에서 문빙과 조순은 전사하지도 않았고 조운이 어떤 장수와 결투를 벌였다는 내용도 없다. 그러나 유선과 감부인을 보호하여 난을 피한 것은 사실인 듯하다.

장판교의 호통 소리에
놀란 조조

장익덕은 장판교에서 큰 소리로 소란을 피우고,
유예주는 패하여 한진 나루터로 달아나다

張翼德大鬧長坂橋,
劉豫州敗走漢津口

종진과 종신 두 사람이 조운의 가는 길을 가로막고 싸움을 걸었다. 조운이 창을 잡고 바로 찌르려 하자 종진이 앞장서 큰 도끼를 휘두르며 나와 맞섰다. 두 말이 서로 뒤섞여 싸운 지 3합이 못 되어 종진이 창에 찔려 말 아래로 떨어졌고 조운은 길을 찾아 달아났다. 등 뒤에서 종신이 극을 잡고 쫓아오는데 그의 말이 조운의 말 꼬리를 물을 정도로 바짝 붙었다. 종신의 극 그림자가 조운의 등 한복판에서 흔들거렸다. 바로 이때 조운이 급히 말 머리를 돌려 두 가슴이 서로 부딪칠 정도로 가까이 다가왔다. 그때 조운이 왼손으로 창을 잡아 화극을 가로막고는 오른손으로 청강보검을 뽑아 내리찍으니 종신은 투구와 함께 머리가 반으로 쪼개지면서 말에서 떨어져 죽었고 나머지 무리는 달아나 흩어졌다. 조운은 전장에서 벗어나 장판교를 향해 달아났다. 뒤쪽에서 함성이 크게 진동하는 소리가 들려서 보니 문빙이 군사를 이끌고 추격해오고 있었다. 조운이 다리 곁에 이르렀을 때는 사람과 말이 모두 지쳐 있었다. 이때 다리 위에 장비가 장팔사모를 잡고 말을 세우고 있는 것이 보이자 조운은 크게 소리쳤다.

"익덕, 나 좀 구해주시오!"

"자룡은 속히 지나가게, 추격병은 내가 맡겠네."

조운이 말고삐를 놓고 다리를 건너 20여 리를 달리자 현덕이 사람들과 함께 나무 아래서 쉬고 있는 모습이 보였다. 조운이 말에서 내려 땅에 엎드린 채 소리 내어 울었다. 조운이 숨을 헐떡거리며 말했다.

"제 죄는 만 번 죽어도 가벼울 것입니다! 미부인께서는 중상을 입고도 말에 오르려 하시지 않고 우물로 뛰어들어 돌아가셨습니다. 저는 어쩔 수 없이 토담을 밀어 덮어놓고는 공자님을 품에 안고 겹겹의 포위망을 뚫었는데, 주공의 크나큰 복에 의지하여 다행히 벗어날 수 있었습니다. 방금 전에도 공자께서 품 안에서 울고 계셨는데 지금 아무런 움직임도 보이지 않으니 아마도 목숨을 보전할 수 없을 것 같습니다."

즉시 갑옷을 풀어보니 아두는 잠들어 있었다. 조운이 기뻐하며 말했다.

"다행히 공자께서는 무사하십니다!"

두 손으로 현덕에게 건넸다. 현덕이 받더니 땅바닥에 내던지며 말했다.

"네 이 어린놈 때문에 하마터면 나의 대장 한 명을 잃을 뻔했다!"

조운이 황망히 땅바닥에서 아두를 안더니 울면서 절을 올렸다.

"저는 비록 간장과 뇌수가 땅에 널리는 한이 있더라도 은혜를 갚을 수 없을 것입니다!"

후세 사람이 지은 시가 있다.

조조의 군중에서 비호처럼 뚫고 나올 때
조운의 품 속에는 작은 용이 자고 있었네
충신을 위로하고 어루만질 방법 없어

고의로 친아들 말 앞으로 내던졌네

曹操軍中飛虎出, 趙雲懷內小龍眠

無由撫慰忠臣意, 故把親兒擲馬前

한편 문빙은 군사를 이끌고 조운을 추격해 장판교에 이르렀는데, 호랑이 수염을 곧추세우고 고리눈을 부릅뜬 장비가 손에 사모를 움켜쥐고는 다리 위에 말을 세워둔 모습을 보게 되었다. 또 다리 동쪽 수풀 뒤에서는 먼지가 크게 일어나는 것이 보여 복병이 있을 것이라 의심하고는 즉시 말고삐를 잡아당겨 멈추고 감히 가까이 오지 못했다. 얼마 되지 않아 조인, 이전, 하후돈, 하후연, 악진, 장료, 장합, 허저 등이 모두 당도했으나 장비가 눈을 부라리며 사모를 비껴든 채 다리 위에 말을 세우고 있는 모습을 보고는 또 제갈량의 계책일까 염려해 감히 앞으로 접근하지 못했다. 그들은 전열을 멈추어 세우고는 다리 서쪽에 일자로 늘어선 채 사람을 시켜 조조에게 보고했다. 소식을 들은 조조는 급히 말에 올라 진 뒤로 왔다. 장비가 고리눈을 둥그렇게 뜨니 후군에 푸른색 명주실로 짠 산개, 백모白旄와 황월黃鉞 깃발들이 도착하는 것이 어슴푸레하게 보였는데 장비는 조조가 의심이 들어 친히 살피러 온 것으로 짐작했다. 장비가 이에 엄하게 호통을 쳤다.

"내가 바로 연인燕人 장익덕이다! 누가 감히 나와 생사를 걸고 승부를 겨루겠는가?"

목소리가 거대한 우렛소리 같았다. 그 소리를 들은 조조의 군사들은 무서워서 양다리를 후들거리며 벌벌 떨었다. 조조가 급히 산개를 치우라고 명하더니 좌우를 돌아보며 말했다.

"내가 이전에 운장이 말하는 것을 들었는데, 익덕은 백만 군중에서 상장

의 머리를 취하는 것을 마치 주머니 속을 뒤져 물건을 집어내는 것처럼 한다
고 했다. 오늘 만났으니 가볍게 움직이지 마라."

말을 마치기도 전에 장비가 눈을 크게 뜨고 또 소리 질렀다.

"연인 장익덕이 여기 있노라! 누가 감히 와서 결사적으로 싸우겠는가?"

장비의 기개를 본 조조는 자못 물러날 마음이 생겼다. 장비는 멀리 조조
후군의 진이 움직이는 것을 보고는 바로 사모를 잡고 또 소리 질렀다.

"싸우자 했는데 싸우지도 않고 물러나라 했는데 물러나지도 않으니 도대
체 무엇 때문이냐!"

고함 소리가 미처 끝나기도 전에 조조 곁에 있던 하후걸夏侯傑이 간과 쓸
개가 찢어지면서 말 아래로 거꾸러져 자빠지고 말았다. 조조가 바로 말을
돌려 달아났다. 이에 군사들과 장수들이 일제히 서쪽을 향해 도주했다. 바로
'갓난아기가 벼락 치는 소리를 듣고 어떻게 무서워지지 않을 수 있으며, 병든
나무꾼이 호랑이와 표범의 포효 소리를 듣고 어떻게 두려워하지 않을 수 있
겠는가'라는 것과 같은 이치였다. 일시에 창을 버리고 투구를 떨어뜨린 자가
헤아릴 수 없을 정도로 많았고 사람들은 밀물처럼 밀려가고 말들은 산이 무
너지는 듯하며 서로 짓밟았다. 후세 사람이 찬탄한 시가 있다.

장판교의 다리 어귀에 살기가 피어오르니
창 비껴든 채 말 세우고 고리눈 부릅떴네
한바탕 고함지르니 천둥 치는 듯 진동하여
혼자서 조조의 백만 대군을 물리쳤도다
長坂橋頭殺氣生, 橫槍立馬眼圓睜
一聲好似轟雷震, 獨退曹家百萬兵 ❶

한편 조조는 장비의 위세에 겁이 나서 말을 달려 서쪽으로 달아났는데 관과 상투 위의 관을 고정시키는 비녀가 모조리 떨어져 머리를 풀어헤친 채 도망쳤다. 장료와 허저가 쫓아와 고삐를 잡아당겨 말을 세웠다. 조조는 어떻게 해볼 겨를도 없이 허둥지둥 어쩔 줄을 몰라 했다. 장료가 말했다.

"승상께서는 놀라지 마십시오. 장비 하나를 어찌 그토록 두려워한단 말씀입니까! 지금 급히 군사를 돌려 쳐들어간다면 유비를 사로잡을 수 있습니다."

그제야 조조의 안색이 조금 안정되었고 이에 장료와 허저에게 다시 장판교로 가서 소식을 알아보게 했다.

한편 조조의 군대가 한꺼번에 물러나는 것을 본 장비는 감히 추격하지 못하고 속히 원래 따르던 20여 명의 기병을 불러서 말 꼬리의 나뭇가지를 풀고 다리를 끊게 했다. 그런 다음 말을 돌려 현덕을 만나서 다리 끊은 일을 자세하게 이야기했다. 현덕이 말했다.

"내 아우가 용맹하기는 하나 애석하게도 계책을 헤아리는 데 실수를 했구나."

장비가 까닭을 물었다. 현덕이 말했다.

"조조는 지모가 많은 자다. 자네가 다리를 끊지 말았어야 했는데, 저들이 틀림없이 추격해올 것이네."

장비가 말했다.

"그가 내 호통 한 번에 몇 리를 물러갔는데 어찌 감히 다시 쫓아오겠소?"

현덕이 말했다.

"다리를 끊지 않았다면 저들은 매복이 있을까 두려워 감히 군사를 진격시키지 못하겠지만, 지금 다리를 끊었으니 저들은 우리가 군사가 없어서 겁을 먹었다고 헤아리고 틀림없이 추격해올 것이네. 저들에게는 백만 대군이 있어 비록 장강이나 한수라 할지라도 메워서 건널 것이니 어찌 다리 하나 끊은 것을 두려워하겠는가?"

이에 즉시 몸을 일으켜 오솔길을 따라 한진¹ 나루터로 갔다. 면양²을 향해 길을 잡아 달아날 생각이었다. 한편 조조는 장료와 허저에게 장판교의 소식을 알아보게 했는데 그들이 돌아와 보고했다.

"장비가 이미 다리를 끊고 떠났습니다."

조조가 말했다.

"그가 다리를 끊고 갔다면 겁을 먹은 것이다."

즉시 명령을 전달하여 1만 명의 군사를 보내 그날 밤 건너갈 수 있도록 속히 세 개의 부교浮橋를 가설하게 했다. 이전이 말했다.

"이것은 제갈량의 간계일지도 모르니 가볍게 진격해서는 안 됩니다."

조조가 말했다.

"장비는 일개 용맹한 사내에 불과한데 어찌 간계가 있겠는가!"

마침내 명령을 전달하여 지급으로 군대를 진격시켰다.

한편 현덕이 한진 나루터에 가까이 접근했는데 별안간 뒤쪽에서 먼지가 크게 일어나더니 북소리는 하늘에 맞닿을 듯 끊이지 않고 함성은 땅을 진동시켰다. 현덕이 말했다.

"앞은 큰 강이고 뒤는 추격병이 쫓아오니 이를 어찌하면 좋단 말인가?"

급히 조운에게 명하여 적을 막아낼 준비를 하도록 했다. 한편 조조는 군중에 명령을 하달했다.

"지금 유비는 솥 안의 물고기요, 파놓은 구덩이에 빠진 호랑이에 불과하다. 이때 사로잡지 못한다면 물고기를 바다에 놓아주는 것이고 호랑이를 산으로 돌아가도록 풀어주는 격이다. 장수들은 힘써 앞으로 진격하라!"

각 장수가 명령을 받고 위세를 떨치며 추격했다. 그때 별안간 산비탈 뒤에서 북소리가 울리더니 한 부대의 군마가 나는 듯이 달려나오며 크게 소리질렀다.

"내가 여기서 기다린 지 오래되었다!"

앞장선 대장은 손에 청룡도를 잡고 적토마에 앉아 있었다. 알고 보니 당양 장판에서 크게 싸우고 있다는 것을 탐지한 관운장은 강하로 가서 1만 명의 군마를 빌린 후 일부러 이 길로 적을 차단하러 나온 것이었다. 조조는 운장을 한 번 보고는 즉시 고삐를 당겨 말을 세우고 장수들을 돌아보며 말했다.

"또 제갈량의 계책에 걸려들었다!"

속히 대군에 군사를 물리라는 명을 전달했다. 운장은 10리를 뒤쫓다가 바로 군사를 돌려 현덕 등을 보호하면서 한진 나루터에 당도했다. 배가 이미 대기하고 있었다. 운장은 현덕과 감부인, 아두를 청해 배 가운데에 앉게 했다. 운장이 물었다.

"둘째 형수님은 어찌하여 보이지 않습니까?"

현덕이 당양에서 있었던 일을 하소연했다. 운장이 탄식했다.

"예전에 허전에서 사냥할 때 제 뜻을 따랐다면 오늘 같은 우환은 없었을 것입니다."

현덕이 말했다.

"그때 나는 쥐를 때려잡다 주위의 기물을 깨뜨릴까 염려했을 뿐이네."

한창 이야기를 나누고 있는데, 갑자기 강 남쪽 기슭에서 전고가 크게 울리더니 배들이 개미떼처럼 순풍에 돛을 달고 왔다. 현덕은 깜짝 놀랐다. 배들이 가까이 다가오더니 하얀 도포에 은색 갑옷을 입은 한 사람이 뱃머리에

서서 크게 외쳤다.

"숙부님, 별고 없으셨습니까! 이 조카가 숙부님께 죄를 지었습니다!"

현덕이 보니 다름 아닌 유기였다. 유기가 현덕의 배로 건너와 울면서 절을 올렸다.

"숙부님께서 조조 때문에 곤경에 처하셨다는 소식을 듣고 이 조카가 특별히 이렇게 도우러 왔습니다."

현덕이 크게 기뻐하며 즉시 군사를 하나로 합치고 배를 몰았다. 배 안에서 그동안의 사정을 이야기하며 하소연하고 있는데 강 서남쪽으로부터 일자로 늘어선 전선들이 바람을 타고 빠른 속도로 휘익 다가왔다. 유기가 놀라서 말했다.

"강하의 군사들은 이 조카가 이미 모조리 일으켜 이곳으로 이끌었습니다. 지금 전선들이 가는 길을 막고 있으니 조조의 군대가 아니라면 강동의 군사들인데 어찌하면 좋습니까?"

현덕이 뱃머리로 나가 보니 관건³에 도복을 입은 한 사람이 뱃머리 위에 앉아 있었다. 그 사람은 다름 아닌 공명이었고 등 뒤에는 손건이 서 있었다. 현덕은 황급히 공명에게 자신이 탄 배로 건너오라 청하고는 어떻게 이곳으로 오게 됐는지 그 까닭을 물었다. 공명이 말했다.

"제가 강하에 이르러 먼저 운장에게 한진에서 육지로 올라 주공을 맞이하라고 했습니다. 헤아려보니 조조는 틀림없이 주공을 추격해올 것이고 그리 되면 주공께서는 반드시 강릉으로 가지 못하고 오히려 한진 나루터로 방향을 잡으실 것이라 판단했습니다. 그래서 특별히 공자께 앞서가서 호응하라 청했고 저는 하구로 가서 그곳 군사들을 모조리 일으켜 도우러 온 것입니다."

현덕은 크게 기뻐하며 군사들을 하나로 합쳐 조조를 깨뜨릴 계책을 상의했다. 공명이 말했다.

"하구는 성이 험준한데도 돈과 양식이 꽤 있어 오래도록 지킬 만한 곳입니다. 주공께서는 잠시 하구로 가서 주둔하십시오. 그리고 공자께서는 강하[4]로 돌아가서 전선을 정돈하시고 병기들을 수습하여 앞쪽에선 뿔을 잡고 뒤에선 다리를 잡는 기각지세를 이룬다면 조조를 막아낼 수 있을 것입니다. 만약 함께 강하로 돌아간다면 그 형세가 도리어 고립될 것입니다."

유기가 말했다.

"군사의 말씀이 매우 훌륭하십니다. 그러나 제 어리석은 생각으로는 숙부님을 잠시 강하로 모시고 싶습니다. 군마가 완비되도록 정리한 다음에 다시 하구로 돌아오셔도 늦지 않을 것입니다."

현덕이 말했다.

"조카님의 말도 일리가 있네."

마침내 운장을 남겨 5000명의 군사를 이끌고 하구를 지키게 하고, 현덕, 공명, 유기는 함께 강하[5]로 향했다.

한편 조조는 운장이 육로에서 군사를 이끌고 와 길을 차단하는 것을 보고는 복병이 있을까 의심되어 감히 추격하지 못했고, 또 현덕이 수로를 이용해 먼저 강릉을 취할까 걱정되어 즉시 군대를 거느리고 강릉으로 달려갔다. 형주의 치중 등의와 별가 유선은 이미 양양의 일을 모두 알고 있었기에 조조와 대적할 수 없다고 헤아려 결국은 형주[6]의 군사와 백성을 이끌고 곽을 나가 투항했다. 성으로 들어간 조조는 백성을 안정시키고는 구금되어 있던 한숭을 석방시키고 그에게 대홍려大鴻臚 벼슬을 더해주었다. 그 나머지 관원에게도 각기 관직이나 재물 등을 하사했다. 조조가 각 장수와 상의했다.

"유비가 이미 강하로 갔으니 아마도 동오東吳와 연합하고 풀처럼 무성하게 자라 그 화가 커질 것이오. 어떤 계책을 써야 그를 깨뜨릴 수 있겠소?"

순유가 말했다.

"지금 우리 군사들이 위세를 크게 떨치고 있으니 사자를 강동으로 신속히 파견해 격문을 전송해야 합니다. 손권에게 강하에서 사냥하자고 청하면서 함께 유비를 사로잡고 형주의 땅을 나누어 영원히 우호관계를 맺자고 하십시오. 그러면 손권은 반드시 놀라고 곤혹스러워하며 항복하러 올 것이고 그렇게 된다면 우리 일을 성취할 수 있을 것입니다."

조조는 그 계책을 따르기로 하고 격문을 발포하여 동오로 사자를 보내는 한편 마보군과 수군 83만 명을 점고하여 백만 명이라 소문을 내면서 수륙으로 동시에 진군했는데, 전선과 기병이 나란히 나아가면서 강을 끼고 내려오니 서쪽으로는 형과 협7까지 이어졌고 동쪽으로는 기와 황8까지 연결되어 군영과 울타리 목책이 300여 리나 서로 이어졌다.❷

한편 강동의 손권은 군대를 시상군9에 주둔시키고 있었는데 조조의 대군이 양양에 이르렀으며 유종이 이미 항복했다는 소식이 들리더니, 지금 다시 밤새 두 배의 속도로 길을 재촉하여 강릉을 취했다는 소식이 전해졌다. 이에 모사들을 모아놓고 조조를 방어하고 막아낼 계책을 상의했다. 노숙이 말했다.

"형주는 우리와 인접해 있으며 강산은 험난하고 견고하며 백성은 부유합니다. 우리가 만약 그곳을 차지한다면 이는 제왕의 바탕이 될 것입니다. 지금 유표가 죽은 지도 오래되지 않은 데다 유비도 방금 패했기에 이 숙이 청컨대 명을 받들어 강하로 조문하러 가서 유비를 설득하여 유표의 장수들을 위로하고 마음을 합쳐 한뜻으로 함께 조조를 격파하도록 하겠습니다. 유비가 기뻐하며 명을 따른다면 큰일을 이룰 수 있을 것입니다."

손권은 기뻐하며 그 말을 따르기로 하고 즉시 노숙에게 예물을 갖춰 강하로 가서 조문하게 했다.

한편 강하에 당도한 현덕은 공명, 유기와 더불어 좋은 계책을 함께 의논했다. 공명이 말했다.

"조조의 세력이 강대하여 급히 대적하기 어려우니 차라리 동오 손권에게 가서 지원을 요청하는 것이 나을 듯합니다. 남북이 서로 대치하게 해놓고 우리는 중간에서 이익을 취한다면 안 될 것이 무엇이 있겠습니까?"

현덕이 말했다.

"강동에는 인물이 지극히 많기 때문에 틀림없이 원대한 계책이 있을 텐데, 어찌 그들이 수용하려 하겠소?"

공명이 웃으면서 말했다.

"지금 조조가 백만 대군을 이끌고 장강과 한수에서 호랑이처럼 버티고 앉아 있는데 강동이 어찌 사람을 보내 허실을 알아보지 않겠습니까? 만약 누군가 이곳으로 온다면 제가 한 척의 돛단배로 바람을 타고 곧장 강동으로 가서 썩지 않은 세 치의 혀로 남과 북 양군이 서로 삼키도록 설득하겠습니다. 남쪽 군대가 승리한다면 함께 조조를 죽이고 형주 땅을 차지하는 것이고, 북쪽 군대가 승리한다면 우리는 그 틈을 이용해 강남을 취할 수 있을 것입니다."

현덕이 말했다.

"그 의견은 대단히 높은 식견이오. 그런데 어떻게 강동에서 사람을 오게 할 수 있단 말이오?"

한창 말하고 있는데, 강동의 손권이 노숙을 파견하여 문상하러 왔으며 배가 이미 기슭에 도착했다는 보고가 들어왔다. 공명이 웃으면서 말했다.

"큰일이 이루어지게 되었습니다!"

그러고는 즉시 유기에게 물었다.

"지난날 손책이 죽었을 때 양양에서 사람을 보내 문상하지 않았습니까?"

유기가 말했다.

"강동과 저희 집안은 아비를 죽인 원수지간인데 어찌 경조사의 예절이 서로 오갈 수 있겠습니까!"

공명이 말했다.

"그렇다면 노숙이 온 것은 조문을 위한 것이 아니라 바로 군사 상황을 탐문하러 온 것입니다."

바로 현덕에게 일렀다.

"노숙이 당도하여 조조의 동정에 대해 물으면 주공께서는 모른다며 대답을 미루십시오. 그리고 그가 두 번 세 번 물어보면 주공께서는 제갈량에게 물어보라고만 하십시오."

계책이 정해지자 사람을 시켜 노숙을 맞이하도록 했다. 노숙은 성으로 들어와 문상했다. 예물을 받은 유기는 노숙을 청해 현덕을 만나게 했다. 예를 마치고 후당으로 맞아들여 술을 마셨다. 노숙이 말했다.

"황숙의 고명하신 존함을 들은 지 오래이나 만나 뵐 인연이 없었는데 이제야 다행히 뵙게 되어 실로 기쁘고 위안이 됩니다. 근래에 듣자 하니 황숙께서 조조와 결전을 벌이셨다고 하는데 틀림없이 그들의 허실을 알고 계실 것으로 헤아려집니다. 감히 묻건대 조조의 군사는 그 수가 대략 어느 정도 되는지요?"

현덕이 말했다.

"제 군사는 미약하고 장수는 적어 조조가 올 것이라는 말을 듣자마자 달아났기에 저들의 허실을 잘 알지는 못하오."

노숙이 말했다.

"황숙께서는 제갈공명의 계책을 쓰시어 조조의 군사를 두 차례나 불태워 조조가 혼을 잃고 담을 빠뜨릴 정도로 두려워하게 만들었다고 들었는데 모른다고 하시니 무슨 말씀이십니까?"

"공명에게 물어보아야 상세한 상황을 알 수 있을 것이오."

"공명은 어디에 있습니까? 한번 만나보고 싶습니다."

현덕이 공명을 청하여 노숙과 만나게 했다. 노숙이 공명을 보고 인사를 마치며 물었다.

"선생의 재능과 덕행을 흠모해왔으나 찾아뵐 수 없었는데, 지금 다행히 만나 뵙게 되었으니 원컨대 작금의 안위 문제에 대한 일을 듣고 싶습니다."

공명이 말했다.

"조조의 간사한 계략을 제가 모두 알고 있으나 다만 힘이 미치지 못하여 잠시 피하고 있는 것이 한스러울 따름입니다."

노숙이 말했다.

"황숙께서는 지금 이곳에 머무르실 생각이십니까?"

공명이 말했다.

"사군께서는 창오[10] 태수 오신[11]과 오랜 친분이 있어 그곳으로 가서 의탁하실 것입니다."

"오신은 양식도 적고 군사도 미약하여 자신도 보전할 수 없을 텐데 어찌 사람을 받아들일 수 있겠습니까?"

"오신이 있는 곳이 비록 오래 머물 만한 곳이 못 된다 하더라도 지금으로서는 잠시 그에게 의지해야 할 것 같습니다. 차후에 달리 좋은 계책이 생기겠지요."

"손장군은 여섯 개의 군을 품고 호랑이처럼 버티고 앉아 있는 데다 병사들은 정예롭고 양식은 충분하며 또 품성이 고상하고 학식이 출중한 사람을 지극히 존중하여 강표[12]의 영웅들도 많이 귀순하고 있습니다. 지금 사군을 위해 계획한다면 심복을 보내 동오와 연합하고 함께 큰일을 도모하는 것이 나을 듯합니다."

"유사군께서는 손장군과는 원래 친분이 없기에 어떠한 말을 해도 모두 헛되게 될까 걱정됩니다. 게다가 사신으로 보낼 만한 심복도 따로 없는 상태입니다."

"선생의 형님께서는 지금 강동의 참모[13]로 계시는데 날마다 선생과 만나기를 기대하고 있습니다. 이 숙이 재주는 없으나 원컨대 공과 함께 가서 손장군을 만나 뵙고 큰일을 같이 의논하고자 합니다."

현덕이 말했다.

"공명은 나의 스승으로 잠시라도 서로 떨어질 수 없는데 어떻게 갈 수 있겠소?"

노숙은 확고부동하게 공명과 함께 가기를 청했다. 현덕은 허락하지 않는 척했다. 공명이 말했다.

"일이 급하게 된 것 같으니 명을 받들어 한번 가고자 합니다."

현덕이 비로소 허락했다. 노숙은 마침내 현덕, 유기와 작별하고 공명과 함께 배에 올라 시상군을 향해 떠났다.

제갈량이 조각배를 타고 간 것만으로

조조의 군대는 하루아침에 완패하고 말았네

只因諸葛扁舟去, 致使曹兵一旦休

공명이 이번에 가면 결국 어떻게 될 것인가?❸

제42회 장판교의 호통 소리에 놀란 조조

❶

장판교에서 장비가 조조군을 상대로 호통친 것은 역사적 사실이다. 『삼국지』 「촉서·장비전」에 "선주는 조공이 갑자기 당도했다는 소식을 듣고는 처자식을 버린 채 달아나며 장비에게 기병 20명으로 뒤를 막게 했다. 장비는 냇물을 의지하여 다리를 끊고 눈을 부릅뜨고는 모矛를 비껴들고 말했다. '나는 장익덕이다. 누가 나와 함께 죽음을 각오하고 싸울 수 있겠는가!' 적군 중 감히 가까이 다가오는 자가 없었고, 그리하여 마침내 위기를 모면할 수 있었다"고 기록되어 있다.

그러나 장비의 호통에 놀라 하후걸夏侯傑이 말에서 떨어져 죽었다는 이야기는 허구다. 하후걸은 어느 기록에서도 찾아볼 수 없는 역사상 존재하지 않았던 인물이다.

❷

『삼국지』 「위서·가후전」에 따르면 "건안 13년(208), 태조가 형주를 공격해 점령한 후에 장강을 따라 동쪽으로 내려가려고 했다. 그러자 가후가 간언했다.

'만일 옛 초나라 땅의 풍부한 물자를 이용하여 관병들에게 상을 내리고, 백성을 위로하고 안정시켜 그들로 하여금 편안하고 즐겁게 일하게 한다면, 군대를 수고롭게 움직이지 않더라도 강동을 머리를 조아리는 신하로 복종시킬 수 있을 것입니다.'

태조는 이러한 가후의 의견을 듣지 않았으므로 출병했으나 이로움이 없었다"고 기록하고 있고, 『삼국지』 「위서·정욱전」에 따르면 "태조가 형주를 정벌하자 유비는 오나라로 달아났다. 의론하는 자들은 손권이 반드시 유비를 죽일 것이라고 했으나 정욱이 헤아리며 말했다.

'손권은 막 즉위했으므로 해내는 여전히 그를 두려워하지 않고 있습니다. 조공은 천하에 적수가 없으며 마침 형주를 점령하여 그 위세가 강남에 진동했으니, 손권이 비록 모략을 꾸민다 한들, 단독으로 조공을 막아낼 수는 없을 것입니다. 유비에게는 영웅의 명성이 있고, 관우와 장비는 모두 만 명의 적을 감당할 수 있는 용장이니, 손권은 반드시 그들을 빌려 우리를 제어하려 할 것입니다. 위난이 해소된 후 연합했던 형세는 다시 분열될 것이고, 그때의 유비는 이미 손권의 역량을 빌려 성공을 거두게 될 것이니 손권이 다시 유비를 죽이려 해도 불가능할 것입니다.' 과연 손권은 유비에게 매우 많은 병마를 주어 태조를 제어하려 했다"고 기록되어 있다.

❸
유비와 손권이 연합하여 조조에게 대항할 것을 처음 주장한 사람은 노숙이었다

『삼국지』 「오서·노숙전」에 노숙이 손권을 설득한 말이 다음과 같이 기록되어 있다.

"노숙이 손권에게 말했다.

'유비에게 유표의 무리를 어루만져 한마음 한뜻으로 조조를 막아내도록 설득하기를 청합니다. 유비는 틀림없이 기뻐하며 명을 따를 것입니다. 만일 협조하여 성공한다면 천하도 평정할 수 있을 것입니다.'

노숙은 유비를 만나 손권의 뜻을 전달하고 아울러 강동의 견고함을 설명했으며 손권과 힘을 합치도록 권유했다. 유비는 매우 기뻐했다. 당시 제갈량이 유비를 따랐는데 노숙은 제갈량에게 말했다.

'나는 자유子瑜(제갈근諸葛瑾의 자, 제갈량의 형)의 친구요.'

즉시 친구 관계를 맺었다. 유비가 마침내 하구에 이르자 제갈량을 사자로 삼아 손권에게 보냈다. 노숙 역시 돌아와 손권에게 복명했다."

배송지는 「오서·노숙전」 주석에서 "유비와 손권이 힘을 합쳐 함께 중국(조조)에 대항한 것은 본래 노숙의 계획이었다. 또 제갈량에게 '나는 자유의 친구요'라고 말했으므로 제갈량은 이미 누차 노숙의 의견을 들었던 것이다'라고 했으나, "「제갈량전」에는 '제갈량이 연횡의 계책으로 손권을 설득하자 손권이 크게 기뻐했다'고 하면서 제갈량에게서 처음 나온 계책이라 했다'고 평했다. 그리고 「오서·주유전」의 주석에는 "계책을 세워 조공에게 대항한 것은 사실상 노숙에게서 시작되었다"고 평가했다.

손권과 유비가 연합해 조조에 대항하기로 한 것은 제갈량의 계책이 아닌 노숙에 의해서 시작된 계책이었다. 노숙은 최고의 공로자였다고 할 수 있다.

제갈량이 강동의 모사들과
논쟁을 벌이다

제갈량은 많은 유학자와 격렬한 논쟁을 벌이고,
노자경은 뭇사람의 의견을 있는 힘을 다해 물리치다

諸葛亮舌戰群儒,
魯子敬力排衆議

노숙과 공명은 현덕, 유기와 작별하고 배에 올라 시상군으로 향했다. 두 사람은 배 안에서 함께 의논했다. 노숙이 공명에게 일렀다.

"선생께서 손장군을 만나 뵈면 절대로 조조의 군사와 장수가 많다고 사실대로 말씀해서는 안 되오."

공명이 말했다.

"자경子敬(노숙의 자)께서는 당부하지 않으셔도 되오. 내가 생각해온 대답이 있소."

배가 강기슭에 다다르자 노숙은 공명을 청해 역관에서 쉬게 하고는 먼저 손권을 만나러 갔다. 손권은 마침 대청에서 문무관원들을 모아놓고 공무를 논의하고 있었는데 노숙이 돌아왔다는 소리를 듣고는 급히 불러들이며 물었다.

"자경께서 강하에 가서 형편을 알아보니 어떻습니까?"

노숙이 말했다.

"대략적인 상황은 알았으나, 천천히 보고드리겠습니다."

손권은 조조가 보낸 격문을 노숙에게 보여주며 말했다.

"조조가 어제 사신을 보내 이 글을 전했는데 사신은 우선 돌려보내고 지금 상의하고 있는 중이나 아직 결정을 못 하고 있소."

노숙이 격문을 살펴보니 내용은 대략 다음과 같았다.

"내가 근래에 황제의 엄정한 명을 받들어 죄 있는 자를 토벌했소. 깃발을 남으로 향하니 유종이 항복했고, 형양의 백성은 풍문만 듣고도 귀순했소. 지금 정예 병력 백만 명과 상장 1000명을 통솔하여 장군과 함께 강하에서 사냥이나 하면서 함께 유비를 정벌하고 땅을 똑같이 나누어 영원한 동맹을 맺고자 하오. 사태의 추이를 관망만 하지 말고 속히 회신을 주기 바라오." ❶

다 읽고 난 노숙이 말했다.

"주공의 고견은 어떠하신지요?"

손권이 말했다.

"아직 확정된 결론은 없소."

장소가 말했다.

"조조가 백만 명의 군사를 거느리고 천자의 이름을 빌려 사방으로 정벌하고 있으니 그에게 저항하는 것은 순리가 아닙니다. 게다가 주공께서 조조에게 대항하며 의지할 수 있는 건 장강뿐입니다. 그러나 지금 조조가 이미 형주를 얻었으니 장강의 험준함을 우리와 함께 공유하고 있어 그 세력을 대적할 수 없게 되었습니다. 제 어리석은 생각으로 헤아려보건대 차라리 항복의 요청을 받아들이는 것이 매우 안전한 계책이 될 듯합니다."

여러 모사도 이구동성으로 말했다.

"자포子布(장소의 자)의 말이 하늘의 뜻에 부합됩니다."

손권이 주저하며 말이 없었다. 장소가 또 말했다.

"주공께서는 의심하실 필요가 없습니다. 조조에게 항복한다면 동오의 백성은 편안할 것이고 강남의 6군도 보전할 수 있을 것입니다."

손권은 머리를 숙인 채 말이 없었다. 잠시 후 손권이 측간에 가려고 일어나자 노숙이 손권의 뒤를 따라갔다. 손권은 노숙의 뜻을 알고 이에 노숙의 손을 잡으며 말했다.

"경은 어떻게 하려고 하시오?"

노숙이 말했다.

"방금 사람들이 말한 것은 장군을 매우 그르치게 만드는 방안입니다. 그들 전부가 조조에게 항복해도 되지만 장군만은 조조에게 항복해서는 안 됩니다."

"그게 무슨 말씀이시오?"

"저희가 조조에게 항복한다면 고향으로 돌아갈 수도 있고 관직이 오르기도 하며 주군 또한 잃지 않으나, 장군께서 조조에게 항복한다면 어디로 돌아가시겠습니까? 지위는 후작에 불과할 것이고 수레는 일승一乘에 지나지 않으며 한 필의 말에 따르는 자도 몇 명에 불과할 것이니 어찌 남쪽을 향해 앉아 과인¹이라 칭할 수 있겠습니까! 사람들의 뜻은 각자 자신을 위한 것일 뿐이니 듣지 마십시오. 장군께서는 조속히 대계를 결정하셔야 합니다."

손권이 탄식했다.

"사람들의 의견은 나의 기대를 크게 실망시켰소. 자경께서 말씀하신 대계와 내 의견이 상통하오. 이것은 하늘이 자경을 내게 내려주신 것이오! 그러나 조조가 원소의 무리를 새로이 얻은 데다 근래에 또 형주의 군대를 손에 넣었으니 그 세력이 거대하여 대적하기 어려울까 걱정되오."

"제가 강하에 가서 제갈근의 아우인 제갈량을 데리고 왔는데 주공께서 그에게 물어보면 바로 상황을 아실 것입니다."

"와룡 선생이 이곳에 있단 말이오?"

"지금 역관에서 쉬고 있습니다."

"오늘은 날이 늦었으니 만날 수 없을 것 같소. 내일 문무관원들을 장막에 모아놓고 먼저 강동에서 재능이 뛰어난 인재들을 만나게 한 다음에 대청에 올라 공무를 의논해야겠소."

노숙은 명을 받고 나갔다. 이튿날 역관에 와서 공명을 만나 또 당부했다.

"이제 제 주인을 만나실 텐데 절대로 조조의 군사가 많다고 말씀해서는 안 되오."

공명이 웃으면서 말했다.

"제가 상황을 살피면서 대응할 것이니 절대 그르치지 않을 것이오."

노숙은 바로 공명을 장막 안으로 인도했다. 일찌감치 장소와 고옹 등 문무관원 20여 명이 높은 관과 폭이 넓은 띠를 하고 의복을 정제하여 단정하게 앉아 있었다. 공명이 일일이 대면하며 각기 성명을 물었다. 예를 갖춰 인사를 마친 다음에 손님 자리에 앉았다. 장소 등이 공명을 살펴보니 생기가 충만하고 품위가 있었으며 정력이 왕성했는데 기품이 평범하지 않았다. 모두이 사람이 틀림없이 유세하러 왔다고 짐작했다. 장소가 먼저 말을 꺼냈다.

"저는 강동의 보잘것없는 선비로 오래전부터 선생께서 융중에 높이 누우셔서 스스로 관중과 악의에 비유하신다는 말씀을 들었습니다. 이런 말씀을 정말 하셨습니까?"

공명이 말했다.

"그것은 제가 평소에 저를 평범하게 만들고자 비교한 말입니다."

장소가 말했다.

"근자에 듣자 하니 유예주께서 선생의 초려에 세 번이나 찾아가 다행히 선생을 얻고는 '물고기가 물을 만난 것 같다'고 하며 형양을 휩쓸 것이라 생각했다지요. 그런데 하루아침에 조조의 것이 되었으니 무슨 주장을 하시겠습니까?"

공명은 생각했다.

'장소는 바로 손권 수하 가운데 으뜸가는 모사이니 먼저 그를 쩔쩔매게 하지 않으면 어떻게 손권을 설득하겠는가?'

그러고는 대답했다.

"제가 살펴보건대 한상漢上[2]의 땅을 취하는 것은 손바닥 뒤집는 것과 같이 쉬운 일이지요. 나의 주인이신 유예주께서는 몸소 인의를 행하시는 분이라 동족 일가의 기업을 차마 빼앗을 수 없다며 극력 사양하셨소. 유종은 어린아이라 아첨하는 말을 믿고 뒷전에서 투항하는 바람에 조조가 제멋대로 날뛰게 된 것이지요. 지금 우리 주인께서 강하에 군대를 주둔시킨 것은 별도로 좋은 계책이 있기 때문이니 함부로 알려줄 만한 것이 아니오."

장소가 말했다.

"그렇다면 이것은 선생의 말과 행동이 서로 어긋나는 것이오. 선생께선 스스로를 관중과 악의에 비교했는데, 관중은 제나라 환공을 도와 제후들의 맹주가 되도록 하여 혼란스러운 천하를 안정시켰고, 악의는 미약한 연나라를 보좌하여 제나라 70여 개 성을 항복시켰으니, 이 두 사람은 진정 세상을 구한 인재였소. 그러나 선생께서는 초려에 계시면서 자연 풍광에 대해 시를 짓고 즐겁게 놀면서 손으로 무릎을 감싸며 단정히 앉아 있었소. 지금은 유예주를 따르고 섬기고 있으니 마땅히 백성을 위해 이익이 되는 사업을 창건하고 각종 폐단을 제거하며 나라를 어지럽히는 불충한 무리를 토벌하여 소멸시켜야 할 것이오. 게다가 유예주께서는 선생을 얻기 이전에도 천하를 종횡하며 성지를 점거하고 있었는데 이제 선생을 얻게 되어 사람들이 모두 우러러 바라보게 되었소. 비록 삼척 철부지 어린아이라 하더라도 맹호가 날개를 달았으니 장차 한실이 부흥하고 조씨가 곧 멸망하는 것을 볼 것이라고 말했소. 조정의 옛 신하들과 산림의 은사들은 눈을 비비고 그날을 손꼽아 기다리며 높은 하늘의 먹구름을 걷어내 해와 달의 찬란한 빛을 드러내고 도탄에 빠진 백성을 구제하여 천하를 안정시킬 때가 바로 지금이라고 여기고 있소. 그런데 선생이 유예주에게 가신 다음부터는 조조의 군대가 출현하자마자 갑옷을 벗어버리고 창을 내던지며 풍문만 듣고도 달아나니, 위로는 백성을 편안케 하여 유표에게 보답할 수 없고 아래로는 아버지를 여읜 유종을 도와 강토를 지킬 수 없게 되었으며, 이에 신야를 버리고 번성으로 달아났다가 당양에서 패하고 하구로 도망치더니 몸을 의탁할 곳이 없게 되었소. 이것은 유예주가 선생을 얻은 이후로 도리어 처음보다 못하게 된 것이오. 관중과 악의가 과연 이와 같소? 지나치게 고지식한 말이니 언짢아하지 말아주시오!"

다 듣고 난 공명은 허허 웃으면서 말했다.

"붕새가 만 리를 날아가는 그 뜻을 어찌 뭇 새들이 알 수 있겠소? 비유하자면 사람이 중병에 걸렸을 때 먼저 죽을 마시게 한 다음 조제한 환약을 복용시키는 것과 같은데, 오장육부에 죽이 골고루 퍼져 신체가 점차 안정되기를 기다린 다음에 육식으로 보양하면서 독한 약물로 치료해야 병의 근원이 모두 제거되고 사람이 온전하게 살 수 있는 법이오. 그러나 기혈과 맥박이 완화되기를 기다리지 않고 바로 독한 약물을 투여하고 매우 진한 맛의 음식을 먹여 안정되기를 바란다면 진실로 치료하기 어려울 것이오. 나의 주인이신 유예주께서 지난날 여남에서 패하고 유표에게 의지했을 때 군사는 1000명을 넘지 못했고 장수는 관우, 장비, 조운뿐이었는데, 이것은 바로 병세가 이미 지극히 허약하고 쇠약한 상태였다고 할 수 있소. 신야는 산속 후미진 작은 현으로 백성은 적고 양식은 모자란 곳인데 유예주께서 잠시 빌려 몸을 의탁한 것뿐이지 어찌 진정 이곳에서 앉아 지키려고 하겠소? 무릇 갑옷과 병기는 완비되지 않았고 성곽은 견고하지 못하며 군사들은 훈련되지 않은 데다 양식마저 날마다 이어지지 못했는데도 박망에서 적의 주둔지를 불태우고 백하에서는 물을 사용하여 하후돈의 무리를 심장이 놀라고 담이 찢어질 정도로 두려워하게 만들었으니, 관중과 악의의 용병술도 이보다 뛰어났다고 할 수는 없을 것이오. 유종이 조조에게 항복한 것에 대해 말하면 유예주께서는 진실로 그 일을 모르셨고, 게다가 혼란한 틈을 이용해 동족의 기업을 차마 빼앗지 못하셨으니 이것이야말로 진정 사람됨이 관대하고 인의를 존숭하는 분이라 할 만하오. 당양의 패배는 유예주께서 수십만 명의 정의를 위해 나선 백성이 노인을 부축하고 어린아이를 이끌며 뒤따르는 것을 보시고는 차마 그들을 버리지 못하고 하루에 10리를 나아가면서 강릉을 취할 생각을 버리고 기꺼이 자진하여 그들과 함께 패했으니 이 또한 사람됨이 너그럽고 후하며 인의를 존중하는 분이라 하겠소. 적은 숫자로는 많은 수를 대적하지 못하는 것이고 이기고 지는 것은 흔히 있는 일이오. 옛날에 고황제께서는 항우에게 여러 번 패했으나 해하에서 한 번의 싸움[3]으로 공을 이루었으니 이것은 한신의 좋은 계책 때문이 아니겠소? 무릇 한신이 오랫동안 고황제를 섬겼으나 계속해서 이긴 것은 아니었소. 무릇 국가의 대계와 사직의 안위는 선두에서 계책을 세우는 사람이 있어야 하는 것으로 허풍만 떨고 말재주만 좋은 무리와는 비할 바가 아니지요. 그런 자들은 거짓된 명성으로 남을 속이고 앉아서 논하고 일어서서 이야기하며 아무도 자신을 따라올 사람이 없다고 여기나 임기응변에는 백에 하나도 할 수 없으니 진실로 천하에 웃음거리나 될 뿐이지요!"

공명의 언변에 장소는 한마디도 대꾸하지 못했다.❷

이때 갑자기 자리에 앉아 있던 한 사람이 큰 소리로 물었다.

"지금 조공이 백만 명의 군대를 주둔시키고 있고 장수 1000명을 배치하여 용마가 머리를 높이 쳐들고 호랑이가 사냥감을 주시하듯이 강하를 한 입에 집어삼키려고 하는데 공은 어떻게 생각하시오?"

공명이 보니 바로 우번虞翻이었다. 공명이 말했다.

"조조는 원소의 개미떼 같은 군사들을 거두어들이고 유표의 오합지졸들을 강탈했으니 비록 그 숫자가 백만 명이라 하더라도 두려워할 필요가 없소."

우번이 냉소하면서 말했다.

"군대는 당양에서 패하고 하구에서는 다시 어찌해볼 방법이 없어 구차스럽게 남에게 구원을 청하는 처지에 여전히 말로만 '두렵지 않다'고 하니 이것이야말로 진정 허풍으로 남을 속이려는 게 아니겠소!"

공명이 말했다.

"유예주께서 수천의 군사로 어찌 백만의 잔혹한 무리를 대적할 수 있겠소? 하구로 물러나 지키는 것은 때를 기다리는 것이오. 지금 강동에는 정예한 병사와 충분한 양식이 있는 데다 장강의 험준한 지세도 갖추고 있는데, 오히려 그 주인에게 무릎 꿇고 역적에게 항복하라 권하니 천하가 비웃는 소리를 듣지 못하는 것이오. 이것으로 논한다면 유예주께서는 진정 조조라는 역적을 두려워하지 않는 분이오!"

우번은 대꾸할 수 없었다. ❸

좌중에서 또 한 사람이 물었다.

"공명은 장의와 소진⁴의 언변을 본받아 동오에 유세하러 오셨소?"

공명이 보니 바로 보즐步騭이었다. 공명이 말했다.

"보자산步子山(보즐의 자)께서는 소진과 장의를 언변이 좋은 변사辯士(언변이 출중한 선비)로만 여기고 그들이 또한 호걸이란 것을 모르시는군요. 소진은 여섯 나라의 승상 인장을 차고 있었고 장의는 두 차례나 진나라 재상이 되었으니 두 사람 모두 국가를 바로잡고 보좌할 만한 방책이 있던 인물입니다. 이는 강한 사람은 무서워하고 약한 사람은 괴롭히며 칼과 검을 두려워하고 피하는 사람과는 비할 게 못 되오. 그대들은 조조가 고의로 퍼뜨린 거짓된 문구에 바로 두려워하며 항복을 청하면서 감히 소진과 장의를 비웃는단 말이오?"

보즐은 묵묵히 말이 없었다.

갑자기 한 사람이 물었다.

"공명은 조조가 어떤 사람이라고 생각하시오?"

공명이 그 사람을 보니 바로 설종薛綜이었다. 공명이 대답했다.

"조조는 한나라의 역적인데 또 구태여 물을 필요가 있겠소?"

설종이 말했다.

"공의 말씀은 틀렸소. 한나라가 후세에 전해졌지만 지금에 이르러 천수가 다했소. 지금 조공은 이미 천하의 3분의 2를 차지했고 백성 모두 마음을 그에게 돌렸소. 유예주께서는 천명을 알지 못한 채 억지로 그와 다투려고 하니 바로 계란으로 바위를 치는 것으로 어찌 패하지 않겠소?"

공명이 엄하게 말했다.

"설경문薛敬文(설종의 자)은 어찌하여 그런 아비가 없고 임금이 없는[5] 말씀을 한단 말이오! 무릇 사람이 천지간에 태어났으면 충효로써 입신의 근본을 삼아야 하는 것이오. 공은 이미 한나라 신하가 되었으니 신하의 절개를 지키지 않는 자가 있으면 마땅히 함께 죽이기를 맹세하는 것이 도리라 하겠소. 지금 조조는 조상 때부터 한나라의 녹을 먹으면서도 은혜를 갚기 위해 진력하지는 않고 도리어 찬역할 마음을 품고 있으니 천하가 함께 분노하는 바요. 그런데도 공은 그것을 천수로 돌리다니 진정 아비도 없고 임금도 없는 사람이오! 그대와는 말할 필요가 없소! 다시는 말하지 마시오!"

설종은 얼굴 가득 부끄러워하며 더 이상 대답하지 못했다. ❹

자리에 있던 또 한 사람이 물었다.

"조조가 비록 천자를 끼고 제후를 호령한다고는 하지만 상국相國 조참[6]의 후손이오. 유예주께서는 비록 중산정왕의 후예라고는 하지만 알 길이 없고 단지 돗자리 짜고 미투리나 팔던 사람이 분명할 뿐인데 어찌 조조와 맞설 만하겠소!"

공명이 그를 보니 바로 육적陸績이었다. 공명이 웃으면서 말했다.

"공은 원술의 자리에서 귤을 품은 육랑陸郞이 아니시오? 편안하게 앉아서 내 말을 들어보시오. 조조가 조상국의 후손이라면 대대로 한나라 신하이거늘, 지금 권력을 독점하고 난폭하게 도리에 어긋나는 행동을 하며 제멋대로 천자를 업신여기니, 이것은 군주를 기만할 뿐만 아니라 자기 조상의 명예를 훼손하는 것으로 한나라 황실의 난신이기도 하면서 또한 조씨 집안의 불충하고 불효한 사람이라 할 것이오. 그러나 유예주께서는 당당한 황제의 후예로 금상황제께서 세보에 따라 작위를 하사하셨으니 어찌 '알 길이 없다'고 말씀하시오? 게다가 고조께서는 정장의 신분으로 일어나 끝내는 천하를 소유하셨는데, 돗자리 짜고 미투리를 파는 것이 어찌 욕되다고 말하시오? 공의 어린아이 같은 견해는 고사高士[7]와 더불어 이야기를 나누기에는 부족한 듯하오!"

육적은 말문이 막혔다.❺

좌중에서 갑자기 한 사람이 말했다.

"공명의 말씀은 모두 터무니없는 말로 억지를 부리는 것이며 모두 정론이 아니니 다시 말할 필요가 없소. 잠시 묻고자 하는데 무슨 경전을 연구하셨소?"

공명이 보니 엄준嚴峻이었다. 공명이 말했다.

"책을 읽을 때 멋진 구절만 찾아서 뽑아 적기만 하고 깊이 연구하지 않는 것은 세상의 썩어빠진 선비들이나 하는 짓이니 어찌 국가를 진흥시키고 사업을 수립할 수 있겠소? 옛날 신[8] 땅에서 논밭을 갈던 이윤伊尹과 위수渭水에서 낚시질하던 자아子牙, 장량張良, 진평陳平의 유파, 그리고 등우, 경엄[9]의 무리가 천하를 바로잡고 보살필 재주를 가지고 있었지만 평생 동안 어떤 경전을 연구했는지는 상세히 알려지지 않았소. 어찌 서생을 본받아 구차하게 붓과 벼루 사이에서 뒤로 다른 사람의 장단점이나 비평하고 제멋대로 남을 비방하며 글재주를 부렸겠소?"

엄준은 머리를 숙이고 풀이 죽어 대답할 수가 없었다.❻

또 한 사람이 별안간 큰 소리로 말했다.

"공께서 큰소리치고 있으나 진정 견실한 학문이 있다고 할 수 없으니 선비들의 웃음거리나 될 것이오."

공명이 그 사람을 보니 바로 여양[10] 땅의 정덕추程德樞였다. 공명이 대답했다.

"선비 중에는 군자와 소인의 구별이 있소. 군자인 선비는 임금에 충성하고 나라를 사랑하며 정도를 준수하고 사악함을 미워하니 은택이 반드시 당대에 미치고 이름이 후세에 남게 되오. 그런데 소인인 선비는 오직 시문과 사부를 쓰는 잔재주에만 힘쓰고 문장과 서화에만 몰두하여 젊어서는 문장을 쓰며 시를 짓고 늙어서는 경서와 고적 연구에 전념하니 글재주는 비록 천마디 말이 있다 하더라도 흉중에는 한 가지 계책도 없소. 양웅[11]의 문장은 세상에 명성을 드날렸으나 몸을 굽혀 왕망을 섬기다가 누각에서 몸을 던져 죽는 신세를 피하지 못했으니 이것을 소인의 선비라고 하는 것이오. 비록 하루에 만 가지 글을 짓는다 하더라도 취할 만한 가치가 없소!"

정덕추는 대꾸할 수가 없었다. 사람들은 공명이 흐르는 물처럼 거침없이 대답하는 것을 보고는 모두 얼굴이 새파랗게 질렸다.❼

이때 좌중에 있던 장온張溫과 낙통駱統 두 사람이 다시 따져 물으려고 했다. 그때 별안간 밖에서 한 사람이 들어와 엄하게 말했다.

"공명은 당대의 뛰어난 재주를 가진 사람이거늘 그대들은 말재주로 비난하기만 하니 손님을 공경하는 예가 아니오. 조조의 대군이 경계에 임박했는데 적을 물리칠 계책은 생각하지 않고 쓸데없이 입씨름만 하고 있단 말이오!"

그 사람을 보니 영릉[12] 사람으로 성이 황黃이고 이름이 개蓋, 자가 공복公覆이었는데 이때 동오의 양관[13]을 맡고 있었다. 황개가 공명에게 일렀다.

"제가 듣기로는 말을 많이 하여 이익을 얻기보다는 차라리 묵묵히 있으면서 말하지 않는 것이 낫다고 했습니다. 어찌하여 금석 같은 논리를 우리 주공을 위해 말씀드리지 않고 사람들과 논쟁하고 계시오?"

공명이 말했다.

"여러분이 세상 형편을 모르고 서로 따져 묻기에 대답하지 않을 수 없었소."

그리하여 황개와 노숙은 공명을 안내해 안으로 들어갔다. 중문에 이르렀을 때 마침 제갈근과 마주쳤고 공명이 인사를 했다. 제갈근이 말했다.

"아우님은 강동에 왔으면서 어찌하여 나를 만나러 오지 않았는가?"

공명이 말했다.

"이 아우가 유예주를 섬기고 있어 공적인 일을 먼저 하고 사사로운 일은 뒤로 미루었습니다. 공무가 아직 끝나지 않아 감히 사적으로 찾아뵙지 못했으니 형님께서는 양해해주십시오."

제갈근이 말했다.

"아우님이 오후¹⁴를 만나 뵌 다음에 이야기를 나누세."

말을 마치고는 떠났다.

노숙이 말했다.

"방금 당부한 것을 그르쳐서는 안 되오."

공명이 고개를 끄덕이며 승낙했다. 대청으로 인도하자 손권이 계단을 내려와서 맞이했고 특별한 예우로 대접했다. 예를 마치자 공명에게 자리를 마련하고 앉게 했다. 문무관원들이 두 줄로 나뉘어 늘어섰다. 노숙은 공명의 곁에 서서 그가 말하는 것을 지켜보기만 했다. 공명이 현덕의 뜻을 전한 다음 슬며시 손권을 살펴보았는데, 푸른 눈에 자줏빛 수염을 갖고 있었으며 의젓하고 당당했다. 공명이 속으로 생각했다.

'이 사람의 용모가 예사롭지 않으니 감정을 자극시켜야지 말로는 설득할 수 없겠구나. 그가 묻기를 기다렸다가 말로 그를 흥분시켜야겠다.'

차를 올리고 난 뒤 손권이 말했다.

"족하의 재주를 노자경으로부터 많이 들었는데 이제 다행히 만나게 되었으니 감히 이로운 가르침을 얻고자 하오."

공명이 말했다.

"재능이 적고 배운 것이 없어서 명문明問(다른 사람의 물음에 대한 경칭)에 욕됨이 있을까 걱정입니다."

"족하께서는 근래에 신야에서 유예주를 보좌하여 조조와 결전을 벌였으니 틀림없이 저들 군대의 상황을 잘 아실 것이오."

"유예주께서 보유한 병사는 미약하고 장수는 적은 데다 더욱이 신야는 성도 작고 양식도 없었으니 어찌 조조를 상대할 수 있었겠습니까?"

"조조의 군대는 모두 얼마나 있소?"

"마보군, 수군 합쳐 대략 백만여 명 정도입니다."

"설마 속이는 것은 아니지요?"

"그렇지 않습니다. 조조는 연주에서 이미 청주군 20만 명을 보유하고 있었고, 원소를 평정하여 또 50~60만 명을 얻었으며, 중원에서 새로 모집한 군사가 30~40만 명인 데다, 이제 또 형주의 군사 20~30만을 얻었으니, 계산해보면 150만 명은 넘을 것입니다. 제가 백만 명이라고 말씀드린 것은 강동의 선비들이 놀랄까 염려해서입니다."

곁에 있던 노숙이 그 말을 듣고 얼굴빛이 새파랗게 질려 공명을 쳐다보았으나 공명은 못 본 체할 뿐이었다. 손권이 말했다.

"조조의 부하 가운데 싸움에 능한 장수는 얼마나 되오?"

공명이 말했다.

"지혜가 많은 모사와 작전 경험이 풍부하고 매우 능숙하게 싸울 수 있는 장수가 어찌 1000~2000명에 그치겠습니까.”

손권이 말했다.

“조조가 형荊과 초楚를 평정했는데 다시 원대한 계획을 세운 것 같소?”

공명이 말했다.

“지금 강을 끼고 군영을 세웠으며 전선을 준비하고 있는데 강동을 도모하는 것이 아니라면 어느 땅을 취하려 한다고 하겠습니까?”

“저들이 만약 삼키려는 뜻이 있다면 싸워야 하는지 싸우지 말아야 하는지 족하께서 나를 위해 한번 판단해주시오.”

“제게 한마디 드릴 말씀이 있으나 장군께서 승낙하지 않으실까 걱정됩니다.”

“원컨대 고명한 견해를 들려주시오.”

“이전에 천하가 크게 어지러워져 장군께서는 강동에서 일어나셨고 유예주께서는 한수 남쪽에서 군사를 모아 조조와 천하를 다투었습니다. 지금 조조가 큰 재난을 없애버리고 대략 평정했는데, 근래에 다시 새로이 형주를 격파하고 온 나라에 위세를 떨치고 있으니 설령 영웅이 있을지라도 전쟁을 진행하여 자신의 재능을 펼칠 만한 곳이 없으므로[15] 유예주께서 이곳으로 몸을 피하신 것입니다. 원컨대 장군께서는 자신의 역량을 가늠하시어, 오吳와 월越의 무리로 중국[16]에 필적하실 수 있다면 일찌감치 조조와 단절하심이 나을 것이고, 그렇게 할 수 없으시다면 여러 모사의 의견을 따라 무장을 해제하여 싸움을 멈추고 북쪽[17]을 향하여 자신을 신하로 칭하고 조조를 섬기셔야 하는데 어찌하여 항복하지 않으십니까?”

손권이 미처 대답하지 못했다. 공명이 또 말했다.

“장군께서는 겉으로는 복종해야 한다는 명분을 핑계로 삼으시지만 속으로는 의심을 품고 분명하게 말씀하지 않으시며 일이 급하게 되었는데도 결단을 내리지 않고 계십니다. 화가 닥칠 날이 멀지 않았습니다!"

손권이 말했다.

"진실로 그대의 말씀과 같다면 유예주는 어찌하여 조조에게 항복하지 않았소?"

"옛날 전횡[18]은 제나라의 용사일 뿐이었으나 의리를 지켜 욕을 당하지 않았는데, 하물며 유예주께서는 황실의 후예이신 데다 재능과 지혜가 당대에 비교할 자가 없어 모든 사람이 우러러 경모하는 분입니다. 일이 성공하지 못한 것은 하늘의 뜻인데 어찌 몸을 굽혀 다른 사람 밑에 있을 수 있겠습니까!"

공명의 말을 들은 손권은 자기도 모르게 갑자기 화를 내며 안색이 변하더니 옷소매를 휘두르며 일어나 후당으로 들어갔다. 사람들이 모두 비웃으며 흩어졌다. 노숙이 공명을 질책했다.

"선생은 무슨 까닭으로 그런 말씀을 하셨소? 다행히 우리 주공께서 아량이 넓어 바로 면전에서 책망하지 않은 것이오. 선생의 말씀은 우리 주공을 몹시 업신여긴 것이오."

공명이 고개를 뒤로 젖히고는 웃었다.

"어찌하여 이토록 사람을 포용할 수 없단 말이오! 내게 조조를 격파시킬 계책이 있는데 묻지 않으시니 그래서 말씀드리지 않은 것이오."

노숙이 말했다.

"참으로 좋은 계책이 있다면 제가 주공께 가르침을 구하시라 청하리다."

"내가 보기에 조조의 백만 대군은 개미떼에 불과할 뿐이오! 내가 손을 한 번 들기만 하면 모조리 가루가 될 것이오!"

그 말을 들은 노숙은 즉시 후당으로 들어가 손권을 만났다. 노기가 아직

가시지 않은 손권이 노숙을 돌아보며 일렀다.

"공명이 나를 너무 심하게 업신여기는구려!"

노숙이 말했다.

"신 또한 공명을 꾸짖었으나 공명은 도리어 웃으면서 주공께서 사람을 포용하지 않으신다고 합니다. 조조를 깨뜨릴 계책을 공명이 함부로 먼저 꺼내들지 않을 텐데 주공께서는 어찌하여 그것을 요청하지 않으십니까?"

손권이 화를 내다가 한순간 기뻐하며 말했다.

"공명이 좋은 계책이 있으면서 일부러 나를 흥분시켰구려. 잠시나마 얕은 견해로 하마터면 큰일을 그르칠 뻔했소."

즉시 노숙과 함께 다시 대청으로 나와 공명을 청해 이야기를 나누었다. 손권은 공명을 보자 사과했다.

"방금 위엄을 모독했으나 바라건대 책망하지 말아주시오."

공명 또한 사과했다.

"제 말이 무례했으니 용서해주시기 바랍니다."

손권은 공명을 후당으로 맞이하고 술자리를 마련해 대접했다.

술이 몇 순배 돌자 손권이 말했다.

"조조가 평소에 미워한 사람은 여포, 유표, 원소, 원술, 유예주와 나뿐이오. 지금 여러 영웅이 이미 죽어 소멸되었고 유예주와 나만 살아 있소. 내가 오의 땅을 보전할 수 없게 되면 남의 통제를 받아야 하오. 나의 계책은 결정되었소. 유예주가 아니면 조조를 감당할 만한 사람이 없지만 유예주가 방금 패한 직후이니 어찌 이 어려운 적에게 대항할 수 있겠소?"

공명이 말했다.

"유예주께서 비록 방금 패하였으나 관운장이 여전히 정예병 1만 명을 거느리고 있고, 유기 또한 1만 명이 넘는 강하의 전사를 이끌고 있습니다. 조조의 무리는 멀리서 오느라 대단히 피로한 데다 근래에는 유예주를 추격하느라 경기[19]가 하루 밤낮으로 300리를 달렸으니, 이것은 이른바 '강한 쇠뇌로 쏜 화살도 사정거리 끝에 가서는 힘이 없어 얇은 비단[20]조차 뚫지 못한다強弩之末, 勢不能穿魯縞'[21]는 말과 같습니다. 더욱이 북방 사람들은 수전에 익숙하지 않습니다. 형주의 군사와 백성이 조조를 따르는 것은 세력의 압박 때문에 어쩔 수 없는 것일 뿐 본심은 아닙니다. 이제 장군께서 진실로 유예주와 함께 힘을 합치고 마음을 같이한다면 틀림없이 조조의 군대를 깨뜨릴 수 있을 것입니다. 조조의 군대가 격파된다면 조조는 반드시 북으로 돌아갈 것이고, 그렇게 된다면 형주와 동오의 세력이 강해져 솥 다리의 형세를 이룰 것입니다. 성공과 실패가 판가름 나는 순간은 오늘에 달려 있습니다. 오직 장군께서 그것을 결정할 수 있습니다."

손권이 크게 기뻐하며 말했다.

"선생의 말씀이 막혀 있던 생각의 실마리를 갑자기 활짝 깨닫게 하는구려. 내 뜻이 이미 결정되었으니 다른 의심은 없소. 수일 내로 상의하여 군대를 일으키고 함께 조조를 멸망시킵시다!"

즉시 노숙에게 이 뜻을 문무관원들에게 하달하도록 하고 공명을 역관으로 보내 쉬게 했다.

손권이 군대를 일으키려는 것을 알게 된 장소는 즉시 사람들과 상의했다.

"공명의 계책에 걸려들었소!"

급히 들어가 손권을 만나 말했다.

"주공께서 군대를 일으켜 조조와 교전을 하신다고 들었는데 주공께서는 원소와 비교해 스스로 어떻다고 생각하십니까? 조조가 지난날 미약한 군사와 적은 수의 장수로 북 한 번 두드리고 원소에게 승리했는데, 하물며 지금 백만 명의 군사를 한데 모아 남쪽으로 정벌을 내려오는 그를 어찌 가볍게 대적할 수 있겠습니까? 제갈량의 말만 듣고서 군대를 경솔하게 움직이신다면 이것은 섶을 지고 불에 뛰어드는 격입니다."

손권은 머리를 숙인 채 말이 없었다. 고옹이 말했다.

"유비는 조조에게 패했기 때문에 우리 강동의 군사를 빌려 조조에게 대항하려는 것인데 주공께서는 어찌하여 이용당하십니까? 원컨대 자포의 말을 들으십시오."

손권은 망설이며 결단을 내리지 못했다. 장소 등이 나가자 노숙이 들어와서 말했다.

"방금 자포 등이 또 주공께 군대를 움직이지 말라 권하고 항복의 의견을 강력히 주장했을 텐데 이것은 모두 자신의 목숨을 보전하고 처자식을 보호하려는 것으로 자신을 위해 꾀하는 계책일 뿐입니다. 원컨대 주공께서는 듣지 마십시오."

손권은 여전히 망설였다. 노숙이 말했다.

"주공께서 주저하시면 틀림없이 여러 사람 때문에 큰일을 그르칠 것입니다."

손권이 말했다.

"경은 잠시 물러나시오. 내 심사숙고하리다."

노숙은 이에 물러나갔다. 이때 무장들 중에는 싸워야 한다는 사람도 있었지만 문관들은 모두 항복해야 한다고 주장하여 의론만 분분하고 의견이 통일되지 않았다.

한편 안채로 들어간 손권은 밥을 먹지도 못하고 잠도 제대로 자지 못하며 결단을 내리지 못한 채 망설였다. 오국태吳國太가 손권의 이런 모습을 보고는 물었다.

"마음에 무슨 일이 있기에 잠도 제대로 못 자고 먹지도 못한단 말이냐?"

손권이 말했다.

"지금 조조가 장강과 한수에 군대를 주둔시키고 있는데 강남으로 내려올 뜻을 비치고 있습니다. 여러 문무관원에게 물으니 어떤 이는 항복하자 하고 어떤 이는 싸우자고 합니다. 싸우자니 적은 군사로 많은 적을 대적하지 못할까 두렵고 항복하자니 또 조조가 받아들이지 않을까 염려됩니다. 이 때문에 망설이기만 하고 결정을 내리지 못하고 있습니다."

오국태가 말했다.

"너는 어찌하여 내 언니가 임종할 때 했던 말씀을 기억하지 못하느냐?"

손권은 마치 술에 취했다가 깨어난 듯, 방금 꿈속에서 깨어난 듯 그 한마디가 생각났다.

국모께서 임종하실 때 했던 말씀 회상하고
주랑을 이끌어내어 전공을 세우게 하는구나
追思國母臨終語, 引得周郞立戰功

오국태는 무슨 말을 할 것인가?

제43회 제갈량이 강동의 모사들과 논쟁을 벌이다

❶

조조가 손권에게 보냈다는 소설의 격문은 실제 역사 기록과는 조금 다르다

『삼국지』「오서·오주전」 배송지 주 『강표전』과 『자치통감』 권65 「한기 57」의 기록은 다음과 같다.

"조공이 손권에게 보낸 편지에 이렇게 썼다. '근래에 천자의 명을 받들어 죄지은 자들을 토벌했고 군기가 남쪽으로 향하자 유종이 항복했소. 이제 수군 80만 명을 정비하여 바야흐로 장군(손권)과 오 땅에서 사냥이나 하고자 하오.' 손권이 이 편지를 군신들에게 보여주자 놀라며 새파랗게 질리지 않는 이가 없었다."

소설에 나온 '함께 유비를 정벌하고 땅을 똑같이 나누어 영원한 동맹을 맺고자 하오'라는 구절이 실제 역사 기록에는 보이지 않는데, 손권에 대한 위협의 정도가 소설에서 약하게 나타났다.

❷

『삼국지』「오서·장소전」은 장소에 관한 기록을 다음과 같이 적고 있다.

"장소는 조정에서 알현할 때마다 언사가 과격하고 얼굴빛은 강직했으며 의기가 있었다. 일찍이 직언을 하여 손권의 뜻을 거스른 일이 있었는데, 손권은 일정 기간 그를 조회에 참석하지 못하게 했다. 나중에 촉나라 사자가 와서 촉나라의 덕정이 선량하고 아름답다고 청송했는데 오나라 신하들 가운데 반박할 자가 없자 손권은 탄식하며 말했다.

'만일 장공張公(장소)이 이 자리에 있었더라면 촉 사신을 설령 굴복시키지는 못할지라도 벙어리처럼 말을 못 하게 할 수는 있었을 텐데, 어찌 다시 스스로 과시할 수 있겠는가?'"

또한 "장소는 용모가 위엄이 있어 손권이 일찍이 '내가 장공과 말할 때는 감히 함부로 하지 못하오'라고 말한 적이 있었다. 온 나라 관원과 백성이 모두 그를 경외했다"고 기록하고 있다. 장소가 제갈량과 논쟁을 벌였다는 기록은 없지만 손권조차도 어려워한 대학자였기에 결코 제갈량이 만만하게 생각할 수 있는 상대는 아니었다.

❸

『삼국지』「오서·우번전虞翻傳」에 우번에 관련된 기록을 살펴보면 그는 술을 상당히 좋아했던 것 같다. 술만 마시면 손권에게 실언을 했고 손권이 화가 난 적이 한두 번이 아니었다. 얼마나 화가 났으면 직접 칼로 그를 찔러 죽이려 했던 적도 있었다. 지방으로 쫓겨나기도 했지만 가르치고 배우는 데 소홀히 하지 않아 문하생이 항상 수백 명이나 되었다고 기록하고 있다.

배송지 주『오서』에 "우번은 조공이 자신을 불러 관직을 내리려 한다는 소식을 듣고는 '도척盜跖(전설에서의 춘추시대 대도大盜)이 남는 재산으로 훌륭한 집안을 더럽히려고 하는가?'라고 말하며 거절하고 관직을 받지 않았다"는 기록이 있다.

우번이 제갈량과 논쟁을 벌였다는 기록은 어디에서도 찾아볼 수 없다.

❹

『삼국지』「오서·설종전薛綜傳」에서는 다음과 같이 기록하고 있다.

"촉한의 사자 장봉張奉이 손권 앞에서 상서 감택闞澤의 성명을 들어가며 감택을 조롱했지만 감택은 응답할 수 없었다. 설종은 자리를 떠나 사자 장봉에게 술을 권하며 기회를 틈타 말했다.

'촉蜀이라는 글자는 무엇입니까? 곁에 견犬이 있으면 독獨이 되고, 없으면 촉蜀이 되며 눈目이 옆으로 누워 있고 몸을 함부로苟 하니 벌레虫가 뱃속에 들어가 있군요.'

장봉이 말했다.

'당신네 오나라 글자도 설명해야 마땅치 않습니까?'

설종은 응답했다.

'입口이 없으면 하늘天이 되고 입口이 있으면 오吳가 됩니다. 군주가 만방에 임했으니 천자의 도읍이 됩니다.'

그러자 좌중에 있던 오나라 군신들이 기뻐하며 웃었고 장봉은 응대하지 못했다. 설종의 언어 기지와 민첩함이 대부분 이와 같았다."

설종이 제갈량과 논쟁을 벌였다는 기록은 없지만 역사 기록에 따르면 그의 언어 기지가 뛰어났음을 알 수 있다. 일방적으로 면박을 당할 인물은 아니었다.

❺

육적회귤陸績懷橘

육적이 여섯 살 때 구강九江(군 명칭, 치소는 안후이성 서우현壽縣)에서 원술을 만났는데, 원술이 먹으라고 귤을 주자 육적은 몰래 귤 세 개를 품 속에 감췄고 작별 인사를 할 때 조심하지 않아 귤을 땅에 떨어뜨리고 말았다. 원술이 물으니 그는 돌아가서 모친에게 효도하고자 가져갔다고 대답했다. 그러자 원술이 그를 칭찬했다. 이 일은 『삼국지』「오서·육적전陸績傳」에 기록되어 있으며, 또한 원나라 때 곽거경郭居敬이 효자 24명의 효행을 적은 『이십사효二十四孝』에도 실려 있다.

「오서·육적전」에 따르면 "육적은 다리에 장애가 있었고, 또 학문에 뜻이 있었으므로 군대에 몸을 던지는 것은 그가 지향하는 바가 아니었다. 32세에 세상을 떠났다"고 기록하고 있다.

❻

『삼국지』「오서·엄준전嚴峻傳」에 엄준의 사람됨과 제갈량과의 인연에 대한 기록이 있다.

"손권이 오왕이 되어 황제로 칭할 때까지 엄준은 일찍이 위위衛尉(황궁 각 문을 보위하는 일을 관장)로 임명되어 사자로 촉한에 가게 되었다. 촉한의 승상 제갈량은 그를 매우 칭찬하며 높이 평가했다. 엄준은 봉록과 하사받은 상을 쌓아두지 않고 모두 친척이나 아는 사람, 옛 친구들에게 나누어 줘 언제나 살림이 넉넉하지 못했다."

❼

『삼국지』「오서·정병전程秉傳」에 따르면 정병은 자가 덕추德樞이고 일찍이 정현鄭玄을 섬겼으며 오경五經에 두루 정통했다고 기록하고 있다. 제갈량과 정병이 논쟁을 벌였다는 역사 기록은 없지만 아마도 정병이 경학에 정통했다는 사실에 근거하여 소설에서 제갈량이 그를 문장에만 몰두하는 사람으로 비판한 듯하다.

제갈량이 정말 동오의 모사들과 설전을 벌였을까?

제갈량이 동오의 모사들과 논쟁을 벌였다는 역사 기록은 없다. 그러나 당시 동오 모사들의 견해에 대한 기록이 몇 가지 있다.

『삼국지』「오서·오주전」에 "이때 조공은 막 유표의 군사들을 얻었으므로 세력이 매우 강성했다. 이에 대해 논의를 한 사람들은 소문만 듣고도 두려워했으며 대부분 조조를 맞아들여 항복하라고 손권에게 권유했다. 주유와 노숙만이 조조에게 대항하자고 주장하여 손권과 뜻을 같이했다"고 기록되어 있다. 배송지 주『강표전』과『자치통감』권65「한기 57」에도 다음과 같이 기록하고 있다.

"조공이 손권에게 보낸 편지에 이렇게 썼다.

'근래에 천자의 명을 받들어 죄지은 자들을 토벌했고 군기가 남쪽으로 향하자 유종이 항복했소. 이제 수군 80만 명을 정비하여 바야흐로 장군(손권)과 오 땅에서 사냥이나 하고자 하오.'

손권이 이 편지를 군신들에게 보여주니 놀라며 새파랗게 질리지 않는 이가 없었다."

　　「오서·노숙전」에 "손권은 조공이 강동으로 쳐들어올 것이라는 소식을 듣고는 장수들과 상의했는데 모두 손권에게 조조를 맞이하여 항복하라고 권유했다. 그러나 노숙 혼자만은 한마디도 하지 않았다"고 기록되어 있어 강동의 모사들은 항복을 권유했지만 주유와 노숙만이 대항하자고 주장했음을 알 수 있다. 제갈량이 동오의 모사들과 논쟁을 벌였다는 역사 기록은 찾아볼 수 없으며 현실적으로 타당하지도 않다.

제 44 회

이교와 동작대부

공명은 지혜를 써서 주유를 홍분시키고,
손권은 조조를 깨뜨릴 계책을 결정하다

孔明用智激周瑜,
孫權決計破曹操

오국태는 손권이 의심하며 결정하지 못하는 것을 보고는 그에게 일렀다.

"돌아가신 언니가 유언하기를 '백부伯符(손책의 자)가 임종할 때 나라 안의 일을 결정하지 못할 때는 장소에게 묻고 나라 밖의 일을 결정하지 못할 때는 주유에게 물어보라'고 했다. 지금 어찌하여 공근公瑾(주유의 자)을 청해 묻지 않느냐?"

손권이 크게 기뻐하며 즉시 사자를 파양[1]으로 보내 주유를 청했고 함께 공무를 의논하기로 했다. 원래 주유는 파양호鄱陽湖에서 수군을 훈련시키고 있었는데 조조의 대군이 한수에 이르렀다는 소식을 듣고는 즉시 군사 기밀을 의논하고자 밤사이 시상군으로 돌아오고 있었다. 사자가 출발하기도 전에 주유가 먼저 당도했다. 노숙은 주유와 가장 관계가 두터워 먼저 와서 주유를 맞이하고는 그동안 있었던 일을 자세하게 이야기해주었다. 주유가 말했다.

"자경께서는 걱정하지 마시오. 내게도 의견이 있소. 지금 속히 공명을 청해 만나게 해주시오."

노숙이 말에 올라 떠났다.

주유가 막 쉬려고 하는데 별안간 장소, 고옹, 장굉, 보즐 네 사람이 찾아왔다는 보고가 들어왔다. 주유가 대청으로 맞아들였다. 자리에 앉아 일상적인 안부를 묻고 나자 장소가 말했다.

"도독께서는 강동의 이익과 손해를 아십니까?"

주유가 말했다.

"알지 못하오."

장소가 말했다.

"조조가 백만 명의 군사를 한데 모아 한수에 주둔시키고 있는데 어제 격문을 전해 주공께 강하에서 사냥을 하고 싶다고 청했소. 비록 집어삼킬 뜻은 있으나 여전히 그 모습을 드러내지는 않고 있소. 저희는 주공께 잠시 항복하여 강동의 화부터 피해보자고 권했소. 그런데 생각지도 못하게 노자경이 강하에서 유비의 군사인 제갈량을 이곳으로 데려왔는데, 저들이 자신들의 원한을 씻고자 일부러 주공을 언사로 흥분시켰는데도 자경은 잘못에서 깨어날 줄 모르고 있소. 그래서 도독께서 결단 내리기를 기다리고 있소."

주유가 말했다.

"공들의 견해는 모두 같소?"

고옹 등이 말했다.

"모두 같습니다."

주유가 말했다.

"나 또한 항복하려고 한 지 오래되었소. 공들은 돌아가시지요. 내일 아침에 주공을 만나 뵙고 의논을 결정하기로 합시다."

장소 등이 작별하고 돌아갔다.

잠시 후 또 정보, 황개, 한당 등 전쟁에 능한 장수들이 만나러 왔다는 보고가 들어왔다. 주유는 그들을 맞아들이고 각자 안부를 물었다. 정보가 말했다.

"도독께서는 강동이 조만간 다른 사람 손에 들어갈 것이라는 소식을 알고 계시오?"

주유가 말했다.

"아직 알지 못하오."

정보가 말했다.

"우리가 손장군을 수행하여 제왕의 사업을 창립한 이래로 크고 작은 수백 번의 전투를 거쳐 비로소 6군의 성지를 얻었소. 그런데 지금 주공께서 모사들의 말만 듣고 조조에게 항복하려고 하시니 이것은 진실로 수치스럽고 애석한 일이오! 우리는 차라리 죽을지언정 욕되지는 않겠소. 바라건대 도독께서 주공께 군대를 일으키는 계책을 결정하도록 설득하시면 우리는 목숨을 걸고 싸울 것이오."

주유가 말했다.

"장군들의 견해는 모두 같소?"

황개가 분연히 일어나더니 손으로 이마를 치면서 말했다.

"내 머리가 절단된다 하더라도 맹세코 조조에게는 항복하지 않겠소!"

모두 말했다.

"우리는 항복을 원치 않소!"

주유가 말했다.

"나도 조조와 결전을 벌이고자 하니 어찌 투항하려 하겠소! 장군들께서는 돌아가시지요. 내가 주공을 만나 뵙고 결정하리다."

정보 등이 작별하고 떠났다.

또 얼마 지나지 않아 제갈근과 여범 등 한 무리의 문관이 문안을 왔다. 주유가 맞아들이고 인사를 마치자 제갈근이 말했다.

"내 아우인 제갈량이 한상에서 왔는데 유예주가 동오와 연맹하여 함께 조조를 치고자 한다고 말했으나 문무관원들의 상의가 아직 결정되지 않았소. 아우가 사자로 왔기 때문에 제가 감히 여러 말을 할 수 없어 오로지 도독께서 오셔서 이 일을 결정해주기만을 기다렸소."

주유가 말했다.

"공론은 어떠하오?"

제갈근이 말했다.

"항복하면 쉽고 편안하겠지만 싸우자면 보존하기 어려울 것이오."

주유가 웃으면서 말했다.

"나에게 나름대로 의견이 있소. 내일 함께 부중에 가서 의논을 결정하기로 합시다."

제갈근 등이 작별하고 물러갔다. 그때 별안간 여몽과 감녕 등의 무리가 만나러 왔다는 보고가 들어왔다. 주유가 청해 들이니 또 그 일에 대해 이야기했다. 싸워야 한다는 사람도 있고 항복해야 한다는 사람도 있어 자기들끼리 서로 논쟁을 벌였다. 주유가 말했다.

"여러 말 할 필요 없습니다. 내일 모두 부중에 가서 공론에 부칩시다."

사람들이 작별을 고하고 떠났다. 주유는 냉소를 그치지 않았다.

밤이 되자 노자경이 공명을 데리고 찾아왔다는 보고가 들어왔다. 주유가 중문으로 나가 맞이했다. 인사를 마치고 손님과 주인 자리에 앉았다. 노숙이 먼저 주유에게 물었다.

"지금 조조가 무리를 몰아 남쪽으로 침범하려고 하는데 화친과 전쟁의 두 가지 책략 중 주공께서는 무엇으로도 결정할 수 없어 장군께 한번 물어보라고 하시오. 장군의 뜻은 어떠하시오?"

주유가 말했다.

"조조가 천자로 명분을 삼으니 그의 군사에 대항할 수는 없소. 게다가 그 세력이 거대하여 함부로 대적할 수도 없소. 싸우면 반드시 패할 것이나 항복하면 쉽고 편안할 것이오. 내 뜻은 이미 결정되었소. 내일 주공을 만나 뵙고 바로 사자를 보내 항복의 권유를 수락할 것이오."

노숙이 깜짝 놀라면서 말했다.

"그대의 말씀은 틀렸소! 강동의 기업이 이미 3대를 이어왔는데 어찌 하루 아침에 다른 사람에게 넘긴단 말이오? 백부께서 유언하시기를 나라 밖의 일은 장군께 부탁하라고 하셨소. 지금 장군에게 의지하여 나라를 보전하고자 태산에 기대는 것처럼 하고 있거늘 어찌하여 겁쟁이들의 의론을 따르려 하시오?"

주유가 말했다.

"강동의 6군에는 백성이 무수히 많은데 전쟁의 재앙을 입게 된다면 틀림없이 나에게 원망이 돌아올 것이므로 항복을 청하는 계책으로 결정한 것뿐이오."

노숙이 말했다.

"그렇지 않소. 장군 같은 영웅과 동오의 험난하고 견고한 형세로 조조는 틀림없이 뜻을 이룰 수 없을 것이오."

두 사람이 서로 논쟁을 벌이는데 공명은 단지 팔짱만 긴 채 냉소했다. 주유가 말했다.

"선생께서는 무슨 까닭으로 비웃고 계시오?"

공명이 말했다.

"다른 사람 때문에 웃는 것이 아니라 자경이 당면한 정세를 정확히 이해 못하기에 웃었을 뿐이오."

노숙이 말했다.

"선생은 어찌하여 내가 현재의 추세를 파악하지 못한다고 웃으시오?"

공명이 말했다.

"조조에게 항복하고자 하는 공근의 의견은 심히 이치에 맞는 말이오."

주유가 말했다.

"공명은 당면한 정세를 정확하게 이해하고 계신 인사이니 틀림없이 나와 같은 마음일 게요."

노숙이 말했다.

"공명, 그대마저 어떻게 그런 말을 하는 것이오?"

공명이 말했다.

"조조는 지극히 군사를 잘 부리니 천하에 감히 대적할 자가 없지요. 단지 여포, 원소, 원술, 유표만이 감히 그와 대적했을 뿐이지요. 지금 그 몇 사람 조차도 모두 멸망했으니 천하에 대적할 만한 사람이 없지요. 오직 유예주께 서만 현재의 정세를 파악하지 못하고 억지로 그와 승패를 다투다, 지금 강하에 외로운 신세가 되었고 생존과 죽음을 보장하지 못할 처지에 계시지요. 장군께서 조조에게 항복하기로 계책을 결정하셨다니 처자식을 보호할 수 있고 부귀를 보전할 수 있겠지요. 황위가 바뀌는 것이야 천명에 맡기면 되는 것이니 애석해할 필요가 있겠소!"

노숙이 크게 노했다.

"너는 나의 주공더러 나라의 역적에게 무릎을 꿇고 능욕을 당하라는 말이더냐!"

공명이 말했다.

"제게 한 가지 계책이 있는데 양을 끌고 술통을 지며 토지를 헌납하고 인수를 바치는 수고를 하지 않아도 되고, 또한 친히 강을 건널 필요도 없습니다. 단지 조각배에 사신 한 명과 두 사람을 태워 장강으로 보내기만 하면 그만이지요. 조조가 이 두 사람을 얻기만 한다면 백만 명의 무리도 모두 갑옷을 벗어던지고 깃발을 말아 올리며 물러날 것이오."

주유가 말했다.

"어떤 두 사람을 써야 조조의 군대를 물리칠 수 있단 말이오?"

공명이 말했다.

"강동에서 이 두 사람을 보내는 것은 큰 나무에서 잎사귀 하나가 떨어지고, 태창太倉(도성에 곡식을 비축해둔 큰 창고)에서 좁쌀 한 알 줄어드는 것과 같을 뿐이오. 조조가 그들을 얻기만 하면 틀림없이 크게 기뻐하며 돌아갈 것이오."

주유가 또 물었다.

"과연 어떤 두 사람을 써야 그렇게 된단 말이오?"

공명이 말했다.

"제가 융중에 기거하고 있을 때 조조가 장하에 새롭게 대臺를 축조했는데, 그 대 이름을 '동작銅雀'이라 짓고는 지극히 웅장하고 아름다운 곳에 천하의 미녀들을 널리 선발하여 가득 채운다고 들었소. 조조는 본래 여색을 좋아하는 무리로 오래전에 강동의 교공喬公에게 두 딸이 있어 큰딸은 대교라 하고 작은딸은 소교라고 부르는데, 물고기가 그들을 보고는 부끄러워하여 물속으로 숨고 기러기가 보고는 창피하여 모래톱에 내려앉으며, 달을 구름 속으로 숨게 하고 꽃이 부끄러워할 정도로 아름다운 용모라 들었다고 하더이다. 그래서 조조가 일찍이 '나의 한 가지 소원은 천하를 소탕하여 평정하고 제왕의 사업을 이루는 것이고, 다른 한 가지 소원은 강동의 이교를 얻어 동작대에 두고 노년을 즐기는 것이니 비록 죽는다 한들 한이 없겠노라'고 맹세했다고 합니다. 지금 비록 백만의 군사를 이끌고 강남을 위엄 있게 주시하고 있으나 사실은 이 두 여자 때문입니다. 장군께서는 어찌하여 교공을 찾아가 천금으로 이 두 여자를 사서 사람을 시켜 조조에게 보내지 않으시는지요? 조조가 두 여인을 얻기만 한다면 마음에 흡족해하며 틀림없이 군대를 철수시킬 것이오. 이것은 범려가 서시를 바친 계책²으로 어찌 속히 실행하지 않으십니까?"

주유가 말했다.

"조조가 이교를 얻고자 한다는 증거라도 있소?"

공명이 말했다.

"조조의 아들 조식曹植은 자가 자건子建으로 붓을 들어 쓰기만 하면 문장이 이루어지는 뛰어난 글재주를 가지고 있소. 조조가 그에게 명하자 「동작대부銅雀臺賦」라는 부³ 하나를 지었다고 합니다. 그 부에는 조씨 집안이 천자가 되는 것이 합당하다는 것과 맹세코 이교를 취해야 한다는 내용이 있지요."

주유가 말했다.

"공은 그 부를 기억할 수 있겠소?"

공명이 말했다.

"그 문장이 화려하고 정교하여 일찍이 베껴서 기억하고 있지요."

주유가 말했다.

"한번 암송해보시지요."

공명은 즉시 「동작대부」를 암송했다.

현명하신 군주 따라 돌아다니며 노님이여

층층이 높은 대에 오르니 기분이 유쾌하도다

넓게 펼쳐진 태부[4]를 바라봄이여

군주께서 성덕으로 건설하신 대를 구경하도다

높은 문루 우뚝 솟게 세웠음이여

쌍궐[5]은 하늘 높이 둥둥 떠 있구나

하늘 한복판에 세워진 화관[6]이여

하늘에 걸친 복도는 서쪽 누각으로 이어졌네

장수의 긴 물결 흘러들어옴이여

무성하게 자란 동산의 과수를 바라보노라

좌우에 두 개의 대를 세움이여

옥룡대玉龍臺와 금봉대金鳳臺로구나

'이교'[7]를 동남에서 데려옴이여

아침저녁으로 그들과 함께 즐기리라

도성의 웅장하고 화려함을 굽어봄이여

둥둥 떠다니는 꽃구름 멀리 바라보네

재능 있는 인재들 모여들어 기뻐함이여

주 문왕 길몽 꾸고 비웅[8]의 도움 얻었도다

고개 들어 따뜻하고 부드러운 봄바람 즐김이여

온갖 새들 짹짹 우는 소리 듣는도다

하늘의 왕업 이미 크게 세움이여

조씨 집안의 염원 조속히 실현되었네

천하에 인자한 교화 실행함이여

모두가 도성 향해 엄숙히 공경하리다

제나라 환공 진나라 문공의 흥성함이여

어찌 우리 영명한 군주에 비할 수 있겠는가

훌륭하구나 아름답구나 은택이 널리 퍼지도다

우리 황실을 보필함이여

저 천하 사방을 편안하게 함이로다

천지자연의 도량 같음이여

해와 달의 찬란한 빛과 함께 빛나도다

영원히 존귀하여 끝이 없음이여

군주의 수명은 동황[9]과 같이 장수하시리

용의 깃발 꽂은 어가 타고 한가로이 유람함이여

천자의 어가 몰아 두루 둘러보도다

은택이 사해에 미침이여

훌륭한 물산 풍부하고 백성 평안하네

이 동작대 영원히 견고하길 바람이여

즐거운 마음 멀리 오래도록 끝나지 않으리라

從明后以嬉遊兮. 登層臺以娛情

見太府之廣開兮. 觀聖德之所營

建高門之嵯峨兮, 浮雙闕乎太淸

立中天之華觀兮, 連飛閣乎西城

臨漳水之長流兮, 望園果之滋榮

立雙臺於左右兮, 有玉龍與金鳳

攬二喬於東南兮, 樂朝夕之與共

俯皇都之宏麗兮, 瞰雲霞之浮動

欣群才之來萃兮, 協飛熊之吉夢

仰春風之和穆兮, 聽百鳥之悲鳴

雲天亘**10**其旣立兮, 家願得乎獲逞**11**

揚仁化於宇宙兮, 盡肅恭於上京

惟桓文之爲盛兮, 豈足方乎聖明

休矣! 美矣! 惠澤遠揚

翼佐我皇家兮, 寧彼四方

同天地之規量兮, 齊日月之輝光

永貴尊而無極兮, 等君壽於東皇

禦龍旗以遨遊兮, 回鸞駕而周章

恩化及乎四海兮, 嘉物阜而民康

願斯臺之永固兮, 樂終古而未央

듣고 난 주유가 갑자기 버럭 성을 내며 자리에서 일어나더니 북쪽을 가리키며 욕을 했다.

"늙은 도적놈이 나를 너무 심하게 깔보는구나!"

공명이 급히 일어나 말리며 말했다.

"옛날에 선우(單于)가 여러 번 국경을 침범하자 한나라 천자께서 공주를 혼인시켜주고 화친을 맺은 적도 있는데 지금 어찌하여 민간의 두 여자를 아까워하시오?"

주유가 말했다.

"공은 모르겠지만 대교는 손백부 장군의 부인이시고 소교는 바로 나의 아내올시다."

공명이 부끄럽고 황송한 척하며 말했다.

"저는 정말 몰랐습니다. 터무니없는 말을 제멋대로 지껄였으니 죽을죄를 지었습니다! 죽을죄를 지었습니다!"

주유가 말했다.

"내 늙은 도적놈과는 맹세코 이 세상에 같이 살 수 없도다!"

"일을 할 때는 모름지기 세 번 생각해야 후회하지 않는다고 했소."

"내가 백부의 부탁을 받았는데 어찌 몸을 굽혀 조조에게 항복할 수 있겠소? 방금 한 말은 시험해본 것뿐이오. 파양호를 떠날 때부터 북벌할 마음이 있었는데 칼과 도끼가 머리에 떨어진다 하더라도 그 뜻은 바뀌지 않을 것이오! 바라건대 공명께서 한쪽 팔의 조그마한 힘이라도 도와 함께 조조 역적놈을 깨뜨립시다."

"버리지 않으신다면 개와 말의 수고로움이라도 다하여 아침저녁으로 두 손 맞잡고 부리심을 받들며 진력하겠습니다."

"내일 들어가서 주공을 만나 뵙고 즉시 군대를 일으킬 일을 의논하겠소."

공명과 노숙은 주유와 작별하고 나와서 각자 헤어졌다.❶

이튿날 이른 아침, 손권이 대청에 올랐다. 좌측에는 문관인 장소, 고옹 등 30여 명, 우측에는 무관인 정보, 황개 등 30여 명이 모두 의관을 정제했는데 차고 있던 검과 늘어뜨린 패가 부딪쳐 뎅그렁거리며 문관과 무관으로 나누어 시립했다. 잠시 후 주유가 들어와서 알현했다. 예를 마치자 손권이 위로하고 안부를 물었다. 주유가 말했다.

"근래에 조조가 군대를 이끌고 한상에 주둔시키고 글을 보냈다고 들었는데 주공의 뜻은 어떠하십니까?"

손권이 즉시 격문을 가져와 주유에게 보여주도록 했다. 읽고 난 주유가 웃으면서 말했다.

"늙은 도적놈이 우리 강동에 사람이 없는 줄 아나 봅니다. 감히 이토록 업신여긴단 말입니까?"

손권이 말했다.

"그대의 뜻은 어떠하오?"

"주공께서는 여러 문무관원과 상의하지 않으셨습니까?"

"연일 이 문제를 의논했는데 항복을 권하는 사람도 있고 싸우자고 하는 사람도 있소. 내 뜻이 아직 정해지지 않았으므로 공근을 청해 물어보고 결단을 내리려고 하오."

"누가 주공께 항복을 권했습니까?"

"장자포 등이 모두 그런 뜻으로 주장하고 있소."

주유가 즉시 장소에게 물었다.

"원컨대 선생께서 항복을 주장하는 뜻을 듣고 싶소."

장소가 말했다.

"조조는 천자를 끼고 사방을 정벌하면서 조정을 명분으로 내세워 움직이고 있소. 근래에는 또 형주를 얻어 그 위세가 더욱 커졌소. 우리 강동에서 조조를 막아낼 수 있는 것은 장강뿐이오. 지금 조조의 몽동 같은 전함이 어찌 100척, 1000척에 그치겠소? 수륙 양면으로 진격해온다면 어떻게 그들을 감당하겠소? 차라리 잠시 항복했다가 뒷날 다시 계책을 도모하는 것이 나을 듯하오."

주유가 말했다.

"그것은 융통성 없는 세상 물정 모르는 선비의 논리요! 강동은 개국 이래로 지금까지 3대를 이어왔는데 어찌 하루아침에 폐기한단 말이오!"

손권이 말했다.

"그렇다면 장차 어떤 계책을 내실 것이오?"

주유가 말했다.

"조조가 비록 한나라 승상의 이름을 빌렸으나 사실은 한나라 역적입니다. 장군께서는 영명하고 위엄과 뛰어난 재주를 지니고 계시고 부형께서 남기신 기업에 의지하여 강동을 소유하고 계시며 정예로운 병사들과 풍족한 양식이 있으니 마땅히 천하를 종횡하여 나라를 위해 흉악하고 잔인한 무리를 제거하셔야 하거늘 어찌하여 역적에게 항복하신단 말입니까? 더욱이 조조는 지금 이곳으로 오면서 병가의 금기를 수없이 범하고 있습니다. 북쪽 영토를 아직 평정하지 못하여 마등과 한수가 그 후환이 되는데도 조조는 오래도록 남쪽 정벌에 나서고 있으니 이것이 첫 번째 금기를 범한 것입니다. 북쪽 군대는 수전에 익숙하지 않은데도 조조는 안장과 말을 버리고 배와 노를 잡고서 동오와 승패를 다투려 하니 이것이 두 번째 금기를 범한 것입니다. 또한 지금은 한겨울이라 말에게 먹일 풀이 없으니 이것이 세 번째 금기를 범한 것입니다. 중원의 사졸들을 몰아 멀리 강과 호수를 건너왔기에 음식이나 기후 등에 적응하지 못하여 질병이 많이 발생하니 이것이 네 번째 금기를 어긴 것입니다. 조조의 군대가 이렇게 많은 금기를 범하고 있으니 그 수가 비록 많다

하더라도 반드시 패할 것입니다. 장군께서 조조를 사로잡을 때는 바로 오늘입니다. 청컨대 수만 명의 정예병을 주신다면 하구에 주둔하면서 장군을 위해 조조를 격파하겠습니다!"

손권이 놀라 주위를 두리번거리며 일어나 말했다.

"늙은 역적이 한나라 황제를 폐하고 스스로 황제가 되려 한 지 오래되었으나, 그자가 두려워하는 사람은 두 원씨, 여포, 유표와 나뿐이었소. 지금 그들은 이미 멸망했고 오직 나만 살아 있소. 나는 늙은 역적과는 맹세코 같은 세상에서 살지 않을 것이오! 조조를 쳐야 한다는 경의 말씀은 내 뜻과 매우 합치되오. 이것은 하늘이 내게 경을 내려주신 것이오."

주유가 말했다.

"신은 장군을 위해 결사전을 벌일 것이며 만 번 죽어도 마다하지 않을 것입니다! 다만 장군께서 의심하여 결정을 내리지 못하실까 걱정됩니다."

손권이 패검을 뽑아 들고 눈앞에 있는 탁자 한쪽 모서리를 내리찍으며 말했다.

"여러 관원과 장수 가운데 다시 조조에게 항복하라고 말하는 자가 있다면 이 탁자와 똑같이 되리라!"

말을 마치더니 즉시 그 검을 주유에게 하사하고 주유를 대도독으로 봉했으며, 정보를 부도독, 노숙을 찬군교위[12]로 임명했다. 문무관원들 중 명령을 듣지 않는 자가 있으면 즉시 그 검으로 베어 죽이라 했다.❷

검을 받은 주유는 사람들에게 말했다.

"내 주공의 명령을 받들어 군대를 인솔하여 조조를 격파하겠소. 여러 장수와 관리는 모두 내일 강변 행영[13]으로 나와서 명을 받도록 하시오. 지체하여 일을 그르치는 자가 있다면 칠금령, 오십사참[14]에 의거하여 참수를 시행하겠소."

말을 마치더니 손권에게 하직하고 몸을 일으켜 부중을 나갔다. 문무관원들도 각기 말없이 흩어졌다.

처소로 돌아온 주유는 즉시 공무를 의논하고자 공명을 청했다. 공명이 당도하자 주유가 말했다.

"오늘 부중에서 공론을 정했으니, 원컨대 조조를 깨뜨릴 좋은 계책을 알려주시오."

공명이 말했다.

"손장군의 마음이 여전히 확고하게 결정되지 않은 듯하니 계책을 알려줄 수 없소."

주유가 말했다.

"어찌하여 마음이 확고하지 않다고 하시오?"

"마음속으로는 조조의 군대가 많은 것을 두려워하고 적은 수로 많은 적을 대적할 수 없다는 생각을 품고 계시오. 장군께서 군사의 숫자로 타이르셔서 의심이 없도록 한 다음에야 큰일을 이룰 수 있을 것이오."

"선생의 말씀은 대단히 훌륭하오."

이에 다시 들어가 손권을 알현했다. 손권이 말했다.

"공근이 밤에 온 것을 보니 틀림없이 무슨 일이 생긴 듯하오."

주유가 말했다.

"내일 군마를 파견하는데 주공께서는 마음속에 의심은 없으십니까?"

"다만 조조의 군사가 많으니 적은 수로 많은 적을 대적할 수 있을까 우려할 뿐이오. 다른 의심은 없소."

주유가 웃으면서 말했다.

"제가 특별히 그것 때문에 주공의 의심을 풀어드리려고 왔습니다. 주공께서는 조조의 격문에 수륙 대군이 백만 명이라는 것을 보고는 의구심을 품을 뿐 다시 그 허실을 헤아리지는 않았습니다. 지금 실제로 그것을 계산해보겠습니다. 저들 중원의 병사는 15~16만 명에 불과하며 게다가 이미 오래전에 지쳐 있는 상태입니다. 원씨[15]의 무리를 얻었다고는 하나 또한 7~8만 명에 그칠 뿐이고 대부분이 여전히 의심을 품어 복종하지 않고 있습니다. 무릇 오랫동안 지친 군졸들과 여우처럼 의심이 많은 무리를 부리는 것은 그 수가 비록 많다 하더라도 두려워할 필요가 없습니다. 저에게 5만 명의 군사만 있으면 충분히 그들을 깨뜨릴 수 있습니다. 원컨대 주공께서는 염려하지 마십시오."

손권이 주유의 등을 쓰다듬으며 말했다.

"공근의 그 말이 내 의심을 풀어주기에 충분하오. 자포는 지모가 없어서 나의 기대를 잃게 했으나, 유독 경과 자경만이 나와 같은 마음이구려. 경은 자경, 정보와 더불어 수일 내에 군사를 선발해 전진하시오. 내가 인마를 이어서 추가로 보내고 물자와 군량을 많이 실어 보내 경을 위하여 뒤에서 호응하겠소. 경의 선봉대가 만일 여의치 않게 되면 즉시 내가 있는 곳으로 군대를 철수시키시오. 내가 친히 역적 조조와 결전을 벌일 것이오. 더 이상 다른 의심은 없소."

주유는 작별을 고하고 나와서 속으로 곰곰이 생각했다.

'공명은 진작에 오후吳侯의 마음을 헤아리고 있었구나. 그 계책 또한 나보다 머리 하나는 높도다. 오래두면 반드시 강동의 우환거리가 될 것이니 차라리 죽여버리는 것이 낫겠다.'

이에 그날 밤으로 사람을 보내 노숙을 장막으로 청하며 공명을 죽여야겠다는 말을 했다. 노숙이 말했다.

"안 되오. 지금 역적 조조를 격파하지도 못했는데 먼저 현사를 죽인다면 이것은 스스로 도움을 제거하는 것이오."

주유가 말했다.

"이 사람이 유비를 돕고 있으니 틀림없이 강동의 근심거리가 될 것이오."

"제갈근이 바로 그의 친형이니 이 사람을 불러오게 하여 함께 동오를 섬기게 한다면 어찌 좋지 않겠소?"

주유가 그 의견을 훌륭하다며 칭찬했다.

이튿날 새벽에 주유는 행영으로 나가 중군 군막 높은 자리에 올라앉았다. 좌우에 도부수를 세우고 문관과 무장을 모아놓고는 명령을 받들게 했다. 정보는 주유보다 나이가 많은데 지금 주유의 작위가 자신보다 위에 있자 내심 불쾌하게 생각했고, 결국 이날 병을 핑계로 나오지 않고는 큰아들인 정자程咨를 대신 내보냈다. 주유가 장수들에게 명령을 내렸다.

"나라의 법령에는 혈육도 없는 법이니 여러분은 각자 자신의 직분을 준수해야 하오. 현재 조조의 권력 남용이 동탁보다 심하며 천자를 허창에 감금하고 흉포한 군사들을 국경에 주둔시켰소. 내 지금 명을 받들어 그들을 토벌하니 여러분께서는 바라건대 모두 앞으로 전진하도록 노력하시오. 또한 대군은 백성에게 폐를 끼쳐서는 안 되오. 공로가 있는 자에게는 상을 주고 죄가 있는 자에게는 벌을 내릴 것이며 결코 불법 행위를 눈감아주지 않겠소."

명령을 마치고 즉시 한당과 황개를 선봉대로 삼고 본부 전선을 거느리고는 그날로 출동하여 삼강구[16]에 군영을 세운 후 별도로 명령을 기다리도록 했다. 장흠蔣欽과 주태周泰는 제2대, 능통淩統과 반장潘璋은 제3대, 태사자와 여몽은 제4대, 육손과 동습董襲은 제5대로 삼았으며, 여범과 주치를 사방순

경사四方巡警使로 삼아 여섯 군의 관군들이 수륙으로 동시에 나아가도록 모두 모으고 감독 및 재촉하게 했다. 배치가 끝나자 장수들은 각자 배와 군용 기구들을 수습하고 출발했다. 정자는 돌아와 부친인 정보를 만나 주유가 병력을 배치하고 행동하는 데 법도가 있다고 말했다. 정보가 깜짝 놀랐다.

"내가 평소에 주랑이 나약하다고 깔보고 장수가 되기에 부족하다고 여겼는데, 이제 그렇게 할 수 있다니 참으로 통솔력을 갖춘 장수의 재목이로다! 내가 어찌 복종하지 않겠는가!"

마침내 친히 행영으로 찾아뵙고 사죄했다. 주유 또한 겸손하게 사양했다.❸

이튿날 주유가 제갈근을 청해 일렀다.

"아우님인 공명은 왕을 보좌할 만한 재능이 있는데 어찌하여 몸을 굽혀 유비를 섬기고 있소? 지금 다행히 강동에 왔으니 번거롭더라도 선생께서 사소한 칭찬의 언사를 아끼지 마시고 아우님에게 유비를 버리고 동오를 섬기라고 해주시오. 그렇게 한다면 주공께서는 현량한 보좌관을 얻게 되는 것이고 선생 형제 또한 서로 같이 있게 되는 것이니 어찌 아름답다고 하지 않겠소? 바라건대 선생께서 한번 가주셨으면 좋겠습니다."

제갈근이 말했다.

"제가 강동에 온 이래로 하찮은 작은 공도 없어 부끄럽소. 지금 도독의 명이 있는데 어떻게 감히 힘을 다하지 않겠습니까."

즉시 말에 올라 역정[17]으로 달려가 공명을 만났다. 공명이 맞아들이고 울면서 절을 올리며 각자 오랫동안 헤어졌던 상념의 정을 하소연했다. 제갈근이 흐느끼며 말했다.

"아우는 백이伯夷와 숙제叔齊를 알고 있는가?"

공명이 속으로 생각했다.

'이것은 틀림없이 주랑이 시켜서 나를 설득하려고 오신 것이로다.'

즉시 대답했다.

"백이와 숙제는 옛날 성현이지요."

"백이와 숙제가 비록 수양산首陽山 아래서 굶어 죽었다 하더라도 형제 두 사람은 한곳에 같이 있었네. 내 지금 자네와 한 어머니의 젖을 먹은 친형제인데 각기 다른 주인을 섬기고 있어 아침저녁으로 모일 수 없게 되었네. 그러니 백이와 숙제의 사람됨에 비해서 부끄럽지 않을 수 있겠는가?"

"형님께서 말씀하시는 것은 정이고, 이 아우가 지키려는 것은 의리입니다. 이 아우와 형님은 모두 한나라 사람입니다. 지금 유황숙께서는 한실의 후예이시니 형님께서 동오를 떠나시어 이 아우와 함께 유황숙을 모신다면 위로는 한나라 신하가 되어 부끄럽지 않을 것이고 골육이 또 서로 모일 수 있으니 이것은 정과 의리를 모두 온전하게 할 수 있는 계책입니다. 형님의 뜻은 어떠하신지 모르겠습니다."

제갈근은 생각했다.

'내가 저를 설득하러 왔는데 도리어 제가 나를 설득하는구나.'

결국 대답할 말이 없게 되자 몸을 일으켜 작별하고 떠났다. 돌아서는 주유를 만나 공명의 말을 자세하게 이야기했다. 주유가 말했다.

"공의 뜻은 어떠하오?"

제갈근이 말했다.

"내가 손장군의 두터운 은혜를 받았거늘 어찌 배신하려 하겠소!"

"공이 충심으로 주공을 섬긴다니 여러 말할 필요 없소. 내게 공명을 굴복시킬 계책이 있소."

지혜와 지혜가 만나면 반드시 부합되지만

재주와 재주가 다투면 용납하기 어렵다네

智與智逢宜必合, 才和才角又難容

주유는 무슨 계책으로 공명을 굴복시킬 것인가?❹

제44회 이교와 동작대부

❶

이교와 동작대부

대교와 소교를 이교라 부르지만 자세한 역사 기록은 없으며 아래 기록으로 대략 추리해볼 수는 있다.

『삼국지』「오서·주유전」에 따르면 "주유는 손책을 따라 환현皖縣(안후이성 첸산潛山)을 쳐서 함락시켰다. 이때 교공橋公의 두 딸을 포로로 잡았는데 모두 경국지색이었다. 손책 자신은 대교를 아내로 맞아들이고 주유는 소교를 아내로 들였다"고 기록하고 있다. 배송지 주 『강표전』은 다음과 같이 기록하고 있다.

"손책이 주유에게 농담했다.

'교공과 두 딸이 비록 정처 없이 떠돌아다녔으나 우리 두 사람을 사위로 얻었으니 이 또한 기뻐할 만하지 않은가.'"

이는 건안 4년(199)의 일로 손책과 주유 모두 24세였다. 그러나 손책은 그 이듬해(200)에 죽었는데 1남 3녀를 두었으니 결국 대교는 손책의 첩이었음을 알 수 있다. 「오서·주유전」의 기록은 '납納' 자를 사용하고 '취娶' 자를 사용하지 않았는데, 옛사람들은 아내를 얻을 때는 '취娶' 자를 사용하고 첩을 맞아들일 때는 '납納' 자를 사용했기 때문에 이교는 마땅히 첩으로 보아야 한다.

그리고 조조가 남쪽 정벌에 나선 것은 건안 13년(208)으로 손책과 주유가 이교를 얻은 지 9년 후의 일이다. 또한 소교가 만일 주유의 아내였다면 이때 이미 2남 1녀의 어머니였기 때문에 조조가 탐내기에는 무리가 아닐까 판단된다.

『삼국지』「위서·진사왕식전陳思王植傳」은 다음과 같이 기록하고 있다.

"업성에 동작대銅爵臺(작爵은 작雀이라고도 한다)가 막 완공되자 태조는 모든 아들을 데리고 동작대로 올라가 각자 부賦를 짓도록 했다. 조식이 붓을 쥐고 바로 완성했는데 문채가 볼만했으므로 태조는 그를 매우 기이하게 여겼다."

동작대가 완공된 시기는 소설의 내용과 다르게 건안 15년(210)으로 적벽대전이 끝나고 2년 후다. 이 동작대부는 조식의 문집 「등대부登臺賦」에 실려 있는데, 등대부에는 "좌우에 두 개의 대를 세움이여, 옥룡대玉龍臺와 금봉대金鳳臺로구나. '이교'를 동남에서 데려옴이여, 아침저녁으로 그들과 함께 즐기리라. 도성의 웅장하고 화려함을 굽어봄이여, 둥둥 떠다니는 꽃구름 멀리 바라보네. 재능 있는 인재들 모여들어 기뻐함이여, 주 문왕 길몽 꾸고 비웅의 도움 얻었도다立雙臺於左右兮, 有玉龍與金鳳, 攬二喬於東南兮, 樂朝夕之與共. 俯皇都之宏麗兮, 瞰雲霞之浮動. 欣群才之來萃兮, 協飛熊之吉夢"의 8구와 "용의 깃발 꽂은 어가 타고 한가로이 유람함이여, 천자의 어가 몰아 두루 둘러보도다. 은택이 사해에 미침이여, 훌륭한 물산 풍부하고 백성 평안하네. 이 동작대 영원히 견고하길 바람이여, 즐거운 마음 멀리 오래도록 끝나지 않으리라禦龍旗以遨遊兮, 回鸞駕而周章. 恩化及乎四海兮, 嘉物阜而民康. 願斯臺之永固兮, 樂終古而未央!"6구는 실려 있지 않다. 결국 "이교를 동남에서 데려옴이여, 아침저녁으로 그들과 함께 즐기리라"라는 구절은 조식의 등대부에 실려 있지 않은 허구다.

소설의 동작대부에서는 '이교二喬'라고 표현했는데, 교喬와 교橋는 뜻은 다르지만 발음이 같기에 교묘하게 교橋로 바꾸어 동작대를 잇는 두 개의 다리와 교공의 두 딸인 이교를 가리키도록 제갈량이 꾸민 것이다. 그러나 실제 역사 기록에는 모두 '이교二橋'로 기록되어 있어 교喬가 아닌 교橋(다리)라 해야 한다. 참고로 남북조 시기 후주後周의 문제文帝는 성씨 '교橋'에서 '목木'을 버리고 '교喬'로 변경했다. 이후로 성씨

'교橋'는 '교喬'가 되었다.

❷
주유는 대도독이 된 적이 없다

『삼국지』「오서·오주전」에 "주유와 정보는 좌우左右 독督이 되어 각기 1만 명의 군사를 이끌고 유비와 함께 진격해 적벽에서 조조 군대를 대파했다"고 기록되어 있으므로 주유는 대도독이 아니었다. 주유는 대도독에 임명된 적이 없으며 좌도독左都督, 전부대독前部大督(손권이 설치한 관직으로 군대의 선두 부대를 통솔했다)에만 임명되었고, 그것도 모두 군사 상황에 따라 임시로 설치된 관직이었다.

대도독은 삼국이 정립된 이후에 설치되었으며 제1품이었으나 이 또한 상시 설치된 것은 아니었다.

❸
주유와 정보의 관계

『삼국지』「오서·주유전」에 "주유는 생각과 도량이 매우 넓어서 대체로 인심을 얻었는데, 오직 정보와는 화목하지 못했다"고 기록되어 있고, 「오서·종실전·손교전孫皎傳」에는 여몽이 손권에게 "이전에 주유와 정보가 좌우 부대의 독督이 되어 함께 강릉을 공격했을 때 비록 일은 주유가 결정했지만 정보는 스스로 노장이라는 것에 의지해 둘 다 독이 되었고 결국은 화목하지 못하여 국가 대사를 그르쳤습니다"라고 한 말도 기록되어 있다. 「오서·주유전」 배송지 주 『강표전』에는 "정보는 자신이 연장자이므로 자주 주유를 모욕하고 업신여겼다. 주유는 몸을 굽혀 받아들였고 끝까지 거역하지 않았다. 정보는 나중에 탄복하여 친하게 지내며 그를 중시했고 사람들에게 '주공근과의 사귐은 마치 향기가 짙은 맛있는 술을 마시는 것 같아 취함을 느끼지 못한다'고 말했다. 그때 사람들은 주유가 겸양으로 사람을 감복시키는 것이 이와 같다고 했다"고 기록되어 있다.

4

『삼국지』「오서·제갈근전」 배송지 주 『강표전』과 『자치통감』 권69 「위기魏紀 1」에 따르면 손권이 육손陸遜에게 다음과 같이 회답했다고 기록하고 있다.

"자유子瑜(제갈근)는 나와 함께 오래도록 일하여 은정은 골육과 같고 서로 깊이 이해하고 있소. 그의 사람됨은 도리에 부합되지 않으면 행하지 않고 예의에 부합되지 않는 말은 하지 않소. 이전에 현덕이 공명을 우리 오나라에 사자로 파견했는데, 내 일찍이 자유에게 '그대와 공명은 동포 형제이니 아우가 형을 따르는 것은 의리에 부합되는데 어찌하여 공명을 머물게 하지 않소? 공명이 만일 남아서 경을 따른다면 내 현덕에게 서신을 보내 해명할 수 있고 그는 동의할 것이라 생각되오'라고 말하자, 자유가 내게 대답하기를, '내 아우 제갈량은 이미 유비에게 절개를 굽혔습니다. 몸을 맡겨 신하로 칭하며 군신의 명분이 이미 결정되었기에 의리에 두마음이 없는 아우는 오에 머물지 않을 것입니다. 아우가 이곳에 머무르지 않는 것은 이 제갈근이 유비에게 가지 않는 것과 같습니다'라고 했소."

또한 『삼국지』「오서·제갈근전」에 따르면 "제갈근은 아우인 제갈량과 함께 정식 회견 장소에서 서로 만날 뿐 공적인 일이 끝나면 사적으로 만나는 일은 없었다"고 기록하고 있다.

제갈근이 주유의 명에 따라 제갈량을 만나 그를 동오에 머물게 하려 시도한 일은 역사에 기록되어 있지 않으며, 오히려 손권이 제갈근에게 제갈량을 머물게 하도록 요청했고 제갈근은 도리로써 손권의 요청을 거절했다고 역사는 기록하고 있다.

적벽대전 때 투입된 양측의 군사력

소설에서는 조조가 보낸 격문에 '정예 병력 백만 명과 상장 1000명'이라 표현했고, 제갈량은 '150만 명'까지 말하며, '83만 명'이라는 표현이 반복적으로 나오고 있다.

사실 역사 기록에는 적벽대전 때의 정확한 군사 규모에 관한 상세한 기록이 없기 때문에 양쪽 진영의 군사력을 가늠하기는 어려울 뿐만 아니라 학자들 사이에서도 많은 논쟁을 불러일으키고 있다. 그렇지만 몇 가지 역사 기록을 통해 양쪽의 군사력에 관한 정보를 얻을 수 있다.

우선『삼국지』「오서·주유전」의 배송지 주『강표전』에 양측의 군사력을 엿볼 수 있는 기록이 있다.

"밤에 주유가 손권을 만나 다음과 같이 말했다.

'사람들은 공연히 조조의 편지만 보고 수군, 보군 80만 명이라고 말하면서 각기 두려워하고 있습니다. 그의 허실을 헤아려보지도 않고 투항하자는 의견을 내는 것은 아무런 의미가 없습니다. 이제 실제로 그것을 비교해보겠습니다. 저들 중원의 군사들은 15~16만 명에 불과한데 더욱이 군사들이 이미 지친 지 오래되었습니다. 유표의 무리를 얻었다고는 하나 또한 7~8만 명에 불과하고 그들은 여전히 회의를 품으며 의심하고 있는 상태입니다. 무릇 피로하고 병든 군졸과 의심을 품은 무리이니 그 수가 비록 많다 하더라도 두려워할 필요는 없습니다. 정예병 5만 명만 있으면 충분히 그들을 막아낼 수 있으니 원컨대 장군께서는 의심하지 마십시오.'

손권이 주유의 등을 어루만지며 말했다.

'공근, 경의 말이 내 마음에 심히 부합하는구려. 5만 명의 군사를 급작스럽게 집합시키기는 어렵소. 그러나 이미 3만 명을 선발했고 전선, 군량, 전쟁 기구들을 모두 준비해놓았소. 경이 자경子敬(노숙의 자), 정공程公(정보)과 함께 즉시 먼저 출발하면 나는 병사들을 계속 선발하여 보내주고 군량과 마초를 실어 보내 경의 후원이 되겠소.'"

먼저, 손권의 군사력을 살펴보면 「오서·주유전」에 주유가 손권에게 "이 유가 청컨대 정예병 3만 명을 거느리고 하구에 주둔하겠습니다"라는 기록이 있다. 그리고 「촉서·제갈량전」에 제갈량이 손권에게 연합을 설득하는 대화 중에 손권이 화를 내면서 "나는 모든 오나라의 토지와 10만 명의 병사를 가지고 다른 사람의 통제를 받을 수는 없소"라는 기록이 있고 "손권이 크게 기뻐하며 즉시 주유, 정보, 노숙 등을 파견하여 수군 3만 명을 이끌고 제갈량을 따라 선주가 있는 곳으로 가서 힘을 합쳐 조공에게 저항하게 했다"고 기록하고 있다.

역사 기록들을 종합해보면 그 당시 손권의 군사는 총 10만 명 정도였고, 그중에 3만 명이 적벽대전에 투입되었다.

다음으로 유비 측 군사력을 살펴보면 「촉서·선주전」에 "유표의 장남인 강하태수 유기의 병사 1만여 명을 만나서 그들과 함께 하구에 이르렀다"고 기록되어 있고, 「촉서·제갈량전」에 제갈량이 손권을 만나 설득하면서 "유예주의 군대가 비록 장판에서 패했으나 지금 귀환한 장사와 관우의 수군 정예병이 1만 명이고, 유기가 소집한 강하군의 사병 또한 1만 명이나 됩니다"라고 말했다. 결국, 유비의 군사는 유기의 1만 명과 관우의 1만 명 도합 2만 명이었다. 이와 같다면 손권과 유비의 연합군은 대략 5만 명이었다는 계산이 나온다.

조조의 군사력에 대한 정확한 숫자를 알 수 있는 기록은 없다

「오서·오주전」의 배송지 주 『강표전』에 이때 조조가 손권에게 보낸 편지에서 "이제 수군 80만 명을 정비하여 바야흐로 오 땅에서 장군(손권)과 사냥이나 하려고 하오"라고 했다는 기록이 있다. 사실 여기서 언급한 80만 명은 믿기 어려운 숫자다. 조조가 손권에게 보냈다는 이 편지가 사실이라면 일종의 선전포고로 상대편의 기를 죽이기 위한 하나의 허세라고 봐야 맞을 것이다. 아무리 주전파이자 배짱 좋은 주유와 노숙이라 하더라도 5만 명(유비 측 2만 포함)의 군사력으로 80만 명을 상대하면서 승리할 수 있다고 하지는 않았을 것이다. 『강표전』의 기록에서 주유는 조조 측 군사력을 계산하면서 "중원의 군사 15~16만 명에, 새로 얻은 유표의 군사 7~8만 명"이라고 했는데 아마도 주유의 분석이 현실적으로 타당하지 않을까 생각된다. 숫자가 많더라도 약점 많은 적군을 상대해 충분히 승리할 수 있다고 장담할 정도라면 그 숫자가 2배 정도가 아닐까 판단된다. 또한 주유가 분석한 조조의 군사력이 전체 군사력인지 아니면 적벽대전에 투입된 병력인지도 불명확하다.

「오서·주유전」에 "조공이 형주로 진입하자 유종은 인마를 이끌고 투항했다. 조공이 형주의 수군을 얻어 수병과 보병이 수십만 명이나 되자 손오의 장사들은 이 소식을 듣고 모두 두려워했다"고 기록되어 있으며, 역사 기록 여러 곳에서 "적군은 많고 아군은 적다"는 말이 나온다. 결국 조조군보다 손권 측 군사의 숫자가 적은 것은 분명하지만 투입된 5만 명(유비 측 2만 포함)을 기준으로 해서 적은 숫자인지 전체 군사력 10만 명을 기준 삼아 적다고 말한 것인지는 확실하지 않다.

여러 기록을 근거로 추산해본다면 적벽대전 때 투입된 손권과 유비의 연합군은 5만 명 정도이며 조조의 군사력은 10만에서 아무리 많아도 20여 만 명 정도가 아니었을까 추측한다.

제 45 회

군영회와 계략에 걸려든 장간

조조는 삼강구에서 군사가 꺾이고,
장간은 군영회에서 계략에 떨어지다

三江口曹操折兵,
群英會蔣幹中計

제갈근의 말을 들은 주유는 공명을 적대시하게 되어 그를 죽이기로 작심했다. 이튿날 군사와 장수들을 일제히 점검하고 손권에게 하직을 고했다. 손권이 말했다.

"경이 먼저 출발하면 나도 즉시 출병하여 뒤를 따르리다."

주유가 작별하고 나와 정보, 노숙과 함께 군대를 통솔하여 길을 나서면서 즉시 공명에게 함께 가자고 청했다. 공명은 흔쾌히 그를 따랐다. 함께 배에 올라 돛대를 올리고 구불구불 연이어 하구를 향해 나아갔다. 삼강구에서 50~60리 떨어진 곳에서 배들이 차례차례 멈추었다. 주유는 강기슭에 서산[1]을 의지하여 군영을 꾸려 무리를 이루게 하고, 자신은 중앙에 군영을 세우고 주위를 빙 둘러 군사를 주둔시켰다. 공명은 한 척의 작은 배 안에서 기거했다.

군사 배치를 마친 주유는 사람을 보내 공무를 의논하고자 한다며 공명을 청했다. 공명이 중군 장막에 이르러 인사를 마치자 주유가 말했다.

"지난날 원소의 군사가 조조의 군사보다 많았는데도 조조가 도리어 원소를 이긴 것은 허유의 계책을 받아들여 먼저 오소烏巢의 군량을 끊었기 때문이오. 지금 조조의 군사가 83만 명이고 우리는 5~6만 명에 불과한데 어찌 그를 막아낼 수 있겠소? 이 또한 반드시 먼저 조조의 군량을 끊은 다음에야 격파할 수 있을 것이오. 내 이미 조조군의 군량과 마초가 모두 취철산²에 비축되어 있다는 것을 탐지했소. 선생은 오랫동안 한수에 사셨으니 지리를 잘 아실 것이오. 번거롭더라도 선생께서 관우, 장비, 자룡 등과 더불어 밤사이 취철산으로 가서 조조의 군량 보급로를 끊어주시오. 나 또한 군사 1000명으로 도와드리겠소. 피차 각자의 주인을 위한 일이니 거절하지 않기를 바라오."

공명은 속으로 생각했다.

'이것은 나를 설득하다 안 되니까 계책을 세워 나를 해치려는 수작이다. 내가 만약 거절한다면 틀림없이 웃음거리가 될 것이니 차라리 일단 승낙한 다음에 따로 계책을 마련하는 것이 좋겠구나.'

바로 흔쾌히 승낙했다. 주유가 크게 기뻐했다. 공명이 작별하고 나갔다. 노숙이 은밀하게 주유에게 일렀다.

"공이 공명을 시켜 군량을 강탈하게 한 것은 무슨 의도입니까?"

주유가 말했다.

"내가 공명을 죽이려고 하는데 사람들의 비웃음을 살까 두려우니 조조의 손을 빌려 그를 죽여서 후환을 끊으려는 것일 뿐이오."

그 말을 들은 노숙은 공명이 그것을 아는지 모르는지 보고자 바로 찾아갔다. 그런데 공명은 조금도 난처한 표정 없이 군마를 정리 점검하고 떠나려 했다. 노숙은 참을 수 없어 말을 끄집어냈다.

"선생께서 이번에 가시면 성공할 수 있겠소?"

공명이 웃으면서 말했다.

"나는 수전水戰, 보전步戰, 마전馬戰, 차전車戰의 기묘함을 모두 알고 있는데 어찌 공적을 이룰 수 없을까 근심하겠소? 강동의 공과 주랑처럼 한 가지에만 능숙한 사람들과 비할 것이 아니지요."

노숙이 말했다.

"나와 공근이 어찌 한 가지에만 능하다고 말하시오?"

"내가 강남의 아이들이 부르는 노래를 들었지요. '길에 매복하여 관을 지키는 것은 자경에게 넘겨주고, 강에서의 수전에는 주랑이 있지요伏路把關饒子敬, 臨江水戰有周郎.' 공 등은 육지에서 단지 길에 매복해야 관을 지킬 수 있으며, 주공근은 수전만 감당할 수 있으니 육전은 할 수 없다는 것뿐이지요."

노숙은 바로 이 말을 주유에게 전했다. 주유가 성내며 말했다.

"어찌 내가 육전을 할 수 없다고 업신여긴단 말인가! 그를 보낼 필요 없소! 내가 직접 1만 명의 마군을 이끌고 취철산으로 가서 조조의 보급로를 끊을 것이오."

노숙이 다시 이 말을 공명에게 알렸다. 공명이 웃으면서 말했다.

"공근이 나더러 군량을 끊으라고 한 것은 사실 조조로 하여금 나를 죽이게 하려는 것뿐이오. 그래서 내가 몇 마디 말로 그를 놀린 것뿐인데 공근은 바로 용납하지 못하는구려. 지금은 사람을 써야 할 시기로, 오후와 유사군이 마음을 합쳐야 공을 이룰 수 있지, 각자 서로 해치려고 꾀한다면 큰일을 그르칠 것이오. 역적 조조는 꾀가 많아 평생 동안 남의 군량 보급로를 끊는 데 익숙한 자이거늘 지금 어찌 막강한 군대로 방비를 하고 있지 않겠소? 공근이 간다면 틀림없이 사로잡힐 것이오. 지금은 먼저 수전으로 북군의 예기를 꺾어놓고 그런 다음 별도로 묘책을 찾아 그들을 깨뜨려야 할 것이오. 자경께서 공근에게 잘 말씀드리기 바라오."

노숙은 즉시 당일 밤으로 주유에게 돌아가 공명이 한 말을 자세히 전했다. 주유는 머리를 흔들고 발을 동동 구르며 말했다.

"이 사람의 식견이 나보다 열 배는 더 나으니 지금 그를 제거하지 않으면 나중에 반드시 우리 나라의 화가 될 것이오!"

노숙이 말했다.

"지금은 사람을 쓸 때이니 나라를 중히 여겨주기 바라오. 일단 조조를 깨뜨린 다음에 그를 도모해도 늦지 않을 것이오."

주유는 그 말을 옳게 여겼다.

한편 현덕은 유기에게 강하[3]를 지키라고 분부하고 자신은 장수들과 군사들을 이끌고 하구로 갔다. 멀리 바라보니 강 남쪽 기슭에 깃발들이 희미하게 보이고 병기가 겹겹이 차 있었다. 동오가 이미 출병했음을 짐작하고 이에 강하의 병사들을 모조리 이동시켜 번구[4]에 주둔시켰다. 현덕이 사람을 모아놓고 말했다.

"공명이 동오로 한번 가더니 소식이 묘연해져 상황이 어떤지 모르겠소. 누가 가서 정황을 알아보고 오겠소?"

미축이 말했다.

"제가 다녀오겠습니다."

현덕은 이에 양과 술 등의 예물을 준비하고 미축에게 동오로 가서 군사를 위로한다는 구실로 상황을 알아보게 했다. 명을 받은 미축은 작은 배를 타고 물이 흘러가는 대로 따라 내려가 주유의 본영 앞에 이르렀다. 군사들이 주유에게 보고하자 주유가 불러들였다. 미축은 두 번 절하고 현덕의 존경하는 뜻을 전달하며 술과 예물을 바쳤다. 예물을 받은 주유는 주연을 베풀어 미축을 관대하게 대접했다. 미축이 말했다.

"공명이 이곳에 있은 지 오래되었으니 이번에 함께 돌아가기를 원합니다."

주유가 말했다.

"공명이 이제 막 나와 함께 조조를 격파하려고 계획하고 있는데 어찌 바로 떠날 수 있겠소? 나 또한 유예주를 만나 함께 좋은 계책을 의논하고 싶으나, 이 몸이 대군을 통솔하다 보니 잠시도 떠날 수가 없구려. 유예주께서 왕림해주신다면 더없이 바라는 것이 없을 게요."

미축이 응낙하고는 작별을 고하고 돌아갔다. 노숙이 주유에게 물었다.

"공은 무슨 계책을 의논하고자 현덕을 만나려는 것이오?"

주유가 말했다.

"현덕은 당대의 효웅이니 제거하지 않을 수가 없소. 이번 기회를 이용해 그를 유인하여 죽여버리고, 진실로 나라를 위해 후환 하나를 제거하려 하오."

노숙이 두 번 세 번 간언했으나 주유는 듣지 않고 결국 밀령을 하달했다.

"현덕이 당도하면 먼저 도부수 50명을 벽장식 휘장 속에 매복시켰다가 내가 술잔을 내던지는 것으로 신호를 보내면 즉시 나와서 손을 쓰도록 하라."

한편 미축은 돌아와서 현덕을 만나 주유가 별도로 상의할 일이 있으니 그쪽에서 주공을 만나기를 청한다고 자세하게 말했다. 현덕은 즉시 빠른 배 한 척을 준비시키고 바로 가려고 했다. 그러자 운장이 간언했다.

"주유는 지모가 많은 사람인 데다 또 공명의 서신도 없습니다. 속임수에 빠질까 염려되니 함부로 가서서는 안 됩니다."

현덕이 말했다.

"내가 지금 동오와 연합하여 함께 조조를 격파하려는데 주랑이 나를 만나고자 하는데 내가 가지 않는다면 그것은 동맹을 맺은 게 아니네. 양측이 서로 시기하면 일이 잘 처리되지 않을 걸세."

운장이 말했다.

"형님께서 가겠다는 뜻을 굳히셨다면 이 아우도 함께 가겠습니다."

장비가 말했다.

"나도 따라가겠소."

현덕이 말했다.

"그러면 운장만 나를 따라오게. 익덕과 자룡은 군영을 지키도록 하고 간옹은 악현[5]을 견고하게 지키게. 내 갔다가 바로 돌아오겠네."

분부를 마치고 즉시 운장과 함께 작은 배를 타고 수행원 20여 명이 빠르게 노를 저어 강동으로 갔다. 현덕은 강동의 몽충 전함, 깃발과 병기들이 좌우로 정연하게 배열되어 있는 것을 보고서 속으로 매우 기뻐했다. 군사가 나는 듯이 주유에게 보고했다.

"유예주께서 오셨습니다."

주유가 물었다.

"배를 몇 척이나 가지고 왔느냐?"

군사가 대답했다.

"단지 한 척의 배로 오셨고 따르는 자는 20여 명입니다."

주유가 웃으면서 말했다.

"이 사람 목숨도 이제는 끝이구나!"

이에 먼저 도부수들을 매복시켜놓고 군영을 나가 영접했다. 현덕이 운장 등 20여 명을 거느리고 곧장 중군 군막으로 가서 예를 마치자 주유가 현덕을 상좌로 청했다. 현덕이 말했다.

"장군께서는 천하에 명성이 자자하신 분이고 저는 재주 없는 사람인데 구태여 장군께서 성대한 예의로 대할 필요가 있소?"

이에 손님과 주인이 자리를 나누어 앉았다. 주유가 주연을 베풀며 대접했다.

한편 공명은 우연히 강변에 왔다가 현덕이 이곳에 와서 도독과 만나고 있다는 소리를 듣고 깜짝 놀랐다. 급히 중군 군막으로 들어가 몰래 동정을 살펴보았다. 얼굴에 살기를 띤 주유와 양쪽 벽을 장식하는 휘장 속에 도부수들이 촘촘하게 배치되어 있는 것이 보였다. 공명이 크게 놀랐다.

"이 일을 어쩌면 좋단 말인가?"

현덕을 돌아보니 태연하게 담소를 나누고 있었는데 현덕 등 뒤에 한 사람이 검을 어루만지며 서 있었다. 바로 운장이었다. 공명은 기뻤다.

"주공께서 위험하시지는 않겠구나."

결국 군막 안으로 들어가지 않고 몸을 돌려 강변에서 기다렸다.

주유가 현덕과 술자리를 벌이다 술이 몇 순배 돌자 주유가 몸을 일으켜 잔을 들었는데, 그때 문득 현덕 등 뒤에서 운장이 검을 어루만지며 서 있는 것이 보이자 서둘러 누구냐고 물었다. 현덕이 말했다.

"내 아우인 관운장이오."

주유가 놀랐다.

"예전에 안량과 문추를 벤 사람이 아닙니까?"

"그렇소."

소스라치게 놀란 주유는 식은땀이 등에 가득 흘렀고 바로 잔에 술을 따라 운장에게 권했다. 잠시 후 노숙이 들어왔다. 현덕이 말했다.

"공명은 어디에 있소? 수고스럽더라도 자경께서 그를 오라고 해서 만나게 해주시오."

주유가 말했다.

"조조를 깨뜨린 다음에 공명을 만나셔도 늦지 않을 것입니다."

현덕이 감히 다시 말을 못 꺼냈다. 그러자 운장이 현덕에게 눈짓을 보냈다. 현덕은 그의 의중을 깨닫고 즉시 자리에서 일어나 주유에게 작별했다.

"이만 작별 인사를 해야겠소. 조만간 적을 격파하고 공을 거둔 다음에 마땅히 머리 조아려 축하드리리다."

주유 또한 만류하지 않고 원문까지 나와 전송했다.

주유와 작별한 현덕은 운장 등과 더불어 강변에 이르렀는데 배 안에 공명이 있는 것이 보였다. 현덕이 크게 기뻐했다. 공명이 말했다.

"주공께서는 오늘 위험했다는 것은 아십니까?"

현덕이 아연실색하며 말했다.

"모르오."

"운장이 없었다면 주공께서는 하마터면 주랑에게 해를 당하실 뻔했습니다."

현덕이 비로소 깨닫고 바로 공명에게 함께 번구로 돌아가자고 청했다. 공명이 말했다.

"제가 비록 호랑이 아가리 속에 있지만 태산과 같이 편안합니다. 지금 주공께서는 배와 군마를 수습하여 쓰이기만을 기다리시면 됩니다. 11월 20일 갑자甲子일이 지나면 자룡에게 작은 배를 몰고 남쪽 기슭에 와서 기다리게 하십시오. 절대로 착오가 있어서는 안 됩니다."

현덕이 그 뜻을 묻자 공명이 말했다.

"동남풍이 일어나는 것이 보이기만 하면 저는 반드시 돌아갈 것입니다."

현덕이 다시 물으려고 하자 공명은 현덕에게 속히 출항을 재촉하고는 돌아갔다. 현덕은 운장과 따르는 자들과 함께 배를 출발시켰는데 몇 리를 못가서 별안간 상류에서 50~60척의 배들이 내려오는 것이 보였다. 뱃머리에 한 대장이 모矛를 비껴들고 서 있었는데 바로 장비였다. 일이 잘못되면 운장 혼자 힘으로 감당할 수 없을까 걱정되어 일부러 지원하러 온 것이었다. 이에 세 사람은 함께 군영으로 돌아왔다.❶

한편 주유는 현덕을 전송하고 군영으로 돌아왔다. 노숙이 들어와 물었다.

"공은 이곳으로 현덕을 유인해놓고는 어찌하여 손을 쓰지 않았소?"

주유가 말했다.

"관운장은 이 세상에서 호랑이 같은 장수인 데다 현덕이 걷거나 앉거나 뒤를 따르며 같이 움직이는데 내가 손을 쓰기라도 했다면 그는 틀림없이 나를 해쳤을 것이오."

노숙이 아연실색했다. 그때 별안간 조조가 사자를 보냈다는 보고가 들어왔다. 주유가 불러들였다. 사자가 올린 편지를 받아보니 겉봉에 '한나라 대승상이 주도독에게 보내니 열어보라'고 적혀 있었다. 크게 노한 주유는 편지를 뜯어보지도 않고 갈기갈기 찢어 땅바닥에 내던지고는 편지를 가지고 온 사자를 참수하라고 고함을 질렀다. 노숙이 말했다.

"양국이 전쟁 중일지라도 찾아온 사자를 베지는 않소."

주유가 말했다.

"사자를 참수하여 위엄을 보일 것이오!"

마침내 사자를 참수하고 그 수급을 따라온 자에게 넘겨주며 돌아가도록 했다. 이어서 감녕을 선봉으로 삼고 한당을 왼쪽 날개, 장흠을 오른쪽 날개로 삼았다. 주유 자신은 장수들을 이끌고 호응하기로 했다. 이튿날 사경에 조반을 먹고 오경에 출항하여 북을 울리고 함성을 지르며 전진하기로 했다.

한편 조조는 주유가 편지를 훼손하고 사자를 참수했다는 것을 알고는 크게 성내며 즉시 채모와 장윤 등 항복한 형주의 장수들을 선봉대로 삼고 조조 자신은 후군이 되어 전선들을 재촉하며 삼강구에 당도했다. 이미 동오의 배들이 강을 덮으며 오고 있는 것이 보였다. 선두에 선 한 대장이 뱃머리에 앉아 크게 소리 질렀다.

"내가 바로 감녕이다! 누가 감히 나와 결전하러 오겠는가?"

채모가 아우인 채훈蔡壎에게 앞으로 나아가라 했다. 두 배가 서로 접근하자 감녕이 활을 집어 화살을 얹고 채훈을 향해 쏘았는데 '씨잉!' 활시위 소리와 함께 채훈이 엎어졌다. 감녕이 배를 몰아 대대적으로 진격하며 수많은 쇠뇌를 일제히 발사했다. 조조의 군사들은 막아낼 수 없었다. 오른쪽에서는 장흠, 왼쪽에서는 한당이 곧장 조조군의 전선들 속으로 돌진했다. 조조군의 태반은 청주와 서주의 병사들이라 평소에 수전에 익숙하지 않은 데다 큰 강물에서 전선이 한번 흔들리기라도 하면 발을 붙여 제대로 서 있지도 못했다. 감녕 등의 세 갈래 전선들이 수면 위에서 종횡무진 움직였다. 주유도 배들을 재촉해 싸움을 도우러 왔다. 조조의 군중에는 화살과 포에 맞은 자가 부지기수였다. 사시巳時부터 미시未時까지 싸웠다. 주유는 비록 승리했으나 적은 수로 많은 적을 대적하지 못할까 걱정되어 결국 징을 울려 배들을 거두어들이라는 명령을 하달했다. 조조의 군대는 패하고 돌아갔다. ❷ 조조는 육지의 군영으로 올라 다시 군사들을 정리하고 채모와 장윤을 불러 꾸짖었다.

"동오의 군사가 적은데도 도리어 패한 것은 너희가 심혈을 기울이지 않았기 때문이다!"

채모가 말했다.

"형주의 수군은 오랫동안 조련을 하지 않은 데다 청주와 서주의 군사들 또한 평소에 수전을 익히지 않아 이렇게 패한 것입니다. 지금 우선 수채[6]를 세워 청주와 서주의 군사들은 중앙에 두고 형주의 군사들을 밖에 배치하여 매일 숙련되도록 가르쳐야 비로소 쓸 수 있을 것입니다."

조조가 말했다.

"네가 이미 수군도독이 되어 재량권을 위임받았으니 상황에 따라 처리할 일이지 구태여 나한테 보고할 필요가 있느냐!"

이에 장윤과 채모 두 사람은 직접 수군을 훈련시켰다. 강기슭 일대에 24개의 수문을 세우고 바깥에 큰 배들을 두어 성곽처럼 삼았으며 작은 배는 안쪽에 두어 왕래할 수 있도록 했다. 밤이 되면 등불에 불을 밝혔는데 하늘 중앙과 수면이 온통 붉은빛으로 빛났다. 육지의 군영도 300여 리나 이어져 연기와 불이 끊이지 않았다.

한편 승리를 거둔 주유는 군영으로 돌아와 잔치를 베풀어 전군을 위로하고 포상하는 한편 사람을 오후[7]에게 보내 승전보를 알렸다. 그날 밤 주유가 높은 곳에 올라 서쪽을 살펴보니 불빛이 하늘까지 이어져 있었다. 좌우에서 고했다.

"저것은 모두 북군의 등불입니다."

주유 또한 속으로 놀랐다. 이튿날 주유는 친히 조조군의 수채를 탐색하고자 누선[8] 한 척을 준비시키고 악기를 실었다. 용맹하고 싸움에 능한 장수 여러 명이 주위를 수행했는데 각기 강한 활과 단단한 쇠뇌를 갖고 일제히 배에 올라 천천히 전진했다. 수챗가에 이르자 주유는 정석[9]을 내리고 누선 위에서 북을 치며 음악을 연주하라고 명했다. 수채를 은밀하게 살펴보던 주유는 깜짝 놀랐다.

"이것은 수군의 기묘한 이치를 깊이 터득한 것이로다!"

그러고는 물었다.

"수군도독이 누구라더냐?"

좌우에서 말했다.

"채모와 장윤이라고 합니다."

주유는 생각했다.

'두 사람은 강동[10]에서 오래 살아 수전에 대단히 능숙하니 내 반드시 계책을 세워 이 두 사람을 제거한 다음에야 조조를 격파할 수 있을 것이다.'

한창 훔쳐보고 있는 사이에 어느새 조조의 군사가 조조에게 보고했다.

"주유가 저희 수채를 엿보고 있습니다."

조조는 배를 놓아 사로잡으라고 명했다. 수채 안에서 깃발이 움직이는 것을 본 주유는 급히 정석을 올리게 했다. 양쪽에서 일제히 노를 돌리자 배는 수면 위를 나는 듯이 떠났다. 조조의 수채 안에서 배가 나왔을 때는 주유의 누선이 이미 10여 리나 멀리 달아난 뒤라 따라잡을 수 없어 돌아와 보고했다.

조조가 장수들에게 물었다.

"어제 한바탕 패하여 예기가 꺾였는데 지금 또 저들이 우리 수채를 엿보았으니 내가 무슨 계책을 써야 그들을 깨뜨릴 수 있겠소?"

말이 미처 끝나기도 전에 갑자기 군막 안에서 한 사람이 나오며 말했다.

"저는 어려서부터 주랑과 같은 스승에게 배운 친구입니다. 원컨대 세 치의 썩지 않은 혀로 강동에 가서 그 사람을 설득해 항복하게 만들겠습니다."

조조가 크게 기뻐하며 그 사람을 보니 구강九江 사람으로 성이 장蔣이고 이름이 간幹이요 자가 자익子翼으로 현재 군영에서 막료로 있었다. 조조가 물었다.

"자익은 주공근과 서로 교분이 두텁소?"

장간이 말했다.

"승상께서는 안심하십시오. 제가 강좌[11]에 가면 반드시 성공할 것입니다."

조조가 물었다.

"무슨 물건을 가져가려고 하시오?

장간이 말했다.

"단지 수행할 동자 한 명과 배를 저을 노복 두 명만 있으면 됩니다. 다른 것은 필요 없습니다."

조조가 대단히 기뻐하며 술상을 차리고 장간을 전송해줬다. 장간은 갈건에 무명 의복을 입은 채[12] 작은 배 한 척을 타고 곧장 주유의 군영으로 가서 전하게 했다.

"옛 친구인 장간이 찾아왔다고 하여라."

이때 주유는 군막에서 공무를 논의하고 있었는데 장간이 왔다는 소식을 듣고는 웃으면서 장수들에게 일렀다.

"세객說客이 왔구먼!"

바로 장수들 귀에 대고 낮은 목소리로 이렇게 저렇게 하라 지시했다. 모두 명을 받들고 나갔다.

주유는 의관을 정제하고 종자 수백 명을 이끌고 나갔는데 모두 비단옷에 화려한 꽃무늬 모자를 쓰고 앞뒤로 에워싸며 나갔다. 장간은 푸른 옷을 입은 사내아이 한 명을 데리고 당당하게 왔다. 주유가 절을 하며 그를 맞이하자 장간이 말했다.

"공근은 헤어진 이후로 별고 없으신가!"

주유가 말했다.

"자익은 고생스럽게 멀리서 강과 호수를 건너왔으니 조씨를 위해 세객을 하시는가?"

장간이 깜짝 놀라며 말했다.

"내 족하와 헤어진 지 오래되어 특별히 옛일을 이야기하면서 회포나 풀고 자 왔는데 어찌하여 나를 세객이라 의심하시는가?"

주유가 웃으면서 말했다.

"내 비록 사광[13] 같이 귀가 밝지는 못하지만 현악기를 연주하고 노래를 들으면 그 고상한 의미 정도는 안다네."

"족하가 옛 친구를 이렇게 대접하니 바로 물러나겠네."

주유가 웃으면서 그의 팔을 잡아당기며 말했다.

"나는 단지 형이 조씨의 세객일까 걱정한 것뿐이네. 그런 마음이 없는데 어찌 그리 빨리 가려는가?"

마침내 함께 군막으로 들어갔다. 인사를 마치고 자리에 앉자 즉시 강좌의 영걸들을 모두 불러오도록 하여 자익과 만나게 했다.

잠시 후에 각기 비단옷을 입은 문관과 무장들, 은빛 갑옷을 걸친 군영의 편비[14] 장교들이 두 줄로 나뉘어 들어왔다. 주유는 모두 인사를 시킨 다음 양편으로 배열하여 앉게 했다. 술자리를 크게 벌이고 군중에서 승리를 얻은 음악을 연주하면서 번갈아가며 술을 따랐다. 주유가 관원들에게 고했다.

"이 사람은 나와 한 스승에게서 함께 배운 옛 친구요. 비록 강북에서 이곳 으로 왔다고는 하나 조가의 세객은 아니니 공들은 의심하지 마시오."

그러고는 곧 패검을 풀어 태사자에게 건네주며 말했다.

"공은 내 검을 차고서 감주[15] 역할을 하시오. 오늘은 주연을 벌여 맘껏 즐길 것이나 친구와의 우정을 위한 자리이니, 만일 조조나 동오의 군대와 관련된 일을 언급하는 자가 있으면 즉시 베어버리시오!"

태사자는 응낙하고 검을 어루만지며 자리에 앉았다. 소스라치게 놀란 장간은 감히 여러 말을 할 수 없었다. 주유가 말했다.

"내가 군대를 통솔한 이래로 술 한 방울도 마시지 않았는데, 오늘 옛 친구도 만나고 또 시기하고 의심할 것도 없으니 마땅히 취하도록 마셔야겠소."

말을 마치더니 껄껄 웃으면서 시원하게 마시기 시작했다. 그러자 술잔이 왔다 갔다 하며 술자리가 떠들썩하게 벌어졌다. 술이 거나하게 취하자 주유는 장간의 손을 잡고 함께 군막 밖으로 걸어 나갔다. 좌우의 군사들은 모두 완전 무장을 하고 과戈와 극戟을 잡고 서 있었다. 주유가 말했다.

"나의 군사들이 꽤 웅장하지 않은가?"

장간이 말했다.

"참으로 곰과 호랑이 같은 군사들일세."

주유가 또 장간을 이끌고 군막 뒤로 가서 바라보니 군량과 마초가 산처럼 쌓여 있었다. 주유가 말했다.

"우리의 군량과 마초가 자못 준비가 충분하지 않은가?"

장간이 말했다.

"정예한 병사에 넉넉한 군량이 있으니 명성이 헛되이 퍼진 것이 아니구먼."

주유가 취한 척하며 껄껄 웃었다.

"내가 자익과 함께 공부할 때를 생각하면 오늘 같은 날이 있을 거라고 기대하지도 못했지."

"형의 높은 재주를 생각하면 진실로 지나친 것이 아닐세."

주유가 장간의 손을 잡으며 말했다.

"대장부가 사람들과 사귀며 살아가는데 자기를 알아주는 주인을 만나면 밖으로는 군신의 의리로 의지하고 안으로는 골육의 은혜를 맺으며, 말하면 반드시 행하고 계획하면 반드시 따르며 화와 복을 함께해야 하네. 설령 입은 폭포와 같이 거침없이 웅변하고 날카로운 칼날 같은 언변을 가진 소진, 장의, 육가, 역생[16]이 다시 살아온다 하더라도 어찌 내 마음을 움직일 수 있겠는 가!"

말을 마치더니 호탕하게 웃었다. 장간의 얼굴은 흙빛으로 변했다. 주유가 다시 장간의 손을 잡아끌며 군막으로 들어가 장수들과 또 마셨고 장수들을 가리키며 말했다.

"여기에 있는 사람은 모두 강동의 영웅호걸이니 오늘 이 모임을 '군영회群 英會'라 부를 만하네."

마시다가 밤이 되자 등촉을 밝혔고 주유는 일어나 검무를 추며 노래를 불렀다.

장부가 세상 살아감이여 공적과 명성 세울 것이요
공적과 명성을 세움이여 평생을 위로하기 위함이네
평생을 위로함이여 내 장차 취할 것이요
내 장차 취함이여 미친 듯이 노래하리다
丈夫處世兮立功名, 立功名兮慰平生
慰平生兮吾將醉, 吾將醉兮發狂吟

노래를 마치자 자리를 꽉 채운 사람들이 즐겁게 웃었다. 밤이 깊어지자 장 간이 술을 사양하며 말했다.

"술기운을 이기지 못하겠네."

주유가 자리를 치우라고 명하자 장수들이 하직하고 나갔다. 주유가 말했다.

"오랫동안 자익과 함께 자지 못했는데 오늘 밤은 서로 다리 붙이고 함께 자도록 하세."

그러고는 크게 취한 척하며 장간의 손을 잡아끌며 군막 안으로 들어가 함께 잤다.

주유는 의복도 벗지 않은 채 바닥에 엎드리더니 먹은 것을 어지럽게 토해냈다. 장간이 어떻게 잠잘 수 있겠는가? 베개를 깔고 엎드려 있는데 군중에서 이경을 알리는 북소리가 들렸다. 자리에서 일어나 살펴보니 가물가물 꺼지려는 등불이 여전히 밝았다. 주유를 보니 마치 우렛소리와 같이 코를 골며 자고 있었다. 장간은 군막 안 탁자 위에 문서 한 두루마리가 쌓여 있는 것을 보고는 침상에서 일어나 그것을 몰래 보았는데 모두 누군가와 주고받은 서신이었다. 안에 한 통의 편지가 있었는데 겉봉에 '채모와 장윤이 삼가 봉합니다'라고 적혀 있었다. 깜짝 놀란 장간이 몰래 그 편지를 읽었다.

"저희가 조조에게 항복한 것은 벼슬이나 녹봉을 꾀하고자 한 것이 아니라 그 기세의 압박 때문에 어쩔 수 없어서입니다. 지금 이미 북군을 속여 수채 안에 가두어놓았으니 기회가 되면 즉시 역적 조조의 수급을 휘하에 바치겠습니다. 조만간 사람이 도착하면 즉시 보고를 드리겠습니다. 바라건대 의심하지 마십시오. 먼저 이것으로 회답을 올립니다."

장간은 생각했다.

'원래 채모와 장윤이 동오와 연결되어 있었구나!'

즉시 편지를 몰래 옷 속에 감추었다. 다시 다른 편지들을 살펴보려는데 침상 위에 있던 주유가 누운 채 몸을 뒤척이며 움직였고 이에 장간은 급히 등을 끄고는 잠자리에 들었다. 주유가 입속으로 모호하게 중얼댔다.

"사익, 내가 수일 내로 역석 조조의 수급을 보여주겠네!"

장간이 마지못해 응수하자 주유가 또 중얼거렸다.

"자익, 잠시만 기다리게! 내 자네에게 역적 조조의 수급을 보여준다니까!"

장간이 물어보려 했으나 주유는 다시 잠들고 말았다. 장간이 침상에 엎드려 있는데 사경이 가까워지자 누군가 군막 안으로 들어와 부르는 소리가 들렸다.

"도독, 깨셨습니까?"

주유가 꿈결에 갑자기 깨어난 모양으로 그 사람에게 물었다.

"침상에서 자는 사람이 누구인가?"

대답했다.

"도독께서 자익을 청해 함께 주무셨는데 잊으셨습니까?"

주유가 후회하며 말했다.

"내가 평소에 술 마시고 취한 적이 없었는데 어제는 취해서 실수를 했구나. 무슨 말을 했는지 모르겠구나!"

그 사람이 말했다.

"강북에서 사람이 왔습니다."

주유가 말했다.

"소리를 낮추거라!"

그러고는 불렀다.

"자익."

장간은 자는 척했다. 주유가 살그머니 군막을 나갔다. 장간이 몰래 엿들으니 누군가 밖에서 말하는 소리가 들렸다.

"장윤과 채모 두 도독께서 말씀하시기를 '급히 손을 쓸 수가 없다…….'"

그 뒷말은 소리가 너무 작아 분명하게 들을 수가 없었다. 잠시 후에 주유가 군막 안으로 들어오더니 또 불렀다.

"자익."

장간은 대답하지 않고 이불을 머리에 뒤집어쓰고 자는 척했다. 주유 또한 옷을 벗고 바로 잠들었다. 장간은 곰곰이 생각했다.

'주유는 세밀한 사람이다. 날이 밝고 편지를 찾다가 보이지 않으면 틀림없이 나를 해칠 것이다.'

오경까지 자다가 장간은 자리에서 일어나 주유를 불러보았으나 잠들어 있었다. 장간은 두건을 쓰고 슬그머니 군막을 걸어 나와 동자를 불러 곧장 원문으로 나갔다. 군사가 물었다.

"선생께서는 어디로 가십니까?"

장간이 말했다.

"내가 여기 있다가는 도독의 일을 그르칠까 걱정되어 우선 떠나는 것이네."

군사 또한 막지 않았다.

배에 탄 장간은 나는 듯이 노를 저으며 돌아가 조조를 만났다. 조조가 물었다.

"자익이 처리한 일은 어떻게 되었소?"

장간이 말했다.

"주유는 도량이 크고 정취가 고상하여 말로 움직일 수 있는 사람이 아니었습니다."

조조가 노했다.

"일도 제대로 못하고 도리어 웃음거리만 되었군!"

"비록 주유를 설득할 수는 없었시만 승상께서 알아보셔야 할 일을 한 가지 얻어 왔습니다. 좌우를 물려주시기 바랍니다."

장간이 편지를 꺼내 있었던 일을 하나하나 조조에게 이야기했다. 조조가 버럭 성을 냈다.

"두 도적놈이 이토록 무례할 수 있단 말이냐!"

즉시 채모와 장윤을 군막 안으로 불러들였다. 조조가 말했다.

"내가 너희 두 사람에게 군사를 진격시키도록 명을 내리고자 한다."

채모가 말했다.

"군사들이 아직 수전에 익숙하지 않아 가볍게 진격해서는 안 됩니다."

조조가 노했다.

"군사들이 훈련되면 내 수급을 주랑에게 바칠 작정이냐!"

채모와 장윤 두 사람은 그 뜻을 알지 못해 놀라 허둥대며 대답할 수가 없었다. 조조가 무사들에게 끌어내어 참수하라고 고함을 질렀다. 잠시 후 머리가 군막에 바쳐지자 조조가 비로소 깨달았다.

"내가 계책에 걸려들었구나!"

후세 사람이 이 일을 탄식한 시가 있다.

조조라는 간웅을 감히 당해낼 수 없다더니
일시에 주랑의 속임수 계략에 걸려들었구나
채모와 장윤이 주인 팔아 살길을 구하더니

오늘 아침 검 아래 죽을지 누가 알았으랴

曹操奸雄不可當, 一時詭計中周郎

蔡張賣主求生計, 誰料今朝劍下亡 ❸

장윤과 채모 두 사람이 죽는 것을 본 장수들은 들어와 그 까닭을 물었다. 조조는 비록 속으로는 계략에 빠진 것을 알았지만 자신의 잘못을 인정하고 싶지 않아 이에 장수들에게 일렀다.

"두 사람은 군법을 등한시하여 참수한 것이오."

사람들 모두 탄식을 그치지 않았다. 조조는 장수들 가운데 모개와 우금을 수군도독으로 삼아 채모와 장윤의 직분을 대신하게 했다. ❹

이 사실을 탐지한 염탐꾼이 강동에 보고했다. 주유가 크게 기뻐했다.

"내가 근심했던 자는 이 두 사람뿐이었소. 이제 제거되었으니 내 근심이 없어졌소."

노숙이 말했다.

"도독의 용병술이 이와 같으니 어찌 역적 조조를 깨뜨리지 못할까 걱정하겠소!"

주유가 말했다.

"내가 헤아리건대 장수들은 이 계책을 몰랐을 것이나 제갈량만은 식견이 나보다 나으니 이번 계책 또한 그를 속일 수는 없을 것으로 생각되오. 자경께서 말로 부추겨 그가 알고 있는지 모르고 있는지 시험해보고 즉시 돌아와 보고해주시오."

계략으로 이간시켜 일을 성공시키더니

곁에 관련 없는 사람을 시험하러 가네

還將反間成功事, 去試從旁冷眼人

노숙이 공명에게 물어보러 가니 이 또한 어떻게 될 것인가?❺

제45회 군영회와 계략에 걸려든 장간

❶

유비가 관우와 함께 주유에게 갔을까?

「촉서·선주전」의 배송지 주 『강표전』과 『자치통감』 권65 「한기 57」은 다음과 같이 기록하고 있다.

"제갈량이 오에 가서 돌아오지 않았을 때 유비는 조공의 군대가 이르렀다는 소식을 듣고는 두려워하여 날마다 나리邏吏(순찰과 정찰을 담당하는 관리)를 강변으로 보내 손권의 군대가 오는지 살펴보게 했다. 관리가 멀리 주유의 배들을 보고는 유비에게 달려와 아뢰자 유비가 말했다.

'어떻게 청주와 서주의 군대(조조군)가 아닌지 아는가?'

관리가 대답했다.

'배로 알 수 있습니다.'

유비가 사람을 보내 위로했다. 주유가 말했다.

'군사 임무가 있어 멋대로 직무를 이탈할 수 없으니 만일 위풍을 낮추시어 오셔서 만나 뵐 수 있다면 이는 진실로 내가 바라는 바요.'

유비가 관우, 장비에게 말했다.

'그가 나보고 오라고 하는데 지금 동오와 친분을 맺은 상황에서 가지 않으면 동맹

의 뜻이 아니다.'

이에 배 한 척에 올라 주유에게 갔다. 주유에게 물었다.

'지금 조공에 대항하는 것은 진실로 정확한 결정이오. 군사는 얼마나 되오?'

주유가 말했다.

'3만 명입니다.'

'매우 적소.'

'이것으로 충분합니다. 예주께서는 제가 저들을 격파하는 것을 구경하시지요.'

유비가 노숙 등을 불러 함께 회담을 하려고 하자 주유가 말했다.

'그들 또한 명을 받든 몸이니 함부로 직무를 이탈할 수 없습니다. 자경子敬(노숙)을 만나고자 한다면 별도로 그가 있는 곳에 가서서 만나실 수 있습니다. 또 공명도 이미 함께 와 있으니 이삼일이면 충분합니다.'"

위 기록에 따르면 유비가 배 한 척에 단독으로 올라 주유를 만나러 간 것은 사실이지만 관우와 함께 간 것은 아닌 듯하며 주유가 유비를 암살하려 했다는 내용도 허구다.

❷

첫 번째 전투

『삼국지』「오서·주유전」에 따르면 조조와의 첫 번째 전투를 다음과 같이 기록하고 있다.

"이때 조공의 군사들은 이미 질병에 걸린 후로 막 교전을 벌였으나 조공의 군대는 패퇴했고 군사를 물려 강북에 주둔시켰다. 주유 등은 남쪽 기슭에 주둔했다."

❸

채모와 장윤이 장간의 계책에 걸려들어 조조에게 죽임을 당했다는 역사 기록은 없다. 『후한서』「유표전」에 따르면 채모는 채부인의 남동생이고 장윤은 생질이라고 기록하고 있다. 채씨 집안은 형주의 명문이었으며 대단한 부호였다. 『양양기구전襄陽

『舊傳』에 따르면 채씨 집은 네 담장을 모두 청석靑石으로 꾸몄고 첩과 하녀가 수백 명에 이르렀다고 하며, 또한 채모는 어려서부터 조조와 알고 지냈다고 한다. 유종이 투항하자 조조는 친히 채모의 집을 방문하여 방으로 들어가 채모의 아내와 만났고 그 친밀함이 집안사람과 같았다고 기록하고 있다. 형주를 점령한 조조는 그 지역의 권세가인 채모와 유대관계를 유지하면서 그들의 지지를 얻어내고자 했다. 소설의 내용처럼 형주를 지배하는 데 중요한 인물인 채모를 이런 식으로 허무하게 죽인다는 것은 납득하기 어려우며 이때 조조가 채모를 죽였다는 역사 기록 역시 존재하지 않는다.

❹

모개와 우금이 수군도독이었을까?

『삼국지』「위서·모개전」에 따르면 "태조가 사공, 승상으로 임명되었을 때(208년, 적벽대전이 일어난 해) 모개는 동조연東曹掾이 되었고 최염과 함께 관리 선발을 담당했다"고 기록하고 있다. 모개는 무관이 아닌 문관이며 그가 적벽대전에 참전했다는 기록은 보이지 않는다. 우금 또한 적벽대전에 참전했다는 기록은 없으나 진란陳蘭 토벌 전투에 참여한 듯하다. 모개와 우금이 수군도독이 됐다는 기록은 없으며 이는 불가능한 상황이다.

동조연은 승상의 속관으로 이천석二千石 직급의 관원과 군리軍吏의 임명 및 해임을 담당했고 서조연西曹掾은 승상부 관원의 임명과 해임을 주관했다.

❺

장간은 누구인가?

『삼국지』「오서·주유전」의 배송지 주『강표전』은 장간에 관한 기록을 다음과 같이 적고 있다.

"처음에 조공은 주유가 나이가 젊은데도 뛰어난 재능과 학식이 있음을 듣고는 말로 움직여볼 수 있다고 생각했다. 이에 은밀하게 양주로 내려가 구강의 장간蔣幹에게

주유를 만나보도록 했다. 장간은 훌륭한 외모에 말재주가 뛰어나기로 정평이 나 있
어 장강과 회수 사이에서는 그와 대적할 자가 없었다. 이에 무명옷에 갈건을 쓰고는
개인적인 방문이라 사칭하고 주유를 찾아갔다. 주유가 나와 장간을 맞이했고 즉시
장간에게 일렀다.

'자익子翼(장간의 자)이 매우 고생스럽게 멀리 강과 호수를 건너온 것은 조씨를 위
해 세객을 하시려는 것이오?'

장간이 말했다.

'나와 족하는 같은 주리州里(구강군과 여강군은 모두 양주에 속했기 때문에 주리州里라
한 것이다)에 있다 중간에 헤어졌으나 멀리서 훌륭한 명성을 듣고서 오래 헤어져 지
낸 정이나 이야기하면서 그대의 고아한 풍모를 보려고 왔는데 세객이라고 말하는 것
을 보니, 어찌 미리 의심을 품고 도리어 나를 속이려는 것이라 하지 않겠소?'

주유가 말했다.

'내가 비록 기夔와 광曠(기夔와 사광師曠의 병칭으로 기는 순임금 때의 악관이고 광은
춘추 진晉 때의 악사)에 미치지는 못하지만 현의 소리를 듣고 음을 감상하면 우아한
악곡은 충분히 알 수 있소.'

장간을 청해 들이고 술자리를 마련해 대접했다. 술자리를 마치고 그를 보내면서
말했다.

'마침 내게 기밀의 일이 있으니 잠시 역관에 나가 있으면 일이 끝난 다음에 별도
로 다시 청하리다.'

사흘 후에 주유가 장간을 청해 주유의 군영을 구경시켜주었다. 순시하면서 창고
의 군용 물자와 무기들의 시찰을 마치더니 다시 연회를 열어 시중드는 자들의 복식
과 진귀한 노리개들을 보여주면서 장간에게 일렀다.

'대장부가 세상을 살아감에 자기를 알아주는 주인을 만나면 밖으로는 군신의 의
리에 의존하고 안으로는 골육 간의 은혜를 맺으며 진언을 실행할 수 있어야 하고 계
책을 따를 수 있어야 하며 화와 복을 함께해야 하오. 설사 소진蘇秦과 장의張儀가 다
시 살아나고 역이기酈食其가 다시 나와 등을 어루만지며 말로 감복시킨다 하더라도

어찌 족하가 나의 마음을 옮길 수 있겠소?'

장간은 웃기만 하고 끝내 말을 못했다. 장간이 돌아와 주유는 기백과 도량이 크고 정취가 고상하다고 칭찬하며 말로 이간질할 수 있는 사람이 아니라고 했다."

소설의 내용처럼 주유가 편지로 장간을 속여 반간계를 썼다는 내용은 지어낸 이야기다. 그리고 조조가 장간을 보낸 것은 『자치통감』 권66 「한기 58」의 기록에 따르면 건안 14년(209)의 일로 적벽대전이 끝난 다음 해의 일이다. 결국 장간과 주유의 만남은 적벽대전과는 상관없는 것이었다.

제 46회

화살 10만 대를 빌리다

공명은 기이한 계책을 써서 화살을 빌리고,
황개는 은밀한 계책을 바치고 형벌을 받다

用奇謀孔明借箭,
獻密計黃蓋受刑

노숙은 주유의 말을 듣고 곧장 공명이 있는 배로 찾아갔다. 공명이 작은 배로 맞아들여 마주 앉았다. 노숙이 말했다.

"연일 군대 사무를 처리하느라 가르침을 듣지 못했소."

공명이 말했다.

"저 또한 아직 도독께 축하의 말을 하지 못했소."

"무슨 기쁜 일이 있는 것이오?"

"공근께서 선생더러 제가 아는지 모르는지 알아보라고 한 그 일이 바로 축하드릴 일이지요."

놀란 노숙은 얼굴이 새파랗게 질려 물었다.

"선생은 어떻게 그 사실을 알았소?"

"이번 계책으로 장간을 농락할 수 있지요. 그러나 조조가 비록 잠시 속았을지라도 틀림없이 바로 깨달을 것이니, 다만 잘못을 인정하려 하지 않을 뿐이오. 지금 채모와 장윤 두 사람이 죽었으니 강동의 우환거리가 없어졌는데 어찌 축하하지 않겠소! 조조가 모개와 우금을 수군도독으로 삼았다고 들었는데 어쨌든 이 두 사람 손에 수군이 목숨을 잃을 것이오."

이 말을 들은 노숙은 입을 열 수가 없었고, 한참 동안 어물어물하다 공명과 작별하고 돌아가려 했다. 공명이 당부했다.

"자경께서는 공근 면전에서 제가 이 일을 먼저 알고 있었다는 말은 하시 말기 바라오. 공근이 시기하는 마음을 품고 또 저를 해칠 일을 찾을까 걱정되오."

노숙은 승낙한 후 떠났고 주유를 만나 있었던 일을 사실대로 이야기했다. 주유는 깜짝 놀랐다.

"이 사람은 절대로 살려둘 수 없소! 내 결단코 베어 죽이고 말 것이오!"

노숙이 타일렀다.

"공명을 죽인다면 오히려 조조에게 웃음거리가 될 것이오."

"내가 공정한 도리로 그를 죽일 방법이 있는데 그가 죽어도 아무도 원망하지 않을 것이오."

"어떤 공정한 도리로 죽인단 말이오?"

"자경은 더 이상 묻지 마시오. 내일이면 보게 되리다."

이튿날 군막에 장수들을 모아놓고 공명에게 의논할 공무가 있다며 청했다. 공명이 흔쾌히 왔다. 자리에 앉자 주유가 공명에게 물었다.

"가까운 시일 내에 조조군과 교전을 벌일 텐데 물길에서 싸우게 된다면 무슨 병기가 우선이 되겠소?"

공명이 말했다.

"큰 강에서는 활과 화살이 우선이겠지요."

"선생의 말씀이 내 뜻과 같소. 그러나 지금 군중에는 쓸 화살이 부족하니 감히 번거롭겠지만 선생께서 10만 대의 화살을 제조하는 일을 감독하여 적과 맞설 수 있도록 준비해주셨으면 좋겠소. 이 일은 공적인 일이니 선생께서는 거절하지 않기를 바라오."

"도독께서 맡기시니 마땅히 온 힘을 다해야지요. 감히 묻건대 10만 대의 화살은 언제 쓰시렵니까?"

"열흘 이내에 일을 끝낼 수 있겠소?"

"조조의 군사가 수일 내로 올 것인데 열흘을 기다리다간 틀림없이 큰일을 그르칠 것이오."

"선생께서는 며칠이면 준비를 끝낼 수 있겠소?"

"사흘이면 10만 대의 화살을 바칠 수 있을 것입니다."

"군중에는 농담이 없는 법이오."

"어떻게 감히 도독께 농담을 하겠소! 원컨대 군령장을 바치겠소. 사흘 내에 처리하지 못하면 중벌이라도 기꺼이 받겠소."

주유가 크게 기뻐하며 군정사¹를 불러 그 자리에서 군령장 문서를 받아놓게 하고는 술자리를 마련해 대접하며 말했다.

"군사 일을 마친 다음에는 노고에 보답할 것이오."

공명이 말했다.

"오늘은 이미 늦었으니 내일 만들기 시작하겠소. 사흘째 되는 날 500명의 병졸을 강변으로 보내 화살을 나르게 하십시오."

몇 잔 마시더니 하직하고 떠났다. 노숙이 말했다.

"이 사람이 혹시 속이는 것은 아닐까요?"

주유가 말했다.

"그가 스스로 죽을 길을 택한 것이지 내가 핍박한 것은 아니올시다. 오늘 분명하게 사람들 앞에서 문서를 받아두었으니 양 옆구리에 날개가 생긴다

하더라도 날아가지는 못할 것이오. 내가 군중의 장인들에게 일부러 일을 지연시키고 사용될 물품들도 모두 완비하지 말라고 분부할 것이오. 이렇게 한다면 분명히 약속 날짜를 어길 것이니 그때 죄를 결정한다면 무슨 변명이 있겠소? 공은 지금 가서서 그의 상황이나 알아보고 보고해주시오."

명을 받은 노숙이 공명을 만나러 갔다. 공명이 말했다.

"내가 자경에게 말씀드리기를 공근이 반드시 나를 해치려 할 테니 말하지 말아달라고 했소. 그런데 뜻하지 않게 자경께서 숨기지 않고 말해버리는 바람에 오늘 아니나 다를까 뒤죽박죽 일이 벌어지고 말았소. 사흘 안에 무슨 수로 10만 대의 화살을 만든단 말입니까? 자경께서 나를 구해줄 수밖에 없게 되었소!"

노숙이 말했다.

"공이 스스로 자초한 일인데 내가 어떻게 도울 수 있겠소?"

"자경께서는 내게 배 20척만 빌려주시되 배마다 군사 30명이 필요하고 배 위에는 모두 푸른 천으로 장막을 친 후 각기 1000여 개의 풀 다발을 준비하여 배 양쪽에 늘어놓으시오. 내 따로 기묘한 용도가 있소. 사흘째 되는 날 10만 대의 화살을 보장하리다. 그러나 다시 공근에게 이 일을 알려서는 안 되오. 만약 그가 알게 된다면 내 계획은 실패할 것이오."

노숙은 응낙하기는 했으나 그 뜻을 이해하지는 못했다. 돌아가 주유에게 보고하면서 배를 빌려달라고 한 말은 언급하지 않으며 말했다.

"공명은 결코 전죽,[2] 깃털, 아교와 칠을 사용하지 않고도 만들 방법이 있다고 말하고 있소."

주유가 크게 의심했다.

"사흘 후에 그가 내게 어떻게 말을 하는지 천천히 두고 봅시다!"

한편 노숙은 개인적으로 가볍고 빠른 배 20척을 선정해 각 배에 탈 30여명과 천으로 만든 장막, 풀 더미 등을 모두 준비해놓고 공명이 사용하기를 기다렸다. 첫날 공명은 아무런 동정도 보이지 않았고 이튿날 또한 움직이지 않았다. 사흘날 사경쯤에 공명이 은밀하게 노숙을 배로 오라고 청했다. 노숙이 물었다.

"무슨 일로 공이 나를 불렀소?"

공명이 말했다.

"특별히 자경과 함께 화살을 가지러 가려고 청한 것이오."

"어디로 가지러 가오?"

"자경은 묻지 마시오. 앞으로 가면 볼 수 있을 게요."

마침내 배 20척을 긴 밧줄로 서로 연결시키고 북쪽 강기슭을 향해 출발시켰다. 이날 밤은 짙은 안개가 온 하늘에 가득했는데 장강 한가운데는 안개가 더욱 심해 서로 마주해도 잘 보이지 않을 정도였다. 공명이 배를 재촉하며 앞으로 나아가는데 과연 대단한 안개였다! 옛사람이 지은 한 편의 「대무수강부大霧垂江賦」라는 부가 있다.

크도다 장강이여

서쪽으로는 민산岷山과 아미산峨眉山³에 이어졌고

남쪽으로는 삼오⁴의 땅을 제어하며

북쪽으로는 구하⁵ 일대를 두르고 있구나

수많은 하천과 호수를 모아 바다로 들어가서

만고의 세월 거쳐 파도를 일으키는구나

용백 해약 강비 수모⁶의 신에서

천장 길이의 거대한 고래와 머리가 아홉 개인 천오[7]와

귀신과 요괴의 기이한 종류 모두 모아 가지고 있구나

무릇 귀신들이 의지하는 곳이며

영웅들이 싸우며 지키는 곳이로나

지금은 음양이 이미 혼란스러워져

어둠과 밝음이 나누어지지 않는구나

넓은 하늘의 한 빛깔을 맞이하려 하는데

별안간 짙은 안개가 사방에서 모여드는구나

수레 가득 실린 땔나무라 할지라도 보이지 않고

오로지 징소리 북소리만 들을 수 있을 뿐이네

처음에는 흐릿하여 겨우 남산의 표범 숨길 만하더니

점차 가득 채워져 북해의 곤[8]조차 길을 잃는구나

위로는 높은 하늘에 이어졌고 아래로는 두터운 땅에 드리웠으니

아득히 넓어 망망하고 거대하여 끝이 없도다

암수 고래 물에서 솟아올라 물결이 소용돌이치고

교룡은 깊은 못에 잠수하여 기운을 토해내는구나

또한 장맛비가 무더위를 거두어들이고 봄 흐린 날의 음기가 점점 차가워지듯이

어슴푸레하게 짙게 깔려 한없이 넓고 끝이 없구나

동쪽으로는 시상柴桑의 강기슭을 잃어버리고

남쪽으로는 하구夏口의 산들도 사라졌도다

천 척의 전선은 잇대어 있는 산골짜기에 모두 빠져버리고

고깃배 한 척만이 물결에 놀라 나타났다 사라졌다 하누나

짙은 안개 심해져 창공에 빛이 없어지고 떠오르는 해도 빛을 잃어버려

대낮이 어슴푸레한 황혼으로 되돌아가고 붉은 산이 푸른 수정으로 변했네

비록 대우[9]의 지혜라 하더라도 그 얕고 깊음을 측량할 수 없고

이루[10]의 밝은 눈이라 할지라도 어찌 지척을 분간할 수 있겠는가

이에 풍이[11]가 물결을 잠재우고 병예[12]도 그 공적을 거두니

물고기와 자라가 자취를 숨기고 날짐승과 길짐승도 종적을 감추었네

봉래[13]의 섬으로 가는 길 갈라놓고

창합[14]의 궁마저 어둡게 에워싸네

희미하고 거세게 흐르는 것이 마치 소나기 쏟아질 듯하고

어지럽게 번잡한 것이 차가운 구름이 모여들려 하는구나

그 속에 독사를 숨겨두어 장려[15]를 일으킬 수 있고

안에는 요사스런 도깨비를 감추고 있어 큰 화를 입힐 수 있네

인간 세상에 질병과 고난을 내리고

변경의 밖에는 병란을 일으키는구나

백성이 만나면 요절하거나 상처를 입으며

대인이 그것을 보면 한숨 쉬며 탄식한다네

아마도 원기를 혼돈 몽매한 태고로 되돌려

천지를 뒤섞어 대자연을 만드는 것이니라

大哉長江!

西接岷, 峨, 南控三吳, 北帶九河

匯百川而入海, 曆萬古以揚波

至若龍伯, 海若, 江妃, 水母, 長鯨千丈, 天蜈九首, 鬼怪異類, 咸集而有

蓋夫鬼神之所憑依, 英雄之所戰守也

時也陰陽既亂, 昧爽不分

訝長空之一色, 忽大霧之四屯

雖輿薪而莫睹, 惟金鼓之可聞

初若溟濛, 纔隱南山之豹, 漸而充塞, 欲迷北海之鯤

然後上接高天, 下垂厚地, 渺乎蒼茫, 浩乎無際

鯨鯢出水而騰波, 蛟龍潛淵而吐氣

又如梅霖收溽, 春陰釀寒 溟溟漠漠, 浩浩漫漫

東失柴桑之岸, 南無夏口之山

戰船千艘, 俱沈淪於巖壑 漁舟一葉, 驚出沒於波瀾

甚則穹昊無光, 朝陽失色, 返白晝爲昏黃, 變丹山爲水碧

雖大禹之智, 不能測其淺深, 離婁之明, 焉能辨乎咫尺

於是馮夷息浪, 屛翳收功, 魚鱉遁迹, 鳥獸潛蹤

隔斷蓬萊之島, 暗圍閶闔之宮

恍惚奔騰, 如驟雨之將至, 紛紜雜沓, 若寒雲之欲同

乃能中隱毒蛇, 因之而爲瘴癘, 內藏妖魅, 憑之而爲禍害

降疾厄於人間, 起風塵於塞外

小民遇之夭傷, 大人觀之感慨

蓋將返元氣於洪荒, 混天地爲大塊

그날 밤 오경 무렵 배가 조조의 수채에 가까이 접근했다. 공명은 뱃머리를 서쪽으로 선미를 동쪽으로 향하게 하고는 띠처럼 한 줄로 늘어놓고 배 위에서 북을 울리며 큰 소리로 외치게 했다. 노숙이 놀랐다.

"조조의 군사들이 일제히 나오면 어떻게 하려고 하오?"

공명이 웃으면서 말했다.

"내가 짐작하건대 이런 짙은 안개 속에서 조조는 틀림없이 감히 나오지 못할 것이오. 우리는 그저 술이나 마시면서 즐기다가 안개가 걷히면 그때 돌아가면 될 것이오."

한편 조조의 군영 안에서 북이 울리고 외치는 소리가 들리자 모개와 우금 두 사람이 허둥대며 나는 듯이 조조에게 보고했다. 조조가 명령을 전달했다.

"안개가 짙게 깔려 강도 제대로 보이지 않는데 적군이 갑자기 왔으니 틀림없이 매복이 있을 것이다. 절대로 함부로 움직이지 마라. 수군 궁노수[16]들을 배치하여 화살을 난사하도록 하라."

다시 육지 군영으로 사람을 보내 장료와 서황에게 각기 궁노군 3000명을 이끌고 급히 강변으로 가서 활 쏘는 것을 돕게 했다. 모개와 우금은 남쪽 군사들이 수채 안으로 뚫고 들어오는 것을 두려워하여 명령이 떨어지자마자 이미 궁노수들을 보내 군영 앞에서 화살을 쏘게 하고 있었다. 잠시 후 육지 군영 안의 궁노수들도 당도하여 대략 1만여 명이 모조리 강 한가운데를 향해 쏘았다. 화살이 빗발처럼 날았다. 공명은 배를 돌려 뱃머리를 동쪽으로 선미를 서쪽으로 하여 수채에 더 가까이 접근해 화살을 받게 하면서 한편으로는 북을 울리고 고함을 지르게 했다. 해가 높이 솟아 안개가 걷히기 시작하자 공명은 배들을 거두어 급히 돌아갔다. 배 20척의 양쪽 풀 더미에는 화살이 가득 꽂혀 있었다. 공명은 각 배에 타고 있던 군사들에게 한목소리로 소리 지르게 했다.

"승상, 화살을 주어 감사하오!"

조조군의 수채에서 조조에게 보고했을 때는 배는 가볍고 물살은 세어 이미 20여 리를 되돌아간 뒤라 추격을 해도 따라잡을 수가 없었다. 조조는 후회해 마지않았다.

한편 공명은 배를 돌려 되돌아가면서 노숙에게 일렀다.

"배마다 꽂힌 화살이 대략 5000~6000개 정도 될 것이오. 강동의 힘을 반 푼도 허비하지 않고 이미 10만여 대의 화살을 얻었소. 내일 즉시 그 화살들을 가져다가 조조군에게 쏜다면 편리하지 않겠소!"

노숙이 말했다.

"선생은 진정 신인神人이시오! 오늘 이렇게 안개가 자욱하게 낄 것을 어떻게 알았소?"

"장수가 된 사람이 천문에 통하지 못하고 지리를 인식하지 못하며 기문[17]을 모르고 음양[18]에 밝지 못하며 진도[19]를 보지 못하고 병세兵勢에 밝지 못한다면 그저 그런 재능을 가진 자이지요. 저는 사흘 전에 이미 오늘 안개가 자욱하게 낄 것이라 계산했기 때문에 감히 사흘의 기한을 받아들인 것입니다. 공근이 내게 열흘 안에 준비를 완료하라면서 장인들이 물자를 조달하는 것을 방해한 일은 터무니없는 과실이지요. 나를 죽이려는 것이 명백하오. 내 목숨은 하늘에 달려 있는 것인데 어찌 공근이 나를 해칠 수 있겠소!"

노숙은 탄복했다.

배가 강기슭에 닿았을 때 주유가 보낸 500명의 군사들이 강변에서 화살을 나르려고 기다리고 있었다. 공명이 배 위에서 화살들을 가져가게 하니 10만여 대의 화살을 얻어 모두 중군 군막으로 옮겨 바치도록 했다. 노숙은 군막으로 들어가 주유를 만나 공명이 화살을 얻은 일을 상세히 이야기했다. 깜짝 놀란 주유가 감격하며 탄식했다.

"공명의 신묘한 계략과 교묘한 계책은 내가 미칠 수가 없구나!"

후세 사람이 찬탄한 시가 있다.

온 하늘에 짙게 깔린 안개가 장강을 가득 채웠으니

멀고 가까움을 구분하기 어렵고 강물도 아득하구나

화살이 소나기와 메뚜기떼처럼 전함으로 날아드니

제갈공명이 오늘에서야 마침내 주랑을 굴복시켰구나

一天濃霧滿長江, 遠近難分水渺茫

驟雨飛蝗來戰艦, 孔明今日伏周郞 ❶

잠시 후 공명이 군영으로 들어와 주유를 만났다. 주유가 군막에서 내려와 공명을 맞이하며 칭찬했다.

"선생의 신묘한 예측은 사람을 탄복하게 만드는구려."

공명이 말했다.

"기괴하고 간사한 계책이 어찌 기이할 만하다고 하겠소."

주유는 공명을 군막 안으로 청해 함께 술을 마셨다. 주유가 말했다.

"어제 우리 주공께서 사자를 보내 진군을 재촉하시는데 저에게는 아직 기묘한 계책이 없으니 원컨대 선생께서 가르쳐주시오."

공명이 말했다.

"저 같은 평범하고 그저 그런 재능을 가진 사람에게 어찌 기묘한 계책이 있겠소?"

"제가 지난번 조조의 수채를 살펴보니 지극히 엄정하고 법도가 있어 함부로 공격할 수 있는 것이 아니었소. 그래서 한 가지 계책을 생각해봤는데 적절한지 어떤지 알 수가 없으니 선생께서 나를 위해 한번 결정해주시기 바라오."

"도독께서는 잠시 말씀하지 마시오. 각자 손바닥에 써서 뜻이 같은지 아닌지 보도록 합시다."

주유가 크게 기뻐하며 붓과 벼루를 가져오게 하고는 먼저 보이지 않게 손바닥에 글자를 쓰고는 붓과 벼루를 공명에게 넘겨주었고, 공명 역시 손바닥에 글자를 적었다. 두 사람이 좌탑[20]을 가까이 옮기고 각자 손바닥에 쓴 글자를 서로 내어 보이더니 적힌 글자를 보고서는 함께 크게 웃었다. 주유가 손바닥에 적은 것은 바로 '화火' 한 글자였고 공명의 손바닥 안에 적힌 글자 역시 '화火' 한 글자였다. 주유가 말했다.

"우리 두 사람의 의견이 이미 상통했으니 더욱 의심할 것이 없소. 누설하지 마시오."

"두 집안의 공적인 일인데 어찌 누설하겠소? 헤아리건대 조조가 두 번이나 나의 이런 화공의 계책을 겪었지만, 이번에도 틀림없이 대비하지 않을 것이오. 이제 도독께서는 그 일을 진행시키면 될 것이오."

술을 마시고 나서 헤어졌으니 장수들은 모두 그 일을 알지 못했다.

한편 부질없이 15~16만 대의 화살을 잃은 조조는 숨이 막히고 답답했다. 순유가 계책을 올렸다.

"강동에는 주유와 제갈량 두 사람이 계책을 쓰고 있어 절대 급히 깨뜨리기 어려울 것입니다. 동오로 항복하는 체하고 첩자를 보내 내응하고 소식을 전달하게 한다면 도모할 수 있을 것입니다."

조조가 말했다.

"그 말이 내 뜻과 같소. 군중에 누가 이 계책을 실행할 수 있다고 생각하오?"

순유가 말했다.

"채모가 죽임을 당하기는 했으나 채씨의 종족은 모두 군중에 있습니다. 채모의 친척 아우인 채중蔡中과 채화蔡和가 현재 부장으로 있습니다. 승상께서 그들을 은혜로써 대우하고 항복한 것으로 꾸며 동오로 보낸다면 틀림없이 의심받지 않을 것입니다."

조조는 그 말을 따르기로 하고 그날 밤 두 사람을 은밀하게 불러 군막으로 들이고는 당부했다.

"너희 두 사람은 약간의 군사를 거느리고 동오로 가서 거짓으로 항복하라. 어떤 움직임이 있으면 사람을 보내 은밀하게 보고하여라. 나중에 일이 이루어지면 무거운 상과 벼슬을 더해주마. 두마음을 품어서는 안 된다!"

두 사람이 말했다.

"저희 처자식이 모두 형주에 있는데 어찌 감히 두마음을 품겠습니까? 승상께서는 의심하지 마십시오. 저희 두 사람이 반드시 주유와 제갈량의 수급을 가져와 휘하에 바치겠습니다."

조조가 그들에게 후한 상을 내렸다. 이튿날 두 사람은 500명의 군사를 거느리고 몇 척의 배를 띄워 순풍을 따라 남쪽 기슭으로 갔다.

한편 주유는 군사를 진격시킬 일을 처리하고 있는데 별안간 강북에서 온 배가 강어귀에 도착했다는 보고가 들어왔다. 채모의 아우인 채화와 채중이 특별히 항복하러 왔다는 것이었다. 주유가 불러들였다. 두 사람은 울면서 절을 올렸다.

"저희 형님은 죄가 없는데도 역적 조조에게 살해당했습니다. 우리 두 사람은 형의 원수를 갚고자 도독께 투항하러 온 것입니다. 받아들이신다면 원컨대 선봉대가 되겠습니다."

주유가 크게 기뻐하며 두 사람에게 무거운 상을 내리고는 즉시 감녕과 함께 군사를 이끌게 하고 선봉대로 명했다. 두 사람은 절을 올리고 감사를 표하며 주유가 계책에 걸려들었다고 여겼다. 주유는 은밀하게 감녕을 불러 분부했다.

"이 두 사람은 처자식을 데려오지 않았으니 진실로 투항하러 온 것이 아니라 바로 조조가 시켜서 보낸 첩자들이오. 내 이제 상대의 계책을 역이용하는 장계취계將計就計로 그들로 하여금 이곳 소식을 알리게 할 것이오. 그대는 정성스럽게 대접하면서 속으로는 방비를 해야 하오. 출병하는 날에 먼저저 두 놈을 죽여 제기[21]를 지낼 것이오. 그대는 반드시 조심해서 일을 그르치지 않도록 하시오."

감녕이 명을 받들고 나갔다. 노숙이 들어와서 주유에게 말했다.

"채중과 채화가 항복한 것은 아마도 속임수 같으니 받아들여서는 안 되오."

주유가 큰 소리로 꾸짖었다.

"조조가 형을 죽여 원수를 갚고자 항복하러 왔다는데 무슨 속임수가 있겠소! 그대처럼 이토록 의심이 많아서야 어찌 천하의 인사들을 받아들일 수 있겠소!"

노숙은 묵묵히 물러났고 바로 공명을 찾아가 설명했다. 그러나 공명은 웃기만 하고 입을 다물었다. 노숙이 말했다.

"공명은 무슨 까닭으로 비웃으시오?"

공명이 말했다.

"자경께서 공근의 계책을 이해하지 못하기에 웃었을 뿐이오. 큰 강으로 멀리 떨어져 있어 정탐꾼이 왕래하기가 지극히 어렵지요. 그래서 조조가 채중과 채화를 거짓으로 항복시켜 우리 군중의 일을 정탐하게 하는 것인데 공근은 그들을 이용해 이곳 소식을 전달하게 하여 그들의 계책을 역이용하는 장계취계를 쓰고자 하는 것이지요. 전쟁에서는 속임수도 마다하지 않는다고 했는데 공근의 계책이 바로 이것이오."

노숙이 비로소 깨달았다.❷

한편 주유가 밤에 군막 안에 앉아 있는데 갑자기 황개가 중군으로 숨어 들어 주유를 만났다. 주유가 물었다.

"공복公覆(황개의 자)께서 이 밤에 오신 것을 보니 틀림없이 좋은 계책이 있어 오신 것이지요?"

황개가 말했다.

"저들은 숫자가 많고 우리는 적어 장기간 지키기만 해서는 안 되는데 어찌하여 화공을 쓰지 않으십니까?"

주유가 말했다.

"누가 공께 그 계책을 바치라고 했소?"

"저 자신이 생각해낸 것이지 다른 사람이 가르쳐준 것은 아니외다."

"나도 바로 그렇게 하려고 거짓으로 항복한 채중과 채화를 살려두어 이곳 소식을 저들에게 전달하게 하려는 것이나, 나를 위해 거짓으로 항복하는 계책을 실행할 만한 사람이 없어 한스러울 따름이오."

"원컨대 제가 그 계책을 실행하겠소."

"얼마간의 고통을 받지 않고서야 저들이 어떻게 믿으려 하겠소?"

"저는 손씨의 두터운 은혜를 입었기에 간장과 뇌수가 땅에 널리는 한이 있더라도 원망하고 후회하지 않을 것이오."

주유가 절하며 그에게 감사했다.

"그대가 만약 이 고육계[22]를 실행해주신다면 강동의 대단한 행운일 것이오."

황개가 말했다.

"죽어도 원망하는 일은 없을 것이오!"

황개는 뜻대로 되자 감사하고 나갔다.

이튿날 주유는 북을 울려 군막에 장수들을 모두 모이게 했다. 공명 또한 그 자리에 참석했다. 주유가 말했다.

"조조가 백만 명의 군사를 이끌고 300여 리에 걸쳐 이어져 있으니 하루아침에 깨뜨릴 수 있는 것은 아니다. 그래서 이제 장수들에게 명하니 각기 3개월 치 군량과 마초를 받아서 적을 막을 준비를 하시오."

말이 미처 끝나기도 전에 황개가 나서며 말했다.

"3개월 치가 아니라 30개월 치의 군량과 마초를 수령한다고 해도 소용없소! 이번 달 안에 깨뜨릴 수 있으면 깨뜨리는 것이고 이번 달 안에 깨뜨리지 못한다면 장자포張子布(장소의 자)의 말대로 갑옷을 내버리고 창을 거꾸로 돌려 북쪽으로 항복할 뿐이요!"

주유가 갑자기 버럭 화를 내며 안색을 바꾸더니 크게 성냈다.

"나는 주공의 명을 받들어 군대를 감독하고 지휘하여 조조를 격파하러 왔도다. 주공께서 감히 다시 항복의 말을 하는 자가 있다면 반드시 참수하겠다고 했다. 지금 양군이 서로 대치하는 상황에 네가 감히 그런 말로 군심을 태만하게 했으니, 네 머리를 베지 않는다면 군사들을 복종시키기 어렵노라!"

좌우에 고함을 질러 황개의 목을 쳐서 보고하라 했다. 황개 또한 성내며 말했다.

"나는 파로장군[23]을 수행하여 동남쪽을 거침없이 내달렸으며 이미 3대를 거쳤는데 너는 어디에서 왔단 말이냐?"

몹시 화가 난 주유는 속히 참수하라고 소리쳤다. 감녕이 앞으로 나와 애원했다.

"공복은 동오의 노신老臣이오니 관용을 베풀어주시기 바랍니다."

주유가 크게 소리쳤다.

"네가 어찌 감히 여러 말로 나의 법도를 어지럽히려 드느냐!"

먼저 좌우를 큰 소리로 꾸짖고는 감녕을 몽둥이질하여 밖으로 내쫓았다. 관원들이 모두 무릎 꿇고 애원했다.

"황개의 죄는 죽어 마땅하나 군에 이롭지 않습니다. 바라건대 도독께서는 너그러이 용서하고 잠시 죄를 기록해두십시오. 조조를 격파한 다음에 목을 쳐도 늦지 않을 것입니다."

그러나 주유의 노여움은 멈추지 않았다. 관원들이 간절하게 호소하자 그제야 주유가 말했다.

"여러 관원의 체면을 보지 않았다면 반드시 참수했으리라! 지금은 잠시 살려두겠다!"

좌우에 명했다.

"황개를 끌어내 100대의 척장脊杖(등을 때리는 곤장형)을 때려 그 죄를 바로잡도록 하라!"

관원들이 다시 용서해달라고 빌었다. 그러나 주유는 안탁[24]을 뒤집어엎고 관원들을 큰 소리로 꾸짖어 물리더니 몽둥이로 때리라고 소리 질렀다. 결국 황개의 의복을 벗겨 땅바닥에 엎어놓고 척장 50대를 때렸다. 관원들이 다시 간절하게 용서를 빌었다. 주유는 벌떡 일어나더니 황개를 가리키며 말했다.

"네가 감히 나를 깔본단 말이냐! 남은 50대는 잠시 맡겨놓겠다! 다시 태만함이 보이면 두 가지 죄를 함께 벌할 것이다!"

한참 동안 중오하고는 군막 안으로 들어갔다. ❸

관원들이 황개를 부축해 일으키니 맞아서 피부가 찢기고 살이 터져 선혈이 솟아 흘렀다. 황개는 부축을 받으며 본영으로 돌아왔으나 몇 차례나 혼절하고 말았다. 문안 온 사람들 가운데 눈물 흘리지 않는 사람이 없었다. 노숙 또한 안부를 묻고 공명이 있는 배로 가서 공명에게 일렀다.

"오늘 공근이 노하여 공복을 꾸짖었는데 우리야 모두 그의 부하라 감히 무례하게 그의 위엄을 면전에서 직언으로 타이를 수 없었소. 그러나 선생은 손님으로서 무슨 까닭으로 팔짱만 끼고 방관하며 한마디도 하지 않았소?"

공명이 웃으면서 말했다.

"자경께서 나를 속이시는군요."

노숙이 말했다.

"저는 선생과 더불어 강을 건넌 이래로 한 번도 속인 적이 없소. 오늘 어찌하여 그런 말씀을 하시오?"

"자경께서는 어찌하여 공근이 오늘 황공복을 모질게 매질한 것이 계책인지 모르시오? 그런데 어떻게 내가 그를 타이르겠소?"

노숙이 그제야 깨달았다. 공명이 말했다.

"고육계를 쓰지 않고서야 어찌 조조를 속일 수 있겠소? 이제 틀림없이 황공복을 거짓으로 항복하러 가게 할 것이고 채중과 채화가 그 사실을 알리게 할 것이오. 자경께서 공근을 만나면 절대로 제가 그 일을 알고 있다는 말씀은 하지 마시고 단지 도독을 탓하고 있다고만 말씀해주시면 될 것이오."

노숙은 공명과 작별하고 군막으로 들어가 주유를 만났다. 주유가 군막 안으로 들이자 노숙이 말했다.

"오늘 무슨 까닭으로 황공복을 호되게 처벌하셨소?"

주유가 말했다.

"장수들이 원망하더이까?"

"속으로 불안해하는 사람이 많소."

"공명의 뜻은 어떻소?"

"그도 도독께서 너무 인정이 박하다고 원망하더이다."

주유가 웃으면서 말했다.

"이번에야 그 사람을 속였구려."

"그게 무슨 뜻인지요?"

"오늘 황개를 매질한 것은 계책이오. 내가 그를 거짓 항복시키고자 먼저 고육계를 써야만 했소. 조조를 속인 다음에 화공을 쓴다면 승리할 수 있을 것이오."

노숙은 속으로 공명의 고견을 생각했지만 감히 터놓고 말하지 못했다.❹

한편 황개가 군막에 누워 있는데 장수들이 모두 문안을 왔다. 황개는 아무 말 없이 길게 탄식할 뿐이었다. 그때 갑자기 참모[25]인 감택闞澤이 문안 왔다는 보고가 들어왔다. 황개가 침실 안으로 청해 들이고 좌우를 꾸짖어 물리쳤다. 감택이 말했다.

"장군께서는 혹시 도독과 원한이 있습니까?"

황개가 말했다.

"아니오."

"그렇다면 공께서 벌을 받으신 것은 혹시 고육계가 아니오?"

"그것을 어떻게 아셨소?"

"공근의 거동을 보고서 이미 여덟아홉은 짐작했소."

"3대에 걸쳐 오후의 두터운 은혜를 입었으나 보답할 길이 없어 이 계책을 바쳐 조조를 깨뜨리려 하오. 내 비록 고통을 받는다 하더라도 원망은 없소. 내가 군중을 두루 살펴봤는데 믿을 만한 자가 한 사람도 없소. 오직 공만이 평소에 충의의 마음을 가지고 있기에 감히 믿을 만하여 말씀드리는 것이오."

"공께서는 나보고 거짓 항복 문서를 조조에게 바쳐야 한다고 말씀하시는 것이군요."

"사실 그런 뜻이오. 하시겠소?"

감택이 선뜻 응낙했다.

용장은 주인에게 보답하려 자신을 돌보지 않고
모신도 나라를 위해서는 같은 마음을 갖는구나
勇將輕身思報主, 謀臣爲國有同心

감택은 어떤 말을 할 것인가?

제46회 화살 10만 대를 빌리다

❶

제갈량이 정말 화살 10만 대를 빌렸을까?

『삼국지』「오서·오주전」에 "건안 18년(213) 정월, 조공이 유수濡須(안후이성 우웨이無爲 동북쪽)를 공격하여 손권과 한 달 남짓 서로 대치했다. 조공은 멀리서 손권의 군대를 보고 그들의 질서정연함과 엄정함을 찬탄하고는 이에 물러갔다"고 기록되어 있고, 배송지 주 『위략』에 "손권이 큰 배를 타고 와서 군사 상황을 살펴보자 공(조조)이 화살과 쇠뇌를 퍼붓게 했다. 화살이 그 배에 가득 꽂히면서 배가 무게 때문에 기울어지며 전복될 상황이 되자, 손권이 배를 돌리게 하여 다시 반대쪽으로 화살을 받도록 했다. 화살로 인해 배가 평형을 이루자 이에 돌아왔다"고 기록되어 있다.

제갈공명이 풀 다발을 이용해 화살 10만 대를 빌렸다는 내용은 허구이며 역사에도 기록되어 있지 않다. 오히려 그 주인공은 손권이었으며 이 또한 화살을 빌리려 한 의도는 아니었고 어쩔 수 없는 상황에서 벌어진 일이었다. 게다가 이는 건안 18년에 벌어진 일로 적벽대전이 끝나고 5년 후에 일어난 일이었다. 적벽대전과는 아무런 관련도 없다.

②

채중과 채화는 역사 기록에 존재하지 않는 허구의 인물이다. 또한 적벽대전 중에 조조가 장수를 주유 진영에 거짓으로 항복시켜 보냈다는 기록도 역사에서는 보이지 않는다.

③

고육계로 황개에게 척장을 가했다는 기록은 없다

『삼국지』「오서·황개전」에 따르면 황개가 석성현石城縣의 현령이 되었을 때 편장鞭杖(채찍과 곤장)으로 다스렸다는 기록이 있다.

후한 삼국 시기에 척장脊杖의 형벌은 없었으며 이는 남조南朝 양梁 무제武帝(재위 502~549) 때 시행되었다. 『수서隋書』「형법지刑法志」에 따르면 대장大杖, 법장法杖, 소장小杖 세 종류가 있었고 모두 등을 때리는 형벌이라고 기록하고 있다.

④

과연 노숙은 멍청한 사람이었을까?

『삼국지』「오서·노숙전」에 주유가 병이 깊어지자 손권에게 상소를 올려 "노숙은 지략이 출중하여 임무를 맡기에 충분하니 저를 대신하게 해주십시오"라고 했다.

또한 배송지 주『오서』에 따르면 "노숙은 외모가 걸출하고 어려서부터 장렬한 절개가 있었으며 신묘한 계책을 생각하기를 좋아했다. 손책 또한 그를 고상하고 기이하게 여겼다"고 했고, "노숙은 사람됨이 반듯하고 엄숙했으며 꾸밈이 적고 안팎으로 검소했으며 속된 것을 좋아하는 데 힘쓰지 않았다. 군사를 바로잡고 금령은 반드시 행했으며 비록 군대의 행렬에 있을지라도 책이 손에서 떠나지 않았다. 또 담론을 잘했고 문사에도 능했으며 생각과 도량이 넓어 남보다 뛰어난 영명함이 있었다. 주유 이후로는 노숙이 으뜸이었다"라고 기록하고 있다.

노숙에 관련된 역사 기록을 많은 곳에서 발견할 수 있는데 한마디로 동오의 최고 전략가였다고 할 수 있다. 소설에서는 상황 파악도 못하고 지략이 떨어지는 멍청한 사람처럼 그려졌는데 단순히 제갈량을 부각시키려는 의도에서 허구로 꾸며낸 이야기에 불과하다. 노숙은 결코 제갈량에 뒤떨어지는 인물이 아니었다.

방통의 연환계

감택은 은밀하게 거짓 항복 문서를 바치고,
방통은 교묘하게 연환계를 가르쳐주다

闞澤密獻詐降書,
龐統巧授連環計

감택은 자가 덕윤德潤으로 회계會稽 산음[1] 사람이다. 집안이 가난했으나 배우는 것을 좋아하여 남에게 고용되었어도 다른 사람에게 책을 빌려보곤 했는데[2] 한번 두루 훑어보면 잊어버리지 않았다. 말재주가 좋아 말에 막힘이 없었으며 어려서부터 담력도 있었다. 손권이 그를 불러 참모로 삼았으며 그는 황개와 가장 절친했다. 황개는 그의 좋은 말솜씨와 담력을 잘 알기 때문에 그를 시켜 거짓 항복 문서를 바치려고 했다. 감택이 달갑게 응낙하며 말했다.

　"대장부가 세상에 살면서 공적을 세우고 업적을 이룰 수 없다면 거의 풀과 나무처럼 썩어가지 않겠소! 공이 이미 목숨을 바쳐 주인에게 보답하려는데 나 또한 어찌 미약한 목숨을 아끼겠소!"

　황개가 구르듯 침상에서 내려와 절을 하며 그에게 감사했다. 감택이 말했다.

　"일이 지체되어서는 안 되니 지금 즉시 떠나겠소."

　"글은 이미 적어두었소."

글을 받은 감택은 그날 밤 늙은 어부로 꾸민 채 작은 배를 타고 북쪽 강 기슭을 향해 나아갔다. 그날 밤 차가운 별들이 하늘을 가득 채웠다. 삼경쯤 어느 결에 조조군의 수채에 당도했다. 강을 순찰하던 군사들이 붙잡아 그날 밤으로 조조에게 보고했다. 조조가 말했다.

"혹시 첩자는 아니더냐?"

군사가 말했다.

"늙은 어부 한 사람뿐인데 스스로 동오의 참모 감택이라 하면서 기밀이 있어 왔다고 합니다."

조조는 즉시 데리고 들어오게 했다. 군사들에게 끌려온 감택은 군막에서 휘황찬란하게 빛나는 등촉과 조조가 작은 탁자에 기대어 단정히 앉아 있는 것을 보았다. 조조가 물었다.

"너는 동오의 참모라고 하면서 무엇 하러 여기에 왔느냐?"

감택이 말했다.

"사람들이 조승상은 목이 말라 물을 찾듯이 간절하게 현사를 구한다고 말하던데 지금 그렇게 묻는 것을 보니 대단히 틀린 것 같군. 황공복 자네 또 잘못 생각했구먼!"

조조가 말했다.

"동오와 아침저녁으로 교전하는 상황에 네가 사사로이 이곳에 왔는데 어찌 묻지 않을 수 있겠느냐?"

"황공복은 동오에 3대를 걸쳐 이어온 오랜 신하인데 장수들 앞에서 주유한테 아무 이유 없이 흠씬 두들겨 맞아 분노를 이기지 못하고 있소. 그래서 승상께 투항하여 원수를 갚고자 특별히 내게 그것을 의논했소. 나는 공복과 혈육의 정처럼 돈독하여 곧장 밀서를 바치러 왔소. 승상께서는 받아들이겠소?"

"편지는 어디에 있느냐?"

감택이 편지를 꺼내 바쳤다. 조조가 편지를 뜯어 등불 아래서 읽었다.

"저는 손씨의 두터운 은혜를 입었기에 본래는 두마음을 품어서는 안 됩니다. 그러나 오늘의 형세로 논한다면 강동 6군의 군사들로 중원의 백만 대군을 감당하기에는 중과부적으로 이것은 천하가 모두 동의하는 바입니다. 동오의 문무관원들 중 지혜로운 자와 어리석은 자들을 막론하고 불가하다는 것을 모두가 잘 알고 있습니다. 그러나 주유 놈은 도량이 편협하고 천박하며 어리석은 데다 자신의 능력을 대단하게 여기고는 언제나 계란으로 바위를 치려고 합니다. 직권을 남용하고 상벌의 기준 없이 자기 멋대로 하여 죄가 없는데도 벌을 받는가 하면 공이 있어도 상을 주지 않고 있습니다. 저는 오랜 신하인데도 아무 이유 없이 모욕을 받았으니 마음이 진실로 한스럽습니다! 엎드려 듣자 하니 승상께서는 진심으로 사람을 대접하고 겸허하게 인재를 받아들이신다고 하니 제가 무리를 이끌고 항복하여 공을 세우고 치욕을 씻고자 합니다. 군량과 마초와 무기는 가는 배편으로 헌납하겠습니다. 피눈물을 흘리며 엎드려 절하고 사뢰오니 절대로 의심하지 마소서."

조조가 긴 탁자 위에 편지를 놓고 10여 차례 반복해서 읽더니 별안간 탁자를 치면서 눈을 크게 뜨고 버럭 화를 냈다.

"황개가 고육계를 쓰고자 너를 시켜 거짓 항복 문서를 바치게 하고는 중간에서 일을 벌이려 하는 모양인데, 감히 나를 희롱하고 모욕하려 드느냐!"

즉시 좌우를 시켜 끌어내 목을 치라고 명했다. 좌우에서 떼 지어 감택을 에워쌌다. 감택은 얼굴빛 하나 바꾸지 않고 하늘을 우러러 껄껄 웃었다. 조조는 다시 끌어오게 하고는 큰 소리로 꾸짖었다.

"내가 이미 간사한 계책을 간파했건만 너는 어찌하여 비웃느냐?"

감택이 말했다.

"내가 그대를 비웃는 것이 아니오. 사람을 알아보지 못하는 황공복을 비웃는 것이오."

"어찌하여 그가 사람을 볼 줄 모른다고 말하는가?"

"죽이려면 죽일 것이지 구태여 많이 물을 필요가 있겠는가!"

"나는 어려서부터 병서를 숙독하여 간사한 속임수를 매우 잘 아느니라. 네 그런 계책은 다른 사람을 속일 수는 있어도 나를 속일 수 없도다!"

"그럼 편지 중에 어떤 것이 간계인지 네가 말해보거라!"

"내가 너의 허점을 말해 네가 죽어도 원망이 없도록 해주마. 네가 이미 진심으로 글을 바치고 투항한다고 했는데 어찌하여 언제인지 명확하게 밝히지 않았느냐? 이제 무슨 변명할 말이 있느냐?"

조조의 말을 듣고 난 감택이 다시 웃었다.

"네가 그러고도 부끄럽고 황송해하지 않으면서 감히 병서를 숙독했다고 스스로 뽐내느냐! 늦지 않도록 일찌감치 군사를 거두고 돌아가거라! 맞붙어 싸웠다가는 틀림없이 주유한테 사로잡히고 말 거다. 무식한 놈 같으니! 내가 네놈 손에 원통하게 죽는 것이 애석하구나!"

조조가 말했다.

"어찌하여 내가 무식하다고 하는 것이냐?"

"네가 계략도 알지 못하고 도리에도 밝지 못하니 어찌 무식하지 않겠느냐?"

"내가 어떻게 잘못했는지 네가 말해보거라."

"현자를 대우하는 예가 없는데 내가 구태여 말할 필요가 있는가! 다만 죽음이 있을 뿐이다."

"네가 말하는 것이 이치에 맞는다면 내 당연히 존경하며 감복하겠다."

"어찌하여 '주인을 배반하고 도둑질하려면 날짜를 정해서는 안 된다'는 말도 듣지 못했느냐? 지금 날짜를 약속했다가 촉박해서 손을 쓸 수 없게 되었을 때 도리어 이곳에서 호응하러 오게 된다면 일이 반드시 새나가고 말 것이다. 기회를 보면서 일을 진행해야 하는데 어찌 미리 날짜를 정할 수 있겠느냐? 너는 이런 이치도 이해하지 못하면서 좋은 사람을 억울하게 죽이려 드니 진실로 무식한 무리가 아닌가!"

감택의 말을 듣고 난 조조는 안색을 바꾸며 자리에서 내려와 사과했다.

"일을 살피는 데 밝지 못하여 실수로 존귀한 위엄을 범하였으니 바라건대 마음에 두지 마십시오."

감택이 말했다.

"나와 황공복은 마음을 다해 투항하는 것으로 마치 갓난아이가 부모를 바라보는 것과 같은데 어찌 속임수가 있겠습니까!"

조조가 크게 기뻐하며 말했다.

"두 분이 큰 공을 세운다면 작위를 받을 때 틀림없이 다른 사람들 위에 있게 될 것이오."

"저희는 작위와 녹봉을 위해 온 것이 아닙니다. 진실로 천명에 순응하고 인심에 화합할 따름입니다."

조조가 술을 가져와 대접했다.❶

잠시 후 누군가 군막으로 들어왔는데 조조의 귀에 대고 소곤거리며 얘기했다. 조조가 말했다.

"편지를 봐야겠구나."

그 사람이 밀서를 바쳤다. 편지를 본 조조가 얼굴에 자못 기뻐하는 빛을 띠었다. 감택은 속으로 생각했다.

'이것은 필시 채중과 채화가 황개가 형벌을 받은 소식을 보고하는 것으로, 조조는 투항하겠다는 일이 사실임을 기뻐하는 것이로다.'

조조가 말했다.

"번거롭더라도 선생께서 다시 강동으로 돌아가서 황공복과 약속을 정하고 먼저 강을 건널 소식을 통보해주면 내가 군사를 보내 호응하리다."

감택이 말했다.

"저는 이미 강동을 떠났기에 다시 돌아갈 수는 없습니다. 승상께서 다른 사람을 비밀리에 보내시기 바랍니다."

"다른 사람이 갔다간 일이 누설될까 걱정되오."

감택이 두 번 세 번 사양하다가 한참이 지나서야 비로소 말했다.

"만일 가야 한다면 오래 머물 수 없으니 바로 가겠습니다."

조조가 황금과 비단을 하사했으나 감택은 받지 않았다. 작별하고 군영을 나가 다시 조각배를 타고 강동으로 돌아가서 황개를 만나 있었던 일을 상세하게 이야기했다. 황개가 말했다.

"공의 능숙한 언변이 아니었더라면 나는 쓸데없이 고통만 받을 뻔했소."

감택이 말했다.

"내 지금 감녕의 군영으로 가서 채중과 채화의 소식을 알아보겠소."

"좋은 생각이오."

감택이 감녕의 군영에 이르자 감녕이 맞아들였다. 감택이 말했다.

"장군께서 어제 황공복을 구하려다가 주공근에게 욕을 당하게 되어 내심히 불쾌하오."

감녕은 웃기만 하고 대답하지 않았다. 한창 이야기하고 있는데 채화와 채중이 들어왔다. 감택이 감녕에게 눈짓을 보냈고 그 뜻을 알아챈 감녕이 이에 말했다.

"주공근이 자신의 능력만 믿고 우리는 생각도 않는구려. 내 이제 욕을 당하니 강좌 사람들 보기가 부끄럽게 되었소!"

말을 마치더니 이를 부득부득 갈며 탁자를 치고 크게 소리까지 질러댔다. 감택이 이에 거짓으로 감녕 귀에 대고 소곤소곤 말했다. 감녕은 고개를 숙인 채 말없이 길게 탄식만 몇 차례 했다. 채화와 채중은 감녕과 감택 모두 모반의 뜻이 있음을 보고서 그들을 부추겼다.

"장군께서는 무슨 까닭으로 고민하십니까? 선생은 무슨 불평이라도 있으십니까?"

감택이 말했다.

"우리 마음속의 고통을 네가 어찌 알겠느냐!"

채화가 말했다.

"혹시 오를 배반하고 조조에게 투항하려고 하십니까?"

감택은 얼굴이 새파랗게 질렸고 감녕은 검을 뽑아 들고 일어나면서 말했다.

"우리 일이 이미 간파되었으니 죽여서 입을 막지 않을 수가 없구나!"

채화와 채중이 당황하며 말했다.

"두 공께서는 걱정하지 마시오. 우리 또한 속마음의 일을 알려드리겠습니다."

감녕이 말했다.

"속히 말하거라!"

채화가 말했다.

"우리 두 사람은 바로 조공이 시켜서 거짓으로 항복한 것입니다. 두 공께서 귀순할 마음이 있으시다면 우리가 인도해드리겠습니다."

감녕이 말했다.

"네 말이 정말이냐?"

두 사람이 한목소리로 말했다.

"어찌 감히 속이겠습니까!"

감녕이 기뻐하는 척하며 말했다.

"그렇다면 이것은 하늘이 내려주신 것이로다!"

두 채씨가 말했다.

"황공복과 장군께서 욕을 당하신 일을 저희가 이미 승상께 보고드렸습니다."

감택이 말했다.

"우리도 이미 황공복을 위해 승상께 글을 바쳤는데 지금 특별히 와서 흥패興霸(감녕의 자)를 만나 서로 함께 항복하기로 약속하는 것이오."

감녕이 말했다.

"대장부가 이미 현명한 군주를 만났으니 온 힘을 다해 의기투합해야 마땅하오."

이에 네 사람은 함께 술을 마시며 속내를 의논했다. 두 채씨가 즉시 편지를 써서 비밀리에 조조에게 보고했다.

"감녕이 저희와 함께 내응할 것입니다."

감택도 따로 편지를 써서 사람을 보내 비밀리에 조조에게 구체적으로 보고했다.

"황개가 가고자 하나 기회를 얻지 못하고 있습니다만, 뱃머리에 푸른 아기[3]가 꽂혀 있는 배가 오면 이는 바로 황개입니다."

한편 두 편지를 연속으로 받은 조조는 내심 의혹이 생겨 결정하지 못하고 모사들을 모아놓고 상의했다.

"강좌의 감녕은 주유에게 모욕을 당해 내응하기를 원하고 황개도 벌을 받고는 감택을 시켜 항복을 수락해달라고 하는데 모두 굳게 믿지 못하겠소. 누가 감히 주유 군영으로 가서 확실한 사실을 알아오겠소?"

장간이 나서며 말했다.

"제가 지난번 헛되이 동오로 가서 공도 이루지 못하여 심히 부끄럽습니다. 목숨을 바쳐 다시 가서 확실한 사실을 얻어 승상께 보고드리겠습니다."

조조가 크게 기뻐하며 즉시 장간에게 배에 오르게 했다. 작은 배를 타고 곧장 강남 수챗가로 가서 사람을 시켜 통보하도록 했다. 주유는 장간이 또 왔다는 소식을 듣고는 크게 기뻐하며 말했다.

"우리가 공을 이루는 것은 이 사람에게 달려 있다!"

즉시 노숙에게 분부했다.

"방사원龐士元을 청해 나를 위해 이렇게 저렇게 해달라고 말해주시오."❷

원래 양양襄陽 사람인 방통龐統은 자가 사원으로 난을 피해 강동에 임시로 기거하고 있었는데 노숙이 일찍이 그를 주유에게 천거했으나 방통이 미처 찾아가서 만나보지 못하고 있었다. 그때 주유가 먼저 노숙을 시켜 방통에게 계책을 물은 적이 있었다.

"조조를 격파하려면 무슨 계책을 써야 하오?"

방통이 은밀하게 노숙에게 일렀다.

"조조의 군대를 깨뜨리려면 모름지기 화공을 써야 하오. 그러나 큰 강에서 배 하나에 불이 붙으면 나머지 배가 사방으로 흩어지니 '연환계連環計'를 써서 배를 한곳에 고정시킨 다음에야 공을 이룰 수 있을 것이오."

노숙이 그의 말을 주유에게 알렸고 주유는 그의 논리에 깊이 감복하여 노숙에게 일렀다.

"나를 위해 이 계책을 실행할 사람은 방사원이 아니면 불가하오."

노숙이 말했다.

"조조의 간사함과 교활함이 두려운데 어떻게 갈 수 있겠소?"

주유가 망설이며 결정하지 못하고 있었다. 여러모로 궁리해도 기회가 없었는데 별안간 장간이 또 왔다는 보고가 들어왔다. 주유가 크게 기뻐하며 방통에게 계책을 쓰도록 분부하는 한편 자신은 군막에 앉고 사람을 시켜 장간을 청하게 했다. 장간은 주유가 와서 영접하지 않는 것을 보고는 속으로 의심하고 염려하며 배를 후미진 둑에 정박시키고는 군영으로 들어가 주유를 만났다. 주유는 화를 내며 말했다.

"자익은 무슨 까닭으로 나를 그렇게 심하게 속였는가?"

장간이 웃으면서 말했다.

"나는 자네와 옛날에 형제처럼 지낸 시절을 생각하여 일부러 와서 속마음을 털어놓으려고 하는데 어찌하여 속였다고 말하는가?"

주유가 말했다.

"자네가 나를 항복시키려고 설득한다면 바닷물이 마르고 돌이 썩는 일이 있다 한들 안 될 걸세! 지난번에는 내가 옛정을 생각해서 자네와 실컷 마시고 취해 함께 침상에서 잠까지 잤는데, 자네는 도리어 나의 사사로운 편지를 훔쳐서 작별도 하지 않고 가버렸고 조조에게 보고하여 채모와 장윤을 죽게 하는 바람에 내 일을 그르치게 했네. 그런데 오늘 아무 이유 없이 또 왔으니 틀림없이 좋은 뜻을 품지는 않았을 걸세! 내 옛정을 보지 않았다면 한칼에 두 동강 냈을 걸세! 본래는 자네를 돌아가게 하고 싶지만 하루 이틀 사이에 역적 조조를 깨뜨리려 하니 어찌해볼 도리가 없네. 그렇다고 자네를 군중에 머물게 했다가는 또 틀림없이 비밀이 새나가고 말 걸세."

바로 좌우에 명했다.

"자익을 서산西山 암자로 보내 쉬게 하라. 내 조조를 격파한 다음에 그때 자네가 강을 건너도록 해도 늦지 않을 걸세."

장간이 다시 입을 열려고 했으나 주유는 이미 군막 안으로 들어간 후였다. 좌우에서 말을 가져와 장간을 태우고는 서산 뒤쪽의 작은 암자로 보내 쉬게 했고 두 명의 군사를 뽑아 시중들게 했다.

암자에 있게 된 장간은 내심 답답하고 우울하여 밥을 먹지 못하고 잠도 제대로 자지 못했다. 온 하늘 가득 별들이 드러난 이날 밤 장간이 홀로 걸어 암자 뒤로 갔는데 책 읽는 소리가 들렸다. 소리 나는 곳을 찾아 걷다가 바위 산봉우리 가장자리에 초가 몇 간을 발견했는데 그 안에서 불빛이 새나왔다. 장간이 다가가서 그 안을 들여다보니 어떤 한 사람이 검을 걸어놓고 등 앞에서 손오[4]의 병서를 읽고 있었다. 장간은 생각했다.

'이 사람은 틀림없이 비범한 사람일 것이다.'

문을 두드려 만나기를 청했다. 그 사람이 문을 열고 나와서는 그를 맞이했는데 기품이 넘쳐났다. 장간이 성명을 묻자 대답했다.

"성이 방이고 이름이 통이라 하며 자가 사원이라 하오."

장간이 말했다.

"혹시 봉추 선생이 아니십니까?"

방통이 말했다.

"그렇소."

장간이 기뻐했다.

"고명하신 이름을 오래전부터 들었는데 지금 어찌하여 이런 후미진 곳에 기거하십니까?"

방통이 대답했다.

"주유가 자신의 재주가 높은 것만 믿고 사람을 포용하지 않기에 이곳에 은거하고 있소. 공은 누구시오?"

"저는 장간이라 합니다."

방통은 이에 초가로 맞아들이고 함께 앉아서 마음을 터놓고 이야기했다. 장간이 말했다.

"공의 재주로 어디를 간다 한들 이롭지 않겠습니까? 조조에게 귀의하고자 하신다면 제가 인도해드리겠습니다."

방통이 말했다.

"나 또한 강동을 떠나고자 한 지 오래되었소. 공께서 인도해주실 마음이 있다면 당장에 함께 갑시다. 지체하다가 주유가 알게 되기라도 하면 틀림없이 해를 입을 것이오."

이에 장간과 함께 그날 밤으로 산을 내려와 강기슭에서 원래 타고 있던 배를 찾아 나는 듯이 노를 저어 강북으로 갔다.

조조의 군영에 이르자 장간이 먼저 들어가 있었던 일들을 상세하게 보고했다. 봉추 선생이 왔다는 소리를 들은 조조는 친히 군막을 나와 맞아들였고 손님과 주인 자리에 나누어 앉고서 물었다.

"주유는 나이가 어려 자기 재주만 믿고 남을 업신여기니 좋은 계책도 쓰지 않을 것이오. 저는 선생의 고명하신 이름을 오래전부터 들었는데 이제야 왕림해주셨으니 아낌없이 깨우쳐주시기 바랍니다."

방통이 말했다.

"평소에 승상께서 군사를 부리는 데 법도가 있다고 들었는데 지금 한번 군사들의 위용을 보고 싶습니다."

조조가 말을 준비시키더니 방통을 청해 먼저 육지의 군영을 살피러 갔다. 방통과 조조가 말을 나란히 하며 높은 곳으로 올라 바라보았다. 방통이 말했다.

"산을 가까이하고 숲을 의지하여 앞뒤가 서로 돌보며 들어가고 나오는데 문이 있고 나아가고 물러남에 있어 구불구불 곡절이 있으니 비록 손자와 오기가 다시 살아나고 양저[5]가 다시 나온다 해도 이보다는 못할 것입니다."

조조가 말했다.

"선생께서는 과분하게 칭찬하지 마시고 가르침을 주시기 바랍니다."

이에 다시 함께 수채를 보러 갔다. 남쪽을 향해 24개의 문을 나누어 설치했는데 모든 몽동 전함이 성곽같이 배열되어 있었다. 그 중간에 작은 배들을 감추어놨는데 왕래하는 길목이 설치되어 있었고 높낮이가 고르지 않은데도 질서정연했다. 방통이 웃으면서 말했다.

"승상의 용병술이 이와 같으니 명성이 헛되이 퍼진 것은 아니군요!"

그러더니 강남을 가리키며 말했다.

"주랑, 주랑! 머지않아 반드시 망하겠구나!"

조조가 크게 기뻐했다. 군영으로 돌아와서는 군막 안으로 술상을 청해 함께 마시면서 용병 전략에 대해 이야기했다. 방통은 당당하고 차분하게 말하는 데다 설득력이 있었고 그의 대답은 마치 흐르는 물과 같았다. 조조는 깊이 존경하고 감복하여 성심성의를 다해 대접했다. 방통이 취한 척하며 말했다.

"감히 묻건대 군중에 좋은 의원이 있습니까?"

조조가 무엇에 필요한지 묻자 방통이 말했다.

"수군들에게 질병이 많을 테니 좋은 의원을 불러 치료해야 하지요."

이때 조조군은 음식이나 기후 등에 적응하지 못해 구토하는 병이 발생했는데 죽은 자가 많아 이 일을 걱정하고 있었다. 조조가 별안간 방통의 말을 듣고는 어떻게 묻지 않을 수가 있겠는가? 방통이 말했다.

"승상께서 수군을 조련시키는 방법이 심히 기묘하나 애석하게도 완전하지가 않소."

조조가 두 번 세 번 묻자 방통이 말했다.

"제게 한 가지 계책이 있는데 이를 따르면 대부분의 수군이 병에 걸리지 않고 안전하게 공을 이룰 수 있을 것이오."

조조가 크게 기뻐하며 그 묘책을 물었다. 방통이 말했다.

"큰 강 한가운데는 조수가 밀려왔다가 빠져나가며 풍랑이 그치지 않습니다. 북쪽 군사들은 배에 오르는 것이 익숙하지가 않아 이런 물결이 요동치는 흔들림을 받게 되면 바로 병이 생기기 마련이지요. 만약 큰 배와 작은 배를 각기 안배하되 30척을 한 열로 혹은 50척을 한 열로 하여 선수와 선미를 쇠

고리로 연결시키고 그 위에 넓은 판자를 깐다면 사람이 건널 수 있음은 말할 필요도 없고 말도 달릴 수 있을 것입니다. 이것을 타고 나아간다면 풍랑과 조수는 물론 다시 무엇을 두려워하겠습니까?"

조조가 자리에서 내려와 감사하며 말했다.

"선생의 좋은 계책이 아니라면 어찌 동오를 깨뜨릴 수 있겠소!"

방통이 말했다.

"어리석고 얕은 견해이니 승상께서 직접 판단하십시오."

조조는 즉시 명령을 전달하여 군중의 대장장이를 불러 밤새도록 고리와 대못을 제조하여 배들을 연결시키게 했다. 그 소식을 들은 군사들이 모두 기뻐했다. 후세 사람이 지은 시가 있다.

> 적벽의 교전에서 화공 쓴다는 것을
> 전략 세워 결정된 책략이 모두 같았다네
> 만일 방통의 연환계책이 아니었더라면
> 공근이 어떻게 큰 공 세울 수 있었을까
> 赤壁鏖兵用火攻, 運籌決策盡皆同
> 若非龐統連環計, 公瑾安能立大功 ❸

방통이 또 조조에게 일렀다.

"제가 강좌의 호걸들을 보건대 주유에게 원한을 가진 자가 많습니다. 제 세 치의 혀로 승상을 위해 그들을 설득하여 모두 와서 항복하게 하겠습니다. 그러면 주유는 고립무원이 되어 반드시 승상께 사로잡히게 될 것입니다. 주유를 깨뜨리고 나면 유비는 쓸모없게 될 것입니다."

조조가 말했다.

"선생께서 과연 큰 공을 세우신다면 이 조조가 천자께 아뢰어 삼공의 반열로 봉해드리겠소."❹

"저는 부귀를 위해서가 아니라 다만 만백성을 구하고자 할 따름입니다. 승상께서 강을 건너면 삼가 백성을 죽이거나 해치지 마시기 바랍니다."

"내가 하늘을 대신해 도를 행하는데 어찌 차마 백성을 살육하겠소!"

방통은 조조에게 절을 하며 자신의 종족을 안전하게 할 수 있는 방문榜文을 청했다. 조조가 말했다.

"선생의 가솔은 지금 어디에 살고 계시오?"

"강변에 살고 있습니다. 이 방문을 얻으면 보전할 수 있을 것입니다."

조조가 방문을 쓰게 하고 서명한 다음 방통에게 건네줬다. 방통이 절을 올려 감사하며 말했다.

"저와 작별한 다음에 속히 군사를 진격시켜야 합니다. 주랑이 알아채기를 기다려서는 안 됩니다."

조조는 그 말을 옳다고 여겼다.

방통이 절하고 작별한 다음에 강변에 이르러 배에 타려고 하는데 갑자기 도포에 죽관⁶을 쓴 한 사람이 강기슭에서 나타나더니 방통을 한 줌 잡아당기고 말했다.

"너 정말 대담하구나! 황개는 고육계를 쓰고 감택은 거짓 항복 문서를 보내더니 너는 또 와서 연환계를 바쳐서 모조리 불태워 전멸시키지 못할까 걱정하는구나! 너희가 그런 잔혹한 수단을 써서 조조를 속일 수는 있겠지만 나까지 속일 수는 없을 것이다!"

방통은 으름장에 놀라 영혼이 육체에서 떠나는 듯했다.

동남쪽이 승리할 수 있다고 말하지 마라

서북쪽에 사람이 없다고 누가 이르더냐

莫道東南能制勝, 誰云西北獨無人

과연 이 사람은 누구일까?

제47회 방통의 연환계

①

황개의 거짓 항복 문서

『삼국지』「오서·주유전」과 배송지 주 『강표전』의 기록에 따르면 황개가 조조에게
거짓 항복 서신을 보낸 것은 사실이다. 항복 서신을 보내게 된 계기나 자세한 상황은
기록되어 있지 않으나 그 편지의 내용과 조조가 그것을 가지고 온 사신을 특별히 만
났다는 기록은 있다. 하지만 그 사자가 감택이라는 기록은 없다.

감택이 조조에게 거짓 항복 문서를 바쳤을까?

『삼국지』「오서·감택전」에 따르면 "감택은 효렴으로 천거되었고 전당현錢唐縣(치소
는 저장성 항저우杭州)의 현장縣長을 제수받았으며 침현郴縣(치소는 후난성 천저우郴州)
의 현령으로 승진했다. 손권이 표기장군驃騎將軍(대장군 다음 지위로 정벌을 관장)으로
임명되었을 때 감택을 불러서 서조연西曹掾(승상, 삼공부三公府, 주군州郡 장관과 장군
부중에 동서 이조二曹를 설치했는데, 서조西曹는 내무를 주관하고 동조東曹는 바깥일을 주관
했다)을 돕게 했다"고 기록하고 있다. 이 기록에 따르면 손권이 표기장군이 되었을 때
감택을 불렀다고 했는데, 「오서·오주전」의 기록에 따르면 "조조는 표문을 올려 손권
을 표기장군으로 천거했고 가절假節을 주고 형주목을 겸하여 다스리도록 했으며 남

창후南昌侯로 봉했다'고 기록하고 있다. 이때는 바로 건안 24년(219)의 12월로 적벽대전이 발발한 건안 13년(208)보다 11년 뒤의 일이다. 결국 두 기록을 근거해 추산해보면 감택은 적벽대전 발발 후 11년이 지난 다음에야 지방에서 중앙으로 진출했다고 볼 수 있다. 감택이 거짓 항복 문서를 전달했다는 기록도 없으며 또한 감택은 적벽대전에 참가하지도 않은 것으로 판단된다.

「오서·감택전」 배송지 주 『오록吳錄』에 감택에 관련된 내용이 다음과 같이 기록되어 있다.

"당초에 위魏 문제文帝(조비曹丕)가 즉위하자 손권이 일찍이 신하들에게 조용히 말했다.

'조비는 성년이 되어 즉위했으니 내가 그에게 미칠 수 없음이 걱정되오. 경들은 어떻게 생각하시오?'

신하들이 대답하지 못하고 있었는데 감택이 '10년이 못 되어 조비는 죽을 것입니다. 대왕께서는 염려하지 마십시오'라고 말했다. 손권이 '어떻게 그것을 아시오?'라고 묻자 감택은 '그의 자로 말씀드리면 불不과 십十이 합쳐져 비丕 자가 되니 이것은 그의 운명입니다'라고 대답했다. 문제는 과연 7년 후에 죽었다."(조비는 40세에 사망했다.)

배송지는 "손권은 문제보다 다섯 살 많으니 그 나이 차이는 적다"고 했다.

❷

이때 방통은 강동에 있지 않았다

역사 기록을 보면 이때 방통은 남군南郡 강릉江陵태수 공조功曹(공조사功曹史의 줄임말로 전한 시기에 설치되었다. 군수의 속리로 인사人事를 관리했고 시찰과 공로의 기록을 책임졌으며 군郡의 정무에 참여했다)로 있었다. 조조가 강릉을 점거했으나 원래는 유표가 임명한 관원들의 직책을 유임시켰기에 이때는 조인을 도와 성을 지키고 있었다. 『삼국지』 「촉서·방통전」에 "오나라 장수 주유는 선주를 도와 형주를 취한 다음에 남군南郡(형주의 관할 군으로 치소는 지금의 후베이성 장링江陵)태수를 겸하게 되었다. 주유가 죽은 뒤에 방통이 그의 영구를 호송하여 오현吳縣(지금의 장쑤성 쑤저우蘇州)으로 돌아갔다"고 기록되어 있다.

즉 적벽대전 이후 주유가 남군태수로 임명되었기에 방통은 주유의 공조로 있었다. 방통과 적벽대전은 관련이 없다.

❸

방통이 '연환계'를 써서 조조의 배들을 묶어 연결시키게 했을까?

『삼국지』「오서·주유전」은 황개의 말을 다음과 같이 기록하고 있다.

"지금 적군은 많고 아군은 적어서 오래 시간을 끌면 곤란합니다. 그러나 제가 보기에는 조조군의 전함이 앞뒤로 서로 이어져 있으므로 불을 질러 달아나게 할 수 있습니다."

이 기록을 봐서는 조조의 전함들이 서로 묶여 연결되어 있었던 것은 사실인 듯하다. 그러나 방통은 적벽대전과는 무관한 사람이기에 절대로 그의 계책은 아니다. 이런 상황을 만든 것이 조조 자신의 결정인지 아니면 어떤 모사의 계책인지는 역사 기록이 없어 알 수 없지만, 바람이 거세고 배들이 흔들려 조조 진영 자체에서 그렇게 한 것이 아닐까 판단된다.

❹

『삼국지』「위서·무제기」에 "건안 13년(208) 봄 정월, 한나라 삼공三公의 관직을 폐지하고 승상丞相과 어사대부御史大夫를 설치했다. 여름, 6월에 공(조조)이 승상에 임명되었다"고 기록되어 있어, 적벽대전 이전에 이미 삼공의 관직이 폐지된 상태였다.

단가행

조조는 장강에서 연회를 열어 시를 짓고,
북군은 전선을 묶어놓으며 무력을 쓰다.

宴長江曹操賦詩,
鎖戰船北軍用武

그 말을 들은 방통은 깜짝 놀라 급히 그 사람을 돌아보았다. 다름 아닌 서서였다. 방통은 옛 친구를 알아보고 놀란 마음이 비로소 진정되었다. 주변을 돌아보고 아무도 없자 이에 말했다.

"자네가 나의 계책을 폭로하면 애석하게도 강남 81주[1]의 백성을 모두 자네가 죽이는 것이네!"

서서가 웃으면서 말했다.

"여기에 있는 83만 인마의 목숨은 어떻게 하란 말인가?"

방통이 말했다.

"원직元直(서서의 자)은 진정 내 계책을 깨뜨리려 하는가?"

"내가 유황숙의 두터운 은혜를 고맙게 여겨 보답할 생각을 잊은 적이 없었네. 조조가 어머니의 목숨을 잃게 했기 때문에 내 이미 평생 동안 한 가지의 계책도 세우지 않겠다고 말한 적이 있는데, 지금에 와서 어찌 형의 좋은 계책을 깨뜨리려 하겠는가? 단지 나 또한 이곳에 종군했기에 군대가 패한 뒤에는 옥석을 가리지 않을 것이니 어찌 난을 모면할 수 있겠는가? 그대가 내게 몸을 빼낼 방법을 가르쳐준다면 나도 즉시 입을 다물고 멀리 피할 것이네."

방통이 웃으면서 말했다.

"원직같이 고명한 견해와 원대한 식견을 가진 사람이 무엇이 어렵단 말인가!"

"원컨대 선생이 가르침을 내려주시게."

방통이 서서의 귓전에 몇 마디 간단하게 이야기해주었다. 서서가 크게 기뻐하며 절하고 감사했다. 방통은 서서와 작별하고 배를 타고 강동으로 돌아갔다.

한편 서서는 그날 저녁 은밀하게 가까운 사람을 시켜 각 군영을 다니며 헛소문을 퍼뜨리게 했다. 이튿날 군영 안에서 군사들이 삼삼오오 모여 귀에 입을 대고 소곤거리기 시작했다. 어느새 소식을 탐문하는 사람이 조조에게 보고했다.

"군중에서 서량주²의 한수와 마등이 모반하여 허도로 쳐들어오고 있다는 말이 떠돌고 있습니다."

깜짝 놀란 조조가 급히 모사들을 모아놓고 상의했다.

"내가 군대를 이끌고 남쪽을 정벌하면서도 마음속에 우려했던 것은 한수와 마등뿐이었소. 군중에서의 헛소문이 비록 거짓인지 정말인지는 분별할 수 없으나 방비하지 않을 수가 없소."

말을 미처 마치기도 전에 서서가 나서며 말했다.

"승상께서 저를 받아들이셨지만 한 치의 공이라도 세워 은혜를 갚기 위해 진력한 적이 없는 것이 한스러웠습니다. 3000명의 인마를 주신다면 밤새 산관³으로 달려가 험준한 요충지를 방어하고 긴급한 상황이 발생하면 다시 보고드리겠습니다."

조조가 기뻐하며 말했다.

"원직이 가준다면 내 근심이 없어질 거요! 산관에도 군병들이 있으니 그들도 공이 통솔하시오. 지금 마보군 3000명을 선발할 터이니 장패藏霸를 선봉으로 삼아 밤새 달려가도록 하시오. 이를 지체해서는 안 될 것이오."

조조에게 하직한 서서는 장패와 함께 즉시 출발했다. 이것이 바로 방통이 서서를 구해준 계책이었다. 후세 사람이 지은 시가 있다.

조조가 남쪽 정벌 나서서 날마다 근심한 것은
혹여 마등과 한수가 전쟁을 일으키는 것이라네
봉추 선생 말 한마디로 서서를 가르쳐주었으니
바로 헤엄치는 물고기처럼 낚싯바늘 벗어나네
曹操征南日日憂, 馬騰韓遂起戈矛
鳳雛一語教徐庶, 正似遊魚脫釣鉤

서서를 보낸 다음 조조는 비로소 마음이 조금 안정되었다. 즉시 말에 올라 먼저 강을 끼고 있는 육지 군영을 돌아본 다음 수채를 살펴보았다. 중앙에 '수帥' 자 기를 세운 큰 배 한 척에 올랐는데 양옆에는 모두 수채가 늘어서 있었고 선상에는 활과 쇠뇌 1000개가 시위가 당겨진 채 매복해 있었다. 조조는 그 위에서 살펴보았다. 이때는 바로 건안 13년(208) 11월 15일로, 날씨는 청명했고 풍랑 없이 잔잔했다. 조조가 영을 내렸다.

"큰 배 위에 술상을 차리고 풍악을 준비하라. 내 오늘 밤 장수들과 연회를 열고자 한다."

날이 저물어가자 동산에 달이 떠올랐는데 새하얗고 밝은 것이 마치 대낮 같았다. 장강 일대는 하얀 비단을 놓은 듯했다. 조조가 큰 배 위에 앉자 좌우에서 수백 명의 시중드는 자들이 모두 비단옷에 수놓은 도포를 입은 채 과戈를 메고 극戟을 잡고 늘어섰다. 문무관원들이 각기 순서에 따라 앉았다. 조조가 바라보니 남병산⁴의 경치가 그림 같았다. 동쪽으로는 시상柴桑의 경계가 보였고 서쪽으로는 하구의 강이 보였으며 남쪽으로는 번산을 바라보고 북쪽으로는 오림⁵이 보였는데 사방을 둘러보아도 광활하기만 했다. 내심 즐거워하며 관원들에게 일렀다.

"내가 의병을 일으킨 이래로 나라를 위해 흉악한 무리를 제거하고 해로운 자들을 없애 사해를 깨끗이 청소하여 천하를 평정하고자 맹세했는데 아직 얻지 못한 곳이 강남이오. 이제 백만 명의 정병을 거느리고 있는 데다 더욱이 전심전력으로 애쓰는 여러 공을 의지하고 있으니 어찌 공을 이루지 못할까 근심하겠소! 강남을 굴복시킨 다음에는 천하에 일이 없을 것이니 여러분과 함께 부귀를 누리면서 태평을 즐기겠소."

문무관원이 모두 일어나 감사했다.

"바라건대 속히 개선가를 연주하소서! 저희는 평생 승상께서 하사하신 복의 보호에 의지하고자 합니다."

조조가 크게 기뻐하며 좌우에 술을 권하라 명했다. 한밤중에 이르도록 마시자 조조는 거나하게 취해 멀리 남쪽 기슭을 가리켰다.

"주유와 노숙은 천명을 모르는구나! 지금 다행히 투항한 사람이 있어 저들에게는 마음속의 큰 우환거리가 될 것이다. 이것은 하늘이 나를 돕는 것이로다."

순유가 말했다.

"승상께서는 그런 말씀하지 마십시오. 새나가지나 않을까 염려됩니다."

조조가 껄껄 웃으며 말했다.

"자리에 있는 여러 공과 가까이 시중드는 측근들은 모두 나의 심복인데 그것을 말한들 거리낄 게 뭐가 있겠소!"

또 하구를 가리키며 말했다.

"유비와 제갈량, 너희는 땅강아지와 개미 같은 힘을 헤아리지 못하고 태산을 움직이려 하니 어찌 그리도 어리석은가!"

장수들을 돌아보며 말했다.

"내 올해 쉰네 살인데 강남을 얻는다면 몰래 기뻐할 일이 있소. 지난날 교공[6]과 나는 서로 의기투합했는데 그의 두 딸이 모두 천하에 제일가는 아름다운 자태를 가지고 있다는 것을 알고 있었소. 그런데 나중에 뜻밖에도 손책과 주유에게 시집을 가고 말았소. 내 지금 새로이 장수 가에다 동작대를 세웠으니 강남을 얻게 된다면 시집간 두 교씨를 데려다가 동작대에 두고 노년을 즐길 것이오. 내 바라는 바는 그것이면 충분할 것이오."

말을 마치고는 크게 웃었다. 당나라 시인 두목지[7]가 지은 시가 있다.

부러진 창 모래에 묻혔으나 쇠 아직 부서지지 않아
들어서 갈고 씻어내니 전 왕조의 유물임을 알았네
그때 주랑을 위해 동쪽 바람이 불어오지 않았더라면
봄기운 짙을 무렵 대교 소교는 동작대에 갇혔으리라
折戟沈沙鐵未消, 自將磨洗認前朝
東風不與周郞便, 銅雀春深鎖二喬

조조가 한창 웃으면서 이야기하는데 별안간 까마귀 소리가 들리더니 남쪽으로 날아가면서 울었다. 조조가 물었다.

"이 까마귀는 어째서 밤에 우는가?"

좌우에서 대답했다.

"까마귀가 달이 밝아 동이 튼 줄 알고 나무를 떠나 우는 것입니다."

조조가 다시 껄껄 웃었다. 이때 이미 취한 조조는 삭槊을 잡고 뱃머리에 서서 강물에 술을 뿌려 추모하고 작[8] 가득히 세 잔 마시고는 삭을 비껴들며 장수들에게 일렀다.

"내가 이 삭을 잡고 황건을 깨뜨리고, 여포를 사로잡았으며, 원술을 멸망시키고, 원소를 끝장내고 북방 변경으로 깊숙이 들어가 요동에까지 이르러 천하를 종횡무진 누볐으니 자못 대장부의 뜻을 저버리지 않았다. 지금 이 경치를 대하니 심히 감정이 격앙되는구나. 내 노래를 지을 것이니 너희는 화답하도록 하라."

그러고는 노래[9]를 불렀다.

술을 마주 대하고 노래하나니 우리 인생이 얼마나 되겠는가
비유하건대 아침 이슬 같아서 지나간 날들 괴로움이 많았구나

노랫소리 격앙되고 충만하지만 지나간 우수를 잊기 어렵다네
무엇으로 이 시름을 덜어낼까나 오직 술 마시며 벗어나노라

푸른 옷깃의 재능 있는 선비들[10] 내 마음 느긋하게 하는구나
다만 그대를 위한 까닭에 지금까지도 나직이 읊조리고 있네

우우 하며 울고 있는 사슴은 들판의 쑥을 뜯어 먹고 있구나
나에게 귀한 손님이 찾아와서 비파를 뜯고 생황을 부는구나

새하얗고 밝은 저 달과 같아서 어느 때에나 멈추려 하는가
가슴속 깊은 곳에서 근심 일어나면 끊어버릴 수가 없구나

논밭 사이 작은 길 넘고 건너 서로 찾아보고 문안 인사하네
오랜 헤어짐 술 마시며 한담하니 마음속 옛정 잊지 않았구나

달은 밝고 별은 드문드문한데 까막까치 남쪽으로 날아가네
나무를 세 바퀴나 돌았으나 앉아 있을 만한 가지가 없구나

산은 높기를 마다하지 않고 물은 깊어지기를 싫어하지 않네
주공처럼 음식을 토해내듯 한다면[11] 천하의 인심 돌아오리라

對酒當歌, 人生幾何; 譬如朝露, 去日苦多

慨當以慷, 憂思難忘; 何以解憂, 惟有杜康[12]

靑靑子衿, 悠悠我心; 但爲君故, 沈吟至今

呦呦鹿鳴, 食野之苹; 我有嘉賓, 鼓瑟吹笙

皎皎如月, 何時可輟? 憂從中來, 不可斷絶

越陌度阡, 枉用相存; 契闊談宴, 心念舊恩

月明星稀, 烏鵲南飛; 繞樹三匝, 無枝可依

山不厭高, 水不厭深; 周公吐哺, 天下歸心

노래를 마치자 사람들이 화답했고 모두 함께 즐겁게 웃었다. 그때 갑자기 자리에서 한 사람이 나서며 말했다.

"대군이 대치하고 장수와 군사들이 사력을 다할 때에 승상께서는 무슨 까닭으로 그런 불길한 말씀을 하십니까?"

조조가 보니 양주자사 패국 상[13] 사람으로, 성이 유劉이고 이름이 복馥이요 자가 원영元穎이었다. 유복은 합비[14]에서 일어나 주의 치소治所를 세우고 뿔뿔이 흩어진 백성을 모았으며 학교를 세우고 둔전을 넓혀 정사와 교화를 부흥시켰다. 그는 오랫동안 조조를 섬기면서 많은 공적을 세운 사람이었다. 그때 조조는 삭을 비껴든 채 물었다.

"내 말 중에 무엇이 불길하다는 거요?"

유복이 말했다.

"'달은 밝고 별들은 드문드문한데, 까막까치 남쪽으로 날아가네. 나무를 세 바퀴나 돌았으나, 앉아 있을 만한 가지가 없구나'라고 한 것이 불길한 말씀입니다."

조조가 버럭 성내며 말했다.

"네가 어찌 감히 내 흥을 깨뜨린단 말이냐!"

손에 있던 삭을 들어 유복을 찔러 죽였다. 사람들이 모두 놀라 공포에 떨었고 마침내 연회를 파하고 말았다. 이튿날 술에서 깬 조조는 뉘우치며 한탄을 그치지 않았다. 유복의 아들 유희[15]가 부친의 시신을 고향으로 옮겨 장사 지내게 해달라고 청했다. 그러자 조조가 울면서 말했다.

"내가 어제 취해서 네 아비를 잘못 죽였으니 후회해도 소용이 없구나. 삼공의 후한 예로써 장사 지내도록 하여라."

또 군사를 선발해 영구를 호송하게 하고 그날로 돌아가 장사 지내도록 했

다.❶

이튿날 수군도독 모개와 우금이 군영 안에서 배알하고 청했다.

"크고 작은 배들을 이미 안배하여 쇠사슬로 연결시킨 상태이고 깃발들과 전투 기구들도 모두 준비를 마쳤습니다. 청컨대 승상께서는 배치를 명하시고 기한을 정해 군대를 진격시키십시오."

조조는 수군 중앙에 있는 대전함에 올라 자리에 앉고 장수들을 불러 모은 다음 각각 명령을 듣게 했다. 수군과 육군 양군을 모두 오색 깃발로 나누었다. 수군의 중앙은 누런 깃발로 모개와 우금이 맡고, 전군은 붉은 깃발로 장합, 후군은 검은 깃발로 여건, 좌군은 푸른 깃발로 문빙, 우군은 하얀 깃발로 여통呂通이 맡도록 했다. 마보군의 전군은 붉은 깃발로 서황이 맡고, 후군은 검은 깃발로 이전, 좌군은 푸른 깃발로 악진, 우군은 하얀 깃발로 하후연이 맡도록 했다. 수로와 육로 모두 원조하는 수륙로도접응사水陸路都接應使는 하후돈과 조홍이고, 호위하고 진을 왕래하며 작전 사항을 감독하는 호위왕래감전사護衛往來監戰使는 허저와 장료였다. 나머지 용맹한 장수도 각기 대오를 따르게 했다. 영을 마치자 수군 군영 안에서 세 차례 북이 울렸고 각 대오의 전선들이 문을 열고 출격했다. 이날은 갑자기 서북풍이 일어났다. 각 전선의 돛을 잡아당겨 올리고 격랑을 뚫고 나아가니 평지처럼 안정되었다. 북군들은 선상에서 껑충껑충 뛰며 창으로 찌르고 칼을 휘둘렀다. 전후좌우 각군의 깃발들도 섞이지 않았다. 또한 50여 척의 작은 배들도 왕래하며 순찰하고 군사들을 독촉하며 감독했다. 장대將臺(장수의 지휘대 혹은 열병대)에 올라선 조조는 교육 및 훈련을 참관했는데 속으로 매우 기뻐하며 이것이 반드시 이길 수 있는 방법이라 생각했다. 이에 돛을 거두고 각기 순서에 따라 군영으로 돌아가게 했다.

조조가 승장[16]하며 여러 모사에게 일렀다.

"천명이 나를 돕지 않는 것이라면 어찌 봉추의 묘책을 얻었겠는가? 쇠밧줄로 배를 연결하니 과연 강을 건너는 것을 평지 밟듯 하는구려."

정욱이 말했다.

"배가 모두 쇠사슬로 연결되어 안정되기는 하나 저들이 화공을 쓴다면 피하기 어려울 것입니다. 방비를 하지 않을 수 없습니다."

조조가 웃으면서 말했다.

"정중덕程仲德(정욱의 자)이 비록 멀리 보고 생각하는 것은 있지만 아직 미처 살피지 못하는 것이 있소."

순유가 말했다.

"중덕의 말이 심히 옳습니다. 승상께서는 무슨 까닭으로 웃으십니까?"

조조가 말했다.

"무릇 화공을 쓰려면 반드시 바람의 힘이 도와줘야 하오. 지금은 바야흐로 한겨울이라 서풍과 북풍만 있는데 어찌 동풍과 남풍이 불겠소? 우리는 서북쪽에 있고 저들 군사들은 모두 남쪽 기슭에 있으니 저들이 불을 쓴다면 자신의 군사들을 불태울 텐데 내가 무엇을 두려워하겠소? 10월 소춘[17]이라면 내 벌써 방비했을 것이오."

장수들이 모두 무릎을 꿇고 엎드려 절하며 말했다.

"승상의 고견은 뭇사람이 미칠 수 없습니다."

조조가 장수들을 돌아보며 말했다.

"청주, 서주, 연燕과 대代의 무리는 배를 타는 것에 익숙하지 못하오. 이 계책이 아니라면 어찌 이런 험한 큰 강을 건널 수 있겠소!"

그때 반열 중에 있던 두 장수가 용감하게 나서며 말했다.

"소장들은 비록 유幽, 연燕 땅의 사람이지만 배를 탈 수 있습니다. 순선巡船(수군의 순찰 경계를 담당하는 선박) 20척만 빌려주시면 곧장 강어귀로 가서 깃발과 북을 빼앗고 돌아와 북군 또한 배를 탈 수 있다는 것을 보여드리겠습니다."

조조가 그들을 보니 바로 원소 수하의 옛 장수인 초촉焦觸과 장남張南이었다. 조조가 말했다.

"그대들은 모두 북방에서 태어나고 자라 아마도 배를 타기에 불편할 것이네. 강남의 군사들은 물 위를 왕래하는 데 익숙하고 숙련되어 있으니 그대들은 함부로 목숨으로써 장난하지 말게."

초촉과 장남이 크게 소리 질렀다.

"이기지 못한다면 군법을 달게 받겠습니다!"

조조가 말했다.

"전선들이 이미 쇠사슬로 연결되어 있어 작은 배만 있을 뿐이네. 배에 20명만 탈 수 있을 텐데 그런 배로 접전을 벌이기는 힘들 것이네."

초촉이 말했다.

"큰 배를 쓴다면 이상할 게 뭐가 있겠습니까? 작은 배 20여 척만 주신다면 저와 장남이 각각 절반씩 이끌고 오늘 곧장 강남 수채로 가서 깃발을 빼앗고 장수를 베어 돌아오겠습니다."

조조가 말했다.

"내 자네에게 배 20척과 장창과 강한 쇠뇌를 갖춘 정예군 500명을 선발해주겠네. 내일 날이 밝을 때 본영의 배를 강으로 몰아 멀리서 기세를 떨쳐주겠네. 그리고 문빙에게 30척의 순선을 이끌고 나가서 돌아오는 자네를 맞아 호응하도록 해주겠네."

초촉과 장남은 기뻐하며 물러났다. 이튿날 사경에 밥을 지어 먹고 오경에 갑옷을 입으며 장비 정돈을 끝내니 어느새 수채 안에서 북치고 징 울리는 소리가 들렸다. 배들이 모두 수채를 나가 물 위에 늘어서니 장강 일대에 푸른 깃발과 붉은 깃발이 뒤섞였다. 초촉과 장남은 초선哨船(순찰 경계하는 배) 20척을 이끌고 수채를 나가 강남을 향해 전진했다.

한편 남쪽 기슭에서는 간밤에 북소리가 요란하게 진동하는 것을 듣고는 멀리 바라보았는데 조조가 수군을 조련하고 있었다. 정탐꾼이 주유에게 보고했다. 주유가 산꼭대기에 올라 살펴보려고 했으나 조조군은 이미 돌아간 뒤였다. 이튿날 별안간 또 북소리가 하늘을 진동시키자 군사들이 급히 높은 곳으로 올라 바라보았다. 작은 배들이 물결을 가르며 맹렬하게 오는 것을 본 군사들이 나는 듯이 중군에 보고했다. 주유가 군영 안에서 물었다.

"누가 감히 먼저 나가겠는가?"

한당과 주태 두 사람이 일제히 나서며 말했다.

"제가 임시로 선봉이 되어 적을 깨뜨리겠습니다."

주유가 기뻐하며 각 군영에 엄격하게 방비하고 함부로 움직이지 말라는 명령을 전달했다. 한당과 주태는 각기 초선 다섯 척을 이끌고 좌우로 나누어 나갔다.

한편 초촉과 장남은 용기만 믿고 작은 배를 노 저으며 왔다. 한당은 엄심掩心(가슴을 보호하는 갑옷)만 걸친 채 손에 장창을 잡고 뱃머리에 섰다. 초촉의 배가 먼저 당도하여 바로 군사들에게 한당의 배를 향해 화살을 마구 쏘게 했다. 한당이 방패로 가려 날아드는 화살을 막았다. 초촉은 장창을 꼬나 잡고 한당과 맞붙어 싸웠으나 한당이 손을 들어 창으로 초촉을 찔러 죽였다. 장남이 뒤를 따라 크게 소리치며 달려들었다. 그때 옆으로 비스듬히 주태의 배가 다가왔다. 장남이 창을 잡고 뱃머리에 서자 양쪽에서 서로 화살을 어지럽게 쏘아댔다. 주태는 한 팔에 방패를 끼고 다른 손으로 칼을 잡고 서는 두 배의 거리가 7~8척 정도로 가까워질 때 즉시 몸을 날려 곧장 장남의 배 위로 건너뛰었다. 그는 손에 들었던 칼로 장남을 내리찍어 물속으로 빠뜨렸고 노를 젓던 군사들을 난도질했다. 다른 배들은 나는 듯이 노를 저어 급히 되돌아갔다. 한당과 주태가 배를 재촉하여 추격했으나 강 한가운데에 이르렀을 때 마침 문빙의 배와 맞닥뜨렸다. 양쪽은 즉시 배들을 벌여놓고 교전을 벌였다.

한편 주유는 장수들을 이끌고 산꼭대기에 서 있었다. 멀리 강북의 수면을 바라보니 몽동 전함들이 강 위에 배열되어 있는데 깃발로 신호를 하는 것이 모두 질서정연했다. 강 한가운데로 시선을 돌리자 문빙이 한당, 주태와 서로 대치하고 있었다. 한당과 주태가 있는 힘을 다해 공격하자 문빙이 막아내지 못하고 배를 돌려 달아났고 한당과 주태 두 사람이 급히 배를 재촉하며 추격했다. 주유는 두 사람이 적 내부로 너무 깊이 들어가는 것을 염려하여 즉시 하얀 깃발을 흔들고 무리에게 징을 울리게 하자 두 사람은 노를 저으며 돌아왔다. 산꼭대기에 있던 주유는 강 건너편의 전선들이 모조리 수채 안으로 들어가는 것을 보았다. 주유가 장수들을 돌아보며 일렀다.

"강북의 전선들이 갈대처럼 조밀한 데다 조조도 꾀가 많으니 무슨 계책을 써야 저들을 격파할 수 있겠소?"

장수들이 미처 대답도 하기 전에 별안간 조조군의 군영 중앙에 있던 누런 깃대가 몰아친 바람에 부러지면서 강물 속으로 떨어졌다. 주유가 이상하게 큰 소리로 웃었다.

"저것은 상서롭지 못한 징조로구나!"

한창 바라보고 있는데 별안간 광풍이 크게 불더니 강에서 일어난 파도가 강기슭을 때렸다. 한바탕 바람이 지나면서 깃발의 모서리가 바람에 나부끼며 주유의 얼굴을 스쳐 지나갔다. 주유는 문득 한 가지 일이 떠올라 크게 외마디 비명을 지르더니 뒤로 자빠졌고 입으로 선혈을 토해냈다. 장수들이 급히 구해 일으켰을 때는 이미 인사불성이 된 상태였다. 바로 다음과 같다.

잠깐 사이에 웃다가 또 갑자기 소리를 지르니
남군이 북군을 깨뜨리기는 어려울 것 같구나
一時忽笑又忽叫, 難使南軍破北軍

주유의 목숨은 끝내 어떻게 될 것인가?❷

제48회 단가행

❶

유복劉馥은 조조에게 죽지 않았다. 『삼국지』 「위서·유복전」과 「위서·무제기」에 따르면 "유복은 건안 13년(208)에 사망했고, 손권이 유비를 위해 10만 병사를 이끌고 와서 합비合肥를 포위 공격했다"고 기록하고 있다. 손권이 합비를 공격한 때는 유복이 사망한 다음이고 적벽대전 직후의 일이다. 유복은 적벽대전이 일어난 해에 사망했지만 아마도 적벽대전 직후에 병으로 사망한 것으로 판단된다. 유복이 적벽대전에 참가했다는 것도, 조조에게 살해됐다는 기록도 없다.

❷

적벽대전 인물들의 연령

적벽에서의 전쟁은 건안 13년(208)에 발생했다. 이때 전쟁에 참여했던 주역들의 연령은 다음과 같다.

조조(155년생)는 54세, 유비(161)는 48세, 손권(182)은 27세, 제갈량(181)은 28세, 주유(175)는 34세, 노숙(172)은 37세, 여몽(178)은 31세, 능통(189)은 20세였다. 방통 (179)은 적벽대전과는 관련이 없지만 이 당시 30세였다.

정보, 황개, 한당의 정확한 나이는 알 수 없으나 초평 원년(190)에 그들은 손견을 따라 동탁을 토벌했다. 그 후 18년이 지났기 때문에 최소 40세는 넘었을 것으로 판단된다. 정보는 장수들 가운데 가장 나이가 많아 정공程公이라고 불렸다고 기록되어 있어 50세는 넘었을 것으로 추측된다. 그 당시 주요 인물들의 연령대가 대체로 상당히 젊었음을 알 수 있다.

제 49 회

타오르는 적벽

제갈량은 칠성단에서 바람을 빌고,
주유는 삼강구에서 불을 지르다

七星壇諸葛祭風,
三江口周瑜縱火

산꼭대기에 서 있던 주유는 한참 동안 적진을 살펴보다가 별안간 뒤로 자빠졌고 입으로는 선혈을 토해내며 인사불성이 되고 말았다. 좌우에서 구해 군영으로 돌아왔다. 장수들이 와서 안부를 물었으나 모두 아연실색하여 서로 돌아보며 말했다.

"강북의 백만 대군이 호랑이처럼 버티고 앉아 집어삼키려 하고 있소. 그런데 싸우기도 전에 도독께서 이렇게 되셨구려. 이때 조조군이 몰려오기라도 한다면 어떻게 해야 한단 말이오?"

황망히 오후에게 사람을 보내 서면으로 보고하는 한편 의원을 청해 병을 치료했다.

한편 노숙은 주유가 앓아 누워버리자 풀이 죽어 공명을 찾아와서는 주유가 갑자기 병에 걸린 일을 이야기했다. 공명이 말했다.

"공은 어떻게 생각하시오?"

노숙이 말했다.

"조조한테는 복이라 하겠지만 강동에는 재앙이지요."

공명이 웃으면서 말했다.

"공근의 병은 내가 치료할 수 있소."

노숙이 말했다.

"진실로 그렇게 된다면 나라를 위해 천만다행이겠소!"

즉시 공명을 청해 함께 치료하러 갔다. 노숙이 먼저 주유를 만나러 들어가니 주유가 이불을 머리까지 뒤집어쓰고 누워 있었다. 노숙이 말했다.

"도독, 병세는 좀 어떻습니까?"

주유가 말했다.

"심장과 배가 휘젓듯이 아프고 계속 정신이 혼미해지는구려."

"무슨 약물이라도 써보셨습니까?"

"속에서 구역질이 나니 약을 넘길 수가 없소."

"마침 공명을 찾아갔더니 도독의 병을 치료할 수 있다고 말하더군요. 지금 장막 밖에 있는데 번거롭더라도 치료하는 것은 어떻겠습니까?"

주유는 공명을 들이라 명하고 좌우 시종에게 부축해 일으키게 하고는 침상에 앉았다. 공명이 말했다.

"여러 날 계속 얼굴을 뵙지 못했는데 몸이 이토록 불편하신지는 생각지도 못했습니다!"

주유가 말했다.

"사람에게는 화와 복이 언제든지 찾아올 수 있다'고 했는데, 어찌 스스로 보호할 수 있겠소?"

공명이 웃으면서 말했다.

"하늘에는 예측할 수 없는 풍운이 일어난다'고 했는데, 사람이 또 어찌 헤아릴 수 있겠소?"

이 말을 들은 주유는 얼굴이 새파랗게 질려 신음 소리만 냈다. 공명이 말했다.

"도독께서는 가슴이 답답하고 울적하지 않습니까?"

주유가 말했다.

"그렇소."

"반드시 양약¹을 써서 풀어야 합니다."

"이미 양약을 복용했는데도 전혀 효과가 없소."

"먼저 기를 다스려야 하지요. 기가 순조로워지면 순식간에 자연스레 병이 나을 것입니다."

공명이 틀림없이 자신의 뜻을 알고 있을 것이라 짐작한 주유는 그를 부추겨보았다.

"기를 순조롭게 하려면 무슨 약을 복용해야 하오?"

공명이 웃으면서 말했다.

"저에게 도독의 기를 즉시 순조롭게 할 수 있는 처방이 하나 있지요."

"원컨대 선생께서 가르침을 내려주시오."

공명이 종이와 붓을 달라고 하고는 좌우를 물리치고 밀서 16자를 적었다.

'욕파조공欲破曹公, 의용화공宜用火攻; 만사구비萬事俱備, 지흠동풍只欠東風.'
조공을 깨뜨리려면 마땅히 화공을 써야 하는데, 모든 것이 준비되었으나 단지 동풍만이 없구나.

다 적은 다음 주유에게 건넸다.

"이것이 도독께서 병이 든 원인입니다."

적힌 글을 본 주유는 깜짝 놀라 속으로 생각했다.

'공명은 진정 신기하고 비범한 사람이다! 일찌감치 내 심사를 알고 있었구나! 실제 사정을 말하는 수밖에 없겠다.'

이에 웃으면서 말했다.

"선생께서 내 병의 원인을 알고 계셨으니 무슨 약을 써서 치료할 것이오? 일이 위급하게 되었으니 즉시 가르침을 내려주시기 바라오."

"제가 비록 재주는 없으나 일찍이 이인²을 만나 기문둔갑奇門遁甲이라고 하는 천서를 전수받았는데 비바람을 부를 수 있습니다. 만일 도독께서 동남풍이 필요하시다면 남병산南屏山에 대를 세워주십시오. 이것은 칠성단³이라 하는데 높이는 9척에 3층으로 짓고 120명이 깃발을 들고 단을 둘러싸게 해주십시오. 그럼 제가 대에 올라 술법을 써서 사흘 밤낮으로 동남풍을 크게 불게 하여 도독께서 군사 부리는 것을 돕겠습니다. 어떻습니까?"

주유가 말했다.

"사흘 밤낮이 아니라 하룻밤만 큰 바람이 불어도 대사는 이룰 수 있소. 일이 목전에 닥쳤으니 지체해서는 안 되오."

"11월 20일⁴ 갑자甲子일에 바람에 제사를 지내고 22일 병인丙寅일에 바람을 멈추게 하면 어떻겠습니까?"

그 말을 들은 주유는 크게 기뻐하며 급히 일어났다. 즉시 명령을 전달하여 500명의 건장한 군사들을 남병산으로 보내 단을 쌓도록 하고 120명을 선발해 깃발을 들고 단을 지키며 명을 기다리게 했다.

공명은 주유와 작별하고 장막을 나온 후 노숙과 함께 말에 올라 남병산으로 가서 지세를 살펴보며 전략을 헤아렸고 군사들에게 동남쪽의 붉은 흙을 퍼다가 단을 쌓게 했다. 단의 둘레는 24장이며 층마다 높이가 3척으로 도합 9척이었다. 맨 아래 1층에는 이십팔수[5]의 깃발을 꽂았는데, 동쪽은 7폭의 푸른 깃발로 각角, 항亢, 저氐, 방房, 심心, 미尾, 기箕의 별자리에 따라 창룡[6]의 형상으로 늘어세우고, 북쪽은 7폭의 검은 깃발로 두斗, 우牛, 여女, 허虛, 위危, 실室, 벽壁의 별자리에 따라 현무[7]의 형세를 만들며, 서쪽은 7폭의 하얀 깃발로 규奎, 누婁, 위胃, 묘昴, 필畢, 자觜, 삼參의 별자리에 따라 백호白虎가 웅크리는 듯 위엄 있는 형상을 만들고, 남쪽은 7폭의 붉은 깃발로 정井, 귀鬼, 유柳, 성星, 장張, 익翼, 진軫의 별자리에 따라 주작의 형상을 이루게 했다. 2층에는 주위에 누런 깃발 64폭을 64괘에 따라 여덟 방위로 나누어 세웠다. 맨 위층에는 네 사람을 세웠는데 각기 속발관束髮冠을 쓰고 검은색 명주 도포에 봉의[8]를 입었으며 넓은 띠를 둘렀고 붉은색 신에 네모진 앞뒤 자락을 드리웠다. 앞쪽 좌측에 서 있는 사람은 손에 긴 장대를 잡고 있는데 장대 끝을 닭 깃털로 덮개처럼[9] 만들어 풍신[10]을 부르게 하고, 앞쪽 우측에 서 있는 사람도 긴 장대 위에 일곱 개 별의 신호 띠를 묶어 바람의 강약과 불어오는 방향을 나타내게 했다. 뒤쪽 좌측에 서 있는 사람은 두 손으로 보검을 받들도록 했고, 뒤쪽 우측에 서 있는 사람은 향로를 받쳐 들게 했다. 단 아래에는 24명이 각기 깃발, 보개,[11] 대극大戟(큰 미늘창), 장과長戈(긴 창), 황월,[12] 백모,[13] 주번,[14] 조도[15]를 들고 사방을 둘러싸도록 했다. 공명은 11월 20일 갑자일 길일에 목욕재계한 후 도복을 입고 맨발에 산발하고는 단 앞에 이르렀다. 노숙에게 분부했다.

"자경께서는 군중으로 가서 공근의 군사 배치를 도와주시오. 제 기도에 응답이 없더라도 이상하게 생각해서는 안 되오."

노숙은 작별하고 떠났다. 공명은 단을 지키는 군사들에게 분부했다.

"멋대로 자기 위치를 벗어나서는 안 되고, 서로 귀에 입을 대고 소곤거려서도 안 되며, 터무니없는 말을 제멋대로 지껄여서는 안 되고, 크게 놀라 허둥대서도 안 된다. 영을 어기는 자는 참수하리라!"

군사들 모두 명을 받들었다. 공명은 천천히 단 위로 걸어 올라가 방위가 정해진 것을 살펴보고는 향로에 향을 사르고 바리에 물을 부으며 하늘을 우러러 속으로 축원했다. 그런 다음 단을 내려와 장막으로 들어가서 잠시 쉬며 군사들에게 교대로 밥을 먹도록 했다. 공명은 하루에 세 차례 단에 올랐다가 세 차례 내려왔다. 그러나 결코 동남풍이 불 기미는 보이지 않았다.

한편 주유는 정보, 노숙과 군관들을 청해 군막에서 때를 기다리며 동남풍이 일어나기만 하면 즉시 군사들을 출병시킬 수 있도록 준비했고, 손권에게 호응해달라고 문서로 통지했다. 황개는 화선16 20척을 이미 준비해놓고 뱃머리에 대못을 빈틈없이 박아놓았으며, 배 안에는 갈대와 마른 장작을 실은 다음 물고기기름을 쏟아붓고 그 위에 유황과 염초를 깔았으며 각기 검은 베에 기름칠한 보로 덮어 가렸다. 뱃머리에는 청룡 아기를 꽂고 선미에는 각각 주가17를 묶어놓은 채 군영에서 대기하며 주유가 명령하기만을 기다렸다. 또한 감녕과 감택은 수채 안에서 채화와 채중을 같이 있게 해놓고 매일 술 마시며 그의 군졸은 단 한 명도 기슭에 오르지 못하게 했다. 그리하여 주변은 모두 동오의 군마뿐이었고 물샐틈없을 정도로 경계를 삼엄하게 하고는 군막에서 명령이 떨어지기만을 기다렸다. 주유가 군막 안에 앉아서 상의하고 있는데 정탐꾼이 와서 보고했다.

"오후께서 선박들을 군영에서 85리 떨어진 곳에 정박시켜놓고 도독의 좋은 소식만을 기다리고 계십니다."

주유는 노숙을 보내 각 부대의 장수와 군사들에게 두루 알리게 했다.

"각기 선박, 군용 기구, 돛과 노 등을 수습하라. 명령이 떨어지면 시간을 어기지 마라. 위반하는 자가 있다면 즉시 군법에 따라 처리하겠노라."

명령을 받은 군졸과 장수들은 어느 누구 할 것 없이 주먹을 문지르고 손을 비비며 싸울 준비를 했다. 날은 점점 어두워지는데 하늘은 여전히 청명하고 미풍조차 불지 않았다. 주유가 노숙에게 일렀다.

"공명의 말이 틀린 것 같소. 한겨울에 어떻게 동남풍이 불겠소?"

노숙이 말했다.

"공명은 터무니없는 말을 하지 않았을 것입니다."

삼경이 다가오는데 별안간 바람 소리가 들리더니 깃발들이 흔들리며 움직이기 시작했다. 주유가 군막을 나가보니 깃발의 꼬리가 서북쪽을 향해 펄럭이더니 삽시간에 동남풍이 크게 일기 시작했다. 주유가 몹시 놀라며 말했다.

"이 사람은 천지조화를 빼앗는 법과 귀신도 예측하지 못하는 술수를 지니고 있구나! 이 사람을 살려두었다가는 동오의 화근이 될 것이다. 일찌감치 죽여서 후일 우환거리가 생기는 것을 없애야겠다."❶

급히 군막 앞에 있던 호군교위護軍校尉 정봉丁奉과 서성徐盛 두 장수를 불렀다.

"각자 100명을 데리고 가라. 서성은 강으로 가고 정봉은 육로로 가서 모두 남병산 칠성단 앞에 이르게 되면 시비를 묻지 말고 제갈량을 잡아 즉시 참수하고 수급을 가져와 공을 청하라."

두 장수는 명령을 받들었다. 서성이 배를 타자 100명의 도부수들이 노를 저었고, 정봉이 말에 오르자 100명의 궁노수들도 각기 전마에 걸터앉아 남병산을 향해 달려갔다. 그들은 동남풍을 맞으며 달렸다. 후세 사람이 지은 시가 있다.

와룡 선생이 칠성단 위로 올라가자
하룻밤 동풍이 강물 요동치게 하네
공명이 묘한 계책 펼치지 않았다면
주랑이 어떻게 재능을 드러냈을까
七星壇上臥龍登, 一夜東風江水騰
不是孔明施妙計, 周郞安得逞才能

정봉의 마군이 먼저 도착했는데 단 위에서 장사가 깃발을 잡고 바람을 맞으며 서 있는 게 보였다. 정봉은 말에서 내려 검을 들고 단 위로 올라갔으나 공명이 보이지 않자 황급히 단을 지키는 장사에게 물었다. 장사가 대답했다.

"방금 단을 내려가셨습니다."

정봉이 급히 단을 내려가 공명을 찾고 있을 때 서성의 배가 당도했고 두 사람은 강변에서 만났다. 졸개가 보고했다.

"어제 저녁 빠른 배 한 척이 앞쪽 여울에 정박했습니다. 그리고 방금 공명이 머리를 풀어헤치고 배를 탔는데 그 배가 상류[18]를 향했습니다."

정봉과 서성은 즉시 수륙 두 길로 나누어 추격했다. 서성은 돛을 잡아당겨 모두 펼쳐 세우고는 바람을 안고 나아갔다. 멀리 바라보니 앞쪽에 배가 멀리 떨어져 있지 않았다. 서성은 뱃머리에 서서 큰 소리로 외쳤다.

"군사께서는 가지 마십시오! 도독께서 만나 뵙기를 청하십니다!"

공명이 선미에 서서 껄껄 웃었다.

"도독께 보고드리시오. 군사를 잘 부리시고, 나는 잠시 하구로 돌아갈 것이니 후일 다시 올 것이오."

서성이 말했다.

"청컨대 잠시 멈추십시오. 긴히 드릴 말씀이 있습니다."

"내 이미 도독께서 나를 용납하지 않고 틀림없이 해를 입힐 것이라 짐작하여 미리 조자룡에게 와서 맞이하도록 했소. 장군은 쫓아올 필요 없소."

서성은 앞쪽 배에 돛이 없는 것을 보고는 그저 쫓을 생각만 했다. 배가 거의 가까워지자 조운이 활을 집어 화살을 얹고는 선미에 서서 크게 소리 질렀다.

"내가 바로 상산의 조자룡이다! 명을 받들어 특별히 군사를 모시러 왔는데 너는 어찌하여 쫓아오는가? 본래는 화살 한 대로 너를 쏘아 죽이겠으나, 그리되면 두 집안이 화목한 감정을 잃을 것이라 너에게 내 솜씨만 가르쳐주마!"

말을 마치자마자 '씽' 화살이 날아들더니 서성이 탄 배의 돛을 묶는 밧줄을 끊었다. 그 돛이 물속으로 빠지자 배가 가로로 돌았다. 조운은 자신이 탄 배의 돛을 끌어당겨 모두 펼쳐 세우고는 순풍을 타고 떠났다. 배가 나는 듯이 나아가자 따라잡을 수 없었다. 강기슭에 있던 정봉이 서성을 불러 배를 언덕 가까이 대라고 하고는 말했다.

"제갈량의 신묘한 지략과 교묘한 계책은 누구도 미칠 수 없네. 더욱이 조운은 만 명도 당해낼 수 없는 용맹을 가지고 있네. 자네는 당양 장판 전투 때의 용맹을 모르는가? 우리는 돌아가서 보고하는 수밖에 없네."

이에 두 사람은 돌아가 주유에게 공명이 조자룡과 미리 약속을 해놓고 가버렸다고 말했다. 주유가 깜짝 놀랐다.

"이 사람이 이토록 꾀가 많으니, 나를 밤낮으로 편치 못하게 만들겠구나!"

노숙이 말했다.

"먼저 조조를 깨뜨린 다음에 다시 도모하도록 하시지요."

주유는 그 말을 따르기로 했다. 장수들을 모아놓고 명령을 하달했다. 먼저 감녕에게 명령했다.

"채중과 항복한 군졸들을 데리고 남쪽 기슭을 따라 달려가되 북군 깃발을 들어올리고 곧장 오림烏林 지역을 취하라. 그곳은 바로 조조가 군량을 저장해둔 곳이니 군중 깊이 들어가 불을 질러 신호를 하라. 그리고 채화 한 사람만 내가 쓸 곳이 있으니 군영 안에 남겨두고 가거라."

두 번째로 태사자를 불러 분부했다.

"그대는 3000명을 이끌고 곧장 황주19 경계로 내달려 조조에게 호응하러 오는 합비合肥의 군사를 끊고 바로 조조군에 접근하여 불을 질러 신호를 하라. 붉은 깃발이 보인다면 그것은 바로 오후께서 지원하러 온 군사다."

이 두 부대가 가장 멀리 가야 하기에 먼저 출발시켰다. 세 번째로 여몽을 불러 3000명의 군사를 이끌고 오림으로 가서 감녕과 호응하고 조조의 군영과 방어용 울타리를 불사르게 했다. 네 번째로 능통을 불러 3000명의 군사를 이끌고 곧장 이릉20의 경계 지역을 차단하고 오림에서 불길이 일어나는 것이 보이면 호응하게 했다. 다섯 번째로 동습을 불러 3000명의 군사를 이끌고 곧장 한양21을 취하여 한천22으로부터 조조의 군영으로 치고 들어가되 하얀 깃발이 보이면 호응하도록 했다. 여섯 번째로 반장潘璋을 불러 군사 3000명을 이끌되 모두 하얀 깃발을 들고 한양으로 가서 동습을 지원하게 했다. 여섯 부대의 배가 각기 길을 나누어 출발했다. 황개에게는 화선火船을 준비시키고 졸개를 시켜 조조에게 서신을 전해 오늘 밤에 항복하러 가겠다고 약속하게 했다. 그러는 한편 전선 4척23을 배치하여 황개의 배를 뒤따르면서 지원하게 했다. 제1대 군사를 이끌 군관은 한당, 제2대 군사를 이끌 군관은 주태, 제3대 군사를 이끌 군관은 장흠, 제4대 군사를 이끌 군관은 진무였다. 네 부대에 각기 전선 300척씩 이끌게 했는데 전면에는 각기 화선 20척을 배열시켰다. 주유 자신은 정보와 함께 큰 몽동에서 전투를 감독하고, 서성과 정봉을 좌우 호위로 삼았다. 노숙은 감택, 여러 모사와 함께 군영을 지키기로 했다. 정보는 주유가 군사를 배치하는 데 법도가 있음을 보고는 매우 존경하며 감복했다.

한편 손권이 보낸 병부[24]를 지닌 사자가 당도하여 이미 육손을 선봉으로 삼아 곧장 기와 황[25] 지역으로 군사를 진격시켰으며 오후 자신은 뒤에서 호응하겠다고 전했다. 주유는 또 사람을 서산으로 보내 화포를 쏘게 하고 남병산에서는 연락 신호로 깃발을 들어올리도록 했다. 모두 준비가 갖추어지자 해 질 무렵에 출동하기만을 기다렸다.

유현덕은 하구에서 오로지 공명이 돌아오기만을 기다리고 있는데 별안간 한 무리의 배가 당도했다. 다름 아닌 공자 유기가 직접 소식을 알아보러 온 것이었다. 현덕이 적루로 청해 자리에 앉자마자 말했다.

"동남풍이 불기 시작한 지 오래되었는데 자룡이 공명을 맞이하러 가서는 지금까지 돌아오지 않고 있어 내 마음이 몹시 걱정스럽네."

그때 하급 무관이 멀리 번구樊口 포구 쪽을 가리켰다.

"돛을 단 조각배가 순풍을 타고 오고 있는 것을 보니 틀림없이 군사일 것입니다."

현덕은 유기와 함께 공명을 맞이하러 적루를 내려갔다. 잠시 후 배가 당도하여 공명과 자룡이 강기슭을 올라오자 현덕이 크게 기뻐했다. 문안 인사를 마치고 공명이 말했다.

"다른 일은 알려드릴 겨를이 없습니다. 이전에 약속하신 군마와 전선은 모두 준비되셨습니까?"

현덕이 말했다.

"준비된 지 오래되었으니 군사께서 사용하기만을 기다리고 있소."

공명은 즉시 현덕, 유기와 함께 군막으로 들어가 군사 상황을 듣고 조운에게 일렀다.

"자룡은 3000명의 군마를 이끌고 강을 건너 곧장 오림의 오솔길로 가서 나무와 갈대가 빼곡한 곳을 골라 매복하시오. 오늘 밤 사경이 지나면 조조는 틀림없이 그곳으로 달아날 것이오. 군마가 지나가기를 기다렸다가 중간쯤에 불을 지르시오. 비록 그들을 모조리 죽이지는 못하더라도 절반쯤은 죽일 수 있을 것이오."

조운이 말했다.

"오림에는 두 갈래 길이 있는데, 하나는 남군으로 통하고 다른 하나는 형주²⁶로 가는 길입니다. 어느 길로 올지 모르겠습니다."

공명이 말했다.

"남군 쪽은 형세가 절박하여 조조는 감히 그곳으로 가지 못하니 반드시 형주²⁷로 간 다음에 대군을 이끌고 허창으로 돌아갈 것이오."

조운이 계책을 받들고 나갔다. 또 장비를 불러 말했다.

"익덕은 3000명의 군사를 이끌고 강을 건너 이릉²⁸으로 가는 길을 끊고 호로곡²⁹ 입구로 가서 매복하시오. 조조는 감히 남이릉으로 달아나지 못하고 반드시 북이릉³⁰을 향해 갈 것이오. 내일 비가 내리면 틀림없이 솥을 걸고 밥을 지어 먹을 것이오. 연기가 피어오르는 것이 보이거든 즉시 산기슭에 불을 지르시오. 비록 조조를 잡지 못한다 하더라도 이번 싸움에서 익덕의 공로는 작지 않을 것이오."

장비가 계책을 받들고 나갔다. 또 미축, 미방, 유봉 세 사람을 불러 각자 배를 타고 강을 돌면서 패잔병을 섬멸하고 붙잡으며 무기를 빼앗도록 했다. 세 사람이 계책을 받들고 나갔다. 공명이 몸을 일으키며 공자 유기에게 일렀다.

"무창[31]은 비교적 가까운 거리의 땅이라 가장 긴요한 곳입니다. 공자께서는 즉시 돌아가서 거느리고 계신 군사들을 기슭 입구에 배치하십시오. 조조가 패하면 반드시 도망치는 자들이 있을 것이니 그들을 사로잡되 함부로 성곽을 떠나서는 안 됩니다."

유기는 바로 현덕과 공명에게 작별하고 떠났다. 공명이 현덕에게 일렀다.

"주공께서는 번구에 군사를 주둔시키시고 높은 곳에 올라 오늘 밤 주랑이 큰 공을 이루는 것을 앉아서 구경이나 하십시오."

이때 곁에 운장이 있었으나 공명은 전혀 거들떠보지도 않았다. 운장은 참지 못하고 결국 고성을 질렀다.

"이 관 아무개가 형님을 따라 싸움터로 나간 지 여러 해가 지났어도 일찍이 남에게 뒤떨어진 적이 없었소. 오늘 큰 적을 만났는데 군사께서 임용하지 않으시니 도대체 이것은 무슨 뜻이오?"

공명이 웃으면서 말했다.

"운장은 괴이쩍게 생각하지 마시오! 본래는 족하를 가장 중요한 협곡의 입구를 지키는 수고를 끼치려고 했으나 약간 거슬리는 것이 있어서 감히 보내지 못하고 있으니 어찌하겠소."

운장이 말했다.

"무엇이 거슬린다는 것인지 바로 알려주시오."

공명이 말했다.

"지난날 조조가 족하를 후하게 대접했으니 족하도 마땅히 그에게 보답해야 할 것이오. 오늘 조조군이 패하면 틀림없이 화용도[32]로 달아날 것인데 만일 족하를 그곳으로 보내게 된다면 반드시 그를 놓아줄 것이오. 이 때문에 감히 보내지 못하는 것이오."

운장이 말했다.

"군사께서는 호의도 참 많구려! 그때 조조가 참으로 나를 후하게 대접했지만, 나는 이미 안량을 베고 문추를 죽여서 백마의 포위를 풀어 그에게 보답했소. 오늘 마주친다면 어찌 그냥 놓아 보내겠소!"

"만일 놓아 보내준다면 어떻게 하겠소?"

"원컨대 군법에 따르겠소!"

"그렇다면 즉시 문서를 쓰시오."

운장은 바로 군령장을 써서 줬다. 운장이 말했다.

"만일 조조가 그 길로 오지 않으면 어떻게 하겠소?"

공명이 말했다.

"나 또한 그대에게 군령장을 쓰리다."

운장이 크게 기뻐했다. 공명이 말했다.

"운장은 화용 오솔길 높은 산에 땔나무를 쌓아놓고 불을 질러 화염과 연기를 일으켜 조조가 오도록 유인하시오."

운장이 말했다.

"조조가 연기를 보면 매복이 있는 것으로 알 텐데 어찌 오려고 하겠소?"

공명이 웃으면서 말했다.

"어찌 병법에 '허허실실'[33]이란 말을 듣지 못했소? 조조가 비록 용병술에 능하다 하더라도 이것으로 그를 속일 수 있을 것이오. 연기가 일어나는 것을 보면 그는 허장성세로 여기고 틀림없이 그 길로 올 것이오. 장군은 너그럽게 봐줘서는 안 되오."

운장이 명령을 받고는 관평과 주창 및 500명의 교도수[34]를 이끌고 화용도로 매복하러 떠났다. 현덕이 말했다.

"내 아우는 의기가 대단한 사람이라 조조가 화용도로 간다면 정말로 놓아줄 것 같아 걱정이오."

공명이 말했다.

"제가 밤에 천문 현상을 살펴보니 역적 조조가 아직 죽을 때가 되지 않았습니다. 운장에게 인정이나 베풀게 한 것이니 이 또한 좋은 일입니다."

현덕이 말했다.

"선생의 신묘한 예측은 세상에서 드물 것이오!"

공명은 즉시 현덕과 함께 번구로 가서 주유의 용병술을 구경하기로 하고 손건과 간옹을 남겨두어 성을 지키게 했다.

한편 조조는 본영 안에서 여러 장수와 상의하며 황개로부터 소식이 오기만을 기다렸다. 그날 동남풍이 몹시 세차게 불기 시작했다. 정욱이 들어와 조조에게 고했다.

"오늘 동남풍이 불고 있으니 미리 방비를 하셔야 합니다."

조조가 웃으면서 말했다.

"동지는 일양생[35]으로 양기가 처음으로 생기는 때이니 어찌 동남풍이 없겠소? 괴이하게 여길 필요 없소!"

이때 별안간 군졸이 강동에서 한 척의 작은 배가 왔는데 황개의 밀서를 가지고 있다고 보고했다. 조조가 급히 불러들였다. 그 사람이 편지를 올렸는데 편지에 아래와 같이 간곡하게 적혀 있었다.

"주유의 방비가 빈틈이 없어 몸을 빼낼 방법이 없습니다. 이번에 파양호에서 새로이 군량을 운송해오는데 주유가 저를 순찰하러 보내는 바람에 방법이 생겼습니다. 어쨌든 강동의 이름난 장수를 죽여 그 수급을 가지고 항복하러 가겠습니다. 오늘 밤 이경에 배 위에 청룡 아기를 꽂고 가는 배가 바로 군량을 실은 배입니다."

조조가 크게 기뻐하며 즉시 장수들과 함께 수채 안의 큰 배에 올라 황개의 배가 도착하는지 바라보았다.

한편 강동에서는 저물녘이 되자 주유가 채화를 불러내고는 군사들에게 결박시켜 거꾸러뜨리게 했다. 채화가 소리 질렀다.

"저는 아무런 죄가 없습니다!"

주유가 말했다.

"너는 어떤 놈이기에 감히 거짓으로 항복하러 왔느냐! 내 지금 제기[36]에 사용할 복물[37]이 부족하니 네 수급을 빌려야겠다."

채화가 발뺌할 수 없게 되자 크게 소리 질렀다.

"너희 쪽에 감택과 감녕도 함께 배반하기로 꾀했다!"

주유가 말했다.

"그것은 내가 시킨 일이다."

채화는 후회했으나 소용이 없었다. 주유는 강변에 있는 검은 큰 깃발[38] 아래로 끌고 가게 하여 술을 땅에 뿌리고 지전紙錢을 살랐으며 한칼에 채화의 목을 잘라 그 피로 제기를 마친 다음 즉시 출항을 명했다. 황개는 세 번째 화선에 올라 가슴을 보호하는 갑옷만 걸친 채 손에 예리한 칼을 들고 있었는데 '선봉 황개'라는 글자가 크게 적힌 깃발과 함께 온 하늘에 부는 순풍을 타고 적벽을 향해 출발했다. 이때 동풍이 크게 불어 물결이 세차게 일었다.

조조는 중군에서 멀리 강 건너편을 바라보았다. 달이 떠올라 강물을 환하게 비추는데 마치 만 마리의 황금 뱀이 물결을 헤치며 노니는 듯했다. 조조는 바람을 맞고 서서 웃으며 스스로 뜻을 이루었다고 생각했다. 이때 별안간 군사 하나가 저쪽을 가리키며 말했다.

"강남 쪽에서 어슴푸레하게 한 무리의 범선이 바람을 타고 오고 있습니다."

조조가 높은 곳에 올라 바라보았다. 그때 또 보고가 들어왔다.

"모두 청룡 아기를 꽂고 있습니다. 그중에 '선봉 황개'라고 적힌 큰 깃발이 있습니다."

조조가 웃으면서 말했다.

"공복公覆(황개의 자)이 항복하러 오고 있으니 이것은 하늘이 나를 돕는 것이로다!"

배들이 점점 가까워졌다. 정욱이 한참 동안 바라보더니 조조에게 일렀다.

"오고 있는 배들은 틀림없이 속임수입니다. 잠시 군영에 접근하지 못하게 하십시오."

조조가 말했다.

"무엇으로 그것을 아시오?"

정욱이 말했다.

"배에 군량을 실었으면 배가 반드시 무거울 텐데, 지금 오고 있는 배들을 보니 가볍게 떠서 오고 있습니다. 게다가 오늘 밤은 동남풍이 심하게 불고 있는데 계략이 있기라도 하면 무엇으로 그들을 막겠습니까?"

조조는 문득 깨닫고는 즉시 물었다.

"누가 가서 저 배들을 멈추도록 하겠는가?"

문빙이 말했다.

"제가 물 위에서는 자못 익숙하니 원컨대 가보겠습니다."

말을 마치더니 작은 배에 뛰어내려 손으로 한 번 가리키자 10여 척의 순선들이 문빙의 배를 따라 나왔다. 문빙이 뱃머리에 서서 크게 소리쳤다.

"승상께서 명령하신다. 남쪽 배들은 잠시 군영에 접근하지 말고 강 한가운데에 멈추도록 하라."

군사들도 일제히 고함을 질렀다.

"빨리 돛을 내려라!"

말이 미처 끝나기도 전에 활시위가 '씨잉' 울리더니 문빙이 왼팔에 화살을 맞고 배 안에 엎어졌다. 배 안이 크게 혼란스러워지자 제각기 배를 돌려 달아났다. 남쪽 배들은 조조의 군영과 2리 정도 떨어진 수면까지 접근했다. 황개가 칼을 한 번 휘두르자 앞쪽에 있던 배들에 일제히 불이 붙었다. 불은 바람의 위력을 타고 바람은 불타는 기세를 도우니 배들은 마치 화살이 날아가듯 순식간에 나아갔다. 그러자 연기와 불꽃이 온 하늘을 뒤덮었다. 20여 척의 화선들이 수채에 부딪쳐 들어오자 조조 군영 안의 배들은 일시에 모조리 화염에 휩싸였다. 또한 쇠고리로 연결되어 군사들은 피할 곳도 없었다. 그때 강 건너편에서 '쾅!' 하는 포 소리가 울리더니 사방에서 화선들이 일제히 달려들었다. 삼강三江의 수면 위로 불길이 바람을 타고 맹렬하게 타올라 온통 새빨갛게 물들며 하늘과 땅에 가득 퍼졌다.❷

조조가 기슭 위의 군영을 돌아보니 몇 군데에서 연기와 불이 일어났다. 황개가 작은 배로 뛰어오르자 뒤에 있던 몇 명이 배를 저었다. 황개는 연기를 무릅쓰고 불길을 뚫고 나가며 조조를 찾았다. 형세가 불리해진 것을 본 조조가 그제야 강기슭으로 뛰어오르려 하는데 그때 돌연 장료가 한 척의 작은 배를 저어 왔다. 조조를 부축해 배에 태웠을 때는 조조가 타고 있던 그 큰 배도 이미 화염에 휩싸인 후였다. 장료는 10여 명의 군사들과 함께 조조를 보호하며 나는 듯이 기슭 입구 쪽으로 배를 저어갔다. 황개는 진홍색 도포를 입은 자가 배에 타는 것을 멀리서 바라보고는 그가 조조라 짐작하고 이에 배를 재촉해 빠르게 나아가며 손에 예리한 칼을 든 채 큰 소리로 고함을 질렀다.

"역적 조조는 달아나지 마라! 황개가 여기 있노라!"

조조는 연거푸 비명을 질렀다. 장료가 활을 집어 화살을 걸고 실눈을 뜨며 보고 있다가 황개가 비교적 가까워지자 화살을 날렸다. 요란한 바람 소리와 타오르는 불길 속에 있던 황개가 '씨잉' 하는 활시위 소리를 어떻게 들을 수 있었겠는가? 어깨죽지에 정통으로 화살을 맞은 황개는 몸이 뒤집히며 물속으로 빠졌다.

불의 재앙이 강렬할 때 물의 재난을 만나고
몽둥이질 상처 나았더니 금창의 우환 만나네
火厄盛時遭水厄, 棒瘡愈後患金瘡

황개의 목숨은 과연 어떻게 될 것인가?

제49회 타오르는 적벽

①

제갈량이 동남풍을 불게 했을까?

『삼국지』「오서·주유전」에 "당시 바람의 기세가 맹렬하여 큰불이 언덕 위의 병영 군막에까지 번졌다"고 기록되어 있고, 배송지 주 『강표전』은 "시동남풍급時東南風急 (이때 동남풍이 세차게 불었다)"이라고 기록하고 있다.

그 당시 동남풍이 불었던 것은 사실이지만 이것은 제갈량과는 전혀 상관없으며 이곳에서 활동하던 주유 등의 동오 사람들이 절기에 따른 자연 상황을 더 잘 알고 있었을 것이다. 아마도 나관중이 그때 바람이 거세게 불었다는 기록을 빌려 제갈량 을 거의 요괴 수준으로 꾸민 것 같다.

적벽대전에서의 화공 계책

소설에서는 적벽에서 조조를 격파하기 위한 계책으로 공명과 주유가 손바닥에 똑같이 '화火' 자를 적었다고 하지만, 역사 기록은 그렇지 않다. '화공'을 사용한 것은 맞지만 제갈량의 계책은 아니었다. 『삼국지』「오서·주유전」은 다음과 같이 기록하고 있다.

"주유의 부하 장수 황개가 말했다. '지금 적군은 많고 아군은 적어서 오래 시간을 끌면 곤란합니다. 그러나 제가 보기에는 조조군의 전함이 앞뒤로 서로 이어져 있으므로 불을 질러 달아나게 할 수 있습니다.' 이에 주유는 몽충蒙衝 전투함 수십 척에 땔나무를 가득 싣고 그 가운데에 기름을 부어 바깥쪽은 휘장을 씌우고 위에 아기牙旗를 꽂게 했다. 그리고 먼저 황개를 시켜 조공에게 거짓으로 투항하려 한다는 서신을 보내게 했다. 또 미리 날랜 배를 준비하여 각각 큰 배 뒤에 묶어 서로 연결하고 대열을 형성하여 앞으로 나아갔다. 조공 군대의 관병들은 모두 목을 빼고 바라보면서 황개가 투항하러 온다고 말했다. 황개는 각각의 배를 풀어 동시에 불을 질렀다. 당시 바람의 기세가 맹렬하여 언덕 위의 병영 군막에까지 불길이 번졌다. 순식간에 연기와 화염이 하늘 가득 퍼지니 불에 타 죽거나 물에 빠져 죽은 병사와 말이 헤아릴 수 없을 정도로 많았다."

이외에 「오서·황개전」에 "건안 연간(208)에 주유를 수행하여 적벽에서 조조에 대항할 때 화공의 계책을 건의했다"고 기록되어 있고, 『자치통감』 권65 「한기 57」에도 같은 내용으로 기록되어 있어 화공을 건의한 사람은 황개인 것을 알 수 있다. 역사 기록에 따르면 적벽대전에서의 '화공'은 주유 측에서 세운 계책으로 제갈량과는 상관이 없다.

❷

조조군의 남은 전선에 누가 불을 질렀는가?

화공 계책을 세워 조조군의 전함을 불태운 것은 주유지만 조조의 남은 배를 불태운 주체에 대해서는 역사 기록과 다르다.

먼저 『삼국지』 「촉서·선주전」에 "손권은 주유, 정보 등을 파견하여 수군 수만 명을 이끌고 선주(유비)와 힘을 합쳐 조공과 적벽에서 교전을 벌였으며 조공을 대패시키고 그의 전선을 불태웠다"고 기록되어 있고, 「오서·주유전」에는 "황개는 각각의 배를 풀어 동시에 불을 질렀다. 당시 바람의 기세가 맹렬하여 언덕 위의 병영 군막에까지 큰불이 번졌다"고 기록하여 일단 주유 쪽에서 조조의 함선을 불태운 사실을 알 수 있다.

그런데 「위서·곽가전」에는 "태조가 형주를 정벌하고 돌아올 때 파구巴丘에서 역병을 만나 전함을 모두 태웠다"고 하고, 「오서·주유전」 배송지 주 『강표전』은 "나중에 조조가 손권에게 편지를 보내 '적벽에서의 전쟁은 질병이 발생하여 내가 배들을 불태우고 스스로 물러난 것인데, 뜻밖에도 주유에게 이런 명성을 헛되이 얻게 만들었다'고 말했다"고 기록하고 있다. 이 두 기록에 따르면 전함을 불태운 것은 조조이며 그 이유는 역병인 것을 알 수 있다. 역사 기록 여러 곳에 그 당시 역병이 창궐했다는 내용이 나와 있는데 조조가 적벽대전에서 패한 결정적인 이유 가운데 하나도 역병이었다.

「오서·오주전」의 기록을 보면 조조의 전함을 불태운 주체를 확실히 알 수 있는 대목이 있는데, "공(조조)은 남아 있는 배들을 불태운 다음 군사들을 이끌고 물러났다"는 기록이다. 이 기록을 근거로 추정해보면 일단 주유 측에서 조조의 전함들을 불태워 조조의 군대를 격파한 것은 사실이며, 화공에 의해 불타지 않은 나머지 전함은 역병으로 인해 조조가 스스로 불태웠고, 또 자신의 전함을 적에 넘겨주지 않기 위해서라도 조조 자신이 불태운 다음 철군했다고 할 수 있다.

화용도

제갈량의 지혜는 화용을 헤아리고,
관운장의 의리는 조조를 풀어주다

諸葛亮智算華容,
關雲長義釋曹操

이날 밤 장료는 화살 한 대로 황개를 물속에 빠뜨리고 조조를 구해 기슭에 올라서 마필을 찾아 달아났으나 군은 이미 크게 어지러워진 상태였다. 한당이 연기를 무릅쓰고 불길을 뚫으며 수채를 공격하는데 별안간 군졸이 보고하는 소리가 들렸다.

"선미에서 누군가 장군의 자를 크게 부르고 있습니다."

한당이 자세히 들어보니 누군가 크게 소리를 지르고 있었다.

"의공義公(한당의 자), 나를 구해주시오!"

한당이 말했다.

"이 사람은 황공복이다!"

급히 물속에서 들어올려 구하게 했다. 황개는 상처에 꽂힌 화살대를 이빨로 물어 빼냈으나 화살대만 나오고 화살촉은 살 속에 박혀 나오지 않았다. 한당이 급히 젖은 옷을 벗기고 칼로 화살촉을 파낸 다음 깃발을 찢어 상처 부위를 묶고는 자신의 전포를 벗어 황개에게 입히고 먼저 다른 배에 태워서 본영으로 보내 치료를 받게 했다. 원래 황개는 물의 성질을 잘 알고 있었으

므로 혹한에 갑옷을 입은 채로 강물에 빠졌어도 목숨을 구할 수 있었다.❶

한편 이날 강에는 불덩이들이 가득 굴러다녔고 함성이 땅을 진동시켰다. 좌측에는 한당과 장흠 양군이 적벽 서쪽으로부터 쳐들어왔고, 우측은 주태와 진무 양군이 적벽 동쪽으로부터 밀려들었으며 중앙에는 주유, 정보, 서성, 정봉의 대규모 전선이 모조리 몰려왔다. 불길은 군사에 따라 호응하고 군사들은 불길의 위력에 의지하니, 이것이 바로 삼강의 수전이요 적벽의 격렬한 전투였다. 조조의 군사들은 창에 찔리고 화살에 맞았으며 불에 타고 물에 빠져 죽은 자가 헤아릴 수 없을 정도였다. 후세 사람이 지은 시[1]가 있다.

위와 오가 서로 대항하여 자웅을 가리는데
적벽의 누선들을 일시에 깨끗이 쓸어버렸네
사나운 불길 금방 하늘과 강물 가득 비추니
주랑이 일찍이 이곳에서 조공을 격파했네
魏吳爭鬪決雌雄, 赤壁樓船一掃空
烈火初張照雲海, 周郎曾此破曹公

또 다른 절구 시가 있다.

산은 높고 달은 작으며 강물은 아득히 넓은데
삼국 시기의 군웅할거를 회고하며 탄식하도다
남쪽 인사들 위 무제를 맞아들일 마음이 없자
동풍도 뜻이 있었는지 주랑의 편을 들었네
山高月小水茫茫, 追嘆前朝割據忙

南士無心迎魏武, 東風有意便周郎

강에서 벌어진 대규모의 격렬한 전투는 더 이상 이야기하지 않겠다. 한편 감녕은 채중을 시켜 조조의 군영 깊숙이 들어갈 수 있도록 인도하게 만들고는 한칼에 채중을 찍어 말 아래로 떨어뜨렸다. 그리고 바로 마초 더미에 불을 질렀다. 여몽은 멀리 중군에서 불길이 일어나는 것을 보고는 10여 곳에 불을 질러 감녕과 호응했다. 반장과 동습도 각기 나뉘어 불을 지르고 함성을 질렀으며 사방에서 북소리가 크게 진동했다. 조조는 장료와 함께 100여 기를 이끌고 불길 속에서 달아나는데 앞쪽을 보니 불바다가 아닌 곳이 한 군데도 없었다. 한창 달아나고 있는데 모개가 문빙을 구해서 10여 기를 이끌고 당도했다. 조조가 군사들에게 길을 찾게 했다. 장료가 가리키며 말했다.

"오림 방향만이 광활하여 달아날 만합니다."

조조는 곧장 오림 쪽으로 달아났다. 한창 달아나고 있는데 등 뒤에서 한 부대가 쫓아오면서 크게 소리 질렀다.

"조조는 달아나지 마라!"

불빛 속에서 여몽의 깃발이 나타났다. 조조는 군마를 재촉하며 앞으로 달렸고 장료가 남아서 뒤를 끊어 여몽과 대적했다. 그런데 앞쪽에서 횃불이 또 일어나더니 산골짜기 속에서 한 부대가 우르르 몰려나오며 크게 소리 질렀다.

"능통이 여기에 있노라!"

조조는 간과 쓸개가 모조리 찢어지는 듯했다. 그때 별안간 측면에서 한 무리의 군사가 당도하며 크게 소리 질렀다.

"승상께서는 당황하지 마십시오! 서황이 여기 있습니다!"

양쪽이 서로 한바탕 혼전을 벌이고는 길을 찾아 북쪽을 향해 달아났다. 그때 별안간 한 부대의 군마가 산비탈 앞에 주둔하고 있는 것이 보였다. 서황이 앞으로 나가서 물으니 바로 원소의 수하였다가 항복한 장수 마연馬延과 장의張顗였다. 그들은 3000명의 북방 군마를 이끌고 그곳에 군영을 배치해놓고 있었는데 그날 밤 온 하늘에 불길이 일어나는 것을 보고는 감히 움직이지 못하고 있다가 마침 조조와 마주친 것이었다. 조조는 두 장수에게 1000명의 군마를 이끌어 길을 열게 하고는 나머지는 자신을 보호하도록 했다. 조조는 신예 군마를 얻고는 내심 조금 편안해졌다.

마연과 장의 두 장수는 빠른 말로 앞으로 달려나갔다. 그런데 미처 10리도 못 가서 함성이 일어나더니 한 무리의 군사가 나타났다. 앞장선 장수가 크게 소리쳤다.

"내가 바로 동오의 감흥패甘興霸(감녕의 자)다!"

마연이 막 맞붙어 싸우려는데 어느새 감녕의 한칼에 베어져 말 아래로 떨어졌다. 이에 장의가 창을 잡고 나와 맞서려 했으나 감녕이 크게 호통을 치자 장의가 미처 손쓸 새도 없이 감녕의 한칼에 찔려 굴러떨어졌다. 이를 본 후군이 나는 듯이 달려와 조조에게 보고했다. 조조는 이때 합비로부터 군사들이 와서 구원해주기만을 바라고 있었다. 그러나 생각지도 못하게 태사자와 육손의 군사가 달려오고 있었다. 손권이 합비의 길목에 있다가 멀리 강에서 불길이 일어나는 것을 보고 자신의 군대가 승리한 것을 확신하여 즉시 육손을 시켜 불을 질러 신호를 보내게 했고 태사자는 그 신호를 보고 육손과 함께 군사를 합친 것이었다. 조조는 이릉²을 향해 달아나는 수밖에 없었다. 그러다 길에서 뜻밖에 장합을 만나 뒤를 끊게 했다.

말고삐를 놓고 채찍을 휘둘러 오경이 되도록 달아나다 뒤돌아보니 불빛이 점점 멀어졌다. 조조는 마음이 비로소 안정되어 물었다.

"여기는 어디냐?"

좌우에서 말했다.

"이곳은 오림의 서쪽이자 의도[3] 북쪽입니다."

살펴보니 수목이 우거지고 산천이 험준했다. 조조는 말 위에서 고개를 뒤로 젖히고 웃기만 했다. 장수들이 물었다.

"승상께서는 무슨 까닭으로 그렇게 크게 웃으십니까?"

조조가 말했다.

"내가 다른 사람을 비웃는 것이 아니라 단지 주유가 꾀가 없고 제갈량이 지혜가 적음을 비웃은 것이오. 내가 만일 군사를 부린다면 미리 이곳에 한 부대를 매복시켜놓았을 터인데, 그렇게 했다면 어떻게 됐겠소?"

말을 미처 마치기도 전에 양편에서 북소리가 '둥둥둥' 울리더니 불빛이 온 하늘로 치솟아 올랐다. 깜짝 놀란 조조는 하마터면 말에서 떨어질 뻔했다. 측면에서 한 무리의 군사가 뛰쳐나오면서 크게 소리 질렀다.

"나 조자룡이 군사의 명령을 받들어 여기에서 기다린 지 오래되었다!"

조조는 서황과 장합 둘에게 조운과 맞서게 하고는 자신은 연기를 무릅쓰고 불길을 뚫으며 달아났다. 자룡이 뒤를 쫓지 않고 깃발만 빼앗았기 때문에 조조는 벗어날 수 있었다.

날은 희미하게 밝아지고 있는데 검은 구름이 땅을 덮어버리고 동남풍은 여전히 멈추지 않았다. 그때 갑자기 큰비가 대야를 엎은 듯 내리퍼붓더니 갑옷을 흠뻑 적셨다. 조조는 군사들과 함께 비를 무릅쓰고 나아갔으나 모두들 굶주린 기색을 띠었다. 조조는 군사들을 시켜 촌락으로 가서 양식을 약탈하고 불씨를 찾아오게 했다. 그제야 밥을 지어 먹으려 하는데 뒤쪽에서 한 부대가 몰려왔다. 조조는 몹시 당황했다. 그러나 알고 보니 이전과 허저가 모사들을 보호하며 당도한 것이었다. 조조가 크게 기뻐하며 계속 군마를 행군시키라 명하고는 물었다.

"앞쪽은 어느 지역인가?"

어떤 사람이 보고했다.

"한쪽은 남이릉으로 가는 큰길이고 다른 쪽은 북이릉⁴으로 가는 산길입니다."

조조가 물었다.

"남군 강릉으로 가려면 어느 쪽으로 가야 가까운가?"

군사가 아뢰었다.

"북이릉으로 가는 길을 잡아 호로구⁵를 지나는 것이 가장 빠릅니다."

조조는 북이릉으로 갔다. 호로구에 이르렀을 때 군사들은 모두 굶주려 더 이상 걸을 수 없게 되었고 말들 또한 피로하여 길에 쓰러졌다. 조조는 앞서 가는 군사들에게 잠시 쉬라고 했다. 말에 나과⁶를 싣고 온 자도 있었고 마을에서 약탈한 쌀도 있어 즉시 산기슭의 마른 장소를 골라 솥을 걸고 밥을 지으며 말을 베어 고기를 구워 먹었다. 모두 젖은 옷을 벗어 바람에 말렸고, 말들은 안장을 벗겨 들판에 풀어놓고 풀뿌리라도 뜯도록 했다. 나무가 듬성듬성 들어선 숲 아래에 앉아 있던 조조가 고개를 뒤로 젖히고는 다시 웃었다. 관원들이 물었다.

"방금 전에도 승상께서 주유와 제갈량을 조소하시다가 조자룡이 나타나는 바람에 또 허다한 인마가 꺾였습니다. 지금 어찌하여 또 웃으십니까?"

조조가 말했다.

"내가 제갈량과 주유를 비웃은 것은 어디까지나 그들이 지혜와 꾀가 부족해서 그렇소. 내가 만일 군사를 부린다면 바로 이곳에 한 무리의 군마를 매복시켜 힘을 비축했다가 피로한 적군과 맞서 싸웠을 것이오. 그렇게 했다면 우리가 설령 목숨을 모면했다 하더라도 중상을 면하지 못했을 것이오. 저들의 생각이 여기까지 이르지 못했기에 내가 그들을 비웃는 것이오."

한창 말하는 사이에 전군과 후군이 일제히 소리를 질렀다. 깜짝 놀란 조조가 갑옷마저 내팽개친 채 말에 올랐다. 많은 군사가 미처 말을 거두어들이지 못했다. 어느새 사방에서 화염과 연기가 퍼져 하늘을 덮었고 산어귀에서 한 부대가 늘어섰다. 앞장선 장수는 바로 장익덕으로 사모를 비껴들고 말을 세우고는 크게 소리 질렀다.

"역적 조조는 어디로 달아나느냐!"

장수들은 장비를 보자 간담이 서늘했다. 허저가 말안장도 없는 말을 타고 달려들어 장비와 싸웠다. 장료와 서황 두 장수 역시 말고삐를 놓고 달려나와 협공했다. 양군이 혼전을 벌이며 하나로 엉겼다. 조조가 먼저 말을 돌려 달아났고 나머지 장수도 각자 빠져나왔다. 장비가 그 뒤를 추격하자 조조는 구불구불 달리며 도망쳤다. 추격병들이 점차 멀어졌을 때 고개를 돌려보니 많은 장수가 이미 상처를 입은 상태였다.

한창 가고 있는데 군사가 아뢰었다.

"앞에 두 갈래 길이 있는데 승상께서는 어느 길로 가시겠습니까?"

조조가 물었다.

"어느 길이 가까우냐?"

군사가 말했다.

"큰길은 조금 평탄하지만 50여 리 정도 먼 길입니다. 작은 길은 화용도로 가는 길인데 50리 정도 가깝습니다. 그러나 땅이 비좁고 길이 험한 데다 지

형이 고르지 않아 가기 힘듭니다."

조조가 산에 올라가 살펴보라고 하자 군사가 돌아와서는 보고했다.

"오솔길 산기슭 몇 군데에서만 연기가 피어오를 뿐 큰길에는 아무런 움직임도 없습니다."

조조는 선봉대에게 화용도 오솔길로 가라고 했다. 장수들이 말했다.

"연기가 일어나는 곳이면 틀림없이 군마들이 있을 터인데 무슨 까닭으로 반대길로 가십니까?"

조조가 말했다.

"어찌 병서에서 말하는 '허虛하면 실實하게 보이고, 실實하면 허虛하게 보이게 하라'[7]는 말을 듣지 못했소. 제갈량은 꾀가 많아 사람을 시켜 산 후미진 곳에 연기를 피워 우리 군이 이 산길로 가지 못하게 하고는 오히려 큰길에 군사들을 매복시키고 기다릴 것이오. 내 이미 예상하고 있으니 그의 계책에 걸려들지는 않을 것이오!"

장수들이 모두 말했다.

"승상의 신묘한 계책은 누구도 미치지 못할 것입니다."

마침내 군사들을 통솔하며 화용도로 갔다. 이때 사람들은 굶주려 쓰러지고 말들도 피로한 상태였다. 머리 부위가 그을리고 이마를 데어 부상이 심해진 자는 지팡이로 몸을 지탱하고, 화살에 맞고 창에 찔린 자들은 가까스로 걸어갔다. 갑옷은 축축하게 젖은 데다 그나마 하나하나 온전하게 갖추지 못했고, 무기와 깃발들은 흩어져 정돈되지 않았다. 대부분이 이릉 길에서 황급히 쫓기는 바람에 간신히 말만 타고 안장과 고삐며 의복까지 챙기지 못했다. 때는 마침 추위가 심한 한겨울이라 그 고통은 이루 말할 수 없었다. 조조는 선두 군사들이 말을 멈추고 나아가지 않는 것을 보고는 그 까닭을 물었다.

군사가 돌아와서는 보고했다.

"앞쪽의 산은 후미지고 길이 좁은 데다 새벽에 비까지 내려 웅덩이에 물이 고여 있어 말굽이 빠져 전진할 수가 없습니다."

조조가 버럭 성을 내며 큰 소리로 꾸짖었다.

"군대라는 것은 산을 만나면 길을 열고 물을 만나면 다리를 쌓는 것이거늘 어찌 진창이 있다고 가지 못한단 말이냐!"

명령을 전달하여 노약자와 중상을 당한 군사들은 뒤에서 천천히 오게 하고 건장한 자들은 흙을 지고 장작을 묶어 풀을 옮기고 갈대를 날라 길을 메우도록 했는데 명령을 어기는 자는 목을 치게 했다. 군사들은 어쩔 수 없이 말에서 내려 바로 길가의 대나무와 수목을 베어 산길을 메웠다. 조조는 뒤에서 적군이 추격해올까 걱정되어 장료, 허저, 서황에게 100명의 기병을 이끌고 뒤처지는 자들은 즉시 베어버리게 했다. 이때 굶주리고 지칠 대로 지친 군사들이 모두 땅바닥에 쓰러졌는데 조조는 그대로 밟고 지나가라고 큰 소리로 명령하니 죽은 자를 이루 다 셀 수 없었고 울부짖는 소리가 길에서 끊이지 않았다. 조조가 성내며 말했다.

"죽고 사는 것은 운명에 달려 있거늘 어찌하여 운단 말인가! 다시 우는 자가 있으면 즉시 참수하겠노라!"

군사 전체에서 3분의 1은 뒤처지고, 3분의 1은 죽어 산골짜기를 메웠으며, 나머지 3분의 1만 조조를 따라갔다. 험준한 곳을 지나자 길이 조금은 평탄해졌다. 조조가 뒤돌아보니 300여 기만 뒤를 따르고 있었고 갑옷과 전포를 가지런히 갖춰 입은 자는 하나도 없었다. 조조가 속히 가자고 재촉하자 장수들이 말했다.

"말들이 지쳤으니 잠시 쉬었다 가시지요."

조조가 말했다.

"서둘러 형주[8]에 도착한 다음에 쉬어도 늦지 않을 것이오."

다시 몇 리를 못 갔을 때 갑자기 조조가 말 위에서 채찍을 휘두르며 웃었다. 장수들이 물었다.

"승상께서는 어찌하여 또 크게 웃으십니까?"

조조가 말했다.

"사람들은 모두 주유와 제갈량이 지혜가 풍부하고 꾀가 많다고 말하는데 내가 보기에는 아무래도 무능한 무리 같소. 이곳에 1여[9]의 군사들만 매복시켰더라면 우리는 모두 꼼짝없이 결박당했을 것이오."

그 말을 미처 마치기도 전에 '쾅!' 하는 포 소리가 들리더니 양쪽에서 500명의 교도수들이 늘어섰다. 앞장선 대장은 관운장으로 청룡도를 잡고 적토마에 걸터앉아 가는 길을 가로막았다. 조조의 군사들은 혼비백산하여 서로 얼굴만 쳐다볼 뿐 어느 누구도 소리를 내지 못했다. 조조가 말했다.

"이미 이곳까지 왔으니 생사를 걸고 싸울 수밖에 없지 않은가!"

장수들이 말했다.

"사람은 설령 겁내지 않는다 하더라도 말들이 이미 힘이 빠졌는데 어찌 다시 싸울 수 있겠습니까?"

정욱이 말했다.

"제가 평소에 운장을 잘 알고 있는데 윗사람에게는 머리 숙여 굴복하지 않으나 아랫사람에게는 모질지 못합니다. 운장은 강한 자에 의지해 제멋대로 하지 않고 약한 자를 업신여기지 않으며, 은혜와 원한이 분명하고 신의가 뚜렷한 사람입니다. 승상께서 지난날 그에게 은혜를 베푸셨으니 지금 친히 그에게 설명하면 이 어려움을 벗어날 수 있을 것입니다."

조조는 그 말을 따르기로 하고 즉시 말고삐를 놓으며 앞으로 나가 몸을 조금 숙여 공경을 표하고 운장에게 일렀다.

"장군은 작별한 후 별고 없으셨소!"

운장 또한 몸을 굽혀 인사하며 대답했다.

"군사의 명령을 받들어 승상을 기다린 지 오래되었소."

조조가 말했다.

"군대는 패하고 형세가 위태로워져 이곳까지 왔지만 길이 없으니 바라건 대 장군께서 지난날의 정을 중히 여겨줬으면 좋겠소."

운장이 말했다.

"지난날 관 아무개가 비록 승상의 두터운 은혜를 입었다고는 하지만 이미 안량을 베고 문추를 죽여 백마에서의 포위를 풀어 보답했소. 어찌 감히 사 사로운 정으로 공적인 일을 버리겠소?"

조조가 말했다.

"다섯 관문에서 장수들을 베어 죽인 때를 아직 기억하시겠소? 대장부는 신의를 중히 여겨야 하오. 장군께서는 『춘추』에 정통하면서 어찌 유공지사가 자탁유자를 쫓던 일[10]을 모르시오?"

운장은 의리를 산과 같이 중하게 여기는 사람인데, 이날 조조가 허다한 은정과 도의, 그리고 후에 있었던 다섯 관문을 지나며 장수들을 베어 죽인 일을 떠올리게 하니 어떻게 마음이 움직이지 않겠는가? 또한 조조의 군사들 이 두렵고 불안해하며 모두 눈물을 흘리려고 하니 더욱더 속으로 차마 어떻 게 하지 못했다. 이에 말 머리를 돌리며 군사들에게 일렀다.

"사방으로 흩어져 벌려 서거라."

이것은 분명 조조를 놓아 보내겠다는 뜻이었다. 운장이 말을 돌리는 것을 본 조조는 즉시 장수들과 함께 일제히 뚫고 지나갔다. 운장이 몸을 돌렸을 때는 조조가 이미 장수들과 함께 지나간 다음이었다. 운장은 크게 고함을 질렀고 군사들은 모두 말에서 내리더니 땅바닥에 엎드려 울었다. 운장은 울음을 더욱 참아내지 못했다. 한창 머뭇거리고 있는데 장료가 말고삐를 놓고 달려왔다. 그를 본 운장은 또 옛 친구의 정이 일어나 길게 탄식만 했고 모두 보내주고 말았다. 후세 사람이 지은 시가 있다.

조만의 군사 패하여 화용으로 달아났는데
좁은 길에서 마침 관공과 마주치고 말았네
단지 지난날의 은혜와 의리를 중하게 여겨
쇠 자물쇠 풀어 교룡이 달아나게 놓아줬네
曹瞞兵敗走華容, 正與關公狹路逢
只爲當初恩義重, 放開金鎖走蛟龍

화용의 어려움에서 벗어난 조조가 산골짜기 입구에 이르러 뒤를 돌아보니 따르는 군병이 겨우 27기에 지나지 않았다. 날이 저물 무렵에 남군 가까이[11] 왔는데 별안간 횃불이 일제히 밝혀지더니 한 무리의 인마가 길을 막아섰다. 조조가 깜짝 놀랐다.

"내 목숨도 끝이로구나!"

한 무리의 정찰 기병들이 다가왔는데 조인의 군마임을 알고 그제야 조조는 안심했다. 조인이 맞이하며 말했다.

"군사들이 패했다는 것을 알았지만 감히 멀리 떠날 수가 없어서 어쩔 수 없이 부근에서 영접합니다."

조조가 말했다.

"하마터면 너와 만나지 못할 뻔했구나!"

그리하여 무리를 이끌고 남군으로 들어와 편히 쉬었다. 뒤이어 장료도 당도하여 운장의 덕을 말했다. 조조가 장교들을 점검해보았는데 중상자가 매우 많아 모두 휴식을 취하도록 했다. 조인은 조조의 울적함을 풀어주고자 술자리를 마련했다. 그런데 조조가 별안간 하늘을 우러러보며 대성통곡했다. 모사들이 말했다.

"승상께서는 호랑이 굴에서 피난하셨을 때도 전혀 두려워하지 않으셨습니다. 지금 성중에 당도하여 사람들이 배불리 먹고 말들도 마초를 먹었으니 마땅히 군마를 정돈해 원수를 갚아야 하거늘 어찌하여 통곡을 하십니까?"

조조가 말했다.

"곽봉효郭奉孝(곽가의 자)가 생각나서 울었을 뿐이오! 만약 봉효가 살아 있었다면 결코 내가 이런 큰 실수를 하지 않게 했을 것이오!"

그러고는 가슴을 두드리며 크게 소리 내어 울었다.

"슬프구나, 봉효! 고통스럽구나, 봉효! 애석하구나, 봉효!"

모사들은 잠자코 있으면서 스스로를 부끄러워했다.❷

이튿날 조조가 조인을 불러 말했다.

"내 이제 잠시 허도로 돌아가 군마를 수습해 반드시 원수를 갚으러 올 것이다. 너는 남군을 잘 보전해야 한다. 네게 은밀하게 한 가지 계책을 남겨두니 급박한 사태가 없다면 열어보지 말고 상황이 다급해지면 열어보도록 해라. 그 계책에 따라 실행한다면 동오는 감히 남군을 똑바로 쳐다보지 못할 것이다."

조인이 말했다.

"합비, 양양은 누가 지켜야 합니까?"

조조가 말했다.

"형주[12]는 네게 관할을 맡기고, 양양은 내 이미 하후돈에게 지키게 했다.[13] 합비는 가장 중요한 곳이라 내 장료를 주장으로, 악진과 이전을 부장으로 삼아 지키도록 했다.[14] 긴급한 일이 발생하면 반드시 나는 듯이 달려와 보고해야 한다."

조조는 군사 배치를 결정하고 마침내 말에 올라 무리를 이끌고 허창으로 돌아갔다. 형주에서 항복했던 문무관원들도 이전 관직에 배치해 쓰고자 허창으로 데리고 갔다. 조인은 스스로 조홍을 파견하여 이릉과 남군[15]을 지키게 하면서 주유를 방비했다. ❸

한편 조조를 놓아준 관운장이 군사를 이끌고 돌아왔다. 이때 여러 갈래로 흩어진 군마가 모두 마필, 무기, 돈과 양식을 획득하여 하구로 돌아왔는데, 운장만이 사람이나 말을 하나도 노획하지 못한 채 빈 몸으로 돌아와 현덕을 만났다. 공명이 현덕과 축하하고 있는데 별안간 운장이 당도했다는 보고가 들어왔다. 공명이 서둘러 자리를 떠나 일어서서는 술잔을 들고 맞이하며 말했다.

"장군께서 이처럼 당대에 으뜸가는 공을 이룬 데다 만천하에 가장 큰 해로움을 제거해줬기에 기쁘오. 멀리 나가 맞이하고 경축했어야 마땅하오!"

운장은 잠자코 있었다. 공명이 말했다.

"장군께선 혹시 우리가 멀리 나가 맞이하지 않아 불쾌하신지요?"

그러고는 좌우를 돌아보며 말했다.

"너희는 어째서 먼지 보고하지 않았느냐?"

운장이 말했다.

"나는 죽기를 청하러 왔소."

공명이 말했다.

"혹시 조조가 화용도로 오지 않았습니까?"

"그곳으로 왔소. 내가 무능했기에 그가 달아나고 말았소."

"그렇다면 어떤 장수와 병졸을 잡아오셨소?"

"아무도 사로잡지 못했소."

"이것은 운장이 조조의 옛 은혜를 생각하여 일부러 놓아준 것이오. 군령장이 여기에 있으니 군법에 따라 처리하지 않을 수 없소."

즉시 무사들에게 호통치며 끌어내 참수하라 했다.

목숨을 버릴 각오로 지기에 보답했으니

의로운 그 이름 천추에 이르도록 우러르게 했다네

拼將一死酬知己, 致令千秋仰義名

운장의 목숨은 어떻게 될까?

제50회 화용도

①

『삼국지』「오서·황개전」 배송지 주 『오서』는 다음과 같이 기록하고 있다.

"적벽 싸움에서 황개는 날아오는 화살에 맞아 추운 겨울 강물에 빠졌다. 오나라 군사가 구조했지만 그가 황개인지 알지 못하여 변소 주변에 그냥 두었다. 황개가 온 힘을 다해 한당을 부르니 한당이 그 소리를 듣고 '이것은 공복公覆(황개의 자)의 목소리다' 했다. 그를 보고 눈물을 흘리며 옷을 벗겨 갈아입혔다. 황개는 이리하여 가까스로 목숨을 건졌다."

「오서·손교전孫皎傳」에 "황개와 형 손유가 세상을 떠났다"고 기록되어 있고, 「오서·손유전孫瑜傳」에 "건안 20년(215), 그는 39세에 죽었다"고 기록되어 있어, 결국 황개가 몇 살에 죽었는지는 모르지만 건안 20년(215), 즉 적벽대전이 끝나고 7년 뒤에 병사한 것으로 보인다.

②

조조가 애석하게 여긴 곽가

『삼국지』「위서·곽가전」 배송지 주 『부자傳子』는 다음과 같이 기록하고 있다.

"태조가 순욱에게 서신을 보내 곽가를 추념하며 애도했다.

'곽봉효는 마흔을 채우지도 못했으나 나와 함께 11년을 주유하며 고달픔과 어려움을 모두 함께 겪었소. 또한 이치에 통달했으므로 세상사를 살펴봄에 있어 어떤 범위에 국한되지 않고 말에 막힘이 없었소. 그에게 뒷일을 맡기려 했는데 갑자기 그를 잃게 되었으니 어찌 비통하고 상심하지 않을 수 있겠소. 이제 표문을 올려 그의 아들에게 식읍을 증가시켜 1000호를 채워주도록 했으나 죽은 사람에게 무슨 이로움이 있겠소. 그를 추념하는 마음이 더 깊어질 따름이오. 더군다나 봉효는 나를 알아주는 사람이었소. 천하에 서로 알아주는 자가 적으니 이 때문에 몹시 애석하오. 어찌해야 좋겠소!'

또 순욱에게 편지를 보내 말했다.

'봉효를 회상하며 탄식하니 마음을 안정시킬 수가 없소. 그 사람은 시사時事와 병사兵事를 살펴보는 데 남들보다 뛰어났소. 또 대부분의 사람은 병을 두려워하기에 남방 지역에는 역병이 있어 항상 '내가 남방으로 가면 살아 돌아오지 못할 것이다'라고 말했소. 그렇지만 나와 함께 계책을 논의하면서 먼저 형주를 평정해야 한다고 말했소. 이것은 계책을 살피는 것이 충직하고 온후할 뿐만 아니라 반드시 공업을 세우고자 하여 타고난 명을 저버린 것이오. 다른 사람을 섬기는 마음이 이와 같으니 어찌 사람으로서 그를 잊을 수 있겠소!'"

③

관우가 과연 화용도에서 조조를 놓아줬을까?

『삼국지』「위서·무제기」 배송지 주『산양공재기山陽公載記』는 다음과 같이 기록하고 있다.

"공(조조)은 전함이 유비에게 불태워지자 군사들을 이끌고 화용도로부터 걸어서 돌아가는데, 진창을 만나 길에서 막히고 날씨마저 바람이 크게 불어왔다. 지친 모든 병사에게 풀을 지어다가 진창을 메우도록 하고 나서야 말을 타고 통과할 수 있었다. 지친 병사들 중 인마에 짓밟히고 진창에 빠져 죽는 자가 매우 많았다. 군사들이 벗어나자 공이 크게 기뻐했다. 장수들이 그 까닭을 묻자 공이 말했다.

'유비는 나의 맞수다. 비록 계책이 실현되기는 했지만 조금 늦었다. 만약 좀더 일찍 불을 질렀더라면 우리는 아마 살아남지 못했을 것이다.'

오래지 않아 유비가 불을 질렀으나 미치지 못했다."

『자치통감』 권65 「한기 57」에도 비슷한 내용이 기록되어 있다. 소설과는 다르게 조조가 관우의 복병을 만났고 관우가 옛 은혜를 생각해 놓아줬다는 기록은 없다.

연합군의 남군 다툼

조인은 동오의 병사들과 크게 싸우고,
공명은 처음으로 주공근을 화나게 하다

曹仁大戰東吳兵,
孔明一氣周公瑾

공명이 운장을 참수하려 하자 현덕이 말했다.

"옛날에 우리 세 사람이 의형제를 맺을 때 생사를 함께하기로 맹세했소. 지금 운장이 비록 군법을 범하긴 했으나 차마 그때의 맹세를 어길 수가 없구려. 바라건대 잠시 잘못을 기록해뒀다가 공을 세워 속죄할 수 있도록 해주시오."

공명이 비로소 운장을 용서했다.

한편 주유는 군사를 거두고 장수들을 점검한 뒤 각각 공적의 크고 작음을 평가하여 오후에게 서면으로 보고했다. 항복한 군졸들은 모두 강 건너로 보냈다. 삼군에게 상과 음식을 내려 위로하고는 바로 남군을 공격해 취하고자 군대를 진격시켰다. 선봉대가 강을 끼고 군영을 세우자 전후로 다섯 군영으로 나누었다. 주유는 중간 군영에서 기거했다. 주유가 사람들과 출병할 계책을 상의하고 있는데 별안간 보고가 들어왔다.

"유현덕이 도독께 축하드리려고 손건을 사자로 보내왔습니다."

주유가 들이라고 명했다. 손건이 예를 행하고 말했다.

"주공께서 특별히 저에게 명하여 도독의 큰 덕에 감사드리고 변변찮은 예물을 바치게 하셨습니다."

주유가 물었다.

"현덕은 어디에 계시오?"

손건이 대답했다.

"지금 군사를 이동시켜 유강구[1]에 주둔하고 계십니다."

주유가 놀라 말했다.

"공명도 유강에 있소?"

"공명께서도 주공과 함께 유강에 계십니다."

"족하께서는 먼저 돌아가시오. 내가 직접 찾아뵙고 감사드리리다."

주유는 예물을 거두고 손건을 먼저 돌려보냈다. 노숙이 말했다.

"방금 도독께서는 어찌하여 놀라셨소?"

주유가 말했다.

"유비가 유강에 군대를 주둔시킨 것은 틀림없이 남군을 취할 뜻이 있는 것이오. 우리가 수많은 군마를 잃고 허다한 돈과 양식을 허비하여 싸움에서 이겼으니 이제 손바닥만 뒤집어도 남군을 얻을 수 있을 정도로 쉬워졌소. 그런데 저들이 어질지 못한 마음을 품고서 취하고자 한다면 바로 이루게 될 테니, 내가 죽지 않았다는 것을 보여주겠소!"

"어떤 계책으로 그들을 물리칠 것이오?"

"내가 직접 가서 그와 대화할 것이오. 잘되면 좋지만, 잘 안 되었을 때는 그가 남군을 차지하도록 기다리지 않고 먼저 유비를 끝장낼 것이오!"

"나도 함께 가기를 원하오."

그리하여 주유와 노숙은 가볍게 무장한 빠른 기병 3000명을 이끌고 곧장 유강구로 갔다.

한편 손건은 돌아와 현덕에게 주유가 직접 감사를 표하러 오겠다는 말을 전했다. 이에 현덕이 공명에게 물었다.

"오겠다는 뜻이 무엇이오?"

공명이 웃으면서 말했다.

"그쪽에서 변변찮은 선물에 감사를 표하러 오겠다는 것은 남군 때문이지요."

현덕이 말했다.

"군대를 인솔해 온다면 어떻게 대처해야 하오?"

"그가 오면 이렇게 저렇게 응답하시면 될 것입니다."

마침내 유강구에 전선을 늘어놓고 강기슭에는 군마를 도열시켰다. 보고가 들어왔다.

"주유와 노숙이 군대를 이끌고 당도했습니다."

공명은 조운을 시켜 몇 명의 기병을 데리고 나가서 맞이하도록 했다. 군세가 강성한 것을 본 주유는 내심 몹시 불안했다. 군영 문밖에 이르자 현덕과 공명이 맞이했고 함께 군막으로 들어갔다. 각자 예를 마치고는 주연을 베풀어 대접했다. 현덕이 잔을 들며 격렬한 대규모 전투를 벌였던 일에 감사의 뜻을 나타냈다. 술이 몇 순배 돌자 주유가 말했다.

"예주께서 이곳으로 군대를 이동시킨 것은 혹시 남군을 취하려는 뜻이 있기 때문은 아니지요?"

현덕이 말했다.

"듣건대 도독께서 남군을 취하려 한다기에 도와주러 왔소. 도독께서 취하지 않으시겠다면 제가 기필코 취할 것이오."

주유가 웃으면서 말했다.

"우리 동오가 한강漢江²을 병탄하려 한 지가 오래되었소. 지금 남군이 손바닥 안에 있는데 어떻게 취하지 않겠소?"

"승부란 미리 결정될 수는 없는 것이지요. 조조가 돌아갈 때 조인에게 남군 등을 지키게 했는데 틀림없이 기묘한 계책이 있을 것이오. 더욱이 조인의 용맹은 감당하기 어려우니 다만 도독께서 취하지 못할까 염려될 뿐이오."

"내가 남군을 취하지 못한다면 그때는 공께서 마음대로 취하셔도 좋소."

"자경과 공명이 여기에서 증인이 될 터이니 도독께서는 후회하지 마시오."

노숙이 망설이며 대답하지 못했다. 주유가 말했다.

"대장부가 이미 내뱉은 말인데 어찌 후회가 있겠소!"

공명이 말했다.

"도독께서 하신 말씀은 지극히 공정합니다. 먼저 동오가 취할 수 있도록 양보하고, 차지하지 못했을 때 주공께서 취하신다면 안 될 게 무엇이 있겠습니까!"

주유와 노숙은 현덕과 공명에게 작별하고 말을 타고 떠났다. 현덕이 공명에게 물었다.

"방금 선생께서 저에게 가르쳐주신 대로 대답은 했는데, 비록 어쩌다가 말을 하긴 했지만 돌이켜 여러모로 궁리해보면 이치에 맞지 않는 듯하오. 내가 지금 고립되고 위급한 처지로 발붙일 땅조차 없어 남군을 얻어 잠시나마 몸을 의탁하고자 했소. 그러나 주유에게 먼저 차지하라고 하면 성지가 동오로 넘어갈 터인데 어떻게 얻을 수 있단 말이오?"

공명이 웃으면서 말했다.

"애초에 제가 주공께 형주를 취하라고 권했는데 주공께서 듣지 않더니 이제 생각이 나십니까?"

"전에는 경승景升(유표의 자)의 땅이었기 때문에 차마 취하지 못했었는데, 지금은 조조의 땅이 되었으니 그것을 빼앗는 것이 이치에 합당해서 그러오."

"주공께서는 염려하실 필요 없습니다. 주유가 가서 싸우도록 내버려두십시오. 조만간 주공께서 남군성³ 안에 높이 앉을 수 있도록 하겠습니다."

"어떻게 계책을 내려 하오?"

"이렇게 저렇게 하시면 됩니다."

현덕이 크게 기뻐하며 강어귀에 군대를 주둔시키고 군사 행동을 멈춘 채 움직이지 않았다.

한편 군영으로 돌아온 노숙이 말했다.

"도독께서는 어찌하여 현덕에게도 남군을 취하라고 허락하셨소?"

주유가 말했다.

"내가 손가락 튕길 시간 정도면 남군을 얻을 수 있어 그냥 인정을 쓴 것이오."

곧바로 군영 안의 장사들에게 물었다.

"누가 앞서가서 남군을 취하겠는가?"

한 사람이 대답하며 나섰는데 바로 장흠이었다. 주유가 말했다.

"자네가 선봉을 맡고 서성과 정봉이 부장이 되어 5000명의 정예 군마와 함께 강을 건너게. 내 뒤따라 군사를 이끌고 호응하겠네."

한편 남군에 있던 조인은 조홍에게 이릉을 지키도록 분부하여 앞쪽에서 뿔을 잡고 뒤에서 다리를 붙잡는 기각지세를 이루도록 했다. 그때 보고가 들어왔다.

"동오의 군사들이 이미 한강漢江⁴을 건넜습니다."

조인이 말했다.

"굳게 지키기만 하고 싸우지 않는 것이 상책이다."

용장 우금牛金이 힘차게 나서며 말했다.

"성 아래에 적병이 닥쳤는데도 나가서 싸우지 않는 것은 비겁한 짓입니다. 더군다나 우리 병사들이 방금 패했으니 날카로운 기세를 다시 떨쳐야 마땅합니다. 제게 정예병 500명만 빌려주신다면 생사를 걸고 승부를 겨루겠습니다!"

조인이 그 뜻에 따라 우금에게 500명의 군사를 이끌고 나가 싸우게 했다. 정봉이 말고삐를 놓고 달려와 맞섰다. 대략 4~5합을 싸웠는데 정봉이 거짓으로 패한 척하며 달아나자 우금이 군사를 이끌고 적진으로 추격해 들어갔다. 그러자 정봉이 군사들을 지휘해 우금을 진중에 가두고 에워쌌다. 우금은 좌충우돌했지만 빠져나올 수가 없었다. 성 위에서 곤경에 빠진 우금을 바라보던 조인은 즉시 갑옷을 걸치고 말에 올라 휘하 장사 수백 기를 이끌며 성을 나가 있는 힘을 다해 칼을 휘두르며 동오의 진 속으로 치고 들어갔다. 서성이 맞서 싸웠으나 저지할 수 없었다. 조인은 포위된 적진 한가운데를 뚫고 들어가 우금을 구출했다. 그런데 돌아보니 여전히 수십 기가 적진에 갇혀서 빠져나오지 못하고 있었다. 이에 즉시 다시 몸을 돌려 적진을 뚫고 들어가 겹겹의 포위망에서 그들을 구출했다. 그때 마침 장흠이 가는 길을 차단하자 조인과 우금이 필사적으로 힘을 내어 적군을 흩뜨렸다. 조인의 아우 조순도 군사들을 이끌고 와서 호응하여 한바탕 혼전을 벌였다. 오군은 패하여 달아났고 조인은 승리를 거두며 돌아왔다.

장흠은 군대가 패퇴하자 돌아와서 주유를 뵈었는데 성난 주유가 그의 목을 치려 했다. 그러나 장수들이 죄를 용서해달라 요청하여 간신히 모면할 수 있었다. 주유는 즉시 군사를 점검하고 직접 조인과 결전을 벌이고자 했다. 감녕이 말했다.

"도독께서 경솔하게 움직이시면 안 됩니다. 지금 조인은 조홍에게 이릉을 지키게 하면서 기각지세를 이루고 있습니다. 원컨대 제가 정예병 3000명으로 곧장 이릉을 취할 테니 도독께서는 그 다음에 남군을 취하시는 게 좋을 듯합니다."

주유는 그의 의견에 따라 먼저 감녕에게 3000명을 이끌고 이릉을 공격하도록 했다. 그러나 일찌감치 정탐꾼으로부터 이 사실을 들은 조인은 진교陳矯와 상의하고 있었다. 진교가 말했다.

"이릉을 잃으면 남군 또한 지킬 수 없습니다. 속히 구원하셔야 합니다."

조인은 즉시 조순과 우금에게 은밀히 군사를 이끌어 조홍을 구하도록 했다. 조순은 먼저 사람을 시켜 조홍에게 보고하는 한편 조홍에게 성을 나가 적을 유인하게 했다. 감녕이 군사를 이끌고 이릉에 이르자 조홍이 나가서 감녕과 맞붙어 싸웠다. 20여 합을 싸우자 조홍이 패하여 달아났고 감녕은 이릉을 빼앗을 수 있었다. 그런데 해 질 무렵에 조순과 우금의 군대가 당도하더니 조홍과 서로 합쳐 이릉을 포위했다. 척후 기병이 주유에게 감녕이 이릉성 안에 갇혀 곤경에 처했다고 보고하자 주유는 깜짝 놀랐다. 정보가 말했다.

"급히 군사를 나누어 구하십시오."

주유가 말했다.

"이곳은 요충지인데 만일 군사를 나누어 구원하러 갔다가 조인이 군사를 이끌고 기습해오기라도 한다면 어떻게 한단 말이오?"

여몽이 말했다.

"감흥패甘興霸(감녕의 자)는 강동의 대장인데 어찌 구원하지 않겠습니까?"

주유가 말했다.

"내가 직접 가서 구하고자 하는데 누가 여기에 남아서 내 소임을 대신 담당하겠소?"

여몽이 말했다.

"능공적(凌公績·능통의 자)을 남겨두면 그가 감당할 것입니다. 제가 선봉이 되고 도독께서 뒤에서 엄호해주신다면 열흘 안에 틀림없이 개선가를 울릴 수 있을 것입니다."

주유가 말했다.

"능공적이 잠시 나를 대신해 소임을 맡으려 할지 모르겠소."

능통이 말했다.

"열흘을 기한한다면 감당할 수 있으나, 열흘이 넘으면 그 소임을 감당할 수 없을 것 같습니다."

주유가 크게 기뻐하며 마침내 1만여 명의 군사를 남겨 능통에게 넘겨주고 그날로 대병을 일으켜 이릉으로 갔다. 여몽이 주유에게 일렀다.

"이릉 남쪽 후미진 오솔길을 이용한다면 남군을 아주 간단하게 취할 수 있을 것입니다. 군사 500명을 보내 숲을 베고 그 길을 끊도록 하십시오. 적군이 패하면 반드시 그 길로 달아날 것이고 말이 지나갈 수 없으면 틀림없이 말을 버리고 달아날 것이니, 그 말들을 얻을 수 있을 것입니다."

주유는 그 말을 따르기로 하고 군사들을 보내 일을 마치도록 했다. 대군이 이릉에 이르자 주유가 물었다.

"누가 포위를 뚫고 들어가 감녕을 구하겠소?"

주태가 가기를 원했다. 그는 즉시 칼을 움켜쥐고 말고삐를 놓고는 곧장 조홍의 군사 속으로 치고 들어가 성 아래까지 이르렀다. 감녕은 멀리서 주태가 오는 것을 보고는 성을 나가 맞이했다. 주태가 말했다.

"도독께서 친히 군대를 거느리고 오셨소."

감녕은 군사들에게 완전 무장하고 배불리 먹은 다음 안에서 호응할 준비를 하라는 명령을 하달했다.

한편 조홍, 조순, 우금은 주유의 군사가 장차 이를 것이라는 소식을 듣고는 먼저 사람을 남군으로 보내 조인에게 보고했고, 군사를 나누어 적을 방어하기로 했다. 동오의 군사들이 이르자 조홍의 군사들이 맞섰다. 양군이 서로 맞붙어 싸우자 감녕과 주태는 군사를 두 길로 나누어 짓쳐 나왔다. 동오의 군사들이 사방으로 들이치니 조홍군은 크게 어지러워졌다. 그러자 조홍, 조순, 우금은 과연 오솔길로 달아났다. 어지럽게 잘려나간 나무들이 길을 막아 말이 통과할 수 없게 되자 모두 말을 버리고 도망쳤다. 오군은 500여 필의 말을 노획했다. 주유는 군사를 휘몰아 밤새 추격하여 남군에 이르렀는데 마침 이릉을 구원하러 오던 조인의 군대와 맞닥뜨렸다. 양군은 맞붙어 한바탕 혼전을 벌이다가 날이 저문 다음에야 각자 군사를 거두었다. ❶

조인은 성으로 돌아와 사람들과 대책을 상의했다. 조홍이 말했다.

"지금 이릉을 잃어 형세가 위급하게 되었는데 어찌하여 승상께서 남기고 가신 계책을 열어 이 위급함을 해결하지 않으십니까?"

조인이 말했다.

"네 말이 내 뜻과 같구나."

바로 서신을 뜯어보고는 크게 기뻐하며 즉시 오경에 밥을 지어 먹으라는 명령을 하달했다. 새벽에 대소 군마들에게 성 위에 온통 깃발을 꽂아 군사가 많은 것처럼 허장성세를 꾸미게 한 다음 군사들을 세 갈래로 나눠 각각 세 곳의 문을 열고 나갔다.

한편 감녕을 구출해낸 주유는 남군 성 밖에 군대를 배치했다. 조인의 군사들이 세 문으로 나가는 것을 본 주유는 장대에 올라 살펴보았다. 여장[5] 주변에 거짓으로 깃발들만 찔러놓고 지키는 군사는 아무도 없었다. 또한 군사들이 허리 아래에 각기 보따리를 묶고 있는 것이 보였는데 주유는 속으로 조인이 틀림없이 먼저 달아날 준비를 하는 것으로 생각하고는 즉시 장대에서 내려가 군사를 양군으로 나누어 좌우 날개로 삼았다. 그리고 선봉대에 승리를 거두면 앞만 보면서 추격하다가 징소리가 울리면 후퇴하라고 명령했다. 정보에게 후군을 감독하라 명하고 주유 자신은 직접 군사를 이끌고 성을 취하려 했다. '둥둥둥' 북소리가 울리며 진영이 갖추어지자 조홍이 말을 몰고 나와 싸움을 걸었다. 주유는 문기 아래까지 가서 한당에게 말을 몰고 나가 조홍과 싸우게 했다. 30여 합을 싸우자 조홍이 패해 달아났다. 그러자 조인이 직접 나와 접전을 벌였고 주태가 말고삐를 놓고 달려나가 맞섰다. 10여 합을 싸우더니 조인도 패해 달아났고 진이 흐트러졌다. 그때 주유가 양 날개의 군사들을 지휘하며 들이치자 조인군은 대패하고 말았다. 주유가 군마를 이끌고 남군성 아래까지 추격했는데 조인의 군사들이 모두 성으로 들어가지 않고 서북쪽을 향해 달아났다. 한당과 주태가 선봉대를 이끌고 전력을 다해 추격했다. 주유는 성문이 활짝 열려 있고 또 성 위에 아무도 없는 것을 보고는 마침내 군사들에게 성을 탈취하라 명했다. 수십 명의 기병이 앞장서서 들어갔다. 주유는 배후에서 말고삐를 놓고 채찍질하며 곧장 옹성[6]으로 들어갔다. 이때 적루에서 주유가 직접 성으로 들어오는 것을 바라보던 진교가 속으로 갈채를 보냈다.

'승상의 묘책이 귀신같구나!'

'딱딱' 딱따기 소리가 울리자 양쪽에서 활과 쇠뇌를 일제히 발사했는데 마치 소나기가 쏟아붓는 듯했다. 앞다투어 성으로 진입하던 군사들이 모두 함정 속으로 빠져버렸다. 주유가 급히 고삐를 당겨 돌리는 순간 쇠뇌의 화살한 대가 정통으로 왼쪽 옆구리에 꽂혔다. 주유는 그만 몸이 뒤집어지며 말에서 떨어지고 말았다. 우금이 성안에서 뛰쳐나오며 주유를 잡으려 하자, 서성과 정봉 두 사람이 목숨을 돌보지 않고 구해냈다. 성안에 있던 조인의 군사들이 돌격해 나왔고 동오의 군사들은 혼비백산하여 자기들끼리 서로 짓밟으니 해자와 구덩이에 떨어진 자가 수도 없이 많았다. 정보가 급히 군사를 거두려 할 때 조인과 조홍의 군사들이 양쪽 길로 나누어 되돌아와서 들이쳐 오군은 대패하고 말았다. 다행히 능통이 한 부대를 이끌고 측면에서 달려와 조인의 군사들을 가로막았다. 조인은 승리를 거둔 군사들을 이끌고 성으로 들어갔고 정보는 패잔병을 거두어 군영으로 돌아갔다. 정봉과 서성 두 장수가 주유를 구해 군막에 당도했다. 군의원을 불러 쇠 집게로 화살촉을 뽑아내고 금창약을 발라 상처를 덮었는데 주유는 통증을 견딜 수 없어 먹고 마시지도 못했다. 의원이 말했다.

"이 화살촉에는 독이 있어 쉽게 낫지 않을 것입니다. 만일 화내고 흥분하시면 상처가 다시 터질 것입니다."

정보는 삼군에 각 군영을 견고하게 지키라고 명하고 함부로 출전하는 것을 불허했다. 사흘 후에 우금이 군사를 이끌고 와서 싸움을 걸자 정보는 군사행동을 멈추고 기다리게 했다. 우금은 욕설을 퍼붓다 날이 저물어서야 비로소 돌아갔다. 이튿날 또 와서 싸움을 걸었으나 정보는 주유가 화를 낼까 걱정되어 감히 보고도 하지 못했다. 다시 사흘째 되는 날 우금이 곧장 군영문 밖까지 와서 큰 소리로 욕을 하며 주유를 사로잡겠다고 소리 질렀다. 정보는 사람들과 상의하여 잠시 군대를 물렸다가 오후를 만나 다시 대책을 세우고자 했다.

한편 주유는 비록 상처의 고통으로 앓고 있었지만 나름대로 생각이 있었다. 이미 조인의 군사들이 자주 군영 앞으로 와서 큰 소리로 욕을 하는 것을 알고 있었으나 보고하는 자가 없었다. 어느 날 조인이 직접 대군을 이끌고 와서 북을 두드리고 고함을 지르며 싸움을 걸었다. 그러나 정보는 꼼짝 않고 나가지 않았다. 주유가 장수들을 군막으로 불러들여 물었다.

"어디서 북을 두드리고 고함을 지르는 것이오?"

장수들이 말했다.

"군중에서 사졸들을 훈련시키고 있습니다."

주유가 화를 냈다.

"어찌하여 나를 속이시오! 나는 조인의 군사들이 자주 군영 앞으로 와서 욕설을 퍼붓는 것을 알고 있소. 정덕모程德謀(정보의 자)는 나와 병권을 함께 잡고 있으면서 무슨 까닭으로 앉아서 보고만 있단 말이오?"

바로 사람을 시켜 정보를 막사로 들인 다음에 물었다. 정보가 말했다.

"공근께서 부상을 입어 앓고 있는데 의원이 화나게 하지 말라 하여 조인의 군사가 싸움을 걸어와도 감히 보고하지 못했소."

주유가 말했다.

"공들이 싸우지 않겠다면 어떻게 할 작정이오?"

정보가 말했다.

"여러 장수는 모두 군사를 거두어 잠시 강동으로 돌아가고자 하오. 그리고 공의 상처가 낫기를 기다렸다가 다시 대책을 세우고자 하오."

정보의 말을 듣고 난 주유는 침상에서 벌떡 일어나 말했다.

"대장부가 이미 군주의 녹을 먹었으면 마땅히 전장에서 죽어 그 시신이 말가죽에 싸여 돌아가야 하거늘! 어찌 나 한 사람으로 인해 국가의 대사를 버릴 수 있단 말이오?"

말을 마치더니 즉시 갑옷을 걸치고 말에 올랐다. 군사들과 장수들 중 깜짝 놀라지 않는 사람이 없었다. 마침내 수백 기를 이끌고 군영 앞으로 나갔다. 멀리 바라보니 조인의 군사들이 이미 진을 펼치고 있었다. 조인이 직접 문기 아래에 말을 세우고는 채찍을 휘두르며 욕설을 퍼부었다.

"어린 주유 놈이 틀림없이 벌써 뒈져버려서 감히 다시는 우리 군사를 똑바로 쳐다보지 못하는 것이다!"

욕설이 미처 끝나지 않았는데 기병 무리 속에서 주유가 불쑥 나오며 말했다.

"조인 필부 놈아! 주유가 보이지 않느냐!"

조인의 군사는 주유를 보고 모두 아연실색했다. 조인이 장수들을 돌아보며 말했다.

"거친 욕설을 더 퍼부어라!"

군사들이 마구잡이로 욕설을 퍼부었다. 크게 화가 난 주유가 반장에게 나가 싸우라고 했다. 그러나 미처 맞붙어 싸우기도 전에 주유가 별안간 외마디 비명을 지르더니 입에서 피를 토해내며 말 아래로 떨어졌다. 그러자 조인의 군사들이 돌진했고 동오의 장수들도 앞으로 달려가 막아내면서 한바탕 혼전이 벌어졌다. 장수들이 주유를 구해 일으키고는 군막으로 돌아왔다. 정보가 물었다.

"도독, 몸은 어떠하오?"

주유가 정보에게 은밀히 일렀다.

"이것은 나의 계책이오."

정보가 말했다.

"어떤 계책을 내시려고 하오?"

"내 몸은 아무런 고통이 없소. 내가 아까 그렇게 한 것은 조인의 군사들에게 내 병이 위중하다는 것을 알게 하여 적들을 속이려는 것이오. 심복 군사를 성안으로 보내 거짓으로 투항하고 내가 이미 죽었다고 말하게 한다면 오늘 밤 조인이 틀림없이 군영을 기습하러 올 것이오. 그때 우리가 사방에 매복해 있다가 대응하면 북 한 번 두드리고 조인을 사로잡을 수 있을 것이오."

"대단한 묘책이오!"

이어서 군막에서 곡소리를 냈다. 깜짝 놀란 군사들이 도독의 화살 맞은 상처가 갑자기 터져 죽었다는 소문을 퍼뜨렸고 각 군영에서는 모두 상복을 입었다.

한편 성안에서 사람들과 대책을 상의하고 있던 조인은 주유가 화가 치밀어 올라 화살 맞은 상처가 파열되고 입으로 피를 토하며 말 아래로 떨어졌으니 오래지 않아 반드시 죽을 것이라고 말했다. 그때 별안간 보고가 들어왔다.

"동오 군영에서 10여 명의 군사가 항복하러 왔습니다. 그중에 두 명은 원래 우리 군사로 있다가 사로잡힌 자입니다."

조인이 급히 불러들이고 물으니 그 군사가 말했다.

"오늘 주유가 진 앞에서 화살 맞은 상처가 파열되어 군영으로 돌아오자마자 죽었습니다. 지금 장수들이 모두 상복을 입고 곡을 하고 있습니다. 저희는 모두 정보에게 욕을 얻어먹어 특별히 항복하러 왔으니 이 일을 보고드리는 것입니다."

조인이 크게 기뻐하며 즉시 그날 밤 군영을 기습해서 주유의 시신을 빼앗고 그 수급을 잘라 허도로 보내자고 상의했다. 진교가 말했다.

"이 계책은 속히 진행시켜야지 늦어지면 일을 그르치게 될 것입니다."

조인은 즉시 우금을 선봉으로 삼고 스스로 중군이 되었다. 조홍과 조순을 합쳐 후군으로 삼고 진교에게 약간의 군사들과 성을 지키도록 하고는 나머지 군병을 모조리 일으켰다. 그날 밤 초경에 성을 나가 곧장 주유의 본영으로 진격했다. 군영 문까지 당도했으나 사람이라곤 보이지 않았고 헛되이 깃발과 창들만 꽂혀 있을 뿐이었다. 계책에 빠진 것을 안 조인이 급히 군사를 물렸다. 그때 사방에서 '쾅!' 하는 포성이 일제히 울리더니 동쪽에서는 한당과 장흠이 돌격했고 서쪽에서는 주태와 반장, 남쪽에서는 서성과 정봉, 북쪽에서는 진무와 여몽이 쏟아져 나왔다. 조인 군사들은 결국 대패했다. 세 갈래의 군사가 모두 흐트러지니 머리와 꼬리가 서로 구해줄 수 없는 상황이었다. 조인은 10여 기만 거느린 채 겹겹의 포위를 뚫고 나가다 마침 조홍과 만났고 즉시 패잔병을 이끌어 함께 달아났다. 오경까지 싸우다 남군에서 멀지 않은 곳에 이르렀는데 한바탕 북소리가 울리더니 능통이 또 한 부대를 거느리고 가는 길을 막아 한차례 전투가 벌어졌다. 조인이 군사를 이끌고 측면으로 달아났으나 다시 감녕과 맞닥뜨렸고 한바탕 크게 군사를 잃었다. 조인은 감히 남군으로 돌아가지 못하고 양양으로 가는 큰길을 잡아 달아났다. 동오의 군사들은 일정 거리를 뒤쫓다가 돌아갔다.❷

주유와 정보가 군사들을 수습해 남군성 아래까지 갔는데 깃발들이 가득했다. 적루에서 한 장수가 소리 질렀다.

"도독께서는 죄를 용서하시오! 군사의 장령을 받들어 이미 성을 취했소. 나는 상산 조자룡이오."

주유가 크게 노하여 즉시 성을 공격하라 명했다. 그러나 성 위에서 화살이 어지럽게 쏟아져 내렸다. 주유는 잠시 회군하여 장군들과 상의했다. 감녕에게 수천 명의 군마를 이끌어 곧장 형주를 취하고,[7] 능통에게 수천의 군마를 이끌어 양양을 취하게 한 다음 다시 남군을 취해도 늦지 않다고 했다. 한창 군사를 배치하고 있는데 별안간 척후 기병이 급히 달려와 보고했다.

"제갈량이 직접 남군을 빼앗은 뒤[8] 밤사이 형주에 거짓으로 병부兵符를 이용하여 성을 지키는 군마를 보내 구원해달라고 속이고는 도리어 장비를 시켜 형주를 기습했답니다."

또 한 척후 기병이 나는 듯이 달려와 보고했다.

"양양에 있던 하후돈은 제갈량이 보낸 사람이 병부를 바치면서 조인이 구원을 요청한다는 말에 속아 군사를 이끌고 나갔다가 그 틈에 운장이 양양을 기습해 빼앗았다고 합니다. 두 곳의 성을 힘들이지 않고 모두 유현덕이 얻게 되었습니다."

주유가 말했다.

"제갈량은 병부를 어떻게 얻었다고 하더냐?"

정보가 말했다.

"그가 진교를 잡았으니 병부야 자연히 그들 손에 들어갔지요."

주유는 외마디 비명을 지르더니 화살 맞은 상처가 파열되고 말았다.

몇 개 군의 성지 중에 내가 차지한 것은 없으니

한바탕 수고로움 누구를 위해서 그리도 바빴던가

幾郡城池無我分, 一場辛苦爲誰忙

주유의 목숨은 어떻게 될 것인가? ❸

제51회 연합군의 남군 다툼

❶

남군 전투에서의 여몽의 계책

『삼국지』「오서·여몽전」은 다음과 같이 기록하고 있다.

"조인이 군사를 나누어 감녕을 공격하자, 감녕은 곤란한 상황에 빠져 위급해졌으므로 사자를 보내 구원을 요청했다. 장수들은 모두 병력이 적어 군사를 나누어 지원해줄 수 없다고 여겼다. 여몽이 주유와 정보에게 말했다.

'능공적凌公績(능통의 자)을 남겨 지키게 하고 제가 여러분과 함께 동행하여 위급함을 구한다면 이는 그다지 오래 걸리지 않을 것입니다. 저는 공적이 열흘은 지킬 수 있을 것이라 보증합니다.'

또 주유에게 300명을 보내 땔나무를 베어 험한 도로에 쌓아서 길을 끊게 한다면 적들이 달아날 때 그들의 전마를 얻을 수 있다고 설득했다. 주유는 그의 건의를 따랐다. 지원군이 이릉에 당도한 날 교전을 벌여 적의 과반수를 죽였다. 적군은 밤을 틈타 달아나다가 도중에 땔나무로 막힌 도로를 만났고 기병들은 모두 말을 버리고 걸어서 달아났다. 군사들은 긴급하게 추격했고 300필의 말을 노획하고는 방선方船(두 척의 배를 연결하여 흔들리지 않게 운항하는 배)에 실어 돌아왔다. 그리하여 장수와 병사들의 기세는 배로 늘어났으며 장강을 건너 군영을 세우고는 적들을 향해 진격했다. 조인은 패해 달아났고 마침내 남군을 점거하여 형주를 평정하고 어루만졌다."

소설에서는 500명을 보내 길을 끊게 했다고 했는데, 역사에서는 300명으로 기록하고 있으며 전마 또한 500필이 아닌 300필을 노획했다고 기록하고 있다.

❷
주유는 죽음을 가장하여 조인을 속이지 않았다

『삼국지』「오서·주유전」에 "주유는 직접 말을 타고 적진으로 돌격하다가 날아오는 화살에 오른쪽 옆구리를 맞아 상처가 몹시 심해 곧바로 돌아갔다. 후에 조인은 주유가 상처 때문에 일어나지 못하고 누워 있다는 소식을 듣고는 군사를 이끌고 진을 펼쳤다. 이에 주유가 일어나서 몸소 군영을 시찰하며 관리와 병사들의 사기를 북돋우자 조인은 물러났다"고 기록되어 있어 주유가 죽음을 가장하여 조인을 속인 것은 아님을 알 수 있다.

❸
유비는 남군을 공격하지 않았다

『삼국지』「오서·오주전」에 "건안 14년(209), 주유와 조인이 서로 대치한 지 1년쯤 지나자 양군이 죽거나 다친 자가 매우 많았다. 조인은 성(강릉江陵)을 버리고 달아났다. 손권은 주유를 남군태수로 임명했다"고 기록되어 있고, 「오서·주유전」 배송지 주 『오록』에 "유비가 주유에게 말했다. '조인이 강릉성을 지키고 있는데 성안에 양식이 풍족하여 재난과 고통을 충분히 견딜 만하오. 장익덕에게 1000명을 이끌어 경을 따르게 하고, 경은 2000명을 나누어 나를 따르도록 하여 서로 하수夏水로부터 들어가 조인의 뒤를 차단한다면 조인은 우리가 들어간다는 것을 듣고 틀림없이 달아날 것이오.' 주유는 이에 2000명의 군사를 보태주었다"라고 기록되어 있다. 또한 「위서·이통전李通傳」에 따르면 "유비와 주유가 강릉에서 조인을 포위했고 따로 관우를 보내 북쪽 길을 끊어놓았다"고 기록하고 있어, 남군은 주유가 1년에 걸친 전투 끝에 빼앗은 것이며 유비는 후방 지원만 한 것임을 알 수 있다.

소설에서는 남군으로 나오는데 남군은 군 명칭으로 군의 치소인 '강릉성'으로 해야 맞다.

미인을 돌아보지 않은 조자룡

제갈량은 지혜로 노숙을 거절하고,
조자룡은 계책을 써서 계양을 취하다

諸葛亮智辭魯肅,
趙子龍計取桂陽

주유가 공명이 남군을 기습한 데다 형양까지 습격했다[1]는 소식을 듣고는 어떻게 화가 나지 않겠는가? 노기가 화살 맞은 상처를 해치는 바람에 기절하여 한나절이 지나서 소생했다. 장수들이 두 번 세 번 화를 풀라고 권했다. 주유가 말했다.

"제갈 촌놈을 죽이지 않고서 어떻게 내 마음속의 분노가 가시겠소! 정덕모程德謀(정보의 자)는 나를 도와 남군을 공격해서 반드시 우리 동오로 탈환해야겠소."

한창 상의하고 있는데 노숙이 당도했다. 주유는 노숙에게 일렀다.

"내가 군대를 일으켜 유비, 제갈량과 자웅을 겨루어 성지를 다시 빼앗으려 하오. 자경께서 나를 도와주신다면 다행일 것이오."

노숙이 말했다.

"안 되오. 지금 조조와 대치하면서 여전히 성패를 가르지 못한 데다, 주공께서도 합비를 공격하고 계시지만 아직도 함락시키지 못했소. 자기편끼리 서로 삼키려다가 만일 조조군이 빈틈을 이용해 쳐들어오기라도 한다면 그 형세가 위태로워질 것이오. 하물며 유현덕은 이전에 조조와 두텁게 지낸 적이 있는데 급하게 핍박했다가 오히려 조조에게 성지를 바치고 함께 동오를 공격한다면 어떻게 하겠소?"

주유가 말했다.

"우리가 계책을 쓰면서 병마를 잃고 돈과 군량도 허비하며 싸웠는데 그가 다 이루어놓은 것을 도모해버렸소. 어찌 한스럽지 않겠소!"

"공근께서는 잠시 참으십시오. 제가 직접 현덕을 만나 이치로써 그를 설득해보겠소. 말해도 통하지 않으면 그때 군대를 움직여도 늦지 않을 것이오."

장수들이 말했다.

"자경의 말씀이 매우 옳소."

이에 노숙은 종자를 데리고 남군으로 향했고 성 아래에 이르러 성문을 열라고 불렀다. 조운이 나와서 묻자 노숙이 말했다.

"할 말이 있어 유현덕을 만나고자 하오."

조운이 대답했다.

"주군께서는 군사와 함께 형주성에 계십니다."

노숙은 결국 남군으로 들어가지 않고 곧장 형주²로 향했다. 깃발이 가지런히 정렬되어 있고 군대의 위용이 매우 넘치는 것을 본 노숙은 속으로 부러워했다.

'공명은 정말 보통 사람이 아니로구나!'

군사가 성으로 들어와 노자경이 찾아왔다고 보고했다. 공명은 성문을 활짝 열라고 명하고는 노숙을 맞이해 관아로 들어갔다. 예를 마치고 주인과 손님 자리에 나누어 앉았다. 차를 마시고 나서 노숙이 말했다.

"우리 주군이신 오후와 도독 공근이 저에게 재삼 황숙께 뜻을 전달하라

하셨습니다. 지난번에 조조가 백만 명의 군사를 이끌고 강남으로 쳐들어 내려온 것은 실로 황숙을 도모하려고 한 것이었습니다. 다행히 동오가 조조군을 물리치고 황숙을 구원해드렸으니 형주의 아홉 개 군은 동오에 귀속되는 것이 합당합니다. 그런데 지금 황숙께서 속임수를 써서 형양을 무력으로 강점하고 강동에게 헛되이 돈, 군량과 군마를 낭비하게 해놓고 편안하게 그 이로움을 차지하셨으니 이치상 순리가 아닌 듯합니다."

공명이 말했다.

"자경께서는 고명한 인사로서 무슨 까닭으로 그런 말씀을 하시오? 속담에도 '물건은 반드시 주인에게 돌아간다'고 했소. 형양 아홉 개 군은 동오의 땅이 아니라 바로 유경승劉景升(유표의 자)의 기업基業이지요. 우리 주군께서는 유경승의 아우 되십니다. 경승이 비록 세상을 떠났다고는 하지만 그의 아들은 여전히 살아 있으니, 숙부가 조카를 보좌하여 형주를 취한 것인데 무엇이 안 된다고 말씀하시오?"

"공자 유기가 점거했다면 그렇게 해석할 수 있지요. 그러나 지금 공자는 강하에 있고 여기에 있지 않소!"

"자경께서는 공자를 만나보시겠소?"

즉시 좌우에 명했다.

"공자를 나오시게 하여라."

그러자 두 명의 하인이 병풍 뒤에서 유기를 부축하며 나왔다. 유기가 노숙에게 일렀다.

"병든 몸이라 예를 행할 수 없으니 자경께선 죄를 묻지 말구려."

노숙은 깜짝 놀라 묵묵히 말이 없다가 한참 지난 다음에 비로소 말했다.

"만일 공자께서 계시지 않으면 어떻게 하실 거요?"

공명이 말했다.

"공자께서 하루라도 계시면 형주성을 지키겠으나, 계시지 않는다면 별도로 상의해야겠지요."

"공자께서 계시지 않는다면 모름지기 성지는 우리 동오에 돌려주셔야 하오."

"자경의 말씀이 맞소."

바로 연회를 베풀어 대접했다.

연회가 끝나자 노숙은 작별하고 성을 떠나 그날 밤으로 군영으로 돌아왔다. 노숙이 있었던 일을 자세히 설명했다. 주유가 말했다.

"유기가 아직 젊은데 어떻게 그가 바로 죽는단 말이오? 그럼 언제 형주를 돌려받는단 말이오?"

노숙이 말했다.

"도독께서는 안심하십시오. 제가 반드시 형양이 동오에 돌아오도록 하겠소."

"자경께선 무슨 고견이라도 있으시오?"

"제가 보건대 유기는 주색에 빠져 병이 고황³에 이르러 더 이상 치료할 수 없는 지경이고, 지금 안색이 수척하여 숨이 가쁘고 피를 토하니 반년도 못되어 틀림없이 죽을 것이오. 그때 가서 형주를 취하면 유비도 더 이상 핑계를 댈 수 없을 것입니다."

주유는 여전히 노기가 가시지 않는 듯했다. 그때 별안간 손권이 보낸 사자가 당도했다. 주유가 청해 들이자 사자가 말했다.

"주공께서 합비를 포위했는데 여러 차례 싸워도 승리하지 못하셨습니다. 그래서 도독께서 대군을 거두어 잠시 군대를 합비로 보내 도우라고 특별히 명하셨습니다."

주유는 어쩔 수 없이 시상으로 회군하여 요양하고, 정보에게 전선과 사졸들을 통솔하여 합비로 가서 손권을 돕도록 했다.

한편 형주, 남군, 양양⁴을 얻은 유현덕은 내심 크게 기뻐하며 원대한 계획을 상의했다. 이때 갑자기 한 사람이 대청에 올라오며 계책을 바치겠다고 했는데 바로 이적이었다. 현덕은 지난날의 은혜에 감사하여 대단히 공경하며 그를 자리에 앉도록 하고 물었다. 이적이 말했다.

"형주의 원대한 계획을 알고자 하면서 어찌하여 현사를 구해 물어보시지 않습니까?"

현덕이 말했다.

"현사가 어디에 계시오?"

이적이 말했다.

"형양⁵에 마씨馬氏 형제가 다섯 명 있는데 모두 재주와 명망을 갖추고 있습니다. 막내는 이름이 속謖이라 하고 자가 유상幼常이라 하며 가장 지혜로운 자는 이름이 량良이고 자가 계상季常이라 하는데 미간에 흰 털이 있습니다. 마을에서는 '마씨 오상五常 가운데 백미白眉가 가장 우수하다'고 말합니다. 공께서는 어찌하여 이 사람을 청하여 그와 함께 계획하지 않으십니까?"

현덕이 즉시 그를 청해오라 명했다. 마량이 이르자 현덕은 특별히 예우하며 대접했고 형양을 보전하며 지킬 계책을 물었다. 마량이 말했다.

"형양⁶은 사방으로 적의 공격을 받기 쉬운 곳으로 오래 지킬 수 없을까 염려됩니다. 공자 유기에게 이곳에서 요양하면서 옛사람들을 귀순시켜 지키게 하고, 표문을 올려 공자를 형주자사로 삼아 달라 아뢴 후 민심을 안정시키십시오. 그런 다음 남쪽으로 무릉, 장사, 계양, 영릉[7] 네 군을 정벌하고 돈과 양식을 쌓아 근본으로 삼으십시오. 이것이 원대한 계책입니다."

현덕이 크게 기뻐하며 바로 물었다.

"4군 가운데 먼저 어떤 군을 취해야 하오?"

마량이 말했다.

"상강[8] 서쪽에 있는 영릉이 가장 가까우니[9] 먼저 취하고, 그다음으로 무릉을 취한 다음에 상강의 동쪽인 계양을 취하십시오. 장사는 마지막입니다."

현덕은 즉시 마량을 종사로 임명하고 이적에게 그를 보좌하도록 했다. 그러고는 공명과 상의하여 유기를 양양으로 돌아가게 하는 대신 운장을 형주[10]로 돌아오도록 했다. 마침내 병력을 이동시켜 영릉을 취하기로 했다. 장비를 선봉으로 삼고 조운에게 후군을 맡겼으며 공명과 현덕이 중군이 되었는데 모두 1만5000명의 인마를 이끌었다. 운장은 남아서 형주를 지켰고 미축과 유봉은 강릉을 지켰다.[11] ❶

한편 영릉태수 유도劉度는 현덕의 군마가 쳐들어올 것이라는 소식을 듣고는 이에 자신의 아들 유현劉賢과 대책을 상의했다. 유현이 말했다.

"아버님께선 안심하십시오. 그가 비록 장비, 조운 같은 용장이 있다고 하지만 우리 주[12]의 상장 형도영邢道榮도 만 명을 당해낼 힘이 있으니 대적할 만합니다."

유도는 즉시 유현과 형도영에게 명하여 군사 1만여 명을 이끌고 나갔고, 성[13]에서 30리 떨어진 곳에 산을 의지하고 강을 끼고 군영을 세웠다. 척후 기병이 보고했다.

"공명이 직접 한 부대를 거느리고 오고 있습니다."

형도영은 즉시 군사를 이끌고 출전했다. 양쪽의 진세가 원형으로 펼쳐지자 형도영이 말을 몰고 나왔는데, 손에 개산대부開山大斧라는 도끼를 들고는 엄하게 소리 질렀다.

"역적 놈이 어찌 감히 우리 경계를 침범하느냐!"

그때 상대편 진 속에서 누런 깃발들이 나오는 것이 보였다. 깃발들이 갈라지면서 한 량의 사륜거가 굴러 나왔다. 수레에 한 사람이 단정히 앉아 있었는데 머리에는 관건을 쓰고 학창의를 입었으며 손에는 새의 깃으로 만든 부채를 들고 있었다. 그는 부채로 형도영을 부르며 말했다.

"내가 바로 남양[14]의 제갈공명이다. 조조가 백만 명의 군대를 이끌고 왔지만 내가 작은 계책을 조금 펼쳤더니 갑옷 한 조각도 돌아가지 못했다. 너희가 어찌 나와 대적할 수 있겠느냐? 내 지금 와서 너희를 귀순시키고자 하는데 어찌하여 항복하지 않느냐?"

형도영이 껄껄 웃었다.

"적벽의 격렬한 전투는 주랑의 꾀이거늘 네가 무슨 일을 했다고 감히 와서 허풍을 떤단 말이냐!"

큰 도끼를 돌리면서 공명에게 달려들었다. 공명은 즉시 수레를 돌려 진 안으로 달아났고 진문은 다시 닫혔다. 형도영이 곧장 돌진해오자 진세가 급히 양쪽으로 갈라지며 군사들이 달아났다. 형도영은 멀리 중앙에 있는 한 무리의 누런 깃발을 바라보더니 그 속에 공명이 있으리라 짐작하고는 누런 깃발만 보면서 쫓아왔다. 산기슭을 돌아가자 누런 깃발이 멈추었다. 별안간 가운데가 열리더니 사륜거는 보이지 않고 한 장수가 모矛를 잡고 말에 박차를 가하며 크게 고함을 지르면서 곧장 형도영에게 달려들었다. 다름 아닌 장익덕이었다. 형도영이 큰 도끼를 돌리면서 맞섰으나 몇 합을 싸우지도 못하고 기력이 다하여 말을 돌려 이내 달아났다. 익덕이 뒤를 쫓는데 그때 함성이 크게 진동하더니 양쪽에 매복해 있던 군사들이 일제히 달려나왔다. 형도영은 목숨을 돌보지 않고 복병을 뚫으며 나갔다. 그러나 앞쪽에서 한 대장이 가는 길을 가로막으며 크게 소리 질렀다.

"상산의 조자룡을 알아보겠느냐?"

대적해낼 수도 없고 또 달아날 곳도 없다고 헤아린 형도영은 말에서 내려 항복을 청했다. 자룡은 형도영을 결박하여 군영으로 끌고 와서 현덕과 공명에게 보였다. 현덕이 참수하라 소리치자 공명이 급히 말리며 형도영에게 물었다.

"네가 만일 유현을 잡아오면 너의 투항을 허락해주마."

형도영은 연거푸 가서 잡아오겠다고 했다. 공명이 말했다.

"어떤 방법을 써서 그를 잡겠느냐?"

형도영이 말했다.

"군사께서 저를 돌아가도록 풀어주신다면 제가 교묘하게 설득하겠습니다. 오늘 밤 군사께서 병력을 이동시켜 군영을 급습하시면 제가 안에서 호응하여 유현을 사로잡아 군사께 바치겠습니다. 유현이 사로잡히면 유도는 스스로 항복할 것입니다."

현덕은 그 말을 믿지 않았다. 공명이 말했다.

"형장군은 허튼소리를 하지 않았을 것입니다."

결국 풀어주어 형도영을 돌려보냈다. 군영으로 돌아간 형도영은 있었던 일을 유현에게 사실대로 이야기했다. 유현이 말했다.

"어찌하면 좋겠소?"

형도영이 말했다.

"상대의 계책을 역이용하는 장계취계를 써야 합니다. 오늘 밤 군영 밖에 군사들을 매복시키고 군영 안에는 깃발들을 허위로 세워놓은 다음 공명이 군영을 급습하기를 기다렸다가 바로 그를 사로잡으면 됩니다."

유현은 그 계책을 따르기로 했다.

그날 밤 이경에 과연 한 무리의 군마가 군영 입구에 이르렀고 군사들은 각기 풀 다발을 들고 일제히 불을 질렀다. 유현과 형도영이 양쪽에서 치고 나오자 불을 지르던 군사들이 즉시 물러났다. 유현과 형도영의 군사는 기세를 몰아 10여 리쯤 쫓았는데 군사들이 모두 사라지고 보이지 않았다. 유현과 형도영은 깜짝 놀라 급히 본영으로 돌아왔으나 불길은 아직 꺼지지 않은 상태였다. 그때 갑자기 군영 안에서 한 장수가 튀어나왔는데 다름 아닌 장익덕이었다. 유현이 형도영에게 소리 질렀다.

"군영으로 들어갈 수 없으니 되돌아가서 공명의 군영을 바로 급습하는 것이 좋겠소."

이에 다시 군사를 돌렸다. 그러나 10리도 달려가지 못해 조운이 한 부대를 이끌고 측면에서 돌격해왔고 한 창에 형도영을 찔러 말 아래로 떨어뜨렸다. 유현은 급히 말을 돌려 달아났으나 등 뒤에서 장비가 쫓아와 결국 달리던 말에서 사로잡혀 결박당한 채 공명에게 끌려왔다. 유현이 고했다.

"형도영이 제게 이렇게 하라고 시킨 것이지 사실은 본심이 아니었습니다."

공명은 결박을 풀어주라 명하고는 옷을 주어 입게 하고 술을 내려 놀란 마음을 진정시켰다. 그리고 사람을 시켜 유현을 성으로 들여보내 아비를 투항하게 하도록 했다. 만일 항복하지 않으면 성을 깨뜨리고 온 집안을 모조리 죽이겠다고 말했다. 영릉15으로 돌아간 유현은 유도를 만나 공명의 덕을 자세히 설명하며 아비에게 투항을 권했다. 유도는 그 말에 따라 결국 성 위에 항복 깃발을 세웠다. 그러고는 성문을 활짝 열어 인수를 두 손으로 받들고는 성을 나와 현덕의 본영으로 왔고 현덕은 항복을 받아들였다. 공명은 유도에게 군 태수를 맡겼고 그 아들 유현은 형주[16]로 가서 군사 관련 사무를 담당하도록 했다. 영릉에 거주하는 백성 모두가 기뻐하며 즐거워했다.

현덕은 성으로 들어가 백성을 어루만지고 안정시킨 다음 삼군의 노고를 위로하며 포상했다. 현덕이 장수들에게 물었다.

"영릉은 이미 점령했으니 계양군은 누가 감히 취하겠는가?"

조운이 대답했다.

"제가 가겠습니다."

장비가 기세 좋게 나서며 말했다.

"나 또한 원컨대 가고자 하오!"

두 사람이 다투자 공명이 말했다.

"자룡이 먼저 대답했으니 자룡이 가도록 해야겠소."

장비는 불복하고 반드시 자기가 가서 차지하겠다고 우겼다. 공명은 제비뽑기를 하여 이기는 사람이 가도록 했다. 그런데 또 자룡이 집었다. 그러자 장비가 화를 냈다.

"나는 다른 사람의 도움이 필요 없으니 혼자 3000명의 군마만 이끌고 가서 성지를 확실하게 취하겠소."

조운이 말했다.

"나도 3000명만 이끌고 가겠소. 성을 얻지 못한다면 원컨대 군령을 받겠소."

공명이 크게 기뻐하며 군령장을 요구해 받아냈고 3000명의 정예병을 선발해 조운에게 넘겨주며 떠나게 했다. 장비가 여전히 복종하지 않자 현덕이 소리쳐 물러나게 했다.

조운은 3000명의 인마를 이끌고 계양을 향해 전진했다. 일찌감치 척후 기병이 계양태수 조범趙範에게 보고했다. 조범은 급히 사람들을 모아놓고 대책을 상의했다. 관군교위 진응[17]과 포륭鮑隆이 군사를 이끌고 출전하기 원했다. 원래 두 사람은 모두 계양령[18] 산골의 사냥꾼 출신으로 진응은 비차飛叉를 사용했고 표륭은 일찍이 화살을 쏘아 호랑이 두 마리를 죽인 적이 있었다. 두 사람은 자신들의 용기와 힘만 믿고 조범에게 말했다.

"유비가 온다면 저희 두 사람이 선봉대를 맡겠습니다."

조범이 말했다.

"내가 듣건대 유현덕은 대한의 황숙이라 하고, 게다가 공명은 꾀가 많으며 관우와 장비는 대단히 용맹스럽다고 하네. 그리고 지금 군사를 이끌고 오는 조자룡은 당양 장판에서 백만 대군 속을 마치 무인지경에 들어간 듯 헤치고 다녔다고 하네. 우리 계양에는 군사가 얼마 되지도 않지 않는가? 대적할 수 없으니 투항하는 것이 나을 듯하네."

진응이 말했다.

"제가 출전하기를 청합니다. 만일 조운을 사로잡지 못한다면 그때 태수께서 투항하셔도 늦지 않을 것입니다."

조범은 그의 고집을 꺾을 수 없어 승낙했다.

진응은 3000명의 인마를 이끌고 적과 맞서러 성을 나갔는데[19] 어느새 조운이 군사를 이끌고 달려오는 것이 보였다. 진응은 진을 펼치고 비차를 움켜쥐고는 나는 듯이 말을 몰아 나갔다. 조운도 창을 잡고는 말을 몰아 나왔고 진응을 꾸짖으며 욕을 했다.

"우리 주공이신 유현덕께서는 바로 유경승의 아우이시고, 지금 공자 유기를 보좌하여 함께 형주를 다스리고 계시기에 특별히 백성을 위로하러 오셨다. 네놈이 감히 대적한단 말이냐!"

진응도 욕을 했다.

"우리는 조승상에게 복종할 뿐이다. 어찌 유비를 따르겠느냐!"

크게 성난 조운이 창을 잡고 질주하며 곧장 진응에게 달려들었다. 진응이 비차를 꼬나쥐고 나와 맞섰다. 두 말이 서로 어우러져 4~5합을 싸웠는데 진응은 대적할 수 없음을 짐작하고 말을 돌려 이내 달아났다. 조운이 그 뒤를 쫓았다. 진응은 조운의 말이 가까이 다가오자 잽싸게 비차를 던졌으나 조운이 날아오는 비차를 낚아채고는 바로 진응에게 던졌다. 진응이 급히 피하는 사이 조운의 말이 어느새 가까이 달라붙었고 조운은 달리던 말에서 진응을 잡아채 땅바닥에 내던지고 군사들에게 소리쳐 진응을 결박시키고 군영으로 돌아왔다. 패한 군사들은 사방으로 흩어져 달아났다. 군영으로 들어온 조운이 진응을 큰 소리로 꾸짖었다.

"네놈이 어찌 감히 나와 대적하려 했느냐! 내 지금 너를 죽이지 않고 돌아가도록 놓아줄 터이니, 조범에게 어서 투항하라고 말하라."

진응은 사죄하고 머리를 감싸며 쥐새끼처럼 성으로 돌아가 조범에게 그 일을 모두 이야기했다. 조범이 말했다.

"나는 본래 항복하려 했는데 네가 싸우겠다고 해서 이 지경이 되고 말았구나."

마침내 진응을 꾸짖어 물리치고는 인수를 두 손으로 받들고 10여 기를 이끌며 성을 나가 조운의 본영으로 갔다. 조운은 항복을 받아들였다.

조운이 군영을 나가 조범을 영접하고 손님의 예로 대접하고는 술자리를 마련해 함께 마시며 인수를 거두어들였다. 술이 몇 순배 돌았을 때 조범이 말했다.

"장군의 성이 조이고 저 또한 성이 조이니 500년 전에는 한 가족이었을 겁니다. 장군도 진정眞定 사람이고 저 또한 진정 사람이니 고향 또한 같습니다. 만일 저를 버리지 않고 형제로 맺어주신다면 실로 대단한 행운일 것입니다."

조운이 크게 기뻐하며 출생을 말했다. 조운과 조범은 같은 해에 출생했으나 조운이 조범보다 4개월 먼저 태어났으므로 조범이 즉시 조운에게 절을 올리고 형으로 삼았다. 두 사람은 같은 고향에 같은 나이, 또 성도 같아 대단히 잘 어울렸다. 밤이 되어 술자리를 파하자 조범이 작별하고 성으로 돌아갔다. 이튿날 조범은 조운에게 성으로 들어와 백성을 안정시켜달라고 청했다. 조운은 군사들을 움직이지 못하게 하고는 50기만 데리고 성안으로 들어갔다. 거주 백성이 향을 잡고 길에 엎드려 맞이했다. 조운이 백성을 안정시키자 조범이 관아로 초대해 주연을 베풀었다. 술이 얼근히 취하자 조범이 조운을 후당 깊숙한 곳으로 청했고 잔을 씻어 다시 마셨다.[20] 조운이 거나하게 취하자 조범이 별안간 한 부인을 나오게 하더니 조운에게 술잔을 올리도록 했다. 자룡이 보니 부인은 소복을 입고 있었는데 한 번 돌아보면 성城이 기울고 두 번 돌아보면 나라가 기울어질 절세미인이었다. 조운이 조범에게 물었다.

"이분은 누구시오?"

조범이 말했다.

"제 형수인 번씨樊氏라 합니다."

자룡이 태도를 고치고 공경했다. 번씨가 잔을 올리자 조범이 그녀를 자리에 앉게 했다. 그러자 조운이 사양했고 번씨는 인사를 한 후 후당으로 돌아갔다. 조운이 말했다.

"아우님은 죄송하게 하필 형수님께 잔을 올리게 했는가?"

조범이 웃으면서 말했다.

"곡절이 있어 그런 것이니 형님께서는 거절하지 마십시오. 형님이 돌아가신 지 3년이 되었는데 형수님을 평생 과부로 지내게 할 수 없어 이 아우가 항상 개가를 권했습니다. 그런데 형수님이 말씀하시기를 '만일 세 가지 조건을 겸비한 사람이라면 출가하겠어요. 첫 번째는 문무를 겸비하여 천하에 명성을 날려야 하고, 두 번째는 용모가 당당하며 위엄 있는 태도에 출중해야 하며, 세 번째로 가형²¹과 성이 같아야 한다'고 했지요. 형님께서 말씀해보십시오. 천하에 이런 조건을 갖춘 사람이 어디에 있습니까? 그렇지만 공교롭게도 존형²²의 풍채가 위풍당당하고 그 명성도 사해를 떨치고 있는 데다 또 가형과 동성이시니 형수님이 말씀하신 것과 딱 들어맞습니다. 만일 형수님의 용모가 추해도 싫지 않으시다면 바라건대 혼수 비용은 제가 부담할 테니 장군께 시집보내어 대대로 인척을 맺고자 하는데 어떠하십니까?"

이 말을 들은 조운이 크게 화를 내며 일어나면서 엄하게 말했다.

"내가 이미 너와 형제를 맺었으니 네 형수가 바로 나의 형수이거늘 어찌 이런 인륜을 어지럽히는 짓을 할 수 있단 말이냐!"

조범이 온 얼굴에 부끄럽고 창피한 빛을 띠며 대답했다.

"나는 좋은 뜻으로 대접한 것인데 어찌하여 이토록 무례하시오!"

즉시 좌우를 쳐다보는데 조운에게 해를 입힐 듯했다. 그 뜻을 알아챈 조운은 한주먹으로 조범을 쓰러뜨리고는 부중 문을 나가서 말을 타고 성을 나갔다.

조범이 급히 진응과 포륭을 불러 상의했다. 진응이 말했다.

"이 사람이 성내며 갔으니 그와 죽기로 싸우는 수밖에 없습니다."

조범이 말했다.

"다만 그를 이길 수 없을까 걱정이네."

포륭이 말했다.

"우리 두 사람이 거짓으로 항복하고 그의 군중에 있을 테니 태수께서 군사를 이끌어 싸움을 거시면 즉시 진에서 그를 사로잡겠습니다."

진응이 말했다.

"반드시 약간의 인마를 데리고 가야 하네."

포륭이 말했다.

"500명이면 충분합니다."

그날 밤 두 사람은 500명을 이끌고 곧장 조운의 군영으로 가서 투항했다. 조운은 이미 속으로 거짓임을 알았으나 결국 불러들였다. 두 장수가 군막에 와서 말했다.

"조범이 미인계를 써서 장군을 속이고 장군이 술에 취하기를 기다렸다가 장군을 후당으로 들이고는 모살하려 했습니다. 장군의 머리를 조승상에게 가지고 가 공을 바치려고 한 것으로, 이토록 어질지 못한 자입니다. 저희 두 사람은 장군께서 노하여 나가시는 것을 보고 틀림없이 저와 연루될 것이라 여겨 이렇게 투항하는 것입니다."

조운은 기뻐하는 척하며 술자리를 마련해 두 사람과 마음껏 마셨다. 두 사람이 크게 취하자 조운은 바로 군막에서 그들을 묶어버리고 그 수하를 사로잡아 물어보았는데 과연 거짓으로 항복한 것이었다. 조운은 500명의 군사들을 불러들여 각기 술과 음식을 내리고 명을 전달했다.

"나를 해치는 자는 진응과 포륭이지 다른 사람들과는 상관없는 일이다. 너희가 내 계책을 듣고 따른다면 모두 후한 상을 내릴 것이다."

군사들이 절을 하며 감사해했다. 바로 항복한 장수 진응과 포룡 두 사람을 참수하고, 500명의 군사들에게 길을 인도하도록 했다. 1000명의 군사를 이끌며 뒤따르던 조운은 그날 밤 계양성²³ 아래에 이르러 군사에게 문을 열라고 소리 지르게 했다. 성 위에 있던 군사가 진응, 포룡 두 장군이 조운을 죽이고 회군했으니 태수와 상의할 것을 청한다는 소리를 들었다. 횃불을 비춰 보니 과연 자기편 군마였다. 조범이 급히 성을 나가자 조운이 좌우에 사로잡으라고 고함을 질렀다. 마침내 성으로 들어가 백성을 위로한 다음 바로 현덕에게 보고했다.

현덕은 공명과 함께 친히 계양으로 갔다. 조운이 영접하고 성으로 들어가서는 조범을 계단 아래로 밀쳤다. 공명이 묻자 조범이 형수의 출가를 허락한 일을 자세히 이야기했다. 공명이 조운에게 일렀다.

"이것 또한 아름다운 일이거늘 공은 어찌하여 그렇게 했소?"

조운이 말했다.

"조범이 이미 저와 형제를 맺었는데 지금 만일 그 형수를 처로 맞아들인다면 사람들이 욕을 내뱉을 것이니 이것이 첫째이고, 둘째 그 부인이 재가하면 절개를 잃을 것이며, 셋째 조범이 처음에 항복을 했으나 그 마음을 헤아리기 어렵기 때문입니다. 주공께서 막 강한²⁴을 평정해도 편안하게 주무실 수 없는 상황에 제가 어찌 감히 부인 한 명 때문에 주공의 대사를 그르칠 수 있겠습니까?"

현덕이 말했다.

"오늘 큰일이 이미 정해졌으니 장가드는 것은 어떤가?"

조운이 말했다.

"천하에 여자는 많으니, 명예를 세우지 못할까 두려울 뿐이지 어찌 아내가 없음을 근심하겠습니까?"

"자룡은 진정한 장부로다!"

마침내 조범을 풀어주고 계양태수로 삼았으며 조운에게는 후한 상을 내렸다.❷

장비가 크게 소리 질렀다.

"자룡만 공을 세울 수 있구려! 나만 쓸모 없는 사람이오! 군사 3000명만 내게 주면 무릉군을 차지하고 태수 김선金旋을 사로잡아 바치겠소!"

공명이 크게 기뻐하며 말했다.

"익덕이 가고자 한다면 상관없으나 한 가지 조건이 있소."

군사는 승리를 결정짓는 데 있어 기이한 계책이 많고

장수와 사졸들은 앞을 다투어 전공을 세운다

軍師決勝多奇策, 將士爭先立戰功

공명이 말한 한 가지 조건은 무엇일까?

제52회 미인을 돌아보지 않은 조자룡

❶

마량과 제갈량의 관계

『삼국지』「촉서·마량전馬良傳」에 "선주(유비)가 형주자사를 겸임할 때 마량을 불러 종사로 임명했다"는 기록이 있다. 이적이 추천했다는 기록은 없지만 형주에 있을 때 마량을 등용한 것은 확실하다. 유비가 촉으로 들어간 후에 제갈량도 따라 들어갔는데 마량이 형주에 머물면서 제갈량에게 편지를 보냈고 편지에서 제갈량을 '존형尊兄'이라고 칭했다.

배송지는 "마량은 아마도 제갈량과 의형제를 맺었거나 혹은 서로 친분이 두터웠던 것으로 여겨진다. 제갈량이 연장자여서 마량이 제갈량을 형님(존형尊兄)이라고 불렀다"고 평했다. 그리고 마량이 눈썹 가운데 흰 털이 있어 백미白眉라고 불렸다는 것도 사실이다.

❷

조운이 과부를 얻지 않은 것은 사실이다

『삼국지』「촉서·조운전」 배송지 주 『운별전』은 다음과 같이 기록하고 있다.

"강남을 평정하고 조운을 편장군으로 삼았으며 계양태수가 되어 조범을 대신하게 했다. 조범에게는 죽은 형의 아내인 번씨樊氏가 있었는데 국색國色이었으므로 조범은 조운과 그녀를 혼인시키려고 했다. 그러자 조운이 '그쪽과는 동성인데 경의 형이면 내게도 형이오'라고 말하며 굳이 사양하고 허락하지 않았다. 이때 누군가 조운에게 받아들이라고 권하자 조운은 '조범을 강제로 투항시켰기 때문에 그 마음을 예측할 수가 없소. 천하에 여자는 많소'라며 결국 취하지 않았다. 조범은 과연 달아났고 조운은 작은 악감정도 갖지 않았다."

두 영웅의 결투

관운장은 의로써 황한승을 풀어주고,
손중모는 장문원과 크게 싸우다

關雲長義釋黃漢升,
孫仲謀大戰張文遠

공명이 장비에게 일렀다.

"앞서 자룡이 계양군을 차지했을 때 그에게 군령장을 받아내고 떠나게 했소. 오늘 익덕이 무릉을 취하고자 한다면 반드시 군령장을 낸 다음에야 군사를 이끌고 갈 수 있소."

장비는 즉시 군령장을 쓰고서 즐거워하며 군사 3000명을 이끌고 밤새 무릉 경계로 향했다. 장비가 군사를 이끌고 이르렀다는 소식을 들은 김선金旋은 바로 장교들을 모아놓고 정예병과 무기를 점검한 후 성[1]을 나가 맞섰다. 종사 공지鞏志가 간언했다.

"유현덕은 대한大漢의 황숙으로 천하에 인의를 베풀고 있으며 게다가 장익덕은 용맹하고 날랜 것이 보통이 아니기에 대적할 수 없으니 차라리 항복하는 것이 상책인 듯합니다."

김선이 크게 노했다.

"네가 적과 연통하여 안에서 변고를 일으키려 하는구나!"

무사들에게 끌어내 참수시키라 호통을 쳤다. 관원들이 일제히 고했다.

"집안사람부터 먼저 죽이면 군이 불리해집니다."

이에 고함을 질러 공지를 물리친 김선은 직접 군사를 이끌고 나갔다. 성에서 20리 떨어진 곳에서 장비와 맞섰는데 장비가 모를 잡고 말을 세우고는 김선에게 크게 호통을 쳤다. 김선이 부하 장수들에게 물었다.

"누가 감히 나가서 싸우겠는가?"

모두 두려워하며 감히 앞으로 나서는 자가 없었다. 김선이 말을 질주해 칼을 춤추듯 휘두르며 장비에게 맞섰다. 장비가 마치 거대한 우렛소리 같은 고함을 질렀다. 얼굴이 새파랗게 질린 김선은 감히 맞붙어 싸워보지도 못하고 말을 돌려 달아났다. 장비가 군사를 이끌고 뒤따라 들이쳤다. 김선은 성 근처까지 달아났는데 별안간 성 위에서 화살이 어지럽게 쏟아졌다. 김선이 놀라 쳐다보니 공지가 성 위에 서서 소리 질렀다.

"너는 천명에 순응하지 않고 스스로 패망을 자초했으니, 나와 백성은 스스로 유비에게 항복할 것이다."

말을 마치기도 전에 화살 한 대가 김선의 얼굴에 정통으로 꽂혀 말 아래로 떨어졌다. 군사들이 머리를 잘라 장비에게 바쳤다. 공지가 성을 나가 항복했고 장비는 즉시 공지에게 계양²으로 가서 현덕을 뵙고 인수를 바치도록 했다. 현덕은 크게 기뻐하며 즉시 공지에게 김선의 직책을 대신하게 했다.❶

현덕이 친히 무릉으로 와서 백성을 안정시킨 다음 운장에게 서신을 보내 익덕과 자룡이 각기 한 군을 얻었다고 알렸다. 운장은 이에 답서를 올려 청했다.

"장사를 아직 취하지 못했다고 들었는데, 형님께서 이 아우를 재주가 없다고 여기지 않으신다면 제게 이번 공로를 맡겨주셨으면 합니다."

현덕은 크게 기뻐하며 즉시 장비에게 밤새 달려가서 운장 대신 형주[3]를 지키게 하고 운장에게는 장사를 취하게 했다. 운장이 당도하여 현덕과 공명을 만났다. 공명이 말했다.

　"자룡이 계양을 취하고 익덕이 무릉을 차지했을 때 모두 3000명의 군사만 데리고 갔었소. 지금 장사태수 한현韓玄은 얘기할 만한 가치도 없소. 단지 그에게 대장 한 명이 있는데, 남양 사람으로 성이 황黃이고 이름이 충忠이며 자가 한승漢升이라 하오. 유표 휘하에 중랑장으로 있다가 유표의 조카 유반과 함께 장사를 지켰는데 그 후로는 한현을 섬기고 있소. 비록 올해 나이가 육순에 가까우나 만 명도 당해낼 수 없는 용맹이 있어 함부로 대적해서는 안 되오. 운장이 가고자 한다면 반드시 많은 군마를 데리고 가야 할 것이오."

　운장이 말했다.

　"군사께서는 무슨 까닭으로 다른 사람의 날카로운 기세는 뛰어나다 하고 자기편의 위풍은 업신여기시오? 일개 늙은 졸개 따위에 어찌 말할 만한 가치가 있겠소! 3000명의 군사도 필요 없소. 단지 본부의 교도수 500명만으로 기필코 황충과 한현의 머리를 베어 휘하에 바치겠소."

　현덕이 애써 만류했지만 운장은 따르지 않고 500명의 교도수만 데리고 떠났다. 공명이 현덕에게 일렀다.

　"운장이 적장 황충을 가볍게 보고 있으니 실수가 있을까 염려됩니다. 주공께서 가서 호응해주셔야겠습니다."

　현덕은 그 말을 따르기로 하고 군사들을 이끌어 장사를 향해 출발했다.

　한편 장사태수 한현은 평소에 성질이 급하고 쉽게 사람들을 죽였기에 모두 그를 증오했다. 이때 운장의 군대가 온다는 소식을 듣고는 즉시 노장 황충을 불러 상의했다. 황충이 말했다.

"주공께서는 걱정하실 필요 없습니다. 제게 한 자루의 칼과 한 개의 활이 있으니 1000명이 온다 해도 모조리 죽일 것입니다!"

원래 황충은 2석[4]의 힘으로 당길 수 있는 활을 쓰는데 백발백중의 명사수였다. 황충이 말을 미처 마치기도 전에 계단 아래에서 한 사람이 대답하며 나왔다.

"노장군께서 출전하실 필요 없습니다. 제가 수중에 반드시 운장을 사로잡아 오겠습니다."

한현이 보니 바로 관군교위^{管軍校尉} 양령^{楊齡}이었다. 한현이 크게 기뻐하며 즉시 양령에게 군사 1000명을 이끌게 하자 그가 나는 듯이 성[5]을 나갔다. 대략 50리를 달려가서 바라보니 어느새 운장의 군마가 당도해 먼지가 일고 있었다. 양령이 창을 잡고는 말을 몰고 나가 진 앞에 서서 적군이 분노하여 응전하도록 욕설을 퍼부었다. 성난 운장이 한마디 말도 없이 칼을 휘두르며 나는 듯이 말을 몰아 곧장 양령에게 달려들었다. 양령 또한 창을 잡고 나가 맞섰다. 3합도 못 되어 운장의 손이 들리는가 싶더니 양령이 운장의 칼에 찍혀 말 아래로 떨어졌다. 패잔병을 몰아치며 곧장 성 아래까지 이르렀다. 소식을 들은 한현은 깜짝 놀라 즉시 황충을 출전시켰고 자신은 성 위로 올라가 살펴봤다. 황충은 칼을 잡은 채 말고삐를 놓고 500명의 기병을 이끌고 내달리며 나는 듯이 조교를 건넜다. 운장은 한 노장이 출전하는 것을 보고는 황충임을 짐작하고 500명의 교도수를 일자로 늘어세웠다. 그러고는 칼을 비껴들고 말을 세우며 물었다.

"오는 장수는 혹시 황충이 아니시오?"

황충이 말했다.

"내 이름을 알면서 어찌 감히 우리 경계를 침범했느냐!"

운장이 말했다.

"특별히 네 수급을 가지러 왔노라!"

말을 마치더니 두 필의 말이 서로 엎치락뒤치락하며 맞붙었다. 100여 합을 싸웠는데도 승부를 가릴 수 없었다. 한현은 혹여 황충이 실수할까 걱정되어 징을 울려 군사를 거두었다. 황충이 군사를 거두어 성으로 들어왔다. 운장 또한 군사를 물리고 성에서 10리 떨어진 곳에 군영을 세우고는 속으로 곰곰이 생각했다.

'노장 황충의 명성이 결코 헛되이 퍼진 것이 아니었구나. 100합을 싸웠어도 허점이 전혀 없으니 내일은 기필코 타도계[6]를 사용하여 뒤돌아서 그를 찍어 이겨야겠다.'

이튿날 조반을 먹고 또 성 아래로 와서 싸움을 걸었다. 성 위에 앉아 있던 한현은 황충을 출전시켰다. 황충은 수백 기를 데리고 조교를 건너 다시 운장과 뒤엉겼다. 또 50~60합을 싸웠으나 승부가 나지 않았다. 양군이 한목소리로 갈채를 보냈다. 북소리가 막 급히 울릴 때 운장이 문득 말을 돌리더니 이내 달아났다. 황충은 그 뒤를 쫓았다. 운장이 바야흐로 칼을 써서 뒤돌아 찍으려 할 때 별안간 머리 뒤쪽에서 '쿵!' 하는 소리가 들렸다. 급히 고개를 돌려보니 황충의 전마가 앞으로 고꾸라지면서 황충이 솟구쳤다가 땅바닥에 떨어졌다. 운장이 급히 말을 돌려 양손으로 칼을 들어올리고는 사납게 소리 쳤다.

"내 잠시 네 목숨을 덤으로 살려주겠다! 속히 말을 바꿔 타고 와서 싸우도록 하라!"

황충이 급히 말굽을 들어올리고 몸을 날려 말에 오른 다음 성안으로 달려 들어갔다. 한현이 놀라 묻자 황충이 말했다.

"이 말이 오래도록 전쟁터에 나가 싸우지 않아 이런 실수가 있었습니다."

한현이 말했다.

"그대는 백발백중인데 어찌하여 화살을 쏘지 않았소?"

"내일 다시 싸우면 반드시 거짓으로 패한 척하고 조교까지 유인한 다음 쏘겠습니다."

한현은 자신이 타던 푸른 말을 황충에게 주었다. 황충은 절하고 감사하며 물러난 후 깊이 생각했다.

'운장의 그런 의기는 보기 드물다! 그가 나를 죽이지 않았는데 내가 어찌 차마 그를 쏘겠는가? 그렇다고 쏘지 않으면 또 명령을 어기는 것이라 걱정이 구나.'

그날 밤 망설이기만 하고 결정하지 못했다.

이튿날 동이 트자 운장이 싸움을 걸고 있다는 보고가 들어왔다. 황충은 군사를 이끌고 성을 나갔다. 운장은 이틀 동안 황충과 싸웠는데도 이기지 못하자 대단히 초조해했고 정신을 다시 가다듬어 위풍당당한 모습으로 황충과 맞붙어 싸웠다. 30여 합을 싸웠을 때 황충이 거짓으로 패한 척하며 달아나자 운장이 뒤를 쫓았다. 황충은 전날 죽이지 않은 은혜가 생각나 차마 바로 쏘지 못하고 칼을 고정시킨 다음 화살 없이 활을 당겨 시위 소리만 냈다. 운장이 급히 피했으나 화살이 보이지 않았다. 운장이 다시 쫓자 황충이 또 거짓으로 시위를 당겼고 운장은 다시 재빨리 피했으나 역시 화살이 없었다. 황충이 제대로 쏠 줄 모른다고 여긴 운장은 마음 놓고 추격했다. 조교가 가까워지자 황충이 다리 위에서 이번에는 화살을 걸고 시위를 당겼다. '씨잉!' 하는 시위 소리와 함께 화살이 운장의 투구 위에 달린 명주 술 밑동에 정통으로 꽂혔다. 앞쪽에 있던 군사들이 일제히 함성을 질렀다. 깜짝 놀란 운장은 화살을 꽂은 채 군영으로 돌아왔다. 그는 비로소 황충에게 백 보 떨어져서 버들잎을 맞추는 능력이 있음에도 오늘 그가 투구의 술만 맞춘 것은 바로 어제 죽이지 않은 은혜에 보답한 것임을 깨달았다. 이에 운장은 군사를 이끌고 물러났다.

황충이 성 위에 올라 한현을 찾아뵙자 한현이 바로 좌우에 황충을 잡으라고 명령했다. 황충이 소리쳤다.

"나에겐 죄가 없소!"

한현이 크게 노했다.

"내가 사흘 동안 살펴봤거늘 감히 나를 속이려 드느냐! 네가 그저께 힘을 다해 싸우지 않은 것은 틀림없이 사사로운 마음이 있기 때문이다. 어제는 말이 거꾸러졌는데도 그가 너를 죽이지 않았으니 틀림없이 내통한 것이다. 오늘은 두 번이나 거짓으로 시위를 당기고 세 번째 화살로는 단지 그의 투구 술만 맞췄으니 어찌하여 밖으로 통하고 안에서 연계했다고 하지 않겠느냐? 너를 죽이지 않으면 반드시 훗날 우환이 들 것이다!"

도부수에게 소리 질러 성문 밖으로 끌어내 목을 치라 명령했다. 장수들이 간절히 요청하려 하자 한현이 말했다.

"황충을 살려달라고 하는 자는 즉시 같은 마음을 가진 자로 여기겠노라!"

막 성문 밖으로 밀어내어 바로 칼을 들어올리려는데 별안간 한 장수가 칼을 휘두르며 치고 들어오더니 도부수를 찍어 죽이고 황충을 구해내고는 크게 소리 질렀다.

"황한승黃漢升(황충의 자)은 장사長沙를 보증하는 사람으로 지금 한승을 죽이는 것은 바로 장사의 백성을 죽이는 것이다! 한현은 잔혹하고 어질지 못하며 재능 있는 사람을 경시하고 선비를 존경하지 않으니 마땅히 함께 죽여야 한다! 나를 따르려는 자는 즉시 오라!"

모두 그 사람을 보니 얼굴은 익은 대추 같고 눈은 밝게 빛나는 별빛 같은데 바로 의양義陽 사람 위연魏延이었다. 그는 양양에서 유현덕을 따라가지 못하자 한현에게 의탁하러 왔으나, 한현이 오만하고 예의가 없는 그를 싫어하여 중용하려 들지 않았으므로 이곳에서 묻혀 살고 있었다. 이날 황충을 구출하고 백성에게 함께 한현을 죽이자며 팔을 걷어붙이고 호소하자 따르는 자가 수백 명이나 되었다. 황충이 저지했으나 감당할 수가 없었다. 위연은 곧장 성벽 위로 달려 올라가 한칼에 한현을 두 동강 내고는 머리를 들고 백성을 이끌며 성을 나가 운장에게 절을 올렸다. 운장이 크게 기뻐하며 마침내 성으로 들어갔다. 백성을 위로하고 안정시킨 다음 황충을 만나고자 청했으나 황충은 병을 핑계로 나오지 않았다. 운장은 즉시 사람을 시켜 현덕과 공명을 청해오게 했다.

한편 현덕은 운장이 장사를 취하러 떠나자 공명과 함께 그 뒤를 따라 인마를 재촉하며 호응하러 가고 있었다. 한창 가고 있는데 푸른 깃발이 거꾸로 말리더니 까마귀 한 마리가 북쪽에서 남쪽으로 날아가며 연거푸 세 번 울고는 사라졌다. 현덕이 말했다.

"이것은 무슨 화와 복을 나타내는 것이오?"

공명이 즉시 말 위에서 소매 속 점을 한번 쳐보더니 말했다.

"장사군을 이미 차지한 데다 주공께서 대장까지 얻으셨습니다. 오시午時 이후에는 분명하게 아실 겁니다."

잠시 후 한 하급 무관이 나는 듯이 달려와서 보고했다.

"관장군이 이미 장사군을 손에 넣었고 항복한 장수는 황충과 위연이며

오로지 주공께서 도착하시기만을 기다리고 있습니다."❷

현덕은 크게 기뻐하며 즉시 장사[7]로 들어갔다. 운장이 대청 위로 맞아들이고는 황충의 일을 자세히 이야기했다. 현덕은 이에 친히 황충의 집으로 가서 그를 청했고 황충이 비로소 나와서 항복하며 한현의 시신을 장사의 동쪽에 매장해달라고 요청했다. 후세 사람이 황충을 칭송한 시가 있다.

장군의 기개는 하늘의 삼수[8]처럼 드높았으나
백발이 되도록 여전히 한남[9]에서 곤궁했다네
죽음에 이르러도 달게 받으며 원망이 없더니
항복에 임해서는 머리를 숙이며 부끄러워하네

눈처럼 빛나는 보도는 비범한 용맹 드날리고
바람 맞받은 철기는 격렬한 전투 그리워하네
천고에 그 높은 이름 응당 사라지지 않으리니
외로운 달 따라 길이길이 상담[10]을 비추리로다
將軍氣槪與天參, 白髮猶然困漢南
至死甘心無怨望, 臨降低首尙懷慚
寶刀燦雪彰神勇, 鐵騎臨風憶戰酣
千古高名應不泯, 長隨孤月照湘潭 ❸

현덕은 황충을 매우 후하게 대접했다. 운장이 위연을 데리고 와서 뵙게 하자 공명이 도부수에게 소리 질러 그를 끌어내 목을 치라고 명령했다. 현덕이 놀라 공명에게 물었다.

"위연은 공이 있을지언정 죄가 없는 사람인데 군사께선 무슨 까닭으로 그를 죽이려 하오!"

공명이 말했다.

"녹을 먹고서도 그 주인을 죽였으니 불충이고, 그 고장에 살면서 그 땅을 바쳤으니 불의입니다. 제가 보건대 위연은 뒷머리에 반골反骨이 있어 오래지 않아 반드시 배반할 것이므로 그를 죽여 화근을 끊어야 합니다."

현덕이 말했다.

"만일 이 사람을 죽인다면 항복한 자들이 저마다 자기가 안전하지 못하다고 느낄까 염려되오. 군사께서는 그를 용서해주시기 바라오."

공명이 위연을 가리키며 말했다.

"내 지금은 네 목숨을 덤으로 붙여주마. 너는 충성을 다해 주공께 보답하되 다른 마음을 품어서는 안 된다. 만일 다른 마음을 품는다면 내가 이유를 불문하고 너의 수급을 취하겠노라."

위연은 연거푸 "예, 예" 하면서 물러났다. 황충이 유표의 조카인 유반을 천거했는데 그때 그는 유현[11]에서 일없이 한가롭게 지내고 있었다. 이에 현덕이 불러들여 장사군을 맡도록 했다. 네 개의 군이 평정되자 현덕은 회군하여 형주[12]로 돌아왔고 유강구油江口의 명칭을 공안[13]으로 바꾸었다. 이때부터 돈과 양식이 풍성해지고 재능 있는 인사들이 귀의했으며 군마를 사방으로 흘어 협곡의 입구에 주둔시켰다. ❹

한편 주유는 시상으로 돌아와 요양하면서 감녕에게 파릉군[14]을 지키게 하고 능통에게 한양군[15]을 지키도록 하면서 두 곳에 전선을 배치해놓고 파견 명령을 기다렸다. 정보는 나머지 장수와 사졸을 이끌고 합비현으로 갔다.

원래 손권은 적벽의 격렬한 전투 이후 오래도록 합비에 머물면서 조조의 군대와 맞서 크고 작은 전투를 10여 차례나 벌였지만 아직 승부를 가리지 못했다. 감히 성에 접근하여 군영을 세우지 못하고 성에서 50리 떨어진 곳에 군대를 주둔시켰는데 그때 정보의 군사가 당도했다는 소식이 들려왔다. 손권은 크게 기뻐하며 친히 군영을 나가 군사들을 위로하고자 했다. 그러나 노자경이 먼저 도착했다는 보고를 듣고는 이에 말에서 내려 선 채로 그를 기다렸다. 노숙은 허둥지둥 말안장에서 굴러떨어지듯 내려 예를 행했다. 손권이 노숙을 대하는 것을 본 사람들은 모두 깜짝 놀라며 이상하게 여겼다. 손권이 노숙을 청해 말을 타고는 고삐를 나란히 하여 가면서 은밀하게 일렀다.

"내가 말에서 내려 맞이했으니 공을 충분히 빛내준 것이지요?"

노숙이 말했다.

"아직 아닙니다."

"그러면 어떻게 한 연후에야 빛내주는 것이오?"

"원컨대 명공께서 위엄과 덕행을 사해에 떨치고 구주[16]를 총괄하여 제왕의 사업을 완성하고 제 이름을 사서에 기록해야 비로소 빛내주시는 것입니다."

손권이 손뼉을 치며 웃었다. 함께 군막 안으로 들어가 크게 연회를 베풀어 격렬한 전투를 벌인 장수와 장병들의 노고를 위로하고 합비를 깨뜨릴 계책을 상의했다.❺

그때 별안간 장료가 사람을 시켜 전서[17]를 보내왔다. 서신을 뜯어 읽고 난 손권이 크게 노했다.

"장료가 나를 심히 업신여기는구려! 정보의 군대가 왔다는 소식을 듣고도 고의로 사람을 시켜 싸움을 거는구나! 내일 내가 새로 온 군사들을 쓰지 않고 한바탕 큰 전투를 벌일 것이니 보거라!"

그날 밤 오경, 삼군에 군영을 나가서 합비를 향해 진군하라는 명령을 전달했다. 진시辰時쯤에 군마가 중도에 이르렀을 때 조조군은 이미 그곳에 나와 있었다. 양편이 진세를 펼쳤다. 손권은 황금 투구에 황금 갑옷으로 무장하고 출전했는데, 왼쪽에는 송겸宋謙, 오른쪽에는 가화賈華 두 장수가 방천화극을 잡고 양쪽에서 호위했다. '둥둥둥' 북소리가 세 차례 울리자 조조군의 진 안에서 문기가 양쪽으로 열리더니 세 장수가 완전 무장을 하고 진 앞에 섰다. 가운데는 장료, 왼쪽은 이전, 오른쪽은 악진이었다. 장료가 말고삐를 놓고 앞장서서 달려오며 오로지 손권과 결전을 벌이고자 싸움을 걸었다. 손권이 창을 움켜쥐고 직접 싸우려 할 때 진문 안에서 한 장수가 창을 잡고 어느 결에 말을 질주해 나갔다. 다름 아닌 태사자였다. 장료가 칼을 휘두르며 나와 맞섰다. 두 장수가 70~80합을 싸워도 승부를 내지 못하자 이전이 악진에게 일렀다.

"맞은편 황금 투구를 쓴 자가 손권이네. 만일 손권을 사로잡는다면 족히 83만 대군의 원수를 갚을 수 있을 것이네."

말을 마치기도 전에 악진이 단기로 칼 한 자루를 들고 측면으로부터 곧장 손권에게 달려들었다. 마치 한 줄기의 번갯불처럼 나는 듯이 손권 코앞에 이르러 순식간에 칼을 내리쳤다. 송겸과 가화가 급히 화극으로 가로막았으나 번득이는 칼이 내리치는가 싶더니 두 자루의 화극을 동시에 절단했다. 송겸과 가화는 화극의 자루만 손에 쥔 채 악진의 말 머리통을 후려쳤다. 악진이 말을 돌리자 송겸이 군사 수중에 있던 창을 빼앗아 움켜쥐고 뒤쫓았다. 그때 이전이 시위에 화살을 얹고 송겸의 명치를 겨누고 발사하자 '씨잉!' 하는 소리와 함께 송겸이 말에서 떨어지고 말았다. 태사자는 등 뒤에서 누군가 말에서 떨어지는 것을 보고는 장료를 버리고 본진으로 돌아갔다. 장료는 기세를 몰아 들이쳤고 오군은 크게 어지러워지면서 사방으로 흩어져 달아났다. 장료는 멀리 손권을 바라보고는 말을 타고 내달리며 추격했다. 거의 따라붙었을 때 별안간 측면에서 한 부대가 돌진해오더니 한바탕 가로막고 싸워 손권을 구출했다. 앞장선 대장은 바로 정보였다. 장료는 군사를 거두어 합비로 돌아갔다.❻

정보가 손권을 보호해 본영으로 돌아오자 패한 군사들이 속속 군영으로 돌아왔다. 송겸이 죽는 것을 본 손권은 대성통곡했다. 장사 장굉이 말했다.

"주공께서 충만한 기운에 의지해 큰 적을 가볍게 보시니 삼군의 무리 가운데 실망하지 않는 자가 없습니다. 설령 적장을 베고 깃발을 뽑아 위엄을 전장에 떨친다 하더라도, 그 또한 편장偏將(부장)들의 임무일 뿐이지 주공께서 하실 일이 아닙니다. 원컨대 맹분과 하육¹⁸ 같은 용맹은 자제하고 왕업과 패업의 대계를 품으소서. 오늘 송겸이 화살에 맞아 죽은 것도 모두 주공께서 적을 가볍게 여겼기 때문입니다. 앞으로는 제발 옥체를 중하게 여기소서."

손권이 말했다.

"이것은 내 잘못이오. 지금부터 마땅히 고치겠소."

잠시 후 태사자가 군막으로 들어와서 말했다.

"제 수하 중에 성이 과戈이고 이름이 정定인 자가 있는데 장료 수하 가운데 말을 사육하는 마부와 동료랍니다. 그 마부가 책망을 받아 원한을 품고 오늘 저녁에 사람을 시켜 알려오기를 불 지르는 것으로 신호를 삼아 장료를 찔러 죽이고 송겸의 원수를 갚겠다고 합니다. 청컨대 군사를 이끌고 밖에서 호응하고자 합니다."

손권이 말했다.

"과정은 어디에 있소?"

태사자가 말했다.

"이미 합비성 안으로 섞여 들어갔습니다. 원컨대 제게 군사 5000명만 빌려주십시오."

제갈근이 말했다.

"장료는 꾀가 많은 사람이라 준비가 있을까 염려되니 경솔하게 움직여서는 안 됩니다."

태사자가 고집을 부리며 가겠다고 했다. 송겸이 죽은 것을 슬퍼하던 손권은 서둘러 원수를 갚고자 했고, 결국 태사자에게 군사 5000명을 이끌어 밖에서 호응하도록 했다.

한편 과정은 태사자와 같은 고향 사람으로 이날 군중에 섞여 있다가 합비성 안으로 따라 들어갔다. 그는 말을 기르는 마부를 찾아 상의했다. 과정이 말했다.

"내 이미 사람을 시켜 태사자 장군께 알렸는데, 오늘 밤 틀림없이 호응하러 오실 것이네. 자네는 어떻게 일을 처리할 것인가?"

마부가 말했다.

"여기는 중군에서 비교적 멀리 떨어져 있어 야간에 급히 들어올 수 없으니 건초 더미에 불을 지르면 자네는 앞으로 나가서 반란이 일어났다고 소리 지르게. 성안의 군사들이 어지러워질 때 바로 장료를 찔러 죽이면 나머지 군사는 저절로 달아날 걸세."

과정이 말했다.

"그 계책이 대단히 묘하네!"

이날 밤 승리를 거두고 성으로 돌아온 장료는 삼군을 포상하고 위로한 다음 갑옷을 벗은 채 잠자는 것을 불허하는 명령을 전달했다. 좌우에서 말했다.

"오늘 완승하여 오군이 멀리 도망쳤는데 장군께선 어찌하여 갑옷을 벗고 편히 쉬지 않습니까?"

장료가 말했다.

"아니다. 장수된 자의 도리는 이겼다고 기뻐해서는 안 되고 패했다고 근심해서는 안 되네. 만일 오군이 우리에게 방비가 없음을 헤아리고 빈틈을 이용해 공격해온다면 어찌 대응할 수 있겠는가? 오늘 밤 방비는 다른 밤보다 더욱 신중해야 하네."

말을 미처 마치기도 전에 뒤쪽 군영에서 불길이 일어났다. 곧이어 반란이 일어났다는 둥 사방에서 어수선한 보고가 올라왔다. 장료는 군막을 나가 말에 올라서 수행 장교 10여 명을 불러 길 가운데에 섰다. 좌우에서 말했다.

"함성이 몹시 다급하니 가서 살펴보셔야겠습니다."

장료가 말했다.

"어찌 성안에 있는 자들이 모두 반란자겠느냐? 이것은 반란을 일으킨 자가 고의로 군사들을 놀라게 한 것뿐이다. 군사를 어지럽히는 자는 먼저 참수하겠노라!"

얼마 지나지 않아 이전이 과정과 마부를 사로잡아 끌고 왔다. 장료는 심문하여 그 정황을 알게 되자 즉시 말 앞에서 그들을 참수했다. 그때 성문 밖에서 징이 울리고 북 두드리는 소리가 들리더니 함성이 크게 진동했다. 장료가 말했다.

"이것은 오군이 밖에서 호응하는 것이니 계책을 써서 저들을 깨뜨려야겠다."❼

즉시 사람을 시켜 성문 안에서 불을 지르고 모두 반란이 일어났다고 소리 지르며 성문을 활짝 열어 조교를 내리게 했다. 성문이 활짝 열린 것을 본 태사자는 안에서 내응하는 것으로 알고는 창을 잡고 말고삐를 놓은 채 먼저 성안으로 내달렸다. 그때 성 위에서 '쾅!' 하는 포성이 울리더니 화살이 어지럽게 쏟아졌다. 태사자가 급히 물러났으나 이미 몸에 여러 대의 화살을 맞고 말았다. 등 뒤에서 이전과 악진이 돌격해오자 오군은 태반이 꺾였으며 조조군은 승세를 몰아 군영 앞까지 추격해왔다. 육손과 동습이 치고 나와 태사자를 구원하니 조조군도 돌아갔다. 태사자가 몸에 중상을 입은 것을 본 손권은 더욱 비탄에 빠졌다. 장소가 손권에게 싸움을 멈추자고 청했다. 손권은 그 말을 따르기로 하고 마침내 군사를 거두어 배를 타고 남서 윤주[19]로 돌아갔다. 군마를 주둔시킬 무렵 태사자의 병세가 위중해져 손권은 장소 등에게 병문안을 가게 했다. 태사자가 크게 소리 질렀다.

"대장부가 난세에 태어났으면 마땅히 삼척검[20]을 차고 세상에서 보기 드문 공을 세워야 하거늘, 지금 뜻을 달성하지도 못했는데 어떻게 죽을 수 있단 말인가!"

말을 끝내고 죽으니 그의 나이 41세였다. 후세 사람이 칭송한 시가 있다.

오로지 충효를 맹세하고 뜻을 세웠으니
바로 동래 땅에서 태어난 태사자로구나
그 이름 먼 변경 지방까지 드날렸으며
말 타고 활쏘기는 정예병을 진동시켰네

북해 지방에서는 공융의 은혜 보답했고

신정에서는 손책과 격렬하게 싸웠다네

죽음에 임해서도 그 원대한 뜻 말하니

천고가 흐른다 해도 모두 찬탄하리라

矢志全忠孝, 東萊太史慈

姓名昭遠塞, 弓馬震雄師

北海酬恩日, 神亭酣戰時

臨終言壯志, 千古共嗟咨 **❽**

태사자가 죽었다는 소식을 들은 손권은 애도를 그치지 않았다. 남서南徐의 북고산²¹ 아래에 후하게 장사 지내도록 명하고 그의 아들 태사형²²을 부중에서 양육했다.

한편 형주에서 군마를 정돈하고 있던 현덕은 손권이 합비에서 패하고 이미 남서로 돌아왔다는 소식을 듣고는 공명과 대책을 상의했다. 공명이 말했다.

"제가 밤에 별자리의 형상을 살펴보니 서북쪽에서 별이 떨어졌는데, 틀림없이 황족 한 분이 돌아가신 것 같습니다."

한창 이야기하고 있는데, 별안간 공자 유기가 병으로 죽었다는 소식이 들려왔다. 그 소식을 들은 현덕은 통곡을 그치지 않았다. 공명이 권했다.

"죽고 사는 문제는 정해진 본분이 있으니 주공께서는 걱정하지 마십시오. 귀하신 몸이라도 상할까 걱정되오니 잠시 큰일부터 처리하시지요. 급히 그곳으로 사람을 보내 성지를 방어하고 아울러 장사 지낼 일을 살피시지요."

현덕이 말했다.

"누가 가면 좋겠소?"

공명이 말했다.

"운장이 아니면 안 됩니다."

즉시 운장에게 양양으로 가서 성을 지키게 했다. 현덕이 말했다.

"지금 유기가 죽었으니 동오가 반드시 형주를 달라고 요구할 텐데 어떻게 대답해야 하오?"

공명이 말했다.

"만약 사람이 오면 제게 대답할 말이 있습니다."

보름이 지나자 동오에서 노숙이 특별히 문상하러 왔다는 보고가 들어왔다.

우선 계책을 처리할 것을 정해놓고
동오의 사자가 오기만을 기다리네
先將計策安排定, 只等東吳使命來

공명은 어떻게 대답할 것인가?

【 실제 역사에서는…… 】

제53회 두 영웅의 결투

❶

장비는 무릉에 오지 않았다

『삼국지』「촉서·장비전」에 "선주는 형주에 소속된 강남 각 군을 평정하고 장비를 의도宜都태수, 정로장군征虜將軍으로 임명하고 신정후新亭侯에 봉했으며 나중에 남군태수로 전임시켰다"고 기록되어 있다. 장비는 무릉 점령에 참여하지 않은 듯하며 적벽대전 이후에 그는 장강 이남과 강릉 서쪽 지역을 주로 담당한 것으로 보인다. 역사에도 장비가 무릉을 점령했다는 기록은 없다.

❷

유비의 남쪽 네 개 군郡 정벌

소설의 내용과 다르게 형주에 속한 남쪽 각 군 정벌에 나선 유비는 아무런 전투 없이 네 개의 군을 점령한 듯하다. 『삼국지』「촉서·선주전」과 『자치통감』 권65 「한기 57」의 기록에 따르면 "유비는 남쪽으로 네 개의 군을 정벌하러 갔다. 무릉태수 김선 金旋, 장사태수 한현韓玄, 계양태수 조범趙範, 영릉태수 유도劉度가 모두 항복했다"고 기록하고 있어 유비는 아무런 저항 없이 네 개의 군을 평정했으며 한현은 위연에게 피살되지도 않았다.

단 배송지 주 『삼보결록주三輔決錄注』는 무릉태수 김선이 유비에게 저항하다 죽은 것으로 기록하고 있어 조금 다르다.

관우와 황충이 싸웠을까?

먼저 『삼국지』 「위서·이통전」의 기록에 따르면 "유비와 주유가 강릉에서 조인을 포위하고 별도로 관우를 보내 북쪽 길을 끊었다"고 기록하고 있고, 「촉서·관우전」에는 "선주는 강남의 각 군을 수복하고 큰 공적을 세운 자에게 작위와 관직을 수여했으며 관우를 양양襄陽태수, 탕구장군盪寇將軍으로 임명하고 강북 일대에 주둔하도록 했다"고 기록하고 있다. 적벽대전 이후에 관우는 강릉 북쪽 지역의 작전에서 주로 활동한 것으로 짐작되며 유비의 남쪽 네 개 군의 정벌에는 참여하지 않은 것으로 판단된다. 또한 유비의 남쪽 정벌에 관우가 참여했다는 기록도 없다.

「촉서·황충전」에 따르면 "황충은 유표의 조카 유반劉磐과 함께 장사군長沙郡의 유현攸縣(현 명칭, 치소는 후난성 유현攸縣 동북쪽)을 지켰다. 조공이 형주를 함락시키자 황충에게 비장군裨將軍의 직위를 수여해 대리하게 했고 여전히 원래 직무를 맡아 유현을 지키게 했으며 장사태수 한현에게 예속시켰다. 선주가 남쪽의 각 군을 평정하자 황충도 마침내 귀순하여 [유비를] 따라 촉으로 들어갔다"고 기록하고 있어, 이 당시 황충은 유현에 있었음을 알 수 있다. 장사는 군 명칭으로 치소는 임상臨湘(후난성 창사)에 있었고, 유현 또한 장사군에 속한 현이었지만 황충이 소설의 내용처럼 장사 전투에 참여하기에는 무리가 있는 듯하다. 더욱이 장사태수 한현은 전투 없이 유비에게 투항했다.

결론적으로 소설의 내용과는 다르게 관우와 황충 두 사람은 서로 싸우지도 않았으며 '장사 점령'의 현장에도 없었고 유비군과의 전투도 일어나지 않았다.

황충은 노장이었을까?

황충은 언제나 우리에게 '노장老將'이라는 이미지로 각인되어왔다. 황충은 건안

25년(220)에 죽은 것으로 기록되어 있지만 언제 출생했는지, 정확히 몇 살에 죽었는지에 대한 기록은 없다. 『삼국지』 「촉서·비시전費詩傳」에 "관우는 황충이 후장군後將軍에 임명되었다는 소식을 듣고는 화를 내며 '대장부는 끝내 노병老兵과 같은 대오에 있을 수는 없노라!'라고 말하며 임명을 받으려 하지 않았다"는 기록이 있다. 여기서 등장하는 '노병'은 황충을 늙은 장수로 묘사한 것으로 보이나 사실 상대방에 대한 멸시의 칭호지 결코 늙었다는 표현은 아니다. '노병'은 다른 뜻으로 일종의 고참 선임병을 의미하는데, 직업 군인을 가리키는 데 사용하기도 하지만 늙은 장수의 의미는 아니다. 결국 황충을 노장으로 묘사한 것은 정확한 역사적 사실에 근거했다고 하기 어렵다.

❹

위연의 반골反骨

『삼국지』 「촉서·위연전」에 따르면 "위연은 부곡部曲 신분으로 선주(유비)를 따라 촉으로 들어가 여러 차례 전공을 세웠으므로 아문장군牙門將軍으로 승진했다"고 기록하고 있다. 역사 기록은 위연을 '부곡' 신분이라고 했는데 부곡은 원래 한나라 군대의 편제 명칭이었다. 『속한서續漢書』 「백관지百官志」에 따르면 "대장 군영에 오부五部가 있었고 부部에 교위校尉 한 명을 두었으며 부 아래에 곡曲이 있었다"고 했다. 이 때문에 군대를 부곡이라 부른다. 위魏, 진晉 이후에는 무장 사병을 부곡이라 했다. 또한 부곡은 전통적으로 권문세가의 사병 조직을 일컫는다. 전쟁 시에는 부곡이었고 평시에는 세객佃客(호족 세력의 비호 아래에 있는 일종의 종속 농민)이었는데, 즉 농사지으면서 싸우는 무장경작자武裝耕作者를 말한다. 위연은 신분이 미천한 사병 출신이지 결코 항복한 장수는 아니었으며 언제부터 유비를 따랐는지도 상세하지 않다. 역사에는 유비가 촉으로 들어간 이후 많은 공을 세워 유비의 상당한 신임을 받았음을 알 수 있는 기록들이 있다.

그리고 "위연은 항상 제갈량이 나약하고 겁이 많다고 여겼으며 자신의 재능을 모두 발휘할 수 없음을 한탄했다"고 기록되어 있어, 제갈량과 관계가 원만치 않았으며 갈등을 일으킨 기록들도 찾아볼 수 있다. 제갈량과 함께 출병했을 때 위연이 머리에 뿔이 돋는 꿈을 꿨다는 기록이 있는데, 이것을 응용해서 '반골'이란 말을 생각해낸 것은 아닐까 싶다. 제갈량과의 불편한 관계로 인해 소설에서 위연을 '반골'과 '배반'으로 묘사한 듯하지만 사실과는 거리가 멀다 할 수 있다. 또한 「위연전」 마지막 부분에 "비록 장수들이 평소에 위연을 인정하지 않았으나 그는 여전히 당시의 여론이 제갈량을 대신해야 할 사람으로 자신을 추천하기를 기대했다. 위연의 본심은 이와 같았을 뿐이지 즉시 배반하려고 한 것은 아니었다"고 기록하고 있다. 제갈량과의 불편한 관계로 인해 지금까지 배반의 대명사처럼 오해를 받은 위연으로서는 억울하다고 할 만하다.

❺

노숙이 손권에게 했다는 말은 역사 기록과는 약간 차이가 있다. 역사에서는 합비전투가 아닌 적벽대전 승리 후에 있었던 일로 기록되어 있다. 『삼국지』 「오서·노숙전」은 다음과 같이 기록하고 있다.

"노숙이 합문閤門(정문 옆의 작은 문)으로 들어와 손권을 배알하자 손권은 일어나 그에게 예를 행하고 아울러 말했다.

'자경, 내가 안장을 잡고 말에서 내려 그대를 맞이했으니 그대를 충분히 영광스럽게 했다고 하지 않겠소?'

노숙은 반걸음으로 빨리 걸어 앞으로 나아가 말했다.

'충분하지 않습니다.'

그 말을 들은 사람 가운데 경악하지 않는 이가 없었다. 노숙은 자리에 앉은 다음 천천히 말채찍을 흔들며 말했다.

'바라옵건대 존귀한 군주의 위엄과 덕행이 사해에 시행되고 구주를 통괄하며 제왕의 사업을 성취하여 안거安車(고대에는 수레를 탈 때 서서 탔는데 앉아 탈 수 있는 작은 수레를 안거라 했고 통상적으로 말 한 마리를 사용했으며 존귀한 자를 예우할 때는 네 마리의 말을 사용했다. 또한 연로한 고급 관원과 귀부인이 탈 때도 제공했다. 그리고 안거의 바퀴에 부들 가지를 싸매어 흔들림을 방지하여 '안거포륜安車蒲輪' 혹은 '안거연륜安車軟輪'이라 했는데 덕이 높고 명망이 큰 사람을 영접할 때 보내 예우를 표시했다)로써 이 노숙을 불러 임용하신다면 비로소 신에게 진정한 영광일 것입니다.'

손권은 손뼉을 치면서 즐겁게 웃었다."

소설 속 노숙의 말은 나관중이 아마도 『후한서』 「등우전鄧禹傳」의 기록을 차용한 듯하다. 『후한서』 「등우전」에 따르면 "광무제가 등우鄧禹에게 무엇을 하고 싶으냐고 묻자, 등우는 '단지 명공明公께서는 위세와 덕정德政을 사해에 두루 펼치시고 이 등우는 보잘것없는 힘을 다하여 죽백竹帛에 공명을 남길 수 있기를 바랄 뿐입니다'라고 말했다"고 기록하고 있다.

❻

송겸의 죽음

송겸은 손책 때부터 따른 노장으로 황개, 한당과 같은 유명한 장수였다. 『삼국지』 「오서·태사자전」에 따르면 태사자가 처음으로 손책과 전투를 벌였을 때 손책이 13명의 기병만 데리고 있었는데 "한당, 송겸, 황개의 무리였다"고 기록하고 있다.

송겸이 언제 죽었는지에 대한 기록은 상세하지 않으나 「오서·오주전」에 "황무黃武원년(222) 봄 정월, 육손의 부서 장군인 송겸 등이 촉의 주둔지 다섯 곳을 쳐서 모두 깨뜨리고 그 장수의 목을 베었다"고 기록되어 있고 「오서·육손전」에도 황무 원년(222)에 송겸이 살아 있었던 것으로 기록되어 있다. 결국 소설의 내용과는 달리 송겸은 14년이 지난 다음에도 생존해 있었으며 소설처럼 합비 전투에서 죽지 않았다.

❼

장료가 반란을 일으킨 자를 주살한 사건

『삼국지』 「위서·장료전」은 다음과 같이 기록하고 있다.

"당시 형주가 아직 평정되지 않았으므로 태조는 다시 장료를 파견해 장사長沙에 주둔하도록 했다. 출발하려고 할 때 어떤 자가 모반하여 밤에 불을 지르자 모두 놀라 혼란에 빠졌고 전군에 소동이 일어나며 불안해했다. 장료가 좌우에 말했다.

'함부로 움직이지 마라. 이것은 전 군영이 모두 모반한 것이 아니라 틀림없이 반란을 일으킨 자가 인심을 혼란스럽게 하려는 것일 뿐이다.'

그러고는 장료는 군중에 명령을 전달해 모반하지 않은 자들은 편안히 앉아 있으라고 했다. 장료는 수십 명의 친병을 이끌고 군영 중앙에 대열을 지어 섰다. 얼마 지나지 않아 전 군영이 안정되었고 즉시 모반을 주도한 자를 붙잡아 죽였다."

소설과 다르게 이 사건은 합비 전투 때가 아닌 형주를 평정하기 이전의 일로 당시 모반을 일으킨 자가 누군지에 대한 기록이 없으며 더군다나 태사자와 관련된 일도 아니었다.

❽

태사자는 언제 어떻게 죽었을까?

『삼국지』「오서·태사자전」에 따르면 "손권이 정사를 통솔하자 태사자가 유반劉磐(유표의 조카)을 제압할 수 있으므로 마침내 그에게 남방의 일을 맡겼다. 건안 11년(206), 태사자는 41세의 나이로 세상을 떠났다"고 기록하고 있다. 배송지 주『오서』는 다음과 같이 기록하고 있다.

"태사자는 임종 즈음에 탄식하며 말했다.

'대장부로 세상에 태어났으니 7척의 검을 지니고 천자의 계단에 올라야 한다. 지금 그 뜻을 이루지도 못했는데 어떻게 죽는단 말인가!'"

태사자는 소설처럼 합비 전투에서 죽은 것이 아니라 병사했다. 그리고 건안 11년(206)에 죽은 것으로 역사는 기록하고 있어, 적벽대전이 일어나기 2년 전에 이미 죽은 것으로 보인다. 소설에서도 적벽대전을 묘사하면서 동오의 맹장인 태사자의 활약상이 보이지 않았는데 합비 전투에서 황당한 작전 끝에 태사자가 죽는 것으로 묘사한 것은 지나치다고 할 수 있다.

새신랑이 된 유비

오국태는 사찰에서 신랑을 만나보고,
유황숙은 신방에서 배필을 맞아들이다

吳國太佛寺看新郎,
劉皇叔洞房續佳偶

노숙이 왔다는 소식을 들은 공명은 현덕과 함께 성을 나가 영접했고 관아로 맞아들여 상견했다. 노숙이 말했다.

"주공께서 조카님이 돌아가셨다는 소식을 들으시고는 특별히 변변찮은 예물을 갖추어 제게 제사를 지내고 추모하라 보내셨습니다. 또한 주도독께서도 유황숙과 제갈 선생께 안부를 여쭈라고 재삼 밝히셨습니다."

현덕과 공명이 일어나 감사하고 예물을 받은 다음 술상을 차려 대접했다. 노숙이 말했다.

"지난번에 황숙께서 '공자께서 계시지 않으면 즉시 형주를 돌려주겠다'고 말씀하셨습니다. 지금 공자께서 이미 세상을 떠나셨으니 틀림없이 형주를 돌려주시겠지요. 언제 인도할 수 있겠습니까?"

현덕이 말했다.

"공께서는 잠시 술을 드시지요. 상의해봐야 할 일이 한 가지 있소."

노숙이 억지로 몇 잔 더 마신 다음 또 입을 열어 물었다. 현덕이 대답을 못하자 공명이 안색을 바꾸며 말했다.

"자경께서는 통상적인 이치를 잘 모르시는군요. 다른 사람이 말을 해야 아십니까! 우리 고황제께서 뱀을 죽이고 의거를 일으켜 기업을 세우신 이래로 지금까지 전해 내려왔습니다. 불행하게도 간웅들이 동시에 일어나 각기 한 지방씩 차지했으나, 하늘의 이치라는 것은 종국에 인과응보를 치르게 되어 있으니 다시 정통으로 돌아가지 않을 수 없소. 우리 주공께서는 중산정 왕의 후예이자 효경황제의 현손이며 금상폐하의 숙부이신데, 어찌 토지를 나누어 통치할 수 없단 말이오? 하물며 유경승은 바로 우리 주공의 형님이시니 아우가 형의 기업을 이어받는 것인데 무엇이 순리가 아니라 하겠소? 그대의 주인은 전당¹ 땅 지위가 낮은 관원의 아들로 조정에 아무런 공덕도 없을뿐더러 지금 세력에 의지해 6군 81주²를 차지하고 있는데도 여전히 탐욕스럽기 그지없어 한漢의 영토를 삼키려 하고 있소. 유씨 천하에서 우리 주공께서는 성이 유씨인데도 오히려 가지고 있는 땅이 하나도 없으신데 그대의 주인은 손씨임에도 도리어 강제로 땅을 쟁탈하려 한단 말이오? 게다가 적벽 전쟁에서 우리 주공께서는 고생을 마다않고 많은 수고를 부담하셨고 장수들도 모두 목숨을 아끼지 않고 전력으로 애썼는데 어찌 그대 동오만 싸웠다고 할 수 있겠소? 만일 내가 동남풍을 불게 하지 않았다면 주랑이 어찌 반 푼어치의 공이라도 펼칠 수 있었겠소? 강남이 부서지면 이교가 동작궁에 갇히는 것은 고사하고 공 등의 가솔들 또한 보전할 수 없었을 것이오. 방금 우리 주공께서 즉시 대답하지 않으신 것은 자경이 고명한 인사라 자세히 말씀드릴 필요가 없었기 때문이오. 어찌하여 공께서는 깊이 살피지 못하시오!"

일장 연설에 노자경은 그만 입을 다물고 말을 못하다가, 한참 지나서야 입을 열었다.

"공명의 말씀이 설령 이치가 있다 하더라도, 이 노숙의 처지가 심히 불편하게 되었으니 어찌하겠소."

공명이 말했다.

"무슨 불편한 것이라도 있소?"

노숙이 말했다.

"지난날 황숙께서 당양에서 어려움을 당하셨을 때 내가 공명을 인도하여 강을 건너 우리 주공을 뵙게 했소. 그 후에 주유가 군대를 일으켜 형주를 취하고자 했는데 또 내가 저지했소. 그리고 공자가 세상을 떠나면 형주를 돌려주겠다고 말씀하셨을 때도 내가 책임을 감당했소. 그런데 지금 도리어 앞서 말씀한 것을 지키지 않으시니 내가 어떻게 돌아갈 수 있겠소? 우리 주공과 주유가 틀림없이 나를 나무라실 것이오. 나는 죽어도 한스럽지 않으나 동오를 화나게 하여 전쟁이 일어나기라도 한다면 황숙 또한 형주에서 편안하게 앉아 계시지 못할 것이니 공연히 천하의 웃음거리가 되는 것이 걱정스러울 따름이오."

공명이 말했다.

"조조가 백만 대군을 통솔하고 천자를 명분으로 삼아 움직여도 우리가 개의치 않는데 어찌 주랑 같은 어린아이³를 두려워하겠소! 만일 선생께서 체면이 서지 않는다면 잠시 형주를 빌리는 것을 본전으로 하되, 우리 주공께서 별도로 도모해 성지를 얻으시면 즉시 동오에게 돌려드리는 문서를 쓰도록 내가 주공께 권하겠소. 이 의견은 어떻소?"

노숙이 말했다.

"공명께서는 어느 곳을 빼앗으면 우리에게 형주를 돌려주겠소?"

공명이 말했다.

"중원은 급히 도모할 수 없으나 서천⁴의 유장劉璋은 어리석고 나약하여 우리 주공께서 도모하려 하시오. 만일 서천을 얻게 된다면 그때 바로 돌려드리지요."

노숙은 어찌해볼 도리가 없어 그 말을 따를 수밖에 없었다. 현덕은 자필로 문서 한 장을 쓰고는 서명했다. 보증인인 제갈공명 또한 서명했다. 공명이 말했다.

"나는 황숙 쪽 사람인데 설마 자기 집안사람만 보증을 서라는 것은 아니겠지요? 수고롭겠지만 자경 선생께서도 서명하시면 돌아가서 오후를 뵙기에도 보기 좋을 것이오."

노숙이 말했다.

"저는 황숙께서 어질고 의로운 분이라 틀림없이 약속을 저버리지 않으시리라 알고 있겠습니다."

마침내 서명하고 문서를 받았다. 술자리를 마치자 작별을 고했고 현덕과 공명은 배 있는 곳까지 전송했다. 공명이 당부했다.

"자경께서 돌아가서 오후를 뵙거든 좋은 말로 우리 뜻을 전달해주시고 망령된 생각이 생기지 않도록 해주시오. 만일 우리 문서를 허락하지 않는다면 우리도 낯을 바꾸어 81개 주를 모조리 빼앗을 것이오. 지금은 두 집안이 화목하게 지내야지 역적 조조의 웃음거리가 되어서는 안 되오."

노숙은 작별하고 배를 타고 돌아오는 길에 먼저 시상군[5]에 당도하여 주유를 만났다. 주유가 물었다.

"자경께서 형주를 돌려받는 일은 어찌 되었소?"

노숙이 말했다.

"여기 문서가 있소."

주유에게 문서를 바쳤다. 주유가 발을 동동 구르며 말했다.

"자경께서 제갈의 꾀에 걸려들었소! 땅을 빌린다는 명목이지만 실제로는 슬쩍 속여서 자기가 차지하려는 것이오. 그가 서천을 취하면 바로 돌려준다고 말은 했지만 언제 그가 서천을 취할지 아시오? 만일 10년이 지나도 서천을 얻지 못한다면 10년이 되어도 돌려주지 않겠다는 뜻이 아니오? 이런 문서가 어떻게 쓸모가 있다고 그에게 보증까지 섰단 말이오! 그가 만일 돌려주지 않는다면 틀림없이 족하께서 연루될 텐데 주공께서 죄를 물으면 어떻게 하시겠소?"

그 말을 들은 노숙은 한참 동안 어리둥절해하다가 말했다.

"아마도 현덕은 나를 저버리지 않을 것이오."

주유가 말했다.

"자경은 진실한 사람이오. 그러나 유비는 효웅인 데다 제갈량은 교활한 무리라 아마도 선생의 마음씨와는 같지 않을 것이오."

"그렇다면 어떻게 해야 좋겠소?"

"자경은 나의 은인이시오. 지난날 원형의 곡식 창고를 가리키며 아낌없이 주셨던 정을 생각한다면 어떻게 구원해드리지 않겠소? 안심하시고 여기서 며칠 머물러 계시다가 강북으로 비밀리에 정찰 나간 자들이 돌아오는 대로 달리 처리하도록 합시다."

노숙은 두렵고 불안했다.

며칠이 지나자 정탐꾼이 돌아와 보고했다.

"형주성[6] 안에서는 깃발을 올리고 승려와 도사를 청해 법사法事를 거행하여 망령을 제도濟度하고 있으며 성 밖에서는 따로 새로운 무덤을 만들고 있는데 군사들이 각기 상복을 입고 있습니다."

주유가 놀라 물었다.

"누가 죽었느냐?"

정탐꾼이 말했다.

"유현덕이 감부인을 잃고 가까운 시일 내에 장사를 지낸다고 합니다."

주유가 노숙에게 일렀다.

"내 계책이 이루어졌소. 유비를 꼼짝 못하게 묶고 형주도 손바닥 뒤집듯이 쉽게 얻을 수 있을 것이오!"

노숙이 말했다.

"계책을 어떻게 내려고 하시오?"

주유가 말했다.

"유비가 처를 잃었으니 틀림없이 후처를 맞이할 것이오. 주공께 누이동생이 한 분 계신데 지극히 강하고 용맹하여 시녀 수백 명에게 항상 칼을 차고 다니게 하며 방 안에는 무기가 가득 진열되어 있어 비록 남자라 하더라도 그분께 미치지 못하지요. 내 지금 주공께 글을 올려 중매쟁이를 형주로 보내 유비를 설득하여 데릴사위로 삼으시라고 하겠소. 유비가 속아서 남서南徐로 오면 아내를 얻기는커녕 그를 감옥에 가둔 다음 사람을 보내 형주를 유비와 바꾸자고 할 것이오. 그들이 형주성을 넘기면 내 별도로 생각한 것이 있소. 자경의 몸도 무사할 것이오."❶

노숙이 절하며 감사했다. 주유는 서신을 써서 빠른 배를 골라 노숙을 남서로 보냈고, 노숙은 손권을 만나 먼저 형주를 빌려준 일을 말하고 문서를 바쳤다. 손권이 말했다.

"그대는 어찌 이토록 어리석으시오! 이런 문서 따위를 무엇에 쓰려 하시오!"

노숙이 말했다.

"주도독 서신이 여기 있는데 이 계책을 쓰시면 형주를 얻을 수 있다고 말합니다."

손권이 읽고 나더니 고개를 끄덕이고 속으로 몰래 기뻐했다. 누가 갈 만한지 깊이 생각하다가 문득 깨달았다.

'여범이 아니면 안 되겠구나.'

즉시 여범을 불러들였고, 그에게 일렀다.

"근래에 유현덕이 부인을 잃었다고 들었소. 내게 누이동생이 하나 있는데 현덕을 데릴사위로 맞아들여 사위로 삼아 영원히 인척 관계를 맺고 마음을 합쳐 조조를 깨뜨리며 한실을 지탱하고자 하오. 자형子衡(여범의 자)이 아니면 중매를 할 수 없으니 바라건대 즉시 형주로 가서 한 말씀 해주시오."

명령을 받든 여범은 그날로 배를 수습해 하인 몇 명을 데리고 형주를 향해 떠났다.

한편 현덕은 감부인을 잃고는 밤낮으로 고민에 빠졌다. 어느 날 공명과 한가롭게 이야기를 나누고 있는데 동오에서 파견한 여범이 왔다는 보고가 들어왔다. 공명이 웃으면서 말했다.

"이것은 주유의 계책으로 틀림없이 형주 때문에 왔을 것입니다. 저는 병풍 뒤에 몰래 숨어서 듣겠습니다. 무슨 말이든지 주공께서 모두 승낙하십시오. 그 사람을 역관에서 쉬게 한 다음에 따로 상의하시지요."

현덕은 여범을 청해 들였다. 예를 마치고 자리에 앉아 차를 마신 다음 현덕이 물었다.

"자형께서 오셨으니 틀림없이 알릴 것이 있으시겠지요?"

여범이 말했다.

"제가 근래에 듣자 하니 황숙께서 배우자를 잃으셨다고 하던데, 훌륭한 신부가 있어 의심쩍게 여길 것임에도 불구하고 특별히 중매를 서러 왔습니다. 뜻은 어떠하십니까?"

현덕이 말했다.

"중년의 나이에 아내를 잃었으니 큰 불행이지요. 그러나 골육이 채 식지도 않았는데 어찌 차마 바로 혼담을 꺼내겠소?"

여범이 말했다.

"사람에게 처가 없는 것은 마치 들보 없는 집과 같은데, 어찌 중도에서 인륜을 버릴 수 있겠습니까? 저희 주공이신 오후께 누이동생 한 분이 계신데 아름답고 현명하니 안살림을 받들 만합니다. 만일 양쪽 집안이 춘추 시기 때 진秦과 진晉의 양국처럼 혼인 관계를 맺어 우호관계를 유지한다면 역적 조조는 감히 동남쪽을 똑바로 쳐다보지 못할 것입니다. 이 일은 나라와 집안에 모두 좋은 것이니 청컨대 황숙께서는 의심하지 말아주십시오. 다만 국태[7] 오부인께서 어린 따님을 대단히 사랑하시어 멀리 시집보내려 하지 않기에 반드시 황숙께서 동오로 오셔서 혼인을 하시기 바랍니다."

현덕이 말했다.

"이 일을 오후께서도 아시오?"

"먼저 오후께 아뢰지 않고 어떻게 감히 경솔하게 말씀드리겠습니까!"

"내 나이 이미 반백이라 귀밑머리가 희끗희끗하오. 오후의 누이동생은 꽃다운 나이일 텐데 아마도 내 배필이 아닌 듯하오."

"오후의 누이동생은 몸은 비록 여자이나 그 의지는 남자를 뛰어넘습니다. 항상 '천하의 영웅이 아니라면 내 그를 섬기지 않겠다'고 말씀하십니다. 지금 황숙이 사해에 명성을 드날리니 숙녀가 결혼할 만한 군자이신데, 어찌 나이의 많고 적음으로 꺼리십니까!"

"공이 잠시 머무르시면 내일 알려드리리다."

이날 연회를 베풀어 대접하고 관사에 머물도록 했다. 밤에 공명과 상의했다. 공명이 말했다.

"그가 온 뜻을 저는 이미 알고 있었습니다. 방금 주역周易으로 점을 쳐보니 점괘가 크게 길하고 이로운 징조가 나왔습니다. 주공께서는 즉시 응낙하셔도 될 것 같습니다. 먼저 손건에게 여범과 같이 돌아가 오후를 만나게 하십시오. 직접 마주하여 윤허가 결정되면 택일하고 즉시 가서 혼례를 치르도록 하십시오."

현덕이 말했다.

"주유가 계책을 정하고 나를 해치려 하는데 어찌 경솔하게 위험한 곳으로 들어간단 말이오?"

공명이 웃었다.

"주유가 비록 계책을 쓰는 데 능하다 하더라도 어찌 제 헤아림에서 벗어날 수 있겠습니까! 약간의 꾀를 써서 주유가 반 푼어치의 계략도 펼치지 못하게 할 것입니다. 오후의 누이동생 또한 주공께 시집올 것이고, 형주에 한 치의 손실도 없을 것입니다."

현덕이 의심하며 결정을 내리지 못했다. 공명은 결국 손건에게 강남으로 가서 혼사를 주선하게 했다. 손건은 공명의 말을 깨닫고 여범과 함께 강남으로 가서 손권을 만났다. 손권이 말했다.

"나는 누이동생을 현덕에게 시집보내 데릴사위로 맞아들이기를 원할 뿐 다른 마음은 없소."

손건이 절하며 감사하고 형주로 돌아와 현덕에게 말했다.

"오후는 오로지 주공께서 오셔서 혼사를 치르고 인척 관계가 되기만을 기다리고 있습니다."

현덕은 의심하며 감히 가지를 못했다. 공명이 말했다.

"제가 이미 세 가지 계책을 정해놨는데 자룡이 아니면 수행하지 못할 것입니다."

즉시 조운을 가까이 불러 귓속말로 말했다.

"그대가 주공을 보호하여 동오로 들어갈 때 이 비단 주머니 세 개를 가지고 가시오. 주머니 안에 세 가지 묘책이 있는데 순서대로 실행하시오."

즉시 세 개의 비단 주머니를 조운에게 건네자 조운은 몸속 깊숙이 간직했다. 공명은 먼저 사람을 시켜 동오로 가서 결혼 예물을 보내게 했고 일체의 준비를 완비했다.❷

이때가 건안 14년(209) 10월이었다. 현덕은 조운, 손건과 함께 빠른 배 10척에 수행원 500여 명을 거느리고 형주를 떠나 남서[8]를 향해 출발했다. 형주의 일은 모두 공명이 헤아려 처리하게 했다. 현덕은 내심 즐겁지 않고 불안하기만 했다. 남서주南徐州에 당도하여 배가 이미 기슭에 다다르자 조운이 생각했다.

'군사께서 세 가지 묘책을 차례대로 실행하라고 분부하셨다. 이제 이곳에 당도했으니 우선 첫 번째 비단 주머니를 열어봐야겠구나.'

이에 주머니를 열어 계책을 읽었다. 그러고는 즉시 500명의 수행 군사를 불러 이렇게 저렇게 하라고 일일이 분부했다. 이에 군사들은 명을 받들고 떠났다. 또 현덕에게 먼저 교국로[9]를 찾아가 만나보도록 했다. 교국로는 바로 이교의 부친으로 남서에 살고 있었다. 현덕은 양을 끌고 술 단지를 메고는 교국로를 먼저 찾아뵙고 여범이 중매를 서서 부인을 얻게 된 일을 이야기했다. 동시에 수행 군사 500명은 모두 몸에 붉은 명주와 채색 비단을 걸치고 남서로 들어가 물건들을 사면서 현덕이 동오의 데릴사위가 된다는 소문을 퍼뜨려 성안의 사람들이 모두 그 일을 알게 했다. 손권은 현덕이 이미 당도했다는 것을 알고 여범에게 대접하도록 하여 현덕을 잠시 관사에서 쉬게 했다.❸

한편 교국로는 현덕을 만난 다음 즉시 오국태를 만나 경사를 축하했다. 국태가 말했다.

"무슨 기쁜 일이라도 있습니까?"

교국로가 말했다.

"따님을 유현덕의 부인이 되도록 허락해놓고는 지금 현덕이 이미 도착했는데 무슨 까닭으로 속이십니까?"

국태가 놀라 말했다.

"나는 그 일을 모르오!"

즉시 사정을 묻고자 사람을 보내 오후를 청하는 한편 먼저 사람을 시켜 성안에서 알아보게 했다. 사람들이 모두 돌아와 보고했다.

"정말 그런 일이 일어나고 있습니다. 사위는 이미 역관에서 쉬고 있고 500명의 수행 군사들은 모두 성안에서 돼지, 양, 신선한 과일과 건과 등을 사면서 혼례식을 준비하고 있습니다. 신부 측 중매쟁이는 여범이고 신랑 측은 손건인데 모두 역관에서 대접하고 있습니다."

국태는 기절초풍했다. 잠시 후 손권이 모친을 만나 뵈러 후당으로 들어왔다. 국태는 가슴을 두드리며 통곡했다. 손권이 말했다.

"어머님께서는 무슨 까닭으로 이토록 근심하십니까?"

국태가 말했다.

"네가 줄곧 나 보기를 이토록 없는 사람처럼 취급하는구나! 언니가 임종하실 때 네게 뭐라고 분부하셨더냐!"

손권은 아연실색했다.

"어머니께서 하실 말이 있다면 분명하게 말씀해주세요. 어찌 이토록 고통스러워하십니까?"

"남자가 성장하면 결혼을 해야 하고 여자가 다 자라면 시집가는 것은 고금의 당연한 이치다. 내가 네 어미이니 그런 일이 있으면 마땅히 아뢰고 내게 명을 받아야 할 것이다. 그런데 너는 유현덕을 내 사위로 삼고서는 어찌하여 나를 속였느냐? 그 아이는 내가 낳은 자식이다!"

손권이 깜짝 놀라 물었다.

"그런 말은 어디서 들으셨습니까?"

국태가 말했다.

"모르게 하려 했으면 아예 일을 저지르지 말았어야 했다. 그러나 성안에 가득한 백성 가운데 모르는 사람이 한 명도 없었다! 너는 오히려 나를 속이려 드는구나!"

교국로가 말했다.

"저도 안 지 이미 여러 날[10]이 되었기에 지금 특별히 축하의 말을 전하러 왔소."

손권이 말했다.

"아닙니다. 이것은 주유의 계책으로 형주를 취하고자 혼사를 명분으로 유비를 속여 오게 한 다음 이곳에 구금한 뒤 그를 형주와 맞바꾸려 한 것입니다. 만일 따르지 않는다면 먼저 유비를 베어 죽일 것입니다. 이것은 계책일 뿐이지 진심이 아닙니다."

국태가 버럭 성을 내며 주유를 욕했다.

"그놈은 6군 81주의 대도독인데 결국 형주를 취할 계책이 하나도 없어서 감히 내 딸을 명목으로 내세워 미인계를 썼단 말인가! 유비를 죽이면 그 아이는 망문과부[11]가 될 텐데, 그러면 이후에 어떻게 다시 혼담을 꺼낼 수 있단 말이냐? 딸아이 한평생을 망쳐놨구나! 잘하는 짓이다!"

교국로가 말했다.

"이 계책을 쓴다면 형주는 얻을 수 있을지 몰라도 천하 사람들의 웃음거리가 될 것입니다. 이 일을 어떻게 실행할 수 있겠소!"

손권은 입을 다문 채 말이 없었다.

국태는 멈추지 않고 주유를 욕했다. 교국로가 권했다.

"일이 이미 이렇게 된 이상, 유황숙은 한실의 종친이니 차라리 진정으로 그를 사위로 삼고 망신을 면하는 것이 나을 듯하오."

손권이 말했다.

"나이가 아마도 맞지 않을 것입니다."

교국로가 말했다.

"유황숙은 당대의 호걸이니 이런 사람을 사위로 얻는다면 누이동생에게도 욕되지는 않을 것이오."

국태가 말했다.

"나는 유황숙을 알지 못한다. 내일 감로사[12]에서 만나는 것으로 약속을 정하고 만일 내 마음에 들지 않으면 너희에게 일을 진행하도록 맡기겠으나, 내 마음에 들면 내가 직접 딸아이를 그에게 시집보내겠다!"

손권은 효성이 지극한 사람이라 모친의 그런 말에 즉시 승낙하고 밖으로 나와 여범을 불러 국태께서 현덕을 만나고 싶어하시니 내일 감로사 방장[13]에서 주연을 베풀도록 분부했다. 여범이 말했다.

"어찌하여 가화賈華에게 도부수 300명을 통솔하여 양쪽 복도에 매복시키지 않으십니까. 만일 국태께서 기뻐하지 않으시면 외마디 소리를 신호로 양쪽에서 일제히 뛰쳐나가 그를 사로잡도록 하십시오."

손권은 즉시 가화를 불러 미리 준비하도록 분부하고는 국태의 거동만 살펴보게 했다.❹

한편 교국로는 오국태와 작별하고 사람을 시켜 현덕에게 알렸다.

"내일 오후와 국태께서 친히 만나고자 하시니 잘하시오!"

현덕은 손건, 조운과 함께 상의했다. 조운이 말했다.

"내일 모임은 흉한 일만 많고 길한 일은 적을 것 같으니 이 운이 직접 500명의 군사를 이끌고 보호하겠습니다."

이튿날 오국태와 교국로가 먼저 감로사 방장 안에 좌정했다. 뒤이어 손권이 한 무리의 모사를 거느리고 당도했고 여범에게 역관에 가서 현덕을 청해 오도록 했다. 현덕은 속에 얇은 갑옷을 걸치고 겉에 비단 도포를 입었으며 따르는 자들은 등에 검을 꽂고 바짝 뒤따르며 말에 올라 감로사로 향했다. 조운도 완전 무장한 채 500명의 군사를 이끌고 수행했다. 감로사 앞에 당도하자 현덕이 말에서 내려 먼저 손권을 만났다. 현덕이 기품 넘치는 것을 본 손권은 속으로 문득 두려운 생각이 들었다. 두 사람은 예를 마치고 즉시 방장으로 들어가 국태를 만났다. 현덕을 본 국태는 크게 기뻐하며 교국로에게 일렀다.

"진정 내 사윗감이로다!"

교국로가 말했다.

"현덕은 용과 봉황 같은 자태와 하늘과 해의 기품이 있어 제왕의 풍모를 갖추고 있소. 게다가 천하에 인과 덕을 펼치고 있으니, 국태께서 이런 훌륭한 사위를 얻은 것을 진실로 경축드립니다!"

현덕은 감사하며 절하고 함께 방장 안에서 열린 연회에 참석했다.

잠시 후 자룡이 검을 차고 들어와 현덕의 곁에 섰다. 국태가 물었다.

"이 사람은 누구요?"

현덕이 대답했다.

"상산 조자룡입니다."

국태가 말했다.

"혹시 당양 장판에서 아두를 안았던 사람이 아니오?"

"그렇습니다."

"진정 장군이로다!"

즉시 조자룡에게 술을 내렸다. 조운이 현덕에게 일렀다.

"방금 복도를 순시했는데 방 안에 도부수들이 매복해 있는 것이 보입니다. 틀림없이 좋은 뜻이 없는 듯합니다. 국태께 고하시는 것이 좋겠습니다."

현덕이 이에 국태 자리 앞에서 무릎을 꿇고 울면서 고했다.

"저를 죽이고자 하신다면 즉시 죽여주십시오."

국태가 말했다.

"무슨 말씀이오?"

현덕이 말했다.

"복도에 은밀하게 도부수들을 매복시켜놓았으니 저를 죽이려 하는 것이 아니면 무엇이겠습니까?"

국태가 버럭 화를 화며 손권을 꾸짖었다.

"오늘 현덕이 내 사위가 되었으니 바로 나의 자식과 같다. 무슨 까닭으로 도부수들을 복도에 매복시켰느냐!"

손권은 모르는 일이라고 회피하며 여범을 불러 물었고 여범은 가화에게 핑계를 댔다. 국태는 가화를 불러 호되게 꾸짖었으나 가화는 잠자코 있으며 말이 없었다. 국태는 가화를 참수시키라 큰 소리로 명령했다. 현덕이 고했다.

"대장을 죽이신다면 혼인에 이롭지 못한 데다 제가 슬하膝下[14]에 오래 지내기 어렵습니다."

교국로도 권했다. 국태는 비로소 가화를 큰 소리로 꾸짖어 물리쳤고, 도부수들은 모두 머리를 감싸고 쥐새끼들처럼 달아났다.

현덕이 측간에 가려고 신전 앞으로 나갔는데 뜰에 커다란 돌덩이가 하나가 눈에 들어왔다. 현덕은 자신을 따르는 자가 차고 있던 검을 뽑아 들고 하늘을 우러러 축원했다.

'만일 제가 형주로 돌아가서 왕업과 패업을 이룰 수 있다면 한칼에 이 돌덩이를 두 동강 내게 해주소서. 그러나 이 땅에서 죽게 된다면 검으로 쳐도 이 돌덩이가 쪼개지지 않게 해주소서.'

말을 마치고는 손을 들어 검을 내리치니 불빛이 사방으로 튀면서 돌덩이가 두 동강 났다. 뒤에서 이 광경을 보고 있던 손권이 물었다.

"현덕공은 어찌하여 이 돌을 원망하시오?"

현덕이 말했다.

"제 나이가 쉰에 가까운데 국가를 위해 역적 도당들을 섬멸하지 못해 마음속으로 항상 한탄하고 있소. 지금 국태께서 부르시어 사위가 되었으니 이것은 평생의 좋은 기회지요. 그래서 방금 만일 조조를 격파하고 한나라를 일으킬 수 있다면 한칼에 이 돌을 갈라지게 해달라며 하늘에 길흉을 물었지요. 지금 과연 이렇게 쪼개졌소."

손권은 속으로 생각했다.

'유비가 혹시 이런 말로 나를 속이려는 것은 아닌가?'

그러고는 자기 또한 검을 뽑고 현덕에게 일렀다.

"나 또한 하늘에 길흉을 점쳐달라고 하겠소. 만일 역적 조조를 깨뜨릴 수 있다면 이 돌덩이 또한 쪼개질 것이오."

속으로 축원하며 고했다.

'만일 다시 형주를 취하고 동오를 번창시킬 수 있다면 이 돌덩이를 반으로 쪼개지게 해주소서!'

손을 들어 검을 내리찍으니 거대한 돌이 역시 쪼개졌다. 이 돌에는 지금까지도 십자 문양의 '한석恨石'이 남아 있다. 후세 사람이 이 명승고적을 보고 시를 지어 찬탄했다.

보검을 내리치자 산의 돌덩이가 쪼개지고
도검의 금속 고리 울리는 곳 불꽃 튀는구나
두 왕조[15] 왕성한 기운 모두 하늘의 운명이니
이로부터 천하는 솥 다리처럼 셋으로 나뉘네
寶劍落時山石斷, 金環響處火光生
兩朝旺氣皆天數, 從此乾坤鼎足成

두 사람은 검을 버리고 함께 손을 붙잡으며 자리로 돌아갔다. 다시 몇 순배 마시자 손건이 현덕에게 눈빛을 보냈다. 현덕이 술을 사양했다.

"저는 술 힘을 이길 수 없어 그만 물러나겠소."

손권이 절 앞까지 나가 전송했고 두 사람은 같이 서서 강산의 경치를 구경했다. 현덕이 말했다.

"이곳은 천하제일의 강산이오!"

지금까지도 감로사 비석에는 '천하제일강산天下第一江山'이라고 새겨져 있다. 후세 사람이 찬탄한 시가 있다.

강산에 비 멎고 날이 개니 푸른 산이 둘러서고

경계에는 아무런 근심 없이 즐거움만 가득하네

지난날 영웅들이 뚫어지게 응시하던 곳이려니

거친 풍랑 예전처럼 바위 절벽에 부딪치는구나

江山雨霽擁靑螺, 境界無憂樂最多

昔日英雄凝目處, 巖崖依舊抵風波

두 사람이 함께 구경하고 있는 사이에 강바람이 거세게 불더니 큰 파도가 눈이 구르듯 일었고 흰 물결이 하늘 높이 솟구쳤다. 그때 별안간 파도 위로 한 척의 작은 배가 지나가는데 마치 평지를 가는 듯했다. 현덕이 감탄했다.

"남쪽 사람들은 배를 잘 몰고 북쪽 사람은 말을 잘 탄다'고 하더니 참으로 그런 것 같군요."

그 말을 들은 손권은 속으로 생각했다.

'유비의 이 말은 내가 말 타는 것에 익숙하지 못하다고 조롱하는 것이구나.'

이에 좌우에 말을 끌어오라 명하더니 나는 듯이 말에 올라 산 아래로 질주해 내달렸다가 다시 채찍질하며 고개로 올라와 웃으며 현덕에게 일렀다.

"이래도 남쪽 사람이 말을 탈 수 없다고 하시겠소?"

그 말을 들은 현덕도 옷자락을 추어올리더니 말 등에 뛰어올라 나는 듯이 산을 내려갔다가 다시 위로 내달렸다. 두 사람은 함께 산비탈 위에 말을 세우고는 채찍을 휘두르며 웃었다. 지금까지도 이곳을 '주마파(말을 세웠던 비탈)'[16]라고 부른다. 후세 사람이 지은 시가 있다.

준마 내달리며 그 기개 한없이 드러내고
두 영웅 말고삐 나란히 하며 산하를 바라보네
동오와 서촉에서 왕업과 패업을 이루니
오랜 세월에도 아직 주마파는 남아 있네
馳驟龍駒氣槪多, 二人幷轡望山河
東吳西蜀成王霸, 千古猶存駐馬坡

그날 두 사람은 말고삐를 나란히 하며 돌아왔다. 남서의 백성 모두 두 집안의 경사를 축하했다.

현덕은 역관으로 돌아와 손건과 상의했다. 손건이 말했다.

"주공께서는 교국로에게 간청하여 일찌감치 혼례를 올리셔야 합니다. 그래야만 다른 일이 생기는 것을 피할 수 있습니다."

이튿날 현덕이 다시 교국로 저택 앞에 이르러 말에서 내리자 교국로가 맞아들였다. 예를 마치고 차를 마신 다음 현덕이 고했다.

"강좌[17] 사람들 중에서 저를 해치려는 자가 많아 아마도 오래 머물 수가 없을 것 같습니다."

교국로가 말했다.

"현덕은 안심하시오. 내가 공을 위해 국태께 알려서 보호해드리리다."

현덕은 감사드리며 돌아갔다. 교국로는 오국태를 만나 뵙고는 현덕이 다른 사람들이 자신을 해칠까 두려워하여 급히 돌아가려 한다고 말했다. 오국태는 크게 노했다.

"누가 감히 내 사위를 해친단 말인가!"

즉시 현덕을 서원書院으로 옮겨 당분간 거주하게 하고 길일을 택해 혼례를 올리기로 했다. 현덕이 직접 들어와 오국태에게 고했다.

"조운이 밖에 있어 불편한 데다 군사들을 단속할 사람도 없어 걱정됩니다."

오국태는 모조리 부중으로 옮겨 편히 쉬도록 했고 역관에 머무르다가 일이 생기는 것을 피하게 해줬다. 현덕은 속으로 기뻐했다.

며칠이 지나 연회를 크게 열어 손부인과 현덕의 결혼식을 올렸다. 밤이 되자 손님들이 흩어졌다. 양쪽으로 늘어선 붉은 촛불이 현덕을 맞이하여 신방으로 안내했다. 신방으로 들어간 그가 등불 아래서 살펴보니 창칼이 꽉 들어차 있고 시녀들은 모두 검을 찬 채 양편으로 서 있었다. 덜컥 겁이 난 현덕은 영혼이 몸에 붙어 있지 않을 지경이었다.

시녀들 칼 비껴들고 서 있는 모습 놀라 바라보며
동오가 또 복병을 심어놓은 것은 아닌지 의심하네
驚看侍女橫刀立, 疑是東吳設伏兵

이것은 어찌 된 까닭일까? ❺

제54회 새신랑이 된 유비

❶

감부인의 신분과 미인계

『삼국지』「촉서·감황후전甘皇后傳」은 다음과 같이 기록하고 있다.

"선주의 감 황후는 패국(치소는 안후이성 쑤이시濉溪 서북쪽) 사람이다. 선주가 예주 자사의 직함을 얻은 후 소패에 주둔했을 때 그녀를 첩으로 맞이했다. 선주는 적실 嫡室(정실)을 여러 차례 잃었으므로 항상 감 황후가 집안일을 대신 관리했다. 그녀가 유비를 따라 형주로 갔을 때 후주後主(유선)를 낳았다. 감 황후는 세상을 떠난 뒤 남 군에 안장되었다."

이 기록에서 보듯이 감부인은 확실히 첩이었고 유비는 감부인 외에 여러 명의 정 실을 얻었으나 모두 일찍 죽어 기록조차 없음을 알 수 있다. 유비가 죽은 뒤에 제갈 량이 상소를 올려 감부인은 소열황후昭烈皇后로 추서되는데 이는 결국 유비의 후계 자인 유선을 낳았기에 황후로 추인된 것이다.

이때 감부인은 여전히 첩의 신분이었기에 유비는 손권의 누이동생을 아내로 맞이 할 수 있었다. 첩인 감부인이 죽었기 때문에 주유가 유비에게 새로운 아내를 맞이하 도록 미인계를 썼다는 것은 이치상 맞지 않는다.

❷

중매쟁이 여범

여범을 중매쟁이로 삼았다는 역사 기록은 없다. 소설에서 여범을 중매쟁이로 등장시킨 이유는 아마도 다음과 같은 기록에 근거한 것으로 보인다.

『삼국지』 「오서·여범전呂範傳」에 "여범과 손하孫河(본래 성은 유兪씨였으나 손책이 손씨 성을 하사함)만이 항상 손책을 수행하여 산 넘고 물 건너며 고생을 했고 이 둘은 위험하고 곤란한 상황을 피하지 않았다. 손책도 그들을 친척처럼 대우하여 언제나 함께 자신의 집 대청에 올라 태비太妃 앞에서 술을 마시며 즐겼다"라는 기록이 있고, "유비가 경구京口(장쑤성 전장鎭江)에 와서 손권을 만날 때 여범은 유비를 붙잡아두도록 남몰래 손권에게 요청했다"고 기록되어 있다.

❸

교국로는 누구일까?

소설에서 "교국로喬國老는 바로 이교二喬의 부친으로 남서에 살고 있었다"는 내용이 있다. 여기서 교국로는 바로 한말의 교현橋玄을 가리키며 이교는 대교와 소교를 가리킨다는 것이 대체적인 학설이다. 『후한서』 「교현전」에 따르면 교현은 "광화光化 6년(한 영제의 연호로 183년)에 죽었는데 그때 나이 75세였다"고 기록하고 있다.

『삼국지』 「오서·주유전」에 따르면 "교공橋公의 두 딸을 포로로 잡았는데 모두 국색이었다. 손책 자신은 대교를 아내로 맞이하고 주유는 소교를 아내로 맞이했다"고 기록하고 있는데 이때의 일은 건안 4년(199)의 일로 손책과 주유 모두 24세였다. 이 당시 이교의 나이는 알려지지 않았지만 20대 초반으로 계산하면 교국로가 거의 70세가 다 되어 상당히 늦은 나이에 자식을 가진 것이다.

어쨌든 교국로를 이교의 부친이라고 한다면 손권이 누이동생을 유비에게 시집보낸 때가 건안 14년(209)으로 교국로가 죽은(183) 지 26년 후의 일이 되는 것이고, 교국로가 살아 있었을 때 손권은 1살, 누이동생은 태어나지도 않았다. 이미 죽은 사람이 이 혼사에 개입할 수도 없으며 또한 역사에도 교국로가 관여했다는 기록은 없다.

❹

오국태는 실존 인물일까?

오국태는 소설의 내용처럼 오부인의 여동생으로 역시 손견에게 시집갔다고 했지만 실은 허구의 인물이다. 『삼국지』「오서·오부인전吳夫人傳」은 다음과 같이 기록하고 있다.

"손파로孫破虜(손견)의 오부인은 오나라 군주 손권의 어머니로 4남 1녀를 낳았다. 손권이 어린 나이에 대업을 통괄할 때 오부인이 군을 통솔하고 나라를 다스리는 데 커다란 도움을 주었다. 건안 7년(202)에 오부인은 죽음에 임박하여 장소 등을 불러 뒷일을 부탁했다. 오부인은 죽은 뒤 고릉高陵에 손견과 합장되었다."

그녀가 죽은 시기에 관련해서는 배송지 주 『지림志林』에 건안 12년(207)으로 되어 있어 두 가지 설이 있지만 어쨌든 적벽대전 이전에 죽은 것은 확실하다. 오부인에게 여동생이 있었다는 기록은 어디에도 없으므로 결국 소설 내용 전개에 따라 만들어진 허구의 인물로 볼 수 있다.

또한 소설에서 '오국태吳國太'라는 칭호를 사용하는데 이 당시에 국태라는 칭호는 없었고 후대에도 없었다.

❺

손권과 유비가 인척 관계를 맺은 이유

손권과 유비의 관계에 관한 역사 기록은 상세하지 않다. 다만 『삼국지』「촉서·선주전」에 "유기가 병으로 죽자 부하들은 선주를 형주목으로 추대하고 치소를 공안현公安縣(치소는 후베이성 궁안公安 서북쪽)에 설치했다. 손권은 점점 선주를 두려워하여 여동생을 시집보내 우호관계를 공고히 했다. 선주가 경구京口(장쑤성 전장鎭江)까지 가서 손권을 만나 인척간의 정을 깊게 맺었다"고 기록되어 있다.

소설의 내용처럼 형주를 돌려받기 위해 모략을 세웠다가 얼떨결에 인척 관계를 맺게 되었다는 이야기는 지어낸 것이다. 손권이 유비와 인척 관계를 맺게 되는 과정에 대한 자세한 역사 기록은 없지만 유비가 형주의 7개 군 가운데 4개 군(무릉, 장사,

계양, 영릉)을 차지했고 그의 세력이 성장하는 것에 대한 두려움에서 우호관계를 돈독하게 하기 위해 진행된 것임을 알 수 있다. 이때는 건안 14년(209)으로 유비(161년생) 나이 49세, 손권(182년생)은 28세로 누이동생은 더 어리다는 것을 감안한다면 유비와 누이동생의 나이 차가 최소 20세 이상이므로 정상적인 결혼이라 하기에는 무리가 있다.

손부인마저 빼앗기고
쓰러진 주유

현덕은 지혜롭게 손부인을 흥분시키고,
공명은 두 번째로 주공근의 화를 돋우다

玄德智激孫夫人,
孔明二氣周公瑾

현덕은 손부인의 방 안 양쪽에 창칼이 빽빽이 늘어선 것과 시녀들이 검을 차고 있는 것을 보고는 자신도 모르게 새파랗게 질렸다. 관가파[1]가 나와서 말했다.

"귀인께서는 놀라 두려워하지 마십시오. 부인께서 어려서부터 무사武事(군대 혹은 전쟁에 관련된 일) 보는 것을 좋아하셔서 평소에도 시녀들에게 검술을 시키며 즐기므로 이와 같습니다."

현덕이 말했다.

"그것은 부인이 살펴야 할 일이 아니네. 내 심히 마음이 서늘하니 잠시 물리도록 하게."

관가파가 다시 손부인에게 아뢰었다.

"방 안에 늘어서 있는 병기 때문에 장부께서 불안해하시니 지금 잠시 치우겠습니다."

손부인이 웃으면서 말했다.

"반평생을 싸우며 살아오셨는데 아직도 병기를 두려워하시나요?"

모두 치우라고 명하고는 시녀들에게도 검을 풀고 시중들게 했다. 그날 현덕과 손부인은 밤을 함께 보냈는데 마음이 잘 맞았다. 현덕은 또 황금과 비단을 흩어 시녀들에게 주면서 그들의 환심을 사는 한편 먼저 손건에게 형주로 돌아가 기쁜 소식을 알리도록 했다. 이로부터 연일 술을 마셨다. 오국태도 대단히 친애하며 공경했다.

한편 손권은 시상군에 사람을 보내 주유에게 알렸다.

"어머님께서 강력하게 주장하시는 바람에 이미 내 누이동생을 유비에게 시집보내고 말았소. 거짓으로 꾸미려다 진짜가 되고 말았으니 이 일을 다시 어떻게 하면 좋겠소?"

소식을 들은 주유는 깜짝 놀라 앉으나 서나 불안해하다가 한 가지 계책을 생각해냈다. 이내 밀서를 써서 손권에게 보냈다. 손권이 뜯어보았다.

"제가 꾀한 일이 이렇게 될 줄은 생각도 못했습니다. 거짓으로 꾸미려다 진짜가 되고 말았으니 다시 계책을 써야 마땅할 것 같습니다. 유비는 효웅의 자태를 갖춘 데다 관우, 장비, 조운 같은 장수가 있고 게다가 제갈이 꾀를 쓰고 있으니 반드시 남의 밑에서 오래도록 굽힐 사람이 아닙니다. 어리석은 생각으로는 차라리 오중²에 연금시켜놓고 궁궐을 성대하게 지어 그의 심지를 잃게 하고 미녀와 진기한 보배를 많이 보내 그 귀와 눈을 즐겁게 하는 것이 좋을 듯합니다. 관우와 장비와의 정을 갈라놓고 제갈과 통하는 것을 멀리 차단하여 각기 다른 지역에 있게 한 다음에 군대로 공격한다면 큰일을 결정할 수 있을 것입니다. 지금 그를 놓아준다면 아마도 교룡蛟龍이 구름과 비를 얻는 것으로 끝내는 연못 속의 물건이 되지 않을 것입니다. 바라건대 명공께서는 심사숙고하시기 바랍니다."

읽고 난 손권은 글을 장소에게 보여주었다. 장소가 말했다.

"공근의 꾀가 제 뜻과 같습니다. 유비는 대수롭지 않은 미미한 집안에서 일어나 천하를 분주히 뛰어다니느라 일찍이 부귀를 누려본 적이 없습니다. 지금 만약 크고 호화로운 집을 지어주고 어린 남녀 노비와 재물을 주어 이를 누리게 한다면 자연히 공명, 관우, 장비 등과 소원해질 것입니다. 저들에게 각기 원망하는 마음이 생기게 된다면 형주를 도모할 수 있으니 주공께서는 공근의 계책에 따라 속히 실행하십시오."

손권이 크게 기뻐하며 그날로 동쪽에 있는 관부를 보수하고 꽃과 나무를 많이 심게 했으며 그릇, 식기 등 용구를 풍족하게 준비하고는 현덕과 누이동생을 청해 거주하게 했다. 또 수십여 명의 노래 부르고 춤추는 기녀를 더해주고 아울러 황금, 옥, 비단, 노리개 같은 물건도 보내주었다. 오국태는 단지 손권이 좋은 뜻으로 그런 줄 알고 기뻐서 어쩔 줄을 몰라 했다. 현덕은 과연 가무와 여색에 미혹되어 형주로 돌아갈 생각을 전혀 하지 않았다.❶

한편 조운과 500명의 군사들은 현덕이 기거하는 동쪽 관부 앞에서 지냈는데 단지 성 밖으로 나가 종일 활 쏘고 말 달리는 것 외에는 할 일이 없었다. 연말이 다가오자 조운은 문득 정신이 들었다.

'공명께서 비단 주머니 세 개를 내게 주시면서 분부하시기를 남서에 당도하면 첫 번째를 열어보고, 연말이 되면 두 번째를 열어보라 했으며 위급한 상황에 닥쳐 벗어날 길이 없을 때 세 번째를 열어보라고 하면서 그 안에 신출귀몰한 계책이 있으니 주공을 보호해 집으로 돌아올 수 있다고 하셨지.

이제 올해도 장차 저물어가는데 주공께서 여색에 연연하여 만나 뵙지도 못하니 어찌 두 번째 비단 주머니를 열어서 계책을 실행하지 않겠는가?'

즉시 주머니를 열어보니 신묘한 계책이 들어 있었다. 그날로 곧장 관부 대청으로 들어가 현덕을 만나 뵙기를 청했다. 시녀가 보고했다.

"조자룡이 긴급한 일이 있어 귀인께 보고드린다고 합니다."

현덕이 불러들여 물었다. 조운이 거짓으로 놀란 척하며 말했다.

"주공께서는 화려한 집에 깊숙이 기거하시면서 형주는 생각도 안 하십니까?"

현덕이 말했다.

"무슨 일이 있기에 이토록 놀라 괴이하게 생각하는가?"

"오늘 아침에 공명께서 사람을 보내 알려왔는데 조조가 적벽 전투의 한을 갚고자 정예병 50만 명을 일으켜 형주로 쳐들어오고 있어 매우 위급하다고 합니다. 주공께서는 속히 돌아가셔야 합니다."

"부인과 상의해야겠네."

"부인과 상의하신다면 틀림없이 주공께서 돌아가지 못하도록 하실 것입니다. 말씀드리지 않고 오늘 저녁에 바로 출발하시는 것이 좋을 듯합니다. 늦으면 일을 그르치게 될 것입니다!"

"자네는 잠시 물러나 있게. 내 나름대로 방법이 있네."

조운은 일부러 몇 번 더 재촉하고 다그친 다음에 물러났다. 현덕이 들어가서 손부인을 만나 눈물만 흘렸다. 손부인이 말했다.

"장부께서 무슨 까닭으로 이처럼 근심하십니까?"

현덕이 말했다.

"생각해보니 내가 혼자 객지를 떠돌아다니기만 하여 살아 계실 때 부모님을 봉양할 수 없었고 또 조상께 제사도 지낼 수 없었으니 바로 대역 불효자요. 이제 새해 첫날이 다가오니 우울하고 근심스럽소."

"저를 속이지 마세요. 제가 들어서 이미 알고 있어요! 방금 조자룡이 형주가 위급하다고 보고하니까 돌아가시려고 이렇게 핑계를 대시는 것이지요."

현덕이 무릎을 꿇고 요청했다.

"부인이 이미 알고 있는데 이 비가 어찌 감히 속이겠소. 나는 가지 않으려 했으나 그러면 형주를 잃게 되어 천하 사람들의 비웃음을 살 것이고, 가고자 하니 또 부인과 헤어지기 아쉬워 이렇게 근심하고 있소."

"제가 이미 당신을 섬기고 있으니 당신이 가시는 곳에 따라가는 것이 마땅하지요."

"부인의 마음이 비록 그렇다지만 국태와 오후께서 어찌 부인이 가도록 용인하겠소? 부인이 나를 가엾게 여긴다면 잠시 이별을 하도록 합시다."

말을 마치고는 눈물을 비 오듯 쏟았다. 손부인이 권했다.

"장부께서는 걱정하지 마세요. 첩이 어머니께 부탁하면 틀림없이 당신과 함께 가도록 해주실 거예요."

"설령 국태께서 그렇게 하신다 하더라도 오후는 반드시 못 가게 가로막을 것이오."

손부인은 한참 동안 깊이 생각하며 말했다.

"제가 당신과 함께 정월 초하룻날 세배 드릴 때 당신이 강변에서 조상께 제사 지낸다는 핑계를 대고는 그냥 가버리면 어떻겠어요?"

현덕이 다시 무릎을 꿇고 감사했다.

"그렇게 한다면 죽으나 사나 그 은혜를 잊을 수 없을 것이오! 그러나 절대로 누설해서는 안 되오."

두 사람이 상의하여 결정했다. 현덕은 은밀하게 조운을 불러 분부했다.

"정월 초하룻날 자네는 먼저 군사를 이끌고 성을 나가 관도官道(국가에서 건설한 도로. 큰길)에서 기다리게. 내 조상께 제사 지내는 것을 핑계로 부인과 함께 갈 것이네."

조운이 받들었다. 건안 15년(210) 봄 정월 초하룻날, 오후는 대청에 문무 관원을 모았다. 현덕은 손부인과 함께 들어가 국태에게 절을 올렸다. 손부인 이 말했다.

"남편이 탁군에 있는 부모님과 조상 무덤을 생각하면서 밤낮으로 상심을 그치지 못하고 있어요. 그래서 오늘 강변에 가서 북쪽을 향해 요제遙祭(먼 곳을 향해 제사를 지내는 예)를 지내고자 하니 어머니께선 그리 알고 계세요."

오국태가 말했다.

"이것은 효도인데 어찌 따르지 않겠느냐? 네가 비록 시부모를 뵙지는 못했지만 네 남편과 함께 가서 제사 지내도록 하여라. 이것 또한 며느리의 예이니라."

손부인은 현덕과 함께 감사드리고 나갔다.

이때 손권에게만은 숨기고 있었다. 부인은 가볍고 휴대하기 쉬운 귀중품만 몸에 지닌 채 수레에 올랐다. 현덕도 말에 올라 몇 기만 데리고 수레를 따라 성을 나가서 조운과 만났다. 500명의 군사들이 앞을 가리고 뒤를 에워싸며 남서를 떠났다.

이날 손권은 만취하여 좌우 측근 시종들이 부축해 후당으로 모셨고 문무 관원도 모두 흩어졌다. 관원들이 현덕과 손부인이 도피한 것을 알게 된 때는 날이 이미 저문 다음이었다. 손권에게 보고하고자 했으나 손권은 취해서 깨어나지 못했다. 잠에서 깨었을 때는 이미 오경이었다. 이튿날 현덕이 달아난 것을 알게 된 손권은 급히 문무관원들을 불러 상의했다. 장소가 말했다.

"오늘 이 사람이 달아났으니 조만간 틀림없이 환란이 일어날 것입니다. 속히 추격해야 합니다."

손권은 진무와 반장에게 정예병 500명을 선발해 밤낮을 가리지 않고 쫓아가서 잡아오라고 명했다. 두 장수가 명을 받들고 떠났다. 손권은 현덕을 몹시 증오하며 탁자 위에 있던 옥 벼루를 내동댕이쳐 산산조각 냈다. 정보가 말했다.

"주공의 분노가 하늘을 치솟는다 해도 헛될 것입니다. 제가 헤아리건대 진무와 반장은 이 사람을 틀림없이 사로잡지 못할 것입니다."

손권이 말했다.

"어찌 감히 내 명령을 어긴단 말인가!"

정보가 말했다.

"군주[3]께서는 어려서부터 군에 관련된 일을 보시는 것을 즐겼고 준엄하고 강인한 성격에 강직하셔서 제장들이 두려워하고 있습니다. 유비를 따른 이상 반드시 마음을 합쳐 가셨을 것입니다. 추격하는 장수가 군주를 만나 뵙는다면 어찌 손을 쓰겠습니까?"

크게 성난 손권은 차고 있던 검을 뽑아 들고 장흠과 주태를 불러 명을 듣게 했다.

"그대 두 사람은 이 검을 가지고 가서 내 누이동생과 현덕의 머리를 잘라 가지고 와라! 명을 어기는 자는 즉시 참수하겠노라!"

장흠과 주태는 명을 받들어 1000명의 군사를 이끌고 뒤를 쫓았다.

한편 현덕은 채찍질하며 말고삐를 놓고 질주하면서 길을 재촉했다. 그날 밤 길에서 두 경만 쉬고 허둥지둥 길을 나섰다. 곧 시상 경계에 다다를 즈음에 뒤쪽에서 먼지가 자욱하게 일어나는 것이 보이자 군사가 보고했다.

"추격병이 곧 닥칩니다!"

현덕이 황급히 조운에게 물었다.

"추격병이 이미 이르렀으니 어찌하면 좋은가?"

조운이 말했다.

"주공께서는 먼저 가십시오. 제가 뒤를 맡겠습니다."

앞쪽 산기슭을 돌아가자 한 무리의 군마가 가는 길을 막아섰다. 두 명의 대장이 앞장서며 엄하게 소리 질렀다.

"유비는 어서 말에서 내려 결박을 받아라! 우리는 주도독의 명령을 받들어 여기서 기다린 지 오래다!"

원래 주유는 현덕이 달아날 것을 염려하여 미리 서성과 정봉에게 3000명의 군마를 이끌고 요충지에 군영을 세워 주둔하면서 기다리게 했던 것이다. 현덕이 만약 육로로 달아난다면 틀림없이 이 길로 지나갈 것이라고 짐작하여 항상 사람을 높은 곳에 올라 멀리 살펴보게 했다. 이날도 서성과 정봉이 높은 곳에서 감시하다 현덕의 일행이 오는 것을 보고는 각기 병기를 움켜쥐고 가는 길을 막아선 것이었다. 현덕은 놀라 허둥대며 고삐를 당겨 말을 돌리고는 조운에게 물었다.

"앞에는 가는 길을 차단한 군사들이 있고 뒤에는 추격하는 군사들이 있어 앞뒤로 길이 없게 되었으니 어찌하면 좋단 말인가?"

조운이 말했다.

"주공께서는 당황하지 마십시오. 군사께서 세 가지 묘책이 들어 있는 비단 주머니를 주셨습니다. 두 가지를 이미 열어봤는데 모두 적중했습니다. 지금 아직 세 번째 묘책이 남아 있는데 위험한 처지에 빠졌을 때 열어보라고 분부하셨습니다. 오늘이 위급한 때이니 열어봐야겠습니다."

즉시 비단 주머니를 열어서 현덕에게 바쳤다. 읽고 난 현덕이 급히 수레 앞에 와서 울면서 손부인에게 부탁했다.

"내가 마음속에 둔 진심이 있는데 이 지경에 이르렀으니 이제 모두 사실 대로 말하리다."

부인이 말했다.

"무슨 말씀이든지 사실대로 말씀해주세요."

"지난날 오후와 주유가 함께 꾀하여 부인을 나에게 시집보낸 것은 사실 부인을 위한 계획이 아니라 나를 연금시키고 형주를 빼앗으려 하는 것일 뿐 이오. 형주를 빼앗은 다음에는 반드시 나를 죽일 것이니 이것은 부인을 미 끼로 삼아 나를 낚은 것이오. 내가 생명의 위협을 무릅쓰고 온 것은 부인이 남자의 포부를 지니고 있어 틀림없이 나를 가엾게 여길 것이라 생각했기 때 문이오. 어제 오후가 내게 해를 입히고자 한다는 것을 듣고 형주에 어려움 이 있다는 것을 핑계로 돌아갈 계책을 도모한 것이오. 다행히 부인이 나를 버리지 않아 함께 이곳까지 이르게 되었소. 그런데 지금 오후가 또 사람을 시켜 뒤에서 추격하고 있고 주유도 사람을 보내 앞에서 가로막고 있으니 부 인이 아니라면 이 재앙을 풀 수 없게 되었소. 부인이 허락하지 않는다면 나 는 수레 앞에서 죽음을 청하고 부인의 덕에 보답하겠소."

부인이 화를 냈다.

"내 오라버니가 이미 나를 친 혈육으로 여기지 않는데 내가 무슨 면목으 로 다시 그를 보겠어요! 오늘의 위기는 제가 마땅히 풀어야지요."

이에 큰 소리로 시종들을 꾸짖어 수레를 밀어 곧장 나아가도록 했다. 수 레의 발을 말아 올리게 하더니 친히 서성과 정봉에게 소리쳤다.

"너희 두 사람은 모반을 할 작정이냐?"

서성과 정봉 두 장수는 황망히 말에서 내려 무기를 버리고 수레 앞에서 두 손을 맞잡아 인사를 하고는 경의를 표하며 아뢰었다.

"어찌 감히 모반을 하겠습니까! 주도독의 명령을 받들어 이곳에 군사를 주둔시키고 오로지 유비가 오기만을 기다리고 있었습니다."

손부인이 버럭 화를 냈다.

"주유, 역적 놈! 우리 동오에서는 너희를 저버리지 않았다! 현덕은 바로 대한의 황숙이자 나의 남편이다. 내 이미 어머님과 오라버니에게 형주로 돌아가겠다고 말씀드렸거늘 지금 너희 두 사람이 산기슭에서 군마를 이끌고 길을 가로막은 것은 우리 부부의 재물을 약탈하려는 뜻이더냐?"

서성과 정봉은 연거푸 "예, 예" 하면서 말했다.

"황송합니다. 부인께서는 노여움을 푸십시오. 이것은 주도독의 명령일 뿐 저희와는 상관없는 일입니다."

손부인이 호통을 쳤다.

"너희는 주유만 두려워하고 나는 무섭지 않더냐? 주유가 너희를 죽일 수 있다면 내 어찌 주유를 죽이지 못하겠느냐?"

주유에게 한바탕 욕설을 퍼붓고는 수레를 밀고 나아가라고 큰 소리로 명령했다. 서성과 정봉은 생각했다.

'우리는 아랫사람인데 어찌 감히 부인을 거스르겠는가?'

또 대단히 노기를 띠고 있는 조운을 보고는 군사들에게 움직이지 못하도록 소리 지르고 큰길을 열어 지나가게 했다. 겨우 5~6리밖에 가지 못했는데 뒤에서 진무와 반장이 쫓아왔다. 서성과 정봉은 있었던 일을 자세히 이야기했다. 진무와 반장 두 장수가 말했다.

"자네들이 그들을 지나가도록 놓아준 것은 잘못이네. 우리 두 사람은 오후의 명령을 받들어 특별히 그들을 붙잡아 돌아가려고 쫓아온 것이네."

이에 네 장수가 군사를 한데 모아 길을 재촉하며 뒤를 쫓았다. 현덕이 한창 가고 있는데 별안간 뒤에서 함성이 크게 일어났다. 현덕이 또 손부인에게 부탁했다.

"뒤에 추격병이 또 오는데 어찌하면 좋겠소?"

손부인이 말했다.

"장부께서는 먼저 가세요. 저는 자룡과 뒤를 맡을게요."

현덕은 먼저 300명의 군사를 이끌고 강기슭을 바라보며 갔다. 자룡은 말고삐를 당겨 수레 곁에 멈추고는 사졸들을 벌여 세우고 달려오는 장수들을 기다렸다. 네 장수는 손부인을 보자 어쩔 수 없이 말에서 내려 두 손을 맞잡고 인사했다. 부인이 말했다.

"진무와 반장은 무슨 상관이 있어 이곳에 왔는가?"

두 장수가 대답했다.

"주공의 명을 받들어 부인과 현덕을 청해 돌아가려고 왔습니다."

부인이 정색하며 소리 질렀다.

"다 너희 도적 같은 필부들이 우리 오누이를 이간질시켜 화목하게 지내지 못하게 하는구나! 내가 이미 저분에게 시집을 갔으니 오늘 돌아가는 것이지 다른 사람과 사통하여 몰래 도망치는 것이 아니다. 우리 부부에게 형주로 돌아가라는 어머님의 자애로운 가르침을 받들었다. 내 오라버니가 온다 하더라도 예에 따라 행동해야 할 것이다. 너희 두 사람은 군대의 위력에 의지하여 우리를 살해하려고 하느냐?"

욕을 얻어먹은 네 사람은 서로 얼굴만 쳐다볼 뿐 누구도 소리 내지 못했고 각자 속으로 생각했다.

'저들은 1만 년이 지난다 해도 오누이다. 더욱이 국태께서 책임지고 결정한 일이고 오후께서는 효성이 지극한 분이니 어떻게 감히 모친의 말씀을 거역하겠는가? 내일이라도 안색을 바꾸신다면 우리만 잘못되는 것이다. 차라리 인정을 베푸는 편이 낫겠다.'

군중에는 현덕도 보이지 않고 조운이 눈을 부라리고 눈썹을 치켜세우고는 싸울 기세였다. 네 장수가 연거푸 "예, 예" 하고는 물러났다. 손부인은 수레를 밀라 명하고는 바로 길을 떠났다. 서성이 말했다.

"우리 네 사람이 함께 주도독께 가서 이 일을 보고드리세."

네 사람은 주저하며 결정하지 못했다. 그때 별안간 한 부대가 회오리바람처럼 달려왔는데 다름 아닌 장흠과 주태였다. 두 장수가 물었다.

"자네들은 유비를 보지 못했는가?"

네 사람이 말했다.

"아침에 지나갔으니 이미 반나절이나 지났소."

장흠이 말했다.

"어찌하여 체포하지 않았나?"

네 사람은 각기 손부인과 만난 일을 이야기했다. 장흠이 말했다.

"오후께서 이렇게 될 것을 걱정하셔서 검 한 자루를 하사하셨는데 먼저 누이동생을 죽이고 다음에 유비를 베어 죽이라고 하셨네. 어기는 자는 즉시 참수하라 하셨네!"

네 장수가 말했다.

"이미 멀리 갔을 텐데 어찌하면 좋겠소?"

장흠이 말했다.

"그들은 약간의 보병밖에 없을 테니 급히 가지는 못했을 걸세. 서성과 정봉 두 장군은 달려가서 도독께 보고하여 빠른 배를 몰아 수로로 뒤쫓도록 하고, 우리 네 사람은 기슭으로 추격하겠네. 수로든 육로든 간에 뒤쫓아 죽이되 그들의 말은 듣지 말아야 하네."

이에 서성과 정봉은 즉시 주유에게 보고했고 장흠, 주태, 진무, 반장 네 사람은 군사를 이끌고 강을 끼고 뒤를 쫓았다.

한편 현덕 일행은 시상으로부터 비교적 멀리 떨어진 유랑포[4]에 도착하자 마음이 비로소 조금 느긋해졌다. 강을 건너가기 위해 배를 찾았으나 멀리 바라봐도 강물만 가득할 뿐 배 한 척 보이지 않았다. 현덕은 고개를 수그린 채 웅얼거리며 머뭇거리기만 했다. 조운이 말했다.

"주공께서는 호랑이 아가리에서 탈출하시어 지금 이미 우리 경계 가까이 오셨으니 제 짐작에는 군사께서 틀림없이 추격병을 준비해두셨을 것입니다. 무엇 때문에 주저하십니까?"

그 말을 들은 현덕은 문득 동오에서 화려했던 일을 떠올리며 자신도 모르게 슬피 눈물을 흘렸다. 후세 사람이 탄식한 시가 있다.

오와 촉이 이곳 물가[5]에서 혼례를 치렀을 때는
빛이 고운 구슬 장막에 황금 차양 수레 탔었지
한 여자 때문에 천하를 가벼이 여길 줄 누가 알았으랴
천하삼분을 품은 그 의지 바꾸려 했을 줄을
吳蜀成婚此水潯, 明珠步障屋黃金
誰知一女輕天下, 欲易劉郞鼎峙心

현덕은 조운에게 앞을 살펴보면서 배를 찾게 했는데, 그때 별안간 뒤에서 먼지가 하늘로 치솟고 있다는 보고가 들어왔다. 높은 곳에 올라 바라보니 군마가 땅을 뒤덮으며 몰려오는 것이 보이자 현덕은 탄식했다.

"연일 달아나느라 사람도 지치고 말도 피로한데 추격병이 또 오고 있으니 죽어도 묻힐 땅이 없게 되었구나!"

함성이 점점 가까워졌다. 한창 허둥대며 초조해하는데 갑자기 강기슭에 20여 척의 배가 나타나더니 돛을 내리고 일자로 늘어섰다. 조운이 말했다.

"천만다행으로 여기 배가 있습니다! 어찌하여 속히 배를 타고 노를 저어 건너편 기슭으로 건너가서 다시 계획하시지 않습니까!"

현덕이 손부인과 함께 즉시 달려가 배에 올랐고 자룡 또한 500명의 군사를 이끌고 모두 배에 올랐다. 그때 선창에서 관건을 쓰고 도복을 입은 사람이 껄껄 웃으며 나왔다.

"주공, 기쁩니다! 이 제갈량이 여기서 기다린 지 오래되었습니다."

배 안의 나그네로 가장한 사람들은 모두 형주의 수군이었다. 현덕이 크게 기뻐했다. 조금 지나자 추격해오던 네 장수가 도착했다. 공명이 웃으며 강기슭의 사람들을 가리키며 말했다.

"내 이미 계획을 세워 결정한 지 오래되었노라. 너희는 돌아가서 주랑에게 다시는 미인국美人局(아름다운 여자를 미끼로 쓰는 속임수) 같은 수법을 쓰지 말라고 전해라."

강기슭에서 어지럽게 화살을 쏘아댔으나 배는 이미 멀어진 다음이었다. 장흠 등 네 장수는 멍하니 바라보는 수밖에 없었다.

현덕과 공명이 한창 가고 있는데 별안간 강 위에서 함성이 크게 진동했다. 고개를 뒤로 돌려보니 무수히 많은 전선이 눈에 들어왔다. '수帥' 자 깃발 아래에 주유가 직접 싸움에 익숙한 수군들을 거느리고 있었는데 왼쪽에는 황개, 오른쪽에는 한당이 있었다. 그 기세는 마치 말이 나는 듯했고 빠르기가 유성과 흡사하여 머지않아 따라붙을 것 같았다. 그러자 공명은 배를 북쪽 기슭으로 젓게 했다. 물가에 닿자 배를 버리고 모두 뭍에 올라 달아나도록 했고 수레와 말을 타고 출발했다. 강변까지 추격해온 주유 또한 모두 뒤따라 추격하기 시작했다. 대소 수군이 모두 걸어서 갔고 우두머리 군관들만 말을 탔다. 주유가 앞장섰고 황개, 한당, 서성, 정봉이 바짝 뒤를 따랐다. 주유가 말했다.

"이곳이 어디냐?"

군사가 대답했다.

"앞쪽이 바로 황주[6] 경계입니다."

멀리 바라보니 현덕의 수레와 말이 멀지 않자 주유는 힘을 합쳐 뒤쫓아 들이치라 명했다. 한창 뒤를 쫓고 있는데 북소리가 울리더니 산골짜기에서 한 무리의 칼을 든 군사가 우르르 몰려나왔다. 앞장선 대장은 다름 아닌 관운장이었다. 주유는 어찌할 바를 몰라 갈팡질팡하다 급히 말을 돌려 이내 달아났다. 운장이 뒤를 쫓자 말고삐를 놓고 목숨을 건지기 위해 계속 달아나고 있는데 왼쪽에서 황충, 오른쪽에서 위연 양군이 쏟아져 나왔고 오군은 대패하고 말았다. 주유가 다급하게 배에 올랐을 때 강기슭에 있던 군사들이 일제히 크게 소리 질렀다.

"주랑의 묘책이 천하를 안정시켰고, 부인을 잃고 군사마저도 꺾이게 했구나!"

주유는 화가 치밀었다.

"다시 배에서 내려 목숨 걸고 결전을 벌이겠다!"

황개와 한당이 극력 만류했다. 주유는 속으로 생각했다.

'내 계책이 성공하지 못했으니 무슨 면목으로 오후를 만나 뵙는단 말인 가!'

'악!' 하고 크게 비명을 지르더니 화살 맞은 상처가 파열되어 그만 선상에 쓰러지고 말았다. 장수들이 급히 구했으나 이미 인사불성이었다.

두 차례나 재주를 피우려다 일을 망쳤고

이날 성난 표정이 도리어 부끄러워지네

兩番弄巧翻成拙, 此日含嗔却帶羞

주랑의 목숨은 어떻게 될까?❷

제55회 손부인마저 빼앗기고 쓰러진 주유

❶

손권은 주유의 미인계를 받아들이지 않았다

『삼국지』「오서·주유전」은 다음과 같이 기록하고 있다.

"유비가 경구京口(장쑤성 전장鎭江)까지 와서 손권을 만났을 때 주유가 상소를 올려 말했다.

'유비는 효웅의 자태를 갖추고 있으며 관우와 장비처럼 곰과 호랑이 같은 장수를 끌어안고 있으므로 틀림없이 오랫동안 다른 사람에게 굽혀 지배를 받지 않을 것입니다. 어리석은 생각으로 세운 가장 큰 계책은 유비를 오군吳郡으로 옮겨 두고 궁전을 성대하게 짓고 미녀들과 진귀한 보물을 많이 주어서 그의 눈과 귀를 즐겁게 하고, 관우와 장비 두 사람을 나누어 각기 한 지역에 배치하고 저 같은 사람이 통제하면서 싸우게 한다면 대사를 안정시킬 수 있을 것입니다.'

손권은 조공이 북방에 있기 때문에 마땅히 널리 영웅들을 끌어들여야 한다고 생각했고, 또 유비를 단시간 내에 제압하기 어려울 것으로 염려하여 주유의 건의를 받아들이지 않았다."

소설에서는 미인계를 이용해 유비를 묶어두려는 주유의 계책을 서술했지만 사실은 오부인과는 상관없는 일이다. 『자치통감』 권66 「한기 58」에 따르면 건안 14년(209)

12월에 유비가 손부인을 맞이하고 이듬해(210) 12월에 유비는 형주의 관할권을 요구하기 위해 경구로 가서 손권을 만난다. 그때 주유가 미인계가 포함된 상소를 올린 것이 위의 기록이다.

❷

'형주를 빌리다'의 의미

소설에서 '형주를 빌리다'라는 말이 자주 등장하는데, 그 의미와 전후 상황을 간단하게 살펴볼 필요가 있다.

적벽대전에서 패한 조조가 철군한 이후 주유는 남군을 점령한다. 『삼국지』 「오서·오주전」에 "건안 14년(209), 주유와 조인이 서로 대치한 지 1년쯤 지나자 죽거나 다친 자가 매우 많았다. 조인은 성(강릉江陵)을 버리고 달아났다. 손권은 주유를 남군태수로 임명했다"고 기록되어 있고, 「촉서·선주전」 배송지 주 『강표전』에 따르면 "주유는 남군태수가 되었고 남쪽 연안의 땅을 나누어 유비에게 주었다. 유비는 유강구油江口에 군영을 세우고 명칭을 공안公安으로 변경했다. 유비는 주유가 준 땅이 좁아 백성을 안정시키기 부족하다고 여겨 나중에 다시 손권으로부터 형주의 몇 개 군을 빌리려 했다"고 한다.

이것이 '형주를 빌리다'는 말의 의미다. 적벽대전 이후 유비는 군사를 나누어 원래 형주에 소속된 장강 이남, 즉 오늘날 후난성 경내에 해당하는 무릉, 장사, 계양, 영릉 네 개 군을 취하고 유표의 아들 유기를 형주목으로 추천한다. 오래지 않아 유기가 죽자 유비는 스스로 형주목을 겸한다. 한편 손권은 주유 등이 조인을 격퇴하고 장강 연안의 강하, 남군과 삼협三峽의 서릉西陵에까지 군사를 주둔시킨다. 유비가 형주를 빌린다는 말에서 '형주'는 형주 전체를 말하는 것이 아니다. 형주는 주 전체를 말하는 것으로 주도는 양양襄陽이었다. 그러나 양양은 조조가 이미 점령하고 있었으므로 실제로는 손권의 군대가 통제하고 있는 남군南郡(형주에 소속된 군 명칭으로 17개 현을 관할)의 치소인 강릉을 말하며, 즉 오늘날 후베이성 궁안公安 서쪽에서 싼샤三峽에 이르는 인근 지대를 나타낸다.

또한 『자치통감』과 「오서·노숙전」에 따르면 건안 14년(209) 12월 유비는 손권과 인척 관계를 맺고, 이듬해인 건안 15년(210) 12월에 직접 경구京口(장쑤성 전장鎭江) 로 가서 손권을 만났는데, 형주의 관할을 요청하는 것이 유비의 방문 목적이었다고 했다.

「오서·노숙전」에 따르면 "유비가 경구로 와서 손권을 만나 형주를 관할하기를 요청했다. 노숙만이 손권에게 형주를 유비에게 빌려주어 함께 조공에 대항하자고 권했다. 조공은 손권이 토지를 유비에게 빌려주어 기업을 삼게 했다는 소식을 들었을 때 마침 글자를 쓰고 있었는데 놀라 수중의 붓을 바닥에 떨어뜨렸다'고 기록하고 있어 '빌린다'는 의미를 '관할을 요청한다'로 볼 수 있다.

요약한다면 '형주를 빌리다'의 의미는 '강릉을 빌리다'라는 뜻이고, 결론은 '형주(강릉)의 관할을 요청한다'라는 의미다.

결국 손권은 노숙의 건의를 받아들인다. 노숙이 손권에게 형주를 빌려주자고 권유한 의미와 목적은 유비에게 장강 중류 지역의 방어를 담당하게 하고 손권은 전력을 다해 조조가 장강 하류로 공격을 개시하는 것을 방비하며 강동의 안전을 확보하는 것이었다. 유비는 전략적 요충지인 형주를 얻으면서 손권이 촉 땅으로 들어가는 것을 제어할 수 있게 되었고 자신의 원대한 계획을 발전시키는 데 유리한 상황을 얻었으며 마침내 촉 정벌에 나서게 된다.

결국 손권은 유비에게 형주를 빌려주게 되었지만 원래부터 자신의 소유였으며 근거지로 여기는 형주를 돌려줄 수 없는 유비의 입장과 대치되면서 이후에 형주를 둘러싼 유비와 손권의 관계는 '동맹'에서 '적대' 양상으로 전개된다.

제 56 회

주유의 가도멸괵지계

조조는 동작대에서 크게 연회를 열고,
공명은 세 번째로 주공근의 화를 돋우다

曹操大宴銅雀臺,
孔明三氣周公瑾

주유는 제갈량이 미리 매복해두었던 관공, 황충, 위연 세 갈래 군마에게 일격을 당해 크게 패했다. 황개와 한당이 급히 구해 배에 태우긴 했으나 수많은 수군이 꺾이고 말았다. 멀리 현덕과 손부인의 수레와 말, 시종이 모두 산꼭대기에 머물러 있는 것이 보이는데 주유가 어떻게 화가 나지 않겠는가? 화살 맞은 상처가 아직 낫지도 않았는데 화의 충격으로 상처가 파열되면서 그만 땅바닥에 혼절하고 말았다. 장수들은 그를 소생시키면서 배를 몰아 달아났다. 공명은 추격하지 말라 지시하고 현덕과 함께 형주로 돌아와 기쁘게 경축했으며 장수들에게 상을 내렸다.

주유는 시상으로 돌아갔고, 장흠 등의 일행은 남서로 돌아와 손권에게 보고했다. 손권은 분노를 이기지 못하여 정보를 도독으로 삼아 군대를 일으켜서 형주를 빼앗고자 했다. 주유 또한 원한을 풀고자 군대를 일으키자는 청을 올렸다. 그러자 장소가 간언했다.

"안 됩니다. 조조가 밤낮으로 적벽의 한을 풀려고 하나 손씨와 유씨 집안이 마음을 합칠까 두려워하기 때문에 감히 군대를 일으키지 못하는 것입니다. 지금 주공께서 일시의 분노를 이기지 못하고 자기편끼리 서로 삼키려 든 다면 조조는 틀림없이 허실을 틈타 공격해올 것이고, 그리되면 나라의 형세가 위태로워질 것입니다."

고옹이 말했다.

"허도의 정탐꾼이 어찌 이곳에 없겠습니까? 만일 손씨와 유씨 집안이 화목하게 지내지 못한다면 조조는 반드시 사람을 시켜 유비와 결탁하려 할 것입니다. 유비도 동오를 두려워하게 되어 틀림없이 조조에게 붙을 것입니다. 그렇게 된다면 강남은 언제 평안을 얻을 수 있겠습니까? 지금과 같은 상황에서는 사람을 허도로 보내 유비를 형주목으로 임명해달라는 표문을 올리는 것이 나을 듯합니다. 조조가 그것을 알게 되면 두려워하여 감히 동남으로 무력 진공을 하지 못할 것이고, 더욱이 유비도 주공께 원한을 품지 않게 될 것입니다. 그런 다음 심복을 시켜 반간계를 써서 조조와 유비가 서로 공격하게 만들고, 우리는 그 틈을 타서 도모한다면 이득을 얻을 수 있을 것입니다."

손권이 말했다.

"원탄元歎(고옹의 자)의 말씀이 대단히 훌륭하오. 그런데 누구를 사자로 삼으면 좋겠소?"

고옹이 말했다.

"조조가 존경하고 사모하는 사람이 있긴 한데 사자로 삼을 만합니다."

손권이 누구냐고 묻자 고옹이 말했다.

"화흠華歆입니다."

손권은 크게 기뻐하며 즉시 화흠에게 표문을 주고 허도로 가도록 했다. 화흠은 명을 받들어 곧장 조조를 만나러 허도로 갔다. 그러나 조조가 업군[1]에

서 군신들을 모아놓고 동작대 준공을 경축하고 감상한다는 소식을 듣고 업군으로 가서 만나기를 기다렸다.❶

조조는 적벽에서 패한 뒤로 항상 원수를 갚고자 생각하고 있었으나 손권과 유비가 협력하고 있다고 의심했기 때문에 감히 함부로 진격하지 못하고 있었다. 이때는 건안 15년(210) 봄²으로 동작대가 준공되자 조조는 업군에 문무관원들을 모아놓고 연회를 열어 경축했다. 동작대는 장하漳河를 바로 내려다보고 있었는데 중앙이 바로 동작대이고 왼쪽에는 옥룡대玉龍臺가 자리 잡고 있으며 오른쪽에는 금봉대金鳳臺가 위치해 있었다. 각 대의 높이는 10장이고 위로는 가로로 두 개의 다리가 이어져 세 대가 서로 통했으며 1000개의 문과 1만 개의 창문을 만들었는데 황금빛과 푸른빛이 서로 휘황찬란하게 비추었다. 이날 조조는 진귀한 보배를 박아 넣은 금관을 쓰고 몸에는 녹색 비단 도포를 입었으며 옥대와 진주로 장식한 신을 신고 높은 곳에 올라앉았다. 문무관원들은 대 아래에 시립했다.

조조는 무관들의 활 겨루기를 구경하고 싶어 근시에게 서천에서 나오는 붉은 비단으로 만든 전포 한 벌을 수양버들 가지에 걸게 했고, 그 아래에 과녁을 세워놓고 100보로 경계를 삼게 했다. 무관들을 두 편으로 나누었는데, 조씨 종족은 모두 붉은 옷을 입고 나머지 장사는 모두 녹색 옷을 입었다. 각기 조궁雕弓(화려한 채색으로 조각한 활)과 긴 화살을 휴대하고 말안장에 걸터앉아 고삐를 당긴 채 명령을 기다렸다. 조조가 명령을 전달했다.

"과녁의 붉은 중심을 쏘아 맞히는 자에게는 비단 전포를 하사할 것이고, 맞히지 못하는 자는 벌로 물 한 잔을 마셔야 한다."

명령이 떨어지자 붉은 전포를 입은 편에서 한 소년 장군이 말을 질주해 나왔는데 바로 조휴曹休였다. 조휴가 나는 듯이 말을 몰아 세 차례 오가며 질주하더니 시위에 화살을 걸고 힘껏 당겨 쏘아 과녁 붉은 중심에 그대로 꽂았다. 징과 북이 일제히 울리고 모두 갈채를 보냈다. 대 위에서 구경하던 조조는 크게 기뻐하며 말했다.

"이 아이가 우리 집안의 천리구³로구나!"❷

사람을 시켜 비단 전포를 조휴에게 주려고 하는데 녹색 전포를 입은 편에서 한 기가 나는 듯이 달려나가며 소리 질렀다.

"승상의 비단 전포는 우리와 성이 다른 사람이 먼저 가져가게 양보해야지 종족에서 먼저 가져가는 것은 순서를 따르지 않는 것으로 마땅하지 않소."

조조가 그 사람을 보니 바로 문빙이었다. 관원들이 말했다.

"잠시 문중업文仲業(문빙의 자)이 쏘는 솜씨를 구경하시지요."

문빙이 활을 집어 말고삐를 놓고 달리며 쏘자 역시 붉은 중심에 명중했다. 모두 갈채를 보냈고 징과 북이 요란하게 울렸다. 문빙이 크게 소리쳤다.

"빨리 전포를 가져오너라!"

그때 붉은색 전포를 입은 편에서 한 장수가 또 나는 듯이 달려나오며 엄하게 말했다.

"문열文烈(조휴의 자)이 먼저 쏘았는데, 자네가 어찌 빼앗아 갈 수 있는가? 내가 자네 두 사람에게 활쏘기 무예를 보여줌세!"

활을 힘껏 당겨 쏘자 역시 붉은 중심에 명중했다. 사람들이 일제히 갈채를 보내니 바로 조홍이었다. 조홍이 막 전포를 집으려 하자 녹색 전포 편에서 또 한 장수가 나오면서 활을 높이 들어 올리며 소리 질렀다.

"자네들 세 사람 활 쏘는 법이 어찌 기이할 만하겠는가! 내가 쏘는 것을 구경이나 하게나!"

사람들이 보니 바로 장합이었다. 장합은 나는 듯이 말을 달리더니 몸을 뒤집으면서 등 뒤로 쏘았는데 역시 화살이 붉은 중심에 꽂혔다. 네 대의 화살이 가지런히 붉은 중심 안에 박혔다. 사람들이 말했다.

"훌륭한 솜씨들이오!"

장합이 말했다.

"비단 전포는 마땅히 내가 가져가야 하네!"

말을 마치기도 전에 붉은 전포를 입은 편에서 한 장수가 나는 듯이 말을 몰아 나오며 크게 소리 질렀다.

"자네가 몸을 뒤집어 등 뒤로 화살을 날린 것이 어찌 기이하단 말인가! 내가 붉은 중심을 쏘아 이기는 것을 구경이나 하게!"

모두 보니 하후연이었다. 하후연이 말을 질주해 경계선 입구에 이르러 몸을 비틀어 화살을 쏘자 4대의 화살이 한복판에 그대로 꽂혔고 징과 북이 일제히 울렸다. 하후연은 고삐를 당겨 말을 세우고 활을 내려놓더니 크게 소리 질렀다.

"이 화살이면 비단 전포를 얻을 만하지 않은가?"

그때 녹색 전포를 입은 편에서 한 장수가 대답과 동시에 나오며 크게 소리쳤다.

"잠시 비단 전포를 두었다가 이 서황에게 주게!"

하후연이 말했다.

"자네에게 무슨 활쏘기 방법이 있다고 내 전포를 빼앗으려 하는가?"

서황이 말했다.

"자네가 붉은 중심을 쏘아 이긴 것은 기이할 것도 없네. 내가 간단하게 비단 전포를 가져가는 것을 보게나!"

그러고는 활을 집어 화살을 얹고 멀리 버들가지를 바라보며 쏘자 버들가지가 부러지면서 비단 전포가 땅바닥에 떨어졌다. 서황은 나는 듯이 달려가 비단 전포를 주워 몸에 걸치고는 대 앞으로 질주해와서 읍하며 인사말을 했다.

"승상, 비단 전포를 내려주셔서 감사합니다!"

조조는 칭찬했고 관원들은 부러워했다. 서황이 고삐를 당겨 돌아가려는데 대 옆에서 불쑥 녹색 전포를 입은 한 장군이 나오며 크게 소리쳤다.

"자네는 비단 전포를 가지고 어디로 가는가? 일찌감치 내게 넘기게!"

사람들이 보니 허저였다. 서황이 말했다.

"전포는 이미 내가 가졌는데 네가 어찌 감히 강제로 빼앗으려 하느냐!"

허저는 대답도 하지 않고 나는 듯이 말을 달려와 전포를 빼앗으려 했다. 두 말이 서로 접근하자 서황이 즉시 활을 집어 허저를 때렸다. 그러자 허저가 한 손으로 활을 붙잡고 서황을 잡아 끌어당기며 안장에서 떨어뜨리려 했다. 서황이 급히 활을 버리고 몸을 굴려 말에서 내리자 허저 또한 말에서 내려 서로 꽉 붙잡고 맞붙어 싸웠다. 조조가 급히 사람을 시켜 뜯어말렸으나 그 비단 전포는 이미 갈기갈기 찢어진 상태였다. 조조는 두 사람 모두 대 위로 올라오도록 했다. 서황은 눈썹을 치켜세우고 눈을 부릅떴고 허저도 이를 부득부득 갈며 서로 싸우려고 했다. 조조가 웃으면서 말했다.

"내 특별히 공들의 용맹을 보고 싶었을 뿐이네. 어찌 비단 전포 한 벌을 아까워하겠는가?"

즉시 제장들을 대에 오르게 하여 각기 촉금[4] 한 필씩을 하사하자 그들이 감사를 표했다. 조조는 각기 직위에 따라 앉도록 명했다. 음악이 연주되고 산해진미가 차려졌다. 문관과 무장들이 돌아가며 술잔을 들었고 서로 뒤섞여 술을 권했다.

조조가 문관들을 돌아보며 일렀다.

"무장들은 이미 말 타고 활 쏘며 즐겼으니 충분히 위엄과 용맹을 드러내 보였소. 공들은 학식이 풍부한 인사로서 이 높은 대에 올랐으니 아름다운 문장을 올려 한때의 훌륭한 일을 기념하지 않겠소?"

관원들이 몸을 굽히면서 말했다.

"원컨대 명을 따르겠습니다."

이때 왕랑王朗, 종요鍾繇, 왕찬王粲, 진림陳琳 등 문관이 시를 지어 바쳤다. 시에는 조조의 공덕이 높고 크며, 천명을 받는 것이 합당하다⁵고 칭송하는 뜻이 많았다. 조조가 차례로 읽고 나더니 웃으면서 말했다.

"공들이 지은 시가 아름답기는 하나 과분하게 칭찬하는구려. 내 본래 우매하고 비루하여 처음에 효렴으로 천거되었소. 그 후 천하가 크게 어지러워질 즈음에 초현譙縣 동쪽 50리 밖에 서재를 지어 봄과 여름에는 독서하고 가을과 겨울에는 사냥을 하며 천하가 태평해지기를 기다렸다가 벼슬길에 나갈 생각뿐이었소. 그런데 뜻하지 않게 조정에서 나를 전군교위典軍校尉로 임명하는 바람에 결국 그 뜻을 바꾸어 오로지 나라를 위해 도적을 토벌하고 공을 세우고자 했고, 내 묘도⁶에 '한나라 고 정서장군 조후의 묘漢故征西將軍曹侯之墓'라고 적힌다면 평생의 소원을 이룬 것이라 생각했었소. 생각해보면 동탁을 토벌하고 황건을 섬멸한 이래로, 원술을 제거하고 여포를 깨뜨렸고 원소와 유포를 멸망시켜 마침내 천하를 평정했소. 몸은 재상이 되어 신하로서 지극히 귀해졌으니 또 무엇을 바라겠소? 그러나 만일 나라에 나 한 사람이 없어지면 몇 사람이 황제를 칭하고 몇 사람이 왕을 칭할지 모르겠소. 어떤 사람은 나의 권력이 지나친 것을 보고 터무니없이 추측하면서 내게 다른 마음이 있다고 의심하는데 이것은 완전히 틀린 것이오. 나는 항상 공자께서 문왕의 지극한 덕[7]을 칭찬하신 말씀을 생각하며 마음속에 두고 있소. 그러나 내가 군사를 버리고 봉해졌던 무평후의 국[8]으로 돌아가려 해도 사실 그렇게 할 수가 없소. 진실로 병권을 한번 내려놓으면 다른 사람에게 화를 당할까 염려되고, 내가 패하면 나라가 위태롭게 기울 것이니 이것은 헛된 명성에 연연하다 실제 환난에 처할 수는 없기 때문이오. 공들 중에는 내 뜻을 아는 사람이 틀림없이 없을 것이오."

모두 몸을 일으켜 절을 올리며 말했다.

"비록 이윤과 주공이라 할지라도 승상께 미치지 못할 것입니다."

후세 사람이 지은 시가 있다.

주공[9]도 헛소문을 두려워했던 날 있었고
왕망[10]도 선비를 겸손히 공경한 적 있었네
만일 그 당시 몸이 바로 죽었더라면
일생의 진실과 거짓을 누가 알았겠는가
周公恐懼流言日, 王莽謙恭下士時
假使當年身便死, 一生眞僞有誰知

조조는 연거푸 몇 잔을 마시더니 자기도 모르게 만취했고 좌우를 불러 붓과 벼루를 받들게 하고는 자신 또한 '동작대시銅雀臺詩'를 짓고자 했다. 막 붓을 대려는데 별안간 보고가 들어왔다.

"동오에서 화흠을 보내 표문을 올려 유비를 형주목으로 삼아달라고 아뢰었고, 손권은 누이동생을 유비에게 출가시켰으며 한수[11] 지역의 아홉 개 군 태반이 유비에게 돌아갔다고 합니다."

보고를 들은 조조는 손발을 허둥대며 붓을 바닥에 던졌다. 정욱이 말했다.

"승상께서 무수히 많은 군사 속에 계시든, 화살과 돌이 날아드는 공격 중에 계시든 일찍이 마음이 흔들리신 적이 없었습니다. 그런데 지금 유비가 형주를 얻었다는 소식에 무슨 까닭으로 이토록 놀라십니까?"

조조가 말했다

"유비는 사람 중에 용이지만 평생 물을 얻은 적이 없었소. 지금 형주를 손에 넣었다면 곤경에 처한 용이 큰 바다로 들어가는 것과 같은 것이오. 내 어찌 마음이 흔들리지 않을 수 있겠소!"

정욱이 말했다.

"승상께서는 화흠이 온 뜻을 알고 계십니까?"

"모르오."

"손권은 본래 유비를 꺼리는데 군대로 그를 공격하고 싶으나 승상께서 그 틈을 이용해 공격할까 두려워하는 것입니다. 그래서 화흠을 사자로 삼아 표문을 올려 유비를 천거하는 것입니다. 이것은 바로 유비의 마음을 안심시키는 것으로 승상께서 바라시는 것을 막아보자는 것뿐입니다."

조조가 고개를 끄덕이며 말했다.

"맞소."

정욱이 말했다.

"제게 계책이 하나 있는데 손권과 유비가 서로 삼키려 들게 하고 승상께서는 그 틈을 이용해 그들을 도모한다면 북 한 번 두드리고 두 적을 동시에 깨뜨릴 수 있을 것입니다."

조조가 크게 기뻐하며 즉시 그 계책을 물었다. 정욱이 말했다.

"동오가 의지하는 자는 주유입니다. 승상께서 지금 표문을 올려 주유를 남군태수로 임명하고, 정보를 강하태수로 삼고 화흠은 조정에 머물게 하여 그를 중용하신다면 주유는 틀림없이 유비와 원수지간이 될 것입니다. 그런 다음 그들이 서로 삼키려는 틈을 이용한다면 이 또한 좋지 않겠습니까?"

"중덕仲德(정욱의 자)의 말씀이 내 뜻과 같소."

즉시 화흠을 대로 불러올리고 후한 상을 내렸다. 그날 연회가 끝나자 조조는 즉시 문무관원들을 거느리고 허창으로 돌아왔다. 표문을 올려 주유를 남군을 통솔하는 남군태수로 삼고 정보를 강하태수로 임명했다. 그리고 화흠을 대리소경[12]으로 봉해 허도에 머물게 했다. 사자가 명을 받들어 동오에 이르렀고 주유와 정보는 각기 직책을 받았다. ❸

이미 남군을 통솔하게 된 주유는 원수를 갚을 생각으로 마침내 오후에게 글을 올려 노숙을 보내 형주의 반환을 요구하라고 청했다. 손권은 이에 노숙에게 물었다.

"그대가 이전에 형주를 유비에게 빌려주는 것을 보증했으나 지금 유비가 시간을 끌면서 돌려주지 않으니 언제까지 기다리란 말이오?"

노숙이 말했다.

"문서에는 서천을 얻으면 즉시 돌려준다고 명백하게 적혀 있습니다."

손권이 큰 소리로 꾸짖었다.

"서천을 빼앗겠다고만 말하고 지금까지도 군대를 움직이지 않고 있으니 이게 나이 먹기를 기다리란 것도 아니고 뭐요!"

노숙이 말했다.

"제가 가서 말해보겠습니다."

즉시 배를 타고 형주로 갔다.

한편 현덕은 공명과 함께 형주에 머물면서 군량과 마초를 많이 모으고 군마를 조련했으며, 원근의 선비들이 많이 귀의해 왔다. 그때 별안간 노숙이 왔다는 보고가 들어왔다. 현덕이 공명에게 물었다.

"자경이 이번에 무슨 의도로 온 것이오?"

공명이 말했다.

"지난번 손권이 표문을 올려 주공을 형주목으로 삼았는데 이것은 조조를 두려워해서 세운 계책입니다. 또 조조가 주유를 남군태수로 봉한 것은 우리 두 집안을 서로 집어삼키게 해놓고 중간에서 일을 취하려는 것입니다. 지금 노숙이 온 것은 주유가 이미 태수의 직분을 받았으니 형주를 달라고 요청하려는 뜻입니다."

"어떻게 대답해야 좋겠소?"

"만약 노숙이 형주의 일을 거론하면 주공께서는 바로 대성통곡하십시오. 울음이 비통해질 때쯤 제가 나와서 타이르겠습니다."

계책이 정해지자 노숙을 부중으로 맞이했고 예를 마치고 자리에 앉도록 했다. 그러자 노숙이 말했다.

"이제 황숙께서 동오의 사위가 되셨으니 바로 제 주인이신데 어떻게 감히 앉겠습니까?"

현덕이 웃으면서 말했다.

"자경과 나는 오랜 친구인데 그렇게 지나치게 겸손할 필요가 있소?"

노숙이 이에 자리에 앉았다. 차를 마시고 나자 노숙이 말했다.

"오후의 명을 받들어 특별히 형주의 일로 왔습니다. 황숙께서 형주를 빌려 지내신 지가 이미 오래되었는데도 아직까지 돌려받지 못하고 있습니다. 지금 양쪽 집안이 혼사로 친척이 되었으니 혈육 간의 정을 보아서라도 조속히 돌려주시기 바랍니다."

그 말을 들은 현덕이 손으로 얼굴을 가리고 통곡했다. 노숙이 놀라 말했다.

"황숙께서는 무슨 까닭으로 이러십니까?"

현덕의 곡소리가 그치지 않았다. 그때 공명이 병풍 뒤에서 나오며 말했다.

"제가 듣고 있은 지 오래되었소. 자경은 우리 주인께서 우시는 까닭을 아시오?"

노숙이 말했다.

"나는 실로 모르겠소."

"무엇이 알기 어렵소? 당초에 우리 주인께서 형주를 빌렸을 때 서천을 얻으면 즉시 돌려주겠노라고 약속하셨소. 그런데 자세히 생각해보면, 익주益州 유장劉璋은 우리 주인의 아우님이시니 모두 같은 한나라 황실의 골육인데, 만일 군대를 일으켜 성지를 빼앗는다면 남들한테 욕지거리를 얻어먹을 것 같아 걱정되고, 그렇다고 빼앗지 않고 형주를 돌려주면 어디에 발붙이고 살 수 있겠소? 또 형주를 돌려주지 않자니 처남 보기가 좋지 않겠지요. 이러하니 사실 이럴 수도 없고 저럴 수도 없어 이렇게 눈물 흘리며 비통해하시는 것이지요."

공명이 말을 마쳤으나 그 말이 현덕의 심중을 건드려 정말로 비통해하며 가슴을 두드리면서 대성통곡했다. 노숙이 타일렀다.

"황숙께서는 잠시 근심하지 마시고 공명과 함께 차근차근 신중하게 계획을 상의하십시오."

공명이 말했다.

"수고스럽겠지만 자경께서 돌아가 오후를 만나 뵙거든 한마디 말도 아끼지 마시고 이렇게 걱정하고 근심하는 사정을 오후께 간곡하게 말씀드려 약간이라도 기한을 더 달라고 부탁드려주시오."

노숙이 말했다.

"만일 오후께서 따르지 않으시면 어떻게 하면 좋겠소?"

공명이 말했다.

"오후께서 이미 친누이를 황숙께 출가시켰는데 어찌 허락하지 않으시겠소? 자경께서 좋은 말로 대답해주시기 바라오."

노숙은 인자한 사람이라 현덕이 그토록 애통해하는 것을 보고는 승낙할 수밖에 없었다. 현덕과 공명은 예를 갖추어 감사드렸다. 연회를 마치고 노숙을 배 타는 곳까지 전송했다.

곧장 시상에 당도한 노숙은 주유를 만나 있었던 일을 자세히 이야기했다. 주유가 발을 동동 구르며 말했다.

"자경께서 또 제갈량의 계책에 빠졌구려! 당초에 유비가 유표에게 의지할 때 항상 집어삼킬 뜻이 있었는데 하물며 서천의 유장은 말할 필요가 있겠소? 그렇게 핑계를 대서 거절하면 노형老兄께서는 연루되는 것을 피할 수 없게 되오. 내게 계책이 하나 있는데 제갈량이 내 계획에서 벗어날 수 없을 것이오. 그러니 자경께서 한 번 더 다녀오셔야겠소."

노숙이 말했다.

"바라건대 묘책을 들려주시오."

"자경께서는 오후를 만나 뵐 필요 없소. 다시 형주로 가서 유비에게 '손씨와 유씨 두 집안이 이미 혼인 관계를 맺었으니 한집안이오. 만일 유씨가 차마 서천을 취하지 못하겠다면 우리 동오가 군대를 일으켜 빼앗을 것이오. 서천을 빼앗으면 혼수 예물로 드릴 테니 형주를 동오에 돌려달라'고 말하시오."

"서천은 길이 아득히 멀어 빼앗기가 쉽지 않을 것이오. 도독의 이 계책은 아마도 사용할 수 없을 것 같소."

주유가 웃으면서 말했다.

"자경께서는 참으로 마음씨 좋은 사람이구려. 내가 정말 서천[13]을 빼앗아 그에게 줄 것 같소? 나는 단지 이것을 명분으로 삼는 것이오. 실제는 형주를 빼앗아 그들이 준비하지 못하게 하려는 것이오. 동오의 군마가 서천을 취하려면 형주를 지나가야 하니 그들에게 돈과 군량을 달라고 하면 유비는 틀림없이 성을 나와 군사들을 위로할 것이오. 그때 기세를 몰아 그를 죽이고 형주를 빼앗으면 내 원한도 씻고 그대의 재앙도 해결할 수 있을 것이오."

노숙이 크게 기뻐하며 재차 형주로 갔다. 현덕은 공명과 함께 상의했다. 공명이 말했다.

"노숙은 틀림없이 오후를 만나지 않고 시상까지만 가서 주유와 계책을 상의하고 우리를 유인하러 온 것뿐입니다. 무슨 말을 하든지 간에 주공께서는 제가 고개를 끄덕이는 것을 보시면 즉시 두말없이 허락하십시오."

계책은 이미 정해졌다. 노숙이 들어와 예를 마치고는 말했다.

"오후께서 황숙의 성덕을 대단히 칭찬하시고는 즉시 제장들과 상의하여 군대를 일으켜 황숙 대신 서천을 취하기로 하셨습니다. 서천을 차지하면 형주와 바꾸고 서천을 혼수 예물로 충당하시겠다고 합니다. 다만 군마가 지나갈 때 바라건대 약간의 돈과 군량을 지원해주시기 바랍니다."

공명이 듣고서는 서둘러 고개를 끄덕이며 말했다.

"오후 같은 좋은 마음은 드문 일이오!"

현덕은 두 손을 맞잡고 감사했다.

"이것은 모두가 자경께서 말씀을 잘해준 덕분이오."

공명이 말했다.

"정예 병력이 도착하는 날 즉시 멀리 나가 영접하고 위로하리다."

노숙은 속으로 몰래 기뻐했고 연회가 끝나자 작별하고 돌아갔다. 현덕이 공명에게 물었다.

"이것은 무슨 의미요?"

공명이 호탕하게 웃었다.

"주유가 죽을 날도 가까워진 것 같군요! 이런 계책으로는 어린아이도 속일 수 없습니다!"

현덕이 다시 어떻게 된 것인지 묻자 공명이 말했다.

"이것은 바로 '가도멸괵지계假途滅虢之計'[14]라는 것입니다. 서천을 빼앗겠다는 거짓 명분으로 실제로는 형주를 차지하려는 것입니다. 주공께서 성을 나가 군사들을 위로하기를 기다렸다가 기세를 몰아 주공을 붙잡고 성으로 쳐들어와서 '방비하지 않은 틈을 이용해 허를 찔러 공격하고 방심한 틈을 타서 행동하겠다'[15]는 뜻이지요."

현덕이 말했다.

"어떻게 하면 좋겠소?"

"주공께서는 안심하십시오. 오직 '와궁[16]을 준비하여 사나운 범을 사로잡고 미끼를 준비하여 자라를 낚기'만 하면 됩니다. 주유가 도착하기만을 기다리면 되는데 그가 바로 죽지는 않더라도 9푼쯤 숨 쉬지 못할 지경은 될 것입니다."

그러고는 즉시 조운을 불러 계책을 일러줬다.

"이렇게 저렇게 하고 나머지는 내가 알아서 배치하겠소."

현덕이 크게 기뻐했다. 후세 사람이 탄식한 시가 있다.

주유가 계책을 결정하여 형주를 차지하려고 하자
제갈량이 먼저 알고 한 수 높은 계책 내놓네
주유는 장강에 내린 미끼만 기대하고 있었으나
그 속에 몰래 낚싯바늘 숨겨진 줄 알지 못하네
周瑜決策取荊州, 諸葛先知第一籌
指望長江香餌穩, 不知暗裏釣魚鉤

한편 노숙은 주유를 만나 현덕과 공명이 기뻐하며 성을 나가 군사들을 위로할 준비를 하고 있다고 말했다. 주유가 흡족하게 웃으며 말했다.

"이번에야 내 계책에 걸려들었구나!"

즉시 노숙을 시켜 오후에게 보고하는 한편 정보를 파견해 군사를 이끌고 호응할 수 있도록 요청했다. 주유는 이때 화살 맞은 상처도 거의 치유되어 평정을 되찾았고 몸도 이상이 없었으므로, 감녕을 선봉으로 삼고 자신은 서성, 정봉과 함께 제2대가 되었으며, 능통과 여몽은 후군 부대로 삼아 수륙대군 5만 명을 이끌고 형주[17]를 향해 떠났다. 배 안에서 주유는 수시로 즐겁게 웃으며 공명이 계책에 걸려들었다고 여겼다. 선두 부대가 하구夏口에 이르자 주유가 물었다.

"형주에서 맞이하러 나온 자가 있느냐?"

누군가 보고했다.

"유황숙이 미축을 보내 도독을 만나 뵈러 왔습니다."

주유가 불러오게 하여 군사를 위로하는 일은 어떻게 되었는지 물었다. 미축이 말했다.

"주공께서 모든 준비를 마치셨습니다."

주유가 말했다.

"황숙께서는 어디에 계시오?"

미축이 말했다.

"형주 성문 밖에서 도독과 함께 술잔을 들기만을 기다리고 계십니다."

주유가 말했다.

"지금 그대들 집안일 때문에 원정을 떠나니 군사를 위로하는 예를 소홀히 하지 말아주시오."

미축이 주유의 말을 받들고 먼저 돌아갔다. 강 위에 빈틈없이 배열되어 있던 전선이 차례로 전진하여 순식간에 공안公安에 이르렀는데 단 한 척의 군선軍船도 없었고 게다가 맞이하러 나온 사람조차 전혀 보이지 않았다. 주유는 배를 재촉하여 빠르게 나아갔다. 형주에서 10여 리 떨어진 곳까지 왔으나 강은 고요하고 광활하기만 했다. 그때 정찰병이 돌아와 보고했다.

"형주성 위에 두 폭의 흰 깃발만 꽂혀 있고 단 한 사람의 그림자도 보이지 않습니다."

의심이 든 주유는 배들을 강기슭에 대도록 하고 친히 기슭에 올라 말을 타고 감녕, 서성, 정봉 그리고 한 무리의 군관과 함께 정예군 3000명을 이끌고 곧장 형주로 갔다. 성 아래에 이르렀는데도 아무런 동정도 보이지 않았다. 주유는 고삐를 당겨 말을 세우고는 군사들에게 문을 열라고 소리치게 했다. 성 위에서 누구냐고 물었다. 동오 군사가 대답했다.

"동오의 주도독께서 친히 이곳에 오셨다."

말이 미처 끝나기도 전에 별안간 '딱딱' 딱따기 소리가 울리더니 성 위의 군사들이 일제히 창칼을 꼿꼿이 세웠다. 적루에서 조운이 나오며 말했다.

"도독께서는 도대체 무엇 때문에 오신 거요?"

주유가 말했다.

"나는 그대의 주인을 대신해 서천을 빼앗으러 가는데 그대는 어찌하여 아직도 알지 못하는가?"

조운이 말했다.

"공명 군사께서는 이미 도독께서 길을 빌린다는 명목으로 우리를 멸망시키려 하는 '가도멸괵지계'를 알아채시고 이 조운을 여기에 남게 하셨소. 그리고 우리 주공께서도 '나와 유장은 똑같이 한실의 종친인데 어찌 의리를 배신하고 서천을 취할 수 있단 말인가? 만약 너희 동오가 정말로 촉을 빼앗는다면 나는 마땅히 머리를 풀어헤치고 산으로 들어가 천하에 신의를 잃지 않겠다'고 말씀하셨소."

이 말을 들은 주유는 말을 돌리고 바로 물러났다. 그때 한 사람이 '영令'자 기를 걸고 말 앞으로 와서 보고했다.

"네 갈래의 군마가 일제히 쳐들어오고 있습니다. 관운장은 강릉[18]으로부터 쳐들어오고 있고, 장비는 자귀[19]에서, 황충은 공안에서, 위연은 잔릉[20] 오솔길로 쳐들어오고 있는데, 어느 정도의 군마가 오고 있는지 알 수가 없습니다. 함성이 100여 리를 진동시키는데 모두 주유를 잡아야 한다고 외치고 있습니다."

주유는 말 위에서 '악!' 하고 크게 소리를 지르더니 화살 맞은 상처가 다시 찢어지면서 말 아래로 떨어졌다.

한 수 위인 고단수와 대적하기는 어려우니

몇 번이나 계산했으나 모두 헛되고 말았네

一着棋高難對敵, 幾番算定總成空

주유의 목숨은 어떻게 될 것인가?❹

제56회 주유의 가도멸괵지계

❶

화흠은 사자로 조조에게 가지 않았다

『삼국지』「위서·화흠전華歆傳」을 요약하면 "화흠은 예장豫章태수로 있다가 손책을 따랐고 손책은 그를 상빈으로 대접했다. 손책이 죽은 뒤에 조조는 관도官渡에 있으면서 천자에게 표문을 올려 화흠을 불러오도록 했고 손권은 화흠을 파견했다. 화흠은 의랑 벼슬을 받았으며 조정으로 들어가 상서가 되었다가 시중이 되었고 순욱을 대신해 상서령이 되었다. 태조(조조)가 손권을 정벌할 때 표문을 올려 화흠을 군사軍師로 삼았다. 위나라가 세워진 후 어사대부가 되었으며 문제文帝(조비)가 왕위에 올랐을 때 상국相國에 봉해졌다가 천자가 된 다음에 사도가 되었다."

조조가 관도에서 불러들였을 때는 건안 5년(200)이었다. 소설에서 건안 15년(210)으로 설명하고 있지만 이미 화흠은 10년 전에 조조에게 가서 벼슬을 하고 있었다. 기록에서 보듯이 적벽대전에서 화흠은 조조의 군사였고 이후 조비의 황위 찬탈 때도 지대한 역할을 한다.

❷

『삼국지』「위서·조휴전曹休傳」은 다음과 같이 기록하고 있다.

"조휴는 태조의 족자族子(동족 형제의 자식)다. 천하가 어지러워지자 늙은 어머니를 모시고 강을 건너 오군으로 피란 왔다. 태조가 의병을 일으키자 성과 이름을 바꾸고 형주에 이르렀고 북쪽으로 돌아가는 길에 태조를 만났다. 태조는 조휴를 가리키며 좌우 사람들에게 말했다.

'이 아이가 우리 집안의 천리구千里駒로구나!'

조조는 그를 문제文帝(조비)와 함께 머물도록 하고 아들처럼 대해줬다."

❸

『삼국지』「오서·주유전」과 「정보전」 그리고 『자치통감』 권66 「한기 58」의 기록에 따르면 손권은 주유를 편장군偏將軍으로 봉하고 남군태수를 겸하게 했으며, 정보를 비장군裨將軍으로 봉하고 강하태수를 겸하게 했다고 기록하고 있다. 이것은 조조와는 무관한 것으로 손권이 임명한 것이었다.

❹

촉을 취하기 위한 각축전

소설에는 주유가 서천을 빼앗겠다는 거짓 명분으로 형주를 차지하려는 계책을 실행하는데 이는 사실과 다르다. 유비는 형주의 네 개 군(무릉, 장사, 계양, 영릉)을 취한데다 남군의 일부를 손에 넣은 상태였다. 이런 상황은 천하삼분의 형태를 어느 정도 이루었기에 남아 있는 비옥하고 자원이 풍부한 촉을 차지하기 위한 각축전은 필연적이었다. 소설처럼 단지 형주를 차지하기 위한 주유의 잔꾀로 시작해서 촉이 등장한 것은 아니었다. 처음부터 손권뿐만 아니라 유비도 촉을 차지하기 위한 치열한 공방을 벌였다.

『자치통감』 권66 「한기 58」에 따르면 손권과 유비가 인척 관계를 맺은 시기는 건안 14년(209) 12월이었고, 그 이듬해인 건안 15년(210) 12월에 유비는 직접 경구京口(장쑤성 전장鎭江)로 가서 손권을 만났는데, 『자치통감』과 「오서·노숙전」에 따르면 형주의 관할을 요청하는 것이 유비의 방문 목적이었다. 『주유전』과 『자치통감』 권66 「한기 58」의 기록에 따르면 이때 주유가 경구로 와서 손권을 만나 다음과 같이 건의했다.

"지금 조조는 막 좌절과 패배를 당하여 마음속으로 근심하고 있으므로 아직은 장군과 전쟁을 벌일 수는 없습니다. 저는 분위장군奮威將軍(손유孫瑜)과 함께 촉을 취하고 싶습니다. 촉 땅을 얻은 다음에 진격하여 장로를 병합하고 분위장군을 남겨 그 땅을 공고히 하고 마초와 동맹을 맺을 것입니다. 제가 돌아와 장군과 함께 양양을 점거하고 조조를 압박하면 북방도 도모할 수 있습니다."

손권은 주유의 건의를 받아들였고 촉으로 가기 위해서는 유비의 땅을 거쳐 가는 것이 가장 현실적이었기에 유비와 협력하는 방법을 선택했다. 그러나 유비는 손권의 제의를 거절한다. 「촉서·선주전」은 다음과 같이 기록하고 있다.

"손권이 사자를 보내 함께 촉을 공격해 취하자고 했다. 어떤 사람이 오는 형주를 넘어 촉을 점령하기 불가능하고, 촉 땅은 우리가 차지할 수 있으니 손권의 제안에 동의해야 한다고 했다. 그러자 형주주부主簿 은관殷觀이 나아가 말했다.

'만약 우리가 오의 선봉이 되어 나아가면 촉을 이길 수 없고, 물러나면 오에게 기회를 주어 상황이 끝날 것입니다. 지금은 단지 오가 촉을 토벌하는 일에 찬성하고 우리가 방금 여러 군을 점령했으므로 아직 군대를 일으킬 수 없음을 설명하십시오. 그러면 오가 틀림없이 우리를 넘어 감히 홀로 촉을 취하지는 못할 것입니다. 이와 같이 나아가고 물러나는 계책이 있다면 오와 촉의 이익을 얻을 수 있을 것입니다.'"

또한 「촉서·선주전」 배송지 주 『헌제춘추』에 따르면 "유비는 자신이 촉을 도모하고자 하여 손권의 제의를 거절했다. 손권에게 서신을 보내 '익주는 백성이 부유하고 강하며 토지는 험준하니 유장이 비록 약하다고는 하나 족히 스스로 지켜낼 수 있소. 지금 조조는 이미 삼분된 천하의 둘을 가지고 있고 창해에서 말들을 물 먹이고 오회吳會(오군과 회계군, 즉 강동을 가리킨다)에서 병력을 과시하고 있으니 어찌 지키기만 하면서 앉아서 늙기만을 기다리겠소? 적에게 틈을 주는 것은 장구한 계책이 아니오'라고 말했다. 그러나 손권은 듣지 않고 손유에게 수군을 이끌고 하구에 주둔하게 했고 유비는 군사들의 통과를 허락하지 않았다. 그러고는 손유에게 '네가 만약 촉을 취하고자 한다면 나는 산으로 들어가 은거하며 천하에 신의를 잃지 않겠다'고 말했다. 유비는 관우를 강릉, 장비를 자귀秭歸, 제갈량을 남군에 주둔시켰으며 자신은 잔릉에 주둔했다. 손권은 유비의 뜻을 알고 손유를 돌아오도록 했다'고 기록하고 있다.

결국 손권은 촉을 취할 계책을 중단했고 주유 또한 파구巴丘를 지나다가 병으로 죽게 된다. 그러나 유비는 이듬해인 건안 16년(211)에 촉을 공격한다. 어떻게 보면 손권이 유비에게 뒤통수를 맞은 것이다.

봉추를 품다

와룡은 시상구에서 문상을 하고,
봉추는 뇌양현에서 공무를 처리하다

柴桑口臥龍弔喪,
耒陽縣鳳雛理事

분노에 가득 찬 주유는 그만 말에서 떨어졌고 좌우에서 급히 구하여 배로 돌아갔다. 군사가 전달했다.

"현덕과 공명[1]이 앞산 꼭대기에서 술을 마시며 즐기고 있습니다."

격분한 주유가 이를 부득부득 갈았다.

"너희는 내가 서천을 차지하지 못할 것이라고 말하는데, 맹세컨대 서천을 뺏고 말 것이다!"

한창 증오하고 있는데 오후가 아우[2]인 손유孫瑜를 보냈다는 보고가 들어왔다. 주유가 맞아들이고 있었던 일을 자세히 이야기했다. 손유가 말했다.

"내가 형님의 명령을 받들어 도독을 도우러 왔소."

즉시 군사들을 재촉해 앞으로 나아가도록 했다. 파구[3]에 이르렀을 때 상류에서 유봉과 관평 두 사람이 군사를 이끌고 수로를 차단했다는 보고가 들어왔다. 주유는 더욱 분노했다. 그때 별안간 공명이 사람을 시켜 서신을 보내왔다. 주유가 뜯어보니 내용은 다음과 같았다.

"한나라 군사중랑장[4] 제갈량이 동오의 대도독 주공근 선생 휘하에 글을 바칩니다. 나는 시상에서 작별한[5] 이후 지금까지 항상 생각하며 잊지 못하고 있소. 듣자 하니 족하께서 서천을 취하고자 하신다는데 나는 삼가 불가하다고 여기고 있소. 익주는 백성이 강하고 지세가 험하며 유장이 비록 어리석고 나약하다고는 하나 충분히 스스로 지켜낼 것이오. 지금 군대를 지치게 하면서 멀리 정벌에 나선다면 만 리 길을 따라 군량을 보급해야 하니 훌륭한 공업을 거두고자 한다면 비록 오기吳起가 있다 하더라도 계획을 정할 수 없고 손무孫武라 하더라도 뒤처리를 잘할 수 없을 것이오. 조조가 적벽에서 패했으니 어찌 잠시라도 복수할 뜻을 잊고 있겠소? 지금 족하께서 군대를 일으켜 원정에 나섰다가 만일 조조가 빈틈을 타고 쳐들어온다면 강남은 가루가 되고 말 것이오! 차마 그런 상황을 앉아서 볼 수가 없어서 특별히 이렇게 알려드리는 것이오. 세밀하게 살피시면 다행이겠소."

글을 읽고 난 주유가 길게 탄식하더니 좌우를 불러 종이와 붓을 가져오도록 하여 오후에게 바치는 글을 썼다. 그러고는 장수들을 모아놓고 말했다.

"내가 충성을 다해 나라에 보답하고 싶지 않은 것이 아니라 천명이 이미 다했으니 어쩔 도리가 없소. 그대들은 오후를 잘 모시고 함께 대업을 이루도록 하시오."

말을 마치더니 혼절하고 말았다. 천천히 다시 깨어나더니 하늘을 우러러 길게 탄식했다.

"이미 저를 태어나게 하시고선 어찌하여 제갈량을 내셨습니까!"❶

연이어 몇 차례 소리를 지르더니 죽고 말았다. 그의 나이 36세였다. 후세 사람이 탄식한 시가 있다.

적벽 전쟁에서 위대한 공훈과 업적을 남겼으니

젊은 나이에도 기지가 출중한 명성을 날렸다네

현악기 연주하고 노래 부르면 상대 뜻 알았고

한잔의 술로 장간을 좋은 벗으로 대해줬다네

일찍이 노자경 찾아가 군량 삼천 곡을 구했고

언제나 십만 명의 군사들을 휘몰아 내달렸네

이곳 파구 땅에서 마지막 숨을 거두었던 자리

고인 회상하며 추모하니 슬퍼 마음 아프구나

赤壁遺雄烈, 靑年有俊聲

弦歌知雅意, 杯酒謝良朋

曾謁三千斛, 常驅十萬兵

巴丘終命處, 憑弔欲傷情 ❷

파구에 주유를 정상⁶했다. 제장들은 주유의 유서를 봉하고 사람을 보내 손권에게 나는 듯이 보고했다. 주유가 죽었다는 소식을 들은 손권은 대성통곡했다. 그가 남긴 글을 읽어보니 바로 자신을 대신해 노숙을 천거한 내용이었다.

"제가 평범한 재능으로 남다른 대우를 받고 중요 지역을 위임받아 병마를 통솔했으니 어찌 다리와 팔의 힘이라도 모든 것을 다 기울여 은혜를 갚고자 진력하지 않았겠습니까. 그러나 죽고 사는 것은 예측할 수 없고 수명의 길고 짧음은 운명에 달려 있으니 어쩔 도리가 없습니다. 어리석은 뜻을 펼쳐보지도 못하고 미천한 몸은 이미 죽게 되었으니 여한이 어찌 끝나오리까! 바야흐로 지금 조조는 북방에 있어 전장이 조용하지 않고, 유비는 형주에 몸을 붙이고 있어 마치 호랑이를 기르는 것과 같으니 천하의 일은 여전히 알 수가 없는 상황입니다. 지금은 바로 조정의 관원들이 늦은 저녁에야 밥을 먹을 수 있을 정도로 일이 많아 바쁜 시기이고 지존께서도 머리 숙여 근심해야 할 때입니다. 노숙은 충성스럽고 절개가 굳으며 일에 임해서는 소홀히 하지 않으니 가히 제 소임을 대신할 수 있을 것입니다. '사람이 장차 죽을 때가 되면 그 말 또한 착하다'고 했습니다. 저의 어리석은 뜻을 굽어살펴주신다면 저는 죽어도 썩지 않을 것입니다."

읽기를 마친 손권은 울면서 말했다.

"공근은 왕을 보좌할 만한 재주가 있었는데 갑자기 단명했으니 내 누구를 의지해야 한단 말인가? 유서로 자경을 천거했으니 내 어찌 따르지 않겠는가!"

그날로 노숙을 도독으로 명하고[7] 병마를 통솔하게 하는 한편 주유의 영구를 수습하여 장사 지냈다.

한편 형주에 있던 공명은 밤에 천문을 관찰하다 장성[8]이 떨어지는 것을 보고는 웃으면서 말했다.

"주유가 죽었구나."

동이 트자 현덕에게 보고했다. 현덕은 사람을 시켜 알아보도록 했는데 과연 주유가 죽었다고 했다. 현덕이 공명에게 물었다.

"주유가 이미 죽었다고 하니 어떻게 해야 하오?"

공명이 말했다.

"주유를 대신해 군대를 통솔할 사람은 틀림없이 노숙일 것입니다. 제가 천문을 살펴보니 장성들이 동방에 모여 있습니다. 문상을 핑계 삼아 강동에 가서 주공을 보좌할 만한 재능 있는 인재를 찾아보겠습니다."

"동오의 장수나 사졸들이 선생에게 해를 입힐까 염려되오."

"주유가 살아 있을 때도 두려워하지 않았는데, 지금 주유가 이미 죽었으니 또 무엇을 근심하겠습니까?"

이에 조운과 함께 500명을 이끌어 제사 용품을 갖추고는 배를 타고 파구로 문상하러 갔다. 가는 길에 탐문해보니 손권이 이미 노숙을 도독으로 임명했고 주유의 영구는 시상으로 돌아갔다고 했다. 공명이 곧장 시상으로 가자 노숙이 예로써 영접했다. 주유의 부하 장수들은 모두 공명을 죽이려고 했으나 조운이 검을 차고 뒤따랐기 때문에 감히 손을 쓰지 못했다. 공명은 제물을 영전에 차리게 하고는 친히 제주祭酒를 올리고 땅바닥에 무릎을 꿇으며 제문을 읽었다.

"오호라 공근이여, 불행하게도 요절하셨구려! 수명의 길고 짧음이 하늘에 달려 있다고 하지만 사람이 어찌 슬퍼하지 않으리까? 내 마음이 실로 괴로워 술한 잔 땅에 뿌려 제사 지내니, 그대의 혼령이 계시다면 나의 제사[9]를 흠향[10]하소서! 그대의 어렸을 때를 추념하노니 백부(손책의 자)와 교제하셨고, 의리를 중히 여겼으며 재물을 가볍게 보아 집을 양보하여 그의 가족들을 살게 했지요. 그대가 약관[11]일 때를 추념하노니 붕새(전설 속 큰 새)가 날개를 펼치고 선회하며 날아올라 만 리를 가듯이, 패업을 확고하게 이루고 강남을 할거했소. 그대의 힘이 건장했을 때를 추념하노니 멀리 파구를 제압하자, 경승(유표의 자)은 염려했지만 토역장군(손책)[12]은 근심이 없었소. 그대의 우미한 행동과 태도를 추념하노니 아름다운 소교를 배필로 삼아 한나라 신하의 사위가 되셨으며 당대에 손색이 없었소. 그대의 기개를 추념하노니 조조에게 인질 보내는 것을 간언하여 저지했소. 처음에도 날개를 늘어뜨리지 않았고 마지막에는 나래치며 높이 올랐소. 그대의 파양 시절을 추념하노니 장간이 와서 유세를 했어도 하고자 하는 바를 마음대로 붓을 휘두르듯 말과 행동이 태연자약했으니 깊은 아량과 높은 뜻이 있었소. 그대의 크고 넓은 재주를 추념하노니 문무와 지략을 갖추었고, 화공으로 적을 깨뜨리고 강한 활을 끌어당겨 약하게 만들었소. 그 당시를 생각하니 영민하고 용맹스러우며 재기가 넘쳤도다. 그대의 요절을 곡하노니 땅바닥에 구부려 피를 흘리노라. 충성스럽고 의로운 마음, 영명하고 빼어난 기개였으니, 목숨은 삼기[13]에 그쳤지만 그 명성은 백세에 드리우리다. 그대의 감정이 진실됨을 애도하노니 근심으로 가득한 창자는 천 갈래로 엮이고, 오직 나의 간과 쓸개가 끊어지지 않음이 비통하구려. 가없이 넓은 하늘 어두워지고 삼군이 애처롭게 슬퍼하며, 주공도 슬피 흐느끼고 벗들도 흐르는 눈물 멈추지 못하는구려.

나 또한 재주가 없으니 어디에서 계책을 빌리고 꾀를 구하여, 동오를 도와 조조를 막아내고 한나라를 보좌하여 유씨를 편안케 할 것인가. 앞쪽에서 뿔을 잡고 뒤에서 다리를 잡는 기각지세로 서로 머리와 꼬리가 짝이 되어 원조한다면, 있는 듯하고 없는 듯할 테니 무엇을 걱정하겠소? 오호라 공근이여! 살고 죽음으로 영원히 이별하는구려! 그 지조 순박하게 지키더니 어둡고 아득한 곳으로 사라졌구려. 혼령에게 영험이 있다면 내 마음을 살피소서. 이제부터 천하에는 마음이 통하는 벗이 더욱 없게 되었구려! 오호통재라! 엎드려 바라노니 흠향하소서."

제사를 마친 공명은 땅바닥에 엎드려 통곡했고 용솟는 샘물처럼 눈물을 흘리며 비통해 마지않았다. 장수들이 서로 이야기했다.

"사람들이 주공근과 공명이 화목하지 않다고 말하더니, 지금 제사를 지내 추도하는 정을 보니 모두 빈말을 한 것이로구나."

공명이 그토록 애통해하는 모습을 본 노숙도 슬퍼하며 스스로 생각했다.

'공명은 당연히 정이 많은 사람인데 공근이 헤아림이 좁아 스스로 죽음을 자초한 것이로구나.'

후세 사람이 탄식한 시가 있다.

와룡이 남양에서 아직 깨어나지 않았을 때
또 다른 별자리[14] 더해져 서성[15]으로 내려왔네
푸른 하늘이 이미 공근을 내보냈는데
세상에 어찌 공명 내보낼 필요가 있겠는가
臥龍南陽睡未醒, 又添列曜下舒城
蒼天旣已生公瑾, 塵世何須出孔明

노숙은 연회를 베풀어 공명을 환대했다. 연회가 끝나자 공명은 작별하고 돌아갔다. 막 배에 타려고 하는데 강변에서 도사들이 입는 도포를 입고 대나무 껍질로 만든 죽관竹冠을 썼으며 검은 끈을 두르고 상중에 신는 신을 신은 사람이 한 손으로 공명을 꽉 붙잡았다.

"네가 주랑을 화나게 해서 죽이고는 도리어 조문하니 동오에 사람이 없다고 얕잡아 보는 것이냐!"

공명이 급히 돌아보니 다름 아닌 봉추 선생 방통이었다. 공명 또한 웃으며

방통의 손을 잡고 배에 올라 각자 심사를 터놓고 이야기했다. 공명이 편지 한 통을 남겨 방통에게 주며 부탁했다.

"내가 헤아리건대 손중모孫仲謀(손권의 자)는 틀림없이 족하를 중용할 수 없을 것이오. 조금이라도 마음에 맞지 않으면 형주로 와서 함께 현덕을 도웁 시다. 이분은 인자하고 후덕하셔서 필시 공이 평생 배운 학식을 저버리지 않을 것이오."

방통이 승낙하고 헤어졌다. 공명은 형주로 돌아갔다.

한편 노숙이 주유의 영구를 호송하여 무호[16]에 이르자 손권이 맞이하여 울면서 제사 지내고 고향에서 후하게 장사 지내주라고 명했다. 주유는 2남 1녀를 두었는데 장남은 순循이고, 차남은 윤胤이었다. 손권이 그들을 가엾게 여기고 두텁게 대했다. 노숙이 말했다.

"공근의 정중한 추천을 받았으나 저는 평범한 용재일 뿐이니, 사실은 맡은 직분에 적합하지 않기에 한 사람을 천거하여 주공을 돕고자 합니다. 이 사람은 위로는 천문에 통달했고 아래로는 지리를 훤히 꿰뚫고 있으며 계략은 관중과 악의에 못지않은 데다 군사를 부리는 데는 손무와 오기와 나란히 할 만합니다. 지난날 주공근도 그의 말을 많이 채용했고 공명 또한 그 지혜에 탄복했습니다. 지금 강남에 있는데 어찌하여 중용하시지 않습니까?"

그 말은 들은 손권이 크게 기뻐하며 바로 이름을 물었다. 노숙이 말했다.

"이 사람은 양양 사람으로 성이 방이고 이름이 통이며 자가 사원이라 하고 도호道號는 봉추 선생이라고 합니다."

손권이 말했다.

"나 또한 그 이름을 들은 지 오래되었소. 지금 이미 이곳에 있다니 즉시 오라고 해서 만나게 해주시오."

이에 노숙은 방통을 초청해서 손권을 만나게 했다. 손권이 그 사람을 살펴보니 짙은 눈썹에 들창코에다 시커먼 얼굴에 수염은 짧고 생김새가 괴상하여 내심 기뻐하지 않으며 물었다.

"공은 평생 동안 무엇을 주로 배웠소?"

방통이 말했다.

"구애 없이 임기응변하는 것입니다."

"공의 재능과 학식은 공근과 비교해서 어떻소?"

방통이 웃으면서 말했다.

"제가 배운 것은 공근과는 크게 다릅니다."

손권은 평생 주유를 가장 좋아했는데 방통이 그를 가볍게 여기자 내심 더욱 불쾌해하며 일렀다.

"공은 잠시 물러가 계시오. 공을 써야 할 때가 생기면 다시 청하겠소."

방통이 한차례 길게 탄식하고는 나갔다. 노숙이 말했다.

"주공께서는 어찌하여 방사원을 쓰지 않으십니까?"

손권이 말했다.

"미친 선비요. 그런 사람을 쓴다고 무슨 이익을 얻겠소!"

"적벽에서의 격렬한 전투 때 이 사람이 연환계를 바쳐 최고의 공을 이루었습니다. 주공께서 생각해보시면 틀림없이 그것을 아실 것입니다."

"그때는 조조가 스스로 못 박은 것이지, 반드시 저 사람의 공이라고 할 수는 없소. 내 맹세코 쓰지 않겠소!"

노숙이 방통에게 일렀다.

"내가 족하를 천거하지 않은 것이 아니라 오후께서 공을 쓰려 하시지 않으니 어쩔 도리가 없게 되었소. 공은 잠시 참고 계시오."

방통은 고개를 숙이고 길게 탄식만 할 뿐 말이 없었다. 노숙이 말했다.

"공은 혹시 오에 뜻이 없는 것은 아니겠지요?"

방통은 대답하지 않았다. 노숙이 말했다.

"공은 위급한 시국을 구하고 세상 사람들을 구제할 재주를 품고 있으니 어디로 간들 이롭지 않겠소? 나에게 사실대로 말씀해주시구려. 어디로 가실 작정이오?"

방통이 말했다.

"나는 조조한테 가볼까 하오."

"그것은 빛이 고운 구슬을 어둠속으로 던지는 격이오. 형주로 가서 유황숙께 의탁하면 틀림없이 중용될 것이오."

"내 뜻도 사실은 그러하오. 앞서 한 말은 농담이었소."

"내가 글을 써서 추천해드리겠소. 공이 현덕을 보좌하여 반드시 손씨와 유씨 두 집안이 서로 공격하는 일이 없어야 하고 함께 힘을 합쳐 조조를 격파해야 할 것이오."

"그것이 내가 평생 마음속에 품은 뜻이오."

이에 노숙에게 편지를 써줄 것을 부탁했고, 곧장 형주로 가서 현덕을 만났다.

공명은 마침 네 개 군을 시찰하러 가서 아직 돌아오지 않았을 때였다. 문을 지키는 관리가 보고했다.

"강남의 명사인 방통이 특별히 몸을 의탁하러 왔다고 합니다."

현덕은 방통의 이름을 들은 지 오래라 즉시 청해 들이고 만났다. 현덕을 만난 방통은 두 손을 맞잡고 허리를 굽히기만 하고 절을 올리지 않았다. 방통의 용모가 추한 것을 본 현덕도 내심 즐겁지 않았다. 방통에게 물었다.

"족하께서 먼 길을 오셨으니 쉽지 않았겠구려."

방통은 바로 노숙과 공명의 추천서를 꺼내지 않고 단지 대답했다.

"황숙께서 현자를 초빙하고 인재를 받아들인다고 하셔서 특별히 의탁하러 왔습니다."

현덕이 말했다.

"형초[17]가 조금 안정되어 아무리 고심해도 비어 있는 직책이 없구려. 여기에서 동북쪽으로 130리 떨어진 곳에 뇌양현[18]이라는 현이 있는데 현의 장관이 없으니 공께서 그곳을 맡아주시오. 나중에 빈자리가 생기면 중용하리다."

방통은 생각했다.

'현덕이 어찌하여 나를 박대하는가!' ❸

재능과 학식으로 그를 움직여보려고도 했으나 공명이 자리에 없는 것을 보고는 어쩔 수 없이 작별하고 뇌양현으로 떠났다. 뇌양현에 당도한 방통은 정무는 처리하지 않고 종일 술만 마시며 즐겼고, 일체의 돈과 양식 문제, 송사 같은 일들은 아예 외면했다. 누군가 현덕에게 방통이 뇌양현의 일을 모조리 팽개쳤다고 보고했다. 현덕은 노했다.

"썩어빠진 유생 놈이 어찌 감히 내 법도를 어지럽힌단 말인가!"

즉시 장비를 불러 수행원을 이끌고 형남[19]으로 가서 각 현을 순시하라고 분부했다.

"만일 공정하지 못하거나 법을 위반하는 자가 있으면 즉시 추궁하라. 일을 처리하는 데 분명하지 못한 것이 있을까 염려되니 손건과 함께 가도록 하라."

장비는 명령을 받들고 손건과 함께 뇌양현에 당도했다. 군민과 관리가 모두 성을 나와 영접했는데 유독 현령만 보이지 않았다. 장비가 물었다.

"현령은 어디에 있느냐?"

현의 동료 관리가 대답했다.

"방현령께서는 부임한 이래로 지금까지 100여 일이 지났는데 현의 일은 물어보지도 않고 매일 술만 마시며 아침부터 밤까지 술에 취해 몽롱한 상태입니다. 오늘도 숙취로 깨지 않아 아직도 잠자리에서 일어나지 못하고 계십니다."

크게 노한 장비가 체포하려고 했다. 손건이 말했다.

"방사원은 고명한 사람이라 소홀히 대해서는 안 되오. 일단 현에 들어가 물어봐서 이치에 합당하지 않은 일이 있다면 그때 죄를 다스려도 늦지 않을 것이오."

장비는 이에 현으로 들어가 대청에 좌정하고 현령을 불러오도록 했다. 방통은 의관도 가지런히 하지 않고 취한 채 나왔다. 장비가 노했다.

"우리 형님께서 너를 사람으로 생각해 현의 장관을 시켰는데 너는 어찌하여 감히 현의 사무를 모조리 내팽개쳤단 말이냐!"

방통이 웃으면서 말했다.

"장군은 내가 현의 무슨 일을 돌보지 않았다고 하시오?"

"네가 부임한 지 100여 일이 지났는데도 종일 술에 취해 있다고 하던데 어찌 정사를 돌봤다고 하겠느냐?"

"사방 100리밖에 안 되는 이런 작은 현에는 자잘한 공무밖에 없는데 결정을 내리는 것이 무엇이 어렵겠소! 내가 처리할 동안 장군은 잠시 앉아 계시오."

그러고는 바로 관리를 불러 100여 일 동안 쌓였던 공무를 가져오도록 하여 시비를 가리고 판결을 내렸다. 관리들은 어수선하게 문건들을 안고 대청으로 올려바쳤고 송사의 피고인들은 계단 아래에 둘러 꿇어앉았다. 방통은 손으로는 판단하여 결재하고 입으로는 판결을 내려 처분하며 귀로는 송사 내용을 듣는데 옳고 그름이 분명하여 터럭만큼의 착오도 없었다. 백성은 모두 머리를 조아리고 엎드려 절했다. 반나절도 되지 않아 100여 일간의 밀렸던 공무를 모두 처리해 마치더니 붓을 바닥에 던져버리고는 장비에게 말했다.

"돌보지 않은 일이 어디에 있단 말이오? 조조, 손권조차도 내 손바닥에 그려진 손금 보듯 하는데 이까짓 작은 현쯤이야 신경 쓸 필요가 있겠소!"

깜짝 놀란 장비가 자리에서 내려와 사죄했다.

"선생의 크신 재주를 몰라 뵙고 그만 이놈이 실례했소. 내 형님께 마땅히 있는 힘을 다해 추천해드리겠소."

방통이 이에 노숙의 추천서를 꺼냈다. 장비가 말했다.

"선생께서는 우리 형님을 처음 뵈었을 때 어찌하여 보여드리지 않았소?"

"바로 꺼내놓으면 오로지 추천서에 의지해 만남을 청하는 것 같아 그랬지요."

장비가 손건을 돌아보며 일렀다.

"공이 아니었으면 대현大賢 한 분을 잃을 뻔했소."

마침내 방통과 작별하고 형주에서 현덕을 만나 방통의 재주를 자세히 이야기했다. 현덕이 깜짝 놀랐다.

"대현을 이치에 맞지 않게 대접한 것은 나의 잘못이다!"

장비가 노숙의 추천서를 바쳤다. 현덕이 뜯어보니 글의 내용은 다음과 같았다.

"방사원의 재주는 사방 100리[20] 안팎의 일개 현이나 다스릴 재주가 아니니 치중治中이나 별가別駕의 임무를 맡기셔야 비로소 그 재능을 발휘할 수 있을 것입니다. 생김새만 보고 대접하여 그의 배움을 저버리고 끝내 다른 사람을 위해 쓰이게 하신다면 실로 애석할 것입니다!"❹

글을 읽고 난 현덕이 탄식하고 있는데 별안간 공명이 돌아왔다는 보고가 들어왔다. 현덕이 맞아들이고 예를 마치자 공명이 먼저 물었다.

"방군사는 요즘 무탈합니까?"

현덕이 말했다.

"요즘 뇌양현을 다스리고 있는데 술만 좋아하고 일은 내팽개치고 있소."

공명이 웃으면서 말했다.

"사원은 사방 100리 안팎의 조그만 일개 현이나 다스리는 재주가 아닙니다. 가슴에 품은 학문은 저보다 10배는 낫습니다. 제가 일찍이 추천서를 사원에게 줬는데 주공께서는 전달받으셨습니까?"

"오늘에야 비로소 자경의 글을 받았고 선생의 글은 아직 보지 못했소."

"대현이 작은 소임을 맡게 되면 종종 술로 흐리멍덩해져 집무를 시작하는 데 게을러질 수 있습니다."

"내 아우가 말해주지 않았다면 정말 대현을 잃을 뻔했소."

즉시 장비에게 뇌양현으로 가서 방통을 정중하게 청해 형주로 모셔 오도록 했다. 방통이 도착하자 현덕은 계단을 내려가 죄를 청했고 그제야 방통은 공명의 추천서를 꺼냈다. 현덕이 글을 읽어보니 봉추가 오면 즉시 중용해야 한다는 뜻이 담겨 있었다. 현덕이 기뻐하며 말했다.

"지난날 사마덕조 선생께서 '복룡과 봉추 두 사람 중에 한 사람만 얻어도 천하를 편안케 할 수 있다'고 말씀하셨소. 이제 두 분을 모두 얻었으니 한실을 다시 일으킬 수 있을 것이오."

즉시 방통을 부군사중랑장[21]으로 임명하고 공명과 함께 계획과 책략을 거들어 협조하고 군사를 조련하며 정벌의 명령을 기다리게 했다.❺

일찌감치 누군가 허창에 와서 유비가 제갈량과 방통을 모사로 삼아 군사를 모집하고 말을 사들이며 마초를 쌓고 군량을 저장하고 있는데 동오와 연계하여 조만간 틀림없이 군대를 일으켜 북벌에 나설 것이라고 보고했다. 그 소식을 들은 조조는 즉시 모사들을 모아놓고 남쪽으로 정벌에 나설 일을 상의했다. 순유가 나서며 말했다.

"주유가 방금 죽었으니 먼저 손권을 취한 다음에 유비를 공격하는 것이 좋겠습니다."

조조가 말했다.

"내가 멀리 정벌에 나선다면 마등이 허도를 습격할까 걱정되오. 전에 적벽에 있을 때도 군중에 서량이 침입한다는 헛소문이 있었으니 지금 방비하지 않을 수 없소."

순유가 말했다.

"제 어리석은 생각으로는 차라리 마등에게 정남장군征南將軍 벼슬을 더해 주고 손권을 토벌하라는 조서를 내린 후 도성으로 유인해 먼저 이 사람부터 제거하는 것이 나을 듯합니다. 그런 다음 남쪽 정벌에 나선다면 우환이 없을 것입니다."

조조가 크게 기뻐하며 그날로 서량[22]으로 사람을 보내 조서를 주고 마등을 불러오도록 했다.

마등은 자가 수성壽成으로 한나라 복파장군伏波將軍 마원馬援의 후손이다. 부친은 이름이 숙肅이고 자가 자석子碩인데 환제 때 천수군 난간현[23] 현위로 있었다. 이후 관직을 잃고 농서[24] 지역을 떠돌다가 강인羌人들과 섞여 살면서 강족 여자를 얻어 마등을 낳았다. 마등은 키가 8척에 체구가 남달리 듬직하고 타고난 천성이 온화하고 선량하여 그를 공경하는 사람이 많았다. 영제 말년에 강인들이 여러 차례 반란을 일으키자 마등은 민병을 모집해 그들을 격파했다. 초평[25] 연간에는 도적을 토벌한 공이 있어 정서장군征西將軍에 봉해졌고 진서장군鎭西將軍 한수韓遂와 결의형제를 맺었다. 이날 조서를 받든 마등은 장자인 마초와 상의했다.

"나는 동승과 함께 옥대 속 비밀 조서를 받은 이래로 유현덕과 함께 역적을 토벌하기로 약속했는데 불행하게도 동승은 이미 죽었고 현덕은 여러 차례 패전했다. 나 또한 서량 후미진 곳에 있다 보니 현덕을 도와줄 수가 없었다. 지금 현덕이 이미 형주를 얻었다고 들어 나도 지난날의 뜻을 펼치고자 했는데 조조가 도리어 나를 부르니 어떻게 생각하느냐?"

마초가 말했다.

"조조가 천자의 명을 받들어 아버님을 부르는데 가지 않으면 저들이 반드시 명령을 거역했다며 저희를 책망할 것입니다. 그러니 그가 부르는 기회를 이용해 도성으로 가서 일을 벌인다면 지난날의 뜻을 펼치실 수 있을 것입니다."

마등 형의 아들인 마대馬岱가 간언했다.

"조조한테 다른 꿍꿍이가 있어 숙부님께서 가셨다가 해를 당하실까 걱정됩니다."

마초가 말했다.

"제가 서량의 군사들을 모조리 일으켜 아버님을 따라 허창으로 쳐들어가서 천하를 위해 해로움을 제거한다면 안 될 게 무엇이 있겠습니까?"

마등이 말했다.

"너는 강병羌兵을 통솔하여 서량을 지키도록 하여라. 네 아우인 마휴馬休와 마철馬鐵 그리고 조카 마대를 데리고 함께 가겠다. 네가 서량에 있고 또 한수와 서로 돕고 있는 것을 조조가 안다면 감히 내게 해를 끼치지는 못할 것이다."

마초가 말했다.

"아버님께서 가고자 하신다면 절대로 함부로 도성으로 들어가지 마십시오. 임기응변하면서 그 동정을 살피셔야 합니다."

마등이 말했다.

"내 대처할 방법이 있으니 너무 염려할 필요 없다."

이에 마등은 서량군 5000명을 이끌고, 먼저 마휴와 마철을 선봉대로 삼고 마대는 뒤에서 호응하게 하면서 허창을 향해 천천히 나아갔다. 허창에서 20리 떨어진 곳에 군마를 주둔시켰다.

마등이 이미 당도했다는 소식을 들은 조조는 문하시랑²⁶ 황규黃奎를 불러 분부했다.

"지금 마등이 남쪽으로 정벌에 나서는데 내가 그대를 행군참모行軍參謀로 삼을 것이니 먼저 마등 군영으로 가서 군사를 위로하도록 하시오. 서량은 길이 멀어 군량을 보급하기 매우 어려우니 많은 인마를 거느리고 오지는 못했을 것이오. 내가 대병을 보내줄 터이니 협력해서 함께 전진하라고 전해주시오. 그리고 내일 그가 성으로 들어와 천자를 알현하면 즉시 군량과 마초를 지원할 것이오."

명을 받든 황규는 마등을 찾아갔고 마등은 술자리를 마련해 대접했다. 황규가 술이 거나하게 취하자 말했다.

"나의 부친이신 황완黃琬이 이각과 곽사의 난리 때 돌아가셔서 일찍이 몹시 원통해하고 있었소. 그런데 생각지도 않게 지금 또 황제를 기만하는 역적을 만나고 말았소!"

마등이 말했다.

"누가 황제를 속이는 역적이오?"

"황제를 기만하는 자는 조조지요. 공은 어찌 그것도 모르고 내게 물으시오?"

마등은 조조가 시켜서 떠보는 것은 아닐까 염려되어 급히 제지하며 말했다.

"듣는 귀와 보는 눈이 가까이 있으니 함부로 말씀하지 마시오."

황규가 소리 질렀다.

"공은 옥대 속 비밀 조서를 끝내 잊었단 말이오!"

마등은 그가 진심으로 말하는 것을 보고는 이에 은밀하게 실제 사정을 알려줬다. 황규가 말했다.

"조조가 공에게 성으로 들어와 황제를 알현하라고 하는 것은 틀림없이 좋은 뜻이 아니오. 그러니 공은 함부로 들어가서는 안 되오. 내일 군사를 통솔해 성 아래에 두고 조조가 성을 나와 군사를 점검하기를 기다렸다가 그곳에서 그를 죽이면 큰일을 이룰 수 있을 것이오."

두 사람의 상의가 결정됐다.

황규는 집으로 돌아왔으나 분한 마음이 가시지 않았다. 그의 처가 여러 번 이유를 물었으나 황규는 말하려 들지 않았다. 그런데 뜻밖에 그의 첩인 이춘향李春香이 황규의 처남인 묘택苗澤과 사통하는 관계였다. 마침 그때 묘택은 이춘향을 얻고자 했으나 손쓸 길이 없었는데 황규의 분한 모습을 본 이춘향이 묘택에게 말했다.

"황시랑이 오늘 군 상황을 상의하고 돌아와서는 몹시 분노하고 있는데 누구 때문인지 모르겠어요."

묘택이 말했다.

"네가 말로 '사람들이 모두 유황숙은 어질고 덕 있는 분이고 조조는 간웅이라고 말하던데 왜 그런 것인가요?'라고 그를 충동질해보거라. 그리고 그가 무슨 말을 하는지 보거라."

이날 밤 황규는 과연 이춘향의 방으로 왔다. 첩이 그를 말로 부추겼다. 그러자 황규가 술김에 말했다.

"너는 한낱 아녀자에 불과한데도 바르지 못한 것과 바른 것을 아는데, 하물며 나야 말할 필요가 있겠느냐? 내가 원망하는 자는 조조다. 그래서 죽이려고 한다."

첩이 말했다.

"그를 죽이려고 한다면 어떻게 손을 쓰려고 하시나요?"

"내 이미 마장군하고 약속을 정했는데 내일 성 밖에서 군사를 점검할 때 조조를 죽일 것이다."

첩은 그 말을 묘택에게 알렸고, 묘택은 조조에게 일러바쳤다. 조조는 즉시 은밀하게 조홍과 허저를 불러 이렇게 저렇게 하라고 분부했고, 또 하후연과 서황을 불러 행동을 분부했다. 각기 명을 받들고 나가자마자 먼저 황규 일가 노소를 막론하고 모조리 잡아들이게 했다.

이튿날 마등이 서량의 병마를 이끌고 막 성에 접근하려 하자 앞쪽에서 승상기를 앞세운 한 무리의 붉은 깃발이 보였다. 마등은 조조가 직접 군사를 점검하러 온 줄 알고 말에 박차를 가하며 앞으로 나아갔다. 그때 별안간 '쾅!' 하는 포성이 울리더니 붉은 깃발들이 열리면서 활과 쇠뇌가 일제히 발사되었다. 한 장수가 앞장섰는데 바로 조홍이었다. 마등이 급히 말을 돌리려고 할 때 양쪽에서 함성이 또 일어났다. 왼쪽에서 허저가 치고 나왔고 오른쪽에서 하후연이, 뒤에서는 또 서황이 군사를 이끌고 몰려오며 서량 군마의 퇴로를 차단하고 마등 부자 세 사람을 포위하여 한가운데에 갇히게 했다. 상황이 좋지 않음을 본 마등은 필사적으로 있는 힘을 다해 싸웠다. 어느새 마철은 어지럽게 날아든 화살에 맞아 죽었고 마휴는 마등을 뒤따르며 좌충우돌했으나 빠져나갈 수가 없었다. 몸에 중상을 입은 데다 타고 있던 말 또한 화살에 맞아 거꾸러지자 부자 두 사람은 함께 잡히고 말았다. 조조는 황규와 마등 부자를 함께 결박해 끌고 오게 했다. 황규가 크게 소리 질렀다.

"나는 죄가 없소!"

조조가 묘택과 대질하게 했다. 마등이 욕설을 퍼부었다.

"썩은 선비가 대사를 그르치게 했구나! 내 나라를 위해 역적을 죽이지 못했으니 이것도 하늘의 뜻이로다!"

조조가 끌어내라 명했다. 마등은 욕설을 그치지 않았고 아들 마휴, 황규와 함께 살해당했다. 후세 사람이 마등을 찬탄한 시가 있다.

부자가 훌륭한 공훈과 업적 갖추었으니
그 충성과 절개가 한 가문을 드날렸네
목숨 내던져 국난을 구하고자 도모했고
죽음을 맹세하며 황제 은혜에 보답했네
입술 씹어 피로써 맹세하던 말 있으며

간적 죽이려던 충의의 서약서 남아 있네

서량 땅에서 추앙받는 명문가의 자제여

복파장군²⁷의 후예로 부끄럽지 않도다

父子齊芳烈, 忠貞著一門

捐生圖國難, 誓死答君恩

嚼血盟言在, 誅奸義狀存

西涼推世胄, 不愧伏波孫

묘택이 조조에게 고했다.

"상은 바라지 않으니 단지 이춘향을 처로 삼고 싶습니다."

조조가 웃으면서 말했다.

"한 아녀자 때문에 네 매형 일가를 해쳤으니, 너같이 의롭지 못한 놈을 살려 무엇에 쓰겠느냐!"

즉시 묘택과 이춘향을 황규 일가 노소와 함께 저잣거리에서 참수하게 했다. 그 광경을 보던 사람들 가운데 탄식하지 않는 자가 없었다. 후세 사람이 탄식한 시가 있다.

묘택이 사사로움 때문에 충신 해치더니

춘향도 얻지 못하고 도리어 화를 입었네

간웅 또한 그런 자를 용서하지 않았으니

공연히 일 꾸미다 스스로 소인배 되었네

苗澤因私害藎臣, 春香未得反傷身

奸雄亦不相容恕, 枉自圖謀作小人 ❻

421

조조는 서량 군마를 귀순시키고 그들에게 알렸다.

"마등 부자가 모반을 한 것이지 다른 사람들과는 관계없는 일이다."

그러는 한편 사람을 시켜 요충지를 지키면서 마대가 달아나지 못하도록 하라고 분부했다.

한편 마대는 1000명의 군사를 이끌고 뒤에 있었는데, 어느새 허창성에서 도망친 군사가 돌아와 마대에게 상황을 보고했다. 깜짝 놀란 마대는 하는 수 없이 병마를 버리고 행상으로 분장하여 그날 밤으로 달아나 숨었다.

마등 부자를 죽인 조조는 즉시 남쪽 정벌을 확고히 했다. 그때 별안간 보고가 들어왔다.

"유비가 군마를 조련하고 병기를 수습하여 서천을 취하고자 한답니다."

조조가 놀라며 말했다.

"만약 유비가 서천을 손에 넣으면 날개를 얻는 것이니 장차 어떻게 그를 도모해야 한단 말인가?"

미처 말을 마치기도 전에 계단 아래에서 한 사람이 나서며 말했다.

"제게 계책이 한 가지 있는데 유비와 손권이 서로 돌볼 수 없게 하고, 강남과 서천을 모두 승상께 귀속시키겠습니다."

서주의 호걸 이제 막 죽임을 당했는데
남국의 영웅 또 재앙을 받게 되는구나
西州豪傑方遭戮, 南國英雄又受殃

계책을 바친 자는 누구일까?

제57회 봉추를 품다

❶

"이미 저를 태어나게 하시고선 어찌하여 제갈량을 내셨습니까!"라는 말은 역사에 기록되어 있지 않다. 아마도 주유가 36세에 죽었고 제갈량은 당시 30세였기 때문에 이 점에서 착안한 듯하다.

❷

주유는 분노에 차서 죽었을까?

『삼국지』「오서·주유전」에 "주유는 강릉으로 돌아가기 위해 행장을 꾸렸으나 파구의 길에서 병으로 죽었다. 그때 그의 나이 36세였다. 아들 둘에 딸이 하나 있었다"고 기록되어 있어 병사한 것이지 제갈량 때문에 분노로 죽은 것은 아니다.

"주유는 생각과 도량이 매우 넓어서 대체로 인심을 얻었는데, 오직 정보와는 화목하지 못했다"고 기록되어 있다. 배송지 주 『강표전』은 다음과 같이 기록하고 있다.

"주유가 죽자 손권이 눈물을 흘리며 말했다.

'공근은 왕을 보좌할 만한 자질이 있는데 갑자기 단명했으니 내가 누구를 의지한단 말인가!'

후에 손권이 황제로 칭하고 공경들에게 일렀다.

'내가 주공근이 아니었다면 황제가 되지 못했다.'

또한 주유는 음악에 정통했는데, 어릴 때부터 음악에 심오하여 비록 석 잔의 술을 마신 뒤라 할지라도 연주한 곡조에 틀린 부분이 있으면 반드시 그것을 알아냈고 반드시 돌아보았다. 그러므로 그때 사람들은 노래에서 이렇게 말했다.

'곡에 틀린 부분이 있으면 주랑이 돌아본다.'"

❸

소설에서는 방통의 외모가 추하다고 표현했지만, 방통의 외모에 대한 내용은 역사 기록에 없다. 『삼국지』 「촉서·방통전」에 따르면 "방통은 어릴 때 소박하고 느려 진정으로 그의 재능을 인식할 수 있는 사람이 없었다"고 했다. 다음과 같은 내용도 기록되어 있다.

"방통은 성정이 인물 품평하기를 좋아하고 인재 배양하는 일을 즐거워했다. 매번 그가 한 사람을 칭찬할 때 칭찬하는 말 대부분이 그 사람의 실제 재능을 뛰어넘었다. 당시 사람들은 이를 괴이하게 여겨 그에게 왜 그렇게 하는지를 묻자, 방통이 대답했다.

'지금 천하가 크게 어지러워 정도正道가 쇠퇴해졌으며 착한 사람이 적고 악한 사람이 많습니다. 지금 사회 풍속을 진흥시키고 유가의 도의를 발양시키려 하면서 그들을 찬미하는 언론이 조금이라도 지나치지 않으면 사람들이 그들의 명성을 경모하지 않고, 사람들이 경모하지 않으면 착한 사람이 점차 적어질 것입니다. 지금 찬미한 열 사람 중에 다섯 명이 실상에 부합되지 않더라도 그중의 절반을 얻을 수 있다면 사회의 교화를 숭상하고 추진시킬 수 있으며 뜻있는 선비들을 독려할 수 있으니 또한 옳지 않겠습니까?'"

❹

장비가 방통을 칭찬했을까?

『삼국지』 「촉서·방통전」은 다음과 같이 기록하고 있다.

"선주는 형주목을 겸임하게 되자 방통을 종사의 신분으로 뇌양현 현령을 대리하게 했는데, 방통은 현에 재임하면서 제대로 다스리지 못해 면직되었다. 오나라 장수 노숙이 선주에게 편지를 보내 말했다.

'방사원은 100리의 현을 다스릴 재주가 아닙니다. 치중治中, 별가別駕(두 직책 모두 주州 자사刺史의 속관)의 임무를 맡겨야 비로소 탁월한 재능을 펼칠 것입니다.'

제갈량 또한 선주에게 방통을 중용하기를 권했고 선주는 방통을 만나 대화를 나눠보고는 그의 재능을 지극히 중시하여 치중종사사治中從事史로 임명했다."

방통이 술만 마시고 일하지 않았다는 역사 기록은 없지만 업무 능력 혹은 어떤 다른 이유에 의해서 면직된 것은 사실이다. 그리고 장비가 방통의 업무 처리 능력에 감탄하여 칭찬했다는 소설의 내용은 허구다. 「촉서·장비전」에 적힌 "장비는 군자를 친애하고 공경했지만 병사들은 자상하게 보살피지 않았다"는 기록을 근거로 장비가 방통에 감탄했다는 이야기를 이끌어낸 듯하다.

❺

제갈량은 군사軍師가 아니었다

소설뿐만 아니라 세상 사람들이 모두 제갈량을 '군사軍師'라는 개념으로 정형화하고 있는데, 사실 제갈량은 군사라는 직책을 담당한 적이 없다. 그리고 제갈량에게 군사라는 직책을 부여하는 것은 도리어 그를 지나치게 폄하하는 것이라고도 말할 수 있는데, 후한 삼국 시기에 군사라는 직책은 관부에 예속되어 군사 사무를 담당하는 참모 역할이었고 병권이 없는 비교적 낮은 직급이었다.

역사 기록에 따르면, 건안 12년(207) 제갈량이 처음으로 세상에 모습을 드러냈을 때 유비는 그에게 어떠한 관직도 임명하지 않았다. 건안 13년(208) 적벽대전 이후에 유비는 형주의 무릉, 계양, 영릉, 장사 4군을 점령하고 처음으로 제갈량을 군사중랑장軍師中郎將(유비가 설치한 관직으로 군사 사무를 총괄했다)으로 임명했다. 건안 19년(214), 유비는 성도成都를 평정한 후 제갈량을 군사장군軍師將軍(후한 초기에 설치되었다가 유비가 다시 설치한 관직)으로 임명했고 제갈량은 좌장군부左將軍府(건안 연간에 유비는 좌장군이었다)의 사무를 대리하게 된다. 그리고 장무章武 원년(221)에 제갈량은 마침내 승상 자리에 오른다.

제갈량이 비록 '군사'라는 직함이 붙은 직책에 임명되기는 했지만 유비 생존 시기에 그의 주요 임무는 후방에 머물러 방어하는 것과 보급의 직무였고 군사 관련 임무는 상당히 적었다.

마등이 황규와 함께 조조를 제거하려 시도했다는 역사 기록은 없다. 『후한서』 「황완전黃琬傳」에 따르면 황완의 아들이 황규였다는 기록은 없으며, 또한 묘택, 이춘향도 모두 허구의 인물이다. 건안 16년(211)에 조조는 서쪽 정벌에서 마초와 한수에게 승리한 이후에 이듬해인 건안 17년(212)에 마등을 죽이고 삼족을 멸했다고 역사는 기록하고 있다.

전포 벗고 수염까지 자른 조조

마맹기는 군대를 일으켜 원한을 풀고,
조아만은 수염을 자르고 전포를 버리다

馬孟起興兵雪恨,
曹阿瞞割須棄袍

계책을 바친 사람은 바로 자가 장문長文인 치서시어사¹ 진군陳群이었다. 조조가 물었다.

"진장문은 무슨 좋은 계책이 있소?"

진군이 말했다.

"지금 유비와 손권은 이와 입술처럼 서로 긴밀히 연계되어 있어서, 만일 유비가 서천을 취하고자 한다면 승상께서는 상장에게 명하여 군대를 일으켜서 합비의 군사와 연합해 곧장 강남을 취하게 하십시오. 그리되면 손권은 틀림없이 유비에게 구원을 요청할 것입니다. 유비는 서천에 뜻이 있기 때문에 반드시 손권을 구원할 마음이 없을 것이고, 구원이 없으면 손권은 힘이 다하고 군사들이 쇠약해져 승상께서 강동의 땅을 손에 넣게 되실 것입니다. 만일 강동을 얻게 된다면 형주는 북 몇 번 두드리고도 평정할 수 있습니다. 형주를 얻은 다음에 천천히 서천을 도모하신다면 천하를 평정하게 되는 것입니다."

조조가 말했다.

"장문의 말씀이 바로 내 뜻에 부합되는구려."

즉시 대군 30만 명을 일으켜 곧장 강남으로 내려가기로 하고는 합비의 장료에게 명하여 군량과 마초를 준비해 공급하도록 했다.

정탐꾼이 손권에게 이 사실을 보고했다. 손권은 장수들을 모아놓고 대책을 상의했다. 장소가 말했다.

"노자경에게 급히 형주로 편지를 보내 현덕이 우리와 힘을 합쳐 조조를 막게 하도록 하십시오. 자경은 현덕에게 베푼 은혜가 있기 때문에 현덕은 반드시 자경의 말을 따를 것입니다. 더군다나 현덕은 이미 동오의 사위이기에 의리상 거절하지 못할 것이니 만약 현덕이 와서 도와주기만 한다면 강남은 우환이 없을 것입니다."

손권은 그 말에 따라 즉시 노숙에게 사람을 보내 현덕에게 구원을 요청하라는 명령을 하달했다. 명령을 받은 노숙은 바로 편지를 써서 사람을 시켜 현덕에게 보냈다. 편지의 뜻을 살펴본 현덕은 사자를 역관에 머물도록 하고 남군²으로 사람을 보내 공명을 청했다. 공명이 형주에 당도하자 현덕은 노숙의 편지를 공명에게 보여주었다. 편지를 읽고 난 공명이 말했다.

"강남의 군사도 움직이지 않고 형주의 군사 또한 움직일 필요 없이 조조가 감히 동남東南을 엿보지 못하도록 하겠습니다."

그러고는 바로 노숙에게 회신을 보냈다.

"베개를 높이 베고 걱정 없이 잘 주무시고 근심하지 마시오. 만일 북방의 군사들이 침범한다면 황숙께서 친히 군사를 물리칠 계책이 있소."

사자가 떠나자 현덕이 물었다.

"지금 조조가 30만 대군을 일으키고 합비의 군사들까지 합해서 한꺼번에 떼를 지어 쳐들어오는데, 선생은 무슨 묘책이 있어서 물리칠 수 있다고 하시오?"

공명이 말했다.

"조조가 평생 근심하는 것은 바로 서량의 군사입니다. 조조가 마등을 죽였으니 현재 서량의 무리를 통솔하고 있는 그 아들 마초가 틀림없이 역적 조조에게 이를 갈고 있을 것입니다. 주공께서 편지 한 통을 써 마초와 연합하시고 마초에게 군대를 일으켜 동관³으로 들어가도록 한다면 조조가 무슨 겨를이 있어서 강남으로 내려오겠습니까?"

현덕이 크게 기뻐하며 즉시 편지를 써서 심복을 시켜 곧장 서량주西涼州로 가게 했다.

한편 서량주에 있던 마초는 밤에 꿈을 꾸었다. 꿈속에서 눈으로 덮인 땅에 누워 있는데 호랑이떼가 달려들어 물어뜯는 것이었다. 놀라 두려워하며 잠에서 깨었는데 내심 의혹이 들어 수하 장좌⁴들을 모아놓고 꿈 이야기를 했다. 그러자 그들 가운데 한 사람이 대꾸했다.

"이 꿈은 상서롭지 못한 징조입니다."

사람들이 그를 보니 바로 군막 앞의 심복 교위였는데 성이 방龐이며 이름이 덕德, 자가 영명令名⁵인 사람이었다. 마초가 물었다.

"영명의 소견은 어떠한가?"

방덕이 말했다.

"눈으로 덮인 땅에서 호랑이를 만났으니 꿈의 징조가 매우 나쁩니다. 혹시 허창에 계신 노장군께 일이 생긴 것은 아닙니까?"

미처 말을 마치기도 전에 한 사람이 비틀거리며 들어오더니 울면서 땅바닥에 절을 올렸다.

"숙부님은 돌아가시고 아우들도 모두 죽었소!"

마초가 보니 바로 마대였다. 마초가 놀라 무슨 일인지 물었다. 마대가 말했다.

"숙부님께서 시랑 황규와 함께 조조를 죽이려고 꾀하셨는데 불행히도 일이 누설되어 모두 저잣거리에서 참수당하셨소. 두 아우 또한 살해당했소. 오직 나만 행상으로 꾸며 밤사이 도망쳤소."

그 말을 들은 마초는 곡을 하다 땅바닥에 쓰러졌고 장수들이 구해 일으켰다. 마초는 격분하여 이를 부득부득 갈며 역적 조조를 몹시 증오했다. 그때 별안간 형주의 유황숙이 사람을 시켜 편지를 보내왔다는 보고가 들어왔다. 마초가 뜯어보니 편지의 내용은 대략 다음과 같았다.

"엎드려 생각하건대 한실이 불행하여 역적 조조가 대권을 독점하고 황제를 속이니 백성은 꽃잎이 말라 떨어지듯 몰락하고 말았소. 나는 지난날 돌아가신 부친과 함께 비밀 조서를 받들고 이 역적을 죽이기로 맹세했었소. 부친께서 조조에게 해를 입어 돌아가셨으니 조조는 장군께 같은 하늘과 땅에서 살 수 없고 해와 달을 함께할 수 없는 원수가 되었소. 만약 서량의 군사를 인솔하여 조조의 오른쪽**6**을 공격한다면, 나는 마땅히 형양의 군사를 일으켜 조조의 앞을 저지할 것이오. 그리되면 역적 조조를 사로잡을 수 있고 간사한 무리를 소멸시킬 수 있으며 원수의 치욕을 갚고 한실을 일으킬 수 있을 것이오. 글로는 뜻을 모두 말씀드릴 수 없으니 회신을 급히 기다리겠소."

읽기를 마친 마초는 즉시 눈물을 닦아내며 답신을 써서 사자에게 주어 먼저 돌아가게 하고 뒤따라 바로 서량의 군마를 일으켰다. 막 출발하려는데 갑자기 서량태수[7] 한수가 사람을 보내 마초를 만나자고 청했다. 마초가 한수의 부중에 이르자 한수가 조조의 편지를 꺼내 보여줬다.

"만약 장군께서 마초를 사로잡아 허도로 보내시면 즉시 그대를 서량후西涼 侯[8]로 봉하겠소."

마초가 땅바닥에 엎드려 절하며 말했다.

"숙부님께서 저희 형제 두 사람을 묶어 허창으로 압송한다면, 전쟁의 수고로움을 피하실 수 있을 것입니다."

한수가 마초를 부축해 일으키며 말했다.

"내가 자네 부친과 결의형제를 맺었는데 어찌 차마 자네를 해치겠는가? 자네가 군사를 일으킨다면 내 마땅히 도와주겠네."

마초는 절하며 감사했다. 한수는 즉시 조조의 사자를 밖으로 끌어내 목을 치고 수하 8부의 군마를 점검하여 함께 출발했다. 그 8부란 무엇인가? 바로 후선侯選, 정은程銀, 이감李堪, 장횡張橫, 양흥梁興, 성의成宜, 마완馬玩, 양추楊秋였다. 여덟 명의 장수는 한수를 따라 마초의 수하 방덕, 마대와 합쳐 모두 20만 대군을 일으켜 장안으로 쳐들어갔다.❶

장안군수[9] 종요鍾繇는 나는 듯이 조조에게 보고하는 한편 군사를 이끌고 대적하고자 들판에 포진했다. 서량주의 선봉대 선두인 마대는 1만5000명의 군사를 이끌고 기세등등하게 온 산과 들판을 가득 채우며 몰려왔다. 종요가 말을 몰고 나와 대적했다. 마대는 한 자루의 보도를 들고 종요와 맞붙어 싸웠다. 1합도 싸우지 못하고 종요는 크게 패해 달아났다. 마대가 칼을 잡고 뒤를 쫓았고 마초와 한수도 대군을 이끌어 장안을 포위했다. 종요는 성에 올라 지키기만 했다. 장안은 전한이 도읍을 세운 곳으로 성곽이 견고하고 해자와 도랑이 험하고 깊어 급히 공격해서 함락시킬 수 없었다. 연이어 열흘 동안 에워싸고 공격했지만 깨뜨릴 수 없었다. 방덕이 계책을 올렸다.

"장안성 안은 흙이 단단하고 물에 소금기가 있어 마시기가 어려운 데다 땔감도 없습니다. 지금 열흘 동안 에워쌌으니 군사와 백성은 굶주림에 시달릴 것입니다. 잠시 군사를 거두고 이렇게 저렇게 하시면 장안은 손바닥에 침을 뱉기만 해도 얻을 수 있을 것입니다."

마초가 말했다.

"그 계책이 대단히 묘하구려!"

즉시 '영令' 자 기를 각 부대에 전달해 군사를 모조리 물리게 했고 마초는 직접 뒤를 끊기로 했다. 각 부대의 군마들이 점차적으로 후퇴했다. 종요가 이튿날 성에 올라 살펴보니 적군이 모두 물러나고 있었다. 혹시 계책이 있을까 두려워 사람을 시켜 정찰해보니 과연 멀리 가버린 터라 비로소 안심했다. 그리하여 군사와 백성에게 성을 나가 땔나무를 하고 물을 길어 오게 했으며 성문을 활짝 열어 사람들이 출입할 수 있도록 했다. 그런데 닷새째 되는 날 마초의 군사들이 다시 쳐들어온다는 보고가 들어오자 군사들과 백성이 앞다퉈 성으로 도망쳐 들어왔고 종요는 다시 성문을 닫고 굳게 지켰다.

한편 종요의 아우 종진鍾進[10]은 서문을 지키고 있었는데 대략 삼경이 가까워질 무렵 성문 안에서 불길이 일어났다. 종진이 급히 달려와 불을 끄려고 할 때 성벽 가장자리에서 한 사람이 나왔다. 그가 칼을 잡은 채 말고삐를 놓고 달려오며 크게 소리 질렀다.

"방덕이 여기 있노라!"

종진은 미처 손쓸 새도 없이 방덕의 한칼에 베어져 말 아래로 떨어졌고, 방덕은 군관들을 죽여 흩어버린 다음 성문 빗장을 자르고 자물쇠를 끊어 마초와 한수의 군마가 성으로 들어오도록 했다. 종요는 성을 버리고 동문으로 달아났다. 성을 얻은 마초와 한수는 삼군을 위로하고 포상했다.

종요는 동관으로 물러나 지키면서 나는 듯이 조조에게 상황을 보고했다. 장안을 잃었다는 소식을 들은 조조는 감히 다시 남쪽 정벌을 의논하지 못했고 마침내 조홍과 서황을 불러 분부했다.

"먼저 1만 명의 인마를 거느리고 종요를 대신해 동관을 단단히 지키도록 하라. 열흘 이내에 관을 잃게 된다면 모두 참수할 것이나, 열흘을 넘기면 너희 두 사람과는 상관없는 일이다. 내가 대군을 통솔하여 뒤따라갈 것이다."

두 사람은 명령을 받들고 밤사이에 떠났다. 조인이 간언했다.

"조홍은 성질이 조급해서 일을 그르칠까 걱정됩니다."

조조가 말했다.

"자네는 나와 군량과 마초를 운반하면서 즉시 뒤따라 지원하세."

한편 동관에 당도한 조홍과 서황은 종요를 대신해 관을 견고하게 지키면서 결코 나가 싸우지 않았다. 마초는 군사를 이끌고 관 아래로 와서 조조의 조상 3대까지 욕설을 퍼부으며 모욕을 줬다. 그러자 크게 성이 난 조홍이 군사를 일으켜 관 아래로 내려가 싸우려고 했다. 서황이 간언했다.

"이것은 마초가 장군을 자극하여 싸우려는 것으로 절대 싸워서는 안 되오. 승상의 대군이 도착하기를 기다리면 틀림없이 책략이 있을 것이오."

마초군은 밤낮으로 번갈아 와서는 욕을 퍼부었다. 조홍은 싸우려고 들었고 서황은 간절하게 저지했다. 아흐레째 되는 날 관 위에서 살펴보니 서량군이 모두 말을 버리고 관 앞 풀밭에 앉아 있었는데 태반이 피곤했는지 땅바닥에 드러누워 잠을 자고 있었다. 조홍은 즉시 말을 준비시키고 3000명의 군사를 일으켜 관 아래로 치고 내려갔다. 서량의 군사들이 말을 버리고 창을 내던지며 달아나자 조홍은 구불구불 이어진 길을 따라 뒤를 쫓았다. 이때 서황은 관 위에서 군량 수레를 하나하나 조사하며 살펴보고 있었는데 조홍이 관 아래로 싸우러 나갔다는 소리를 듣고는 깜짝 놀라 급히 군사를 이끌고 뒤쫓으며 조홍에게 말을 돌리라고 크게 소리쳤다. 그때 별안간 뒤에서 함성이 크게 진동하더니 마대가 군사를 이끌고 달려들었다. 조홍과 서황이 급히 달아나려 할 때 북소리가 울리더니 산 뒤쪽에서 두 부대가 몰려나오면서 길을 막는데, 왼쪽은 마초, 오른쪽은 방덕이 쳐들어오며 한바탕 혼전이 벌어졌다. 막아낼 수 없게 된 조홍은 군사 태반이 꺾인 채 겹겹의 포위망을 뚫고 관 위로 달아났다. 서량의 군사들이 뒤를 추격해오자 조홍은 관을 버리고 도망쳤다. 방덕은 곧장 동관을 지나 뒤를 쫓다 조인의 군마와 맞닥뜨렸고 조인은 조홍 등의 부대를 구원했다. 마초는 방덕을 지원하면서 관으로 올라갔다. 조홍은 동관을 잃고 조조에게 달려가 뵈었다. 조조가 말했다.

"네게 열흘의 기한을 줬는데 어찌하여 아흐레 만에 동관을 잃었느냐?"

조홍이 말했다.

"서량의 군병들이 온갖 욕설을 퍼붓고 모욕을 준 데다 저들이 게을러진 것을 보고 기세를 몰아 추격했는데 뜻하지 않게 적의 간사한 계책에 떨어지고 말았습니다."

조조가 말했다.

"조홍은 나이가 어려[11] 성질이 급하다고는 하지만 서황 자네는 사리를 분별할 줄 알아야 하는 게 아닌가!"

서황이 말했다.

"여러 차례 간언했으나 따르지 않았습니다. 그날 제가 관 위에서 군량 수레를 점검하다가 그 사실을 알았을 때는 젊은 장군이 이미 관을 내려간 다음이었습니다. 실수가 있지나 않을까 걱정되어 얼른 뒤를 따라갔으나 이미 적의 간사한 계책에 걸려들고 말았습니다."

조조가 크게 화를 내며 조홍을 참수하라고 고함을 지르자 관원들이 죄를 용서해달라고 빌었다. 조홍은 자신의 죄를 시인하고 물러났다. ❷

조조는 군사를 진격시켜 동관을 빼앗으려 했다. 조인이 말했다.

"먼저 군영과 목책을 세운 다음에 관을 공격해도 늦지 않습니다."

조조는 나무를 베어 목책을 세우게 하고는 군영을 세 군데로 나누어 세웠는데, 왼쪽은 조인, 오른쪽은 하후연 그리고 자신은 가운데 군영에 기거했다. 이튿날 조조는 세 군영의 대소 장교들을 이끌고 관 앞으로 내달리다가 마침 서량의 군마와 마주쳤다. 양쪽이 각기 진을 벌였다. 조조가 문기 아래로 말을 몰고 나와 서량의 군사를 살펴보았는데 저마다 강건하여 모두가 영웅이었다. 또 마초를 보니 생김새가 얼굴은 분을 바른 듯 하얗고 입술은 연지를 칠한 듯 붉었으며 가는 허리에 넓은 어깨에다 웅장한 목소리에 용맹함까지 지녔는데, 그는 하얀 전포에 은빛 갑옷을 걸치고 손에 긴 창을 잡은 채 진 앞에 말을 세우고 있었다. 왼쪽에는 방덕이 있었고 오른쪽에는 마대가 있었다. 조조는 남몰래 기묘함에 탄복하고는 말고삐를 놓고 달려나가 마초에게 일렀다.

"너는 한나라 명장의 자손인데 무슨 까닭으로 배반했느냐?"

마초는 이를 부득부득 갈며 욕설을 퍼부었다.

"역적 조조 놈아! 황제를 기만했으니 그 죄는 죽어도 용납되지 않는다! 내 부친과 아우들을 해쳤으니 한 하늘 아래에 살 수 없는 원수로다! 내 네놈을 사로잡아 생으로 씹어 먹겠노라!"

말을 마치고는 창을 잡고 곧장 달려들었다. 조조의 뒤에서 우금이 나와
맞섰다. 두 말이 엎치락뒤치락하며 8~9합을 싸우다 우금이 패하여 달아났
다. 장합이 나가 맞섰지만 20합을 싸우고 또 패해서 도망쳤다. 이번에는 이
통이 달려나가 맞서자 마초는 위력을 떨치며 수 합 만에 한 창으로 이통을
찔러 말 아래로 떨어뜨렸다. ❸

마초가 창을 잡고 뒤를 향해 한 번 흔들자 서량의 군사가 일제히 돌격해
왔고 조조군은 대패하고 말았다. 군사들이 맹렬한 형세로 몰려오니 좌우의
장좌(고급 장교와 보좌관)들이 막아내지 못했다. 마초, 방덕, 마대가 100여 기
를 이끌고 곧장 중군으로 달려들며 조조를 사로잡으려 했다. 궤멸되어 혼란
에 빠진 군중에 있던 조조는 서량 군사들이 크게 외치는 소리를 들었다.

"붉은 전포를 입은 놈이 바로 조조다!"

조조는 말 위에서 급히 붉은색 전포를 벗었다. 그러자 또 크게 외치는 소
리가 들렸다.

"수염 긴 놈이 바로 조조다!"

조조는 놀라 허둥대다 패도를 뽑아 들고 수염을 잘랐다. 그러자 군중에
있던 누군가가 조조가 수염을 자른 것을 마초에게 보고했고, 마초는 즉시
사람을 시켜 소리 지르게 했다.

"수염 짧은 놈이 조조다!"

그 말을 들은 조조는 즉시 깃발 모서리를 찢어 목을 싸매고 달아났다. 후
세 사람이 지은 시가 있다.

동관싸움 패하고 멀리 바라보며 달아날 때

조맹덕은 허둥거리면서 비단 전포 벗었네

검으로 수염 자를 때 간담이 서늘해졌으니

마초의 명성이 하늘을 가릴 만큼 높아졌도다

潼關戰敗望風逃, 孟德倉惶脫錦袍

劍割髭髥應喪膽, 馬超聲價蓋天高

조조가 한참 달아나는데 등 뒤에서 한 기가 쫓아왔다. 고개를 돌려보니 바로 마초였다. 조조는 몹시 놀랐다. 좌우에 있던 장교들이 마초가 쫓아오는 것을 보고는 제각기 목숨을 건지려고 달아나는 바람에 조조 혼자만 남겨졌다. 마초가 엄한 목소리로 고함을 질렀다.

"조조는 달아나지 마라!"

그 소리에 놀란 조조는 그만 말채찍을 땅바닥에 떨어뜨리고 말았다. 금방 따라잡은 마초가 뒤에서 창으로 찔렀으나 바로 그때 조조가 나무를 돌아 달아나는 바람에 마초의 창은 그만 나무에 찍히고 말았다. 급히 뽑아냈을 때 조조는 이미 멀리 달아난 뒤였다. 마초가 말고삐를 놓고 뒤를 쫓는데 산비탈 곁에서 한 장수가 나오며 크게 소리 질렀다.

"우리 주공을 다치게 하지 마라! 조홍이 여기 있노라!"

조홍은 칼을 돌리며 말고삐를 놓고 내달려 마초를 가로막았다. 그 바람에 조조는 벗어나 목숨을 구할 수 있었다. 조홍은 마초와 40~50합을 싸웠으나 점차 칼질이 흐트러지면서 기력이 떨어졌다. 이때 하후연이 수십 기를 거느리고 달려왔다. 마초는 혼자라 싸우기 어렵다고 생각해 말을 돌려 물러났다. 하후연도 추격하지 않았다.

조조가 군영으로 돌아와서 보니 조인이 필사적으로 군영과 방어용 울타리를 지켜내어 군마가 많이 꺾이지 않았다. 조조가 군막으로 들어와 탄식했다.

"내가 만일 조홍을 죽였더라면 오늘 틀림없이 마초의 손에 죽었을 것이다!"

즉시 조홍을 불러 후한 상을 내렸다. 패잔병을 수습하여 군영과 방어용 울타리를 굳게 지키면서 도랑을 깊게 파고 보루를 높이 쌓으며 나가서 싸우는 것을 허락하지 않았다. 마초는 매일 군사를 이끌고 군영 앞으로 와서 모욕적인 욕설을 퍼부으면서 싸움을 걸었으나 조조는 군사들에게 단단히 지키기만 하고 함부로 움직이는 자는 참수하겠다는 명을 전달했다. 장수들이 말했다.

"서량의 군사들은 모두 긴 창을 사용하니 마땅히 활과 쇠뇌를 쓰는 군사를 선발하여 그들에게 맞서야 합니다."

조조가 말했다.

"싸우고 싸우지 않는 것은 모두 내게 달려 있는 것이지 적들에게 있는 것이 아니오. 적들에게 비록 긴 창이 있다고는 하지만 어찌 바로 찌를 수 있겠소? 공들이 보루를 더욱 견고히 하고 살펴보기만 하면 적들은 스스로 물러날 것이오."

장수들이 암암리에 상의했다.

"승상께서 싸움터에 나오신 이래로 언제나 직접 앞장서셨는데, 마초에게 패한 후로 어찌하여 이토록 약해지셨단 말이오?"

며칠이 지나자 정탐꾼이 와서 보고했다.

"마초가 또 2만 명의 정예 부대를 더해서 싸움을 돕게 했는데, 바로 강인羌人 부락 사람들이랍니다."

그 소식을 들은 조조가 크게 기뻐했다. 장수들이 말했다.

"마초가 군사를 증강시켰는데 승상께서는 도리어 기뻐하시니 무엇 때문입니까?"

조조가 말했다.

"내가 이긴 다음에 그대들에게 말해주겠소."

사흘 뒤에 또 군마가 증강되었다는 보고가 들어왔다. 조조가 또 크게 기뻐하며 바로 군막에서 연회를 베풀어 축하했다. 장수들은 모두 속으로 비웃었다. 조조가 말했다.

"그대들은 내게 마초를 깨뜨릴 계책이 없다고 비웃는 것 같은데 공 등은 무슨 좋은 계책이라도 있소?"

서황이 나서며 말했다.

"지금 승상께서는 막강한 군대를 집결시키셨습니다. 적 또한 모든 부대를 관 위에 주둔시키고 있지만 이곳에서 하서¹²로 가는 길에는 틀림없이 준비가 없을 것입니다. 만약 한 부대를 보내 은밀하게 포판진¹³을 건너 먼저 적들의 돌아갈 길을 차단한 다음 승상께서 곧장 하북河北(황하 북쪽)으로 진격하신다면 적들은 양쪽이 서로 호응할 수 없어 반드시 위태로워질 것입니다."

조조가 말했다.

"공명公明(서황의 자)의 말이 내 뜻과 부합되는구려."

즉시 서황에게 정예병 4000명을 이끌고 주령朱靈과 함께 곧장 하서 지구를 기습하고 산골짜기에 매복하도록 했다.

"내가 황하 북쪽으로 건너가기를 기다렸다가 동시에 공격하시오."

서황과 주령이 명을 받들고 먼저 4000명의 군사를 이끌며 은밀하게 떠났다. 조조는 명령을 하달하여 먼저 조홍에게 포판진에 뗏목을 준비하게 했다.

조인은 남아서 군영을 지키고 조조 자신은 군사들을 이끌고 위하[14]를 건너기로 했다.

어느새 정탐꾼이 이 사실을 마초에게 보고했다. 마초가 말했다.

"지금 조조가 동관을 공격하지 않고 사람을 시켜 뗏목을 준비하는 것은 황하 북쪽으로 건너가 우리 후방을 막으려는 것이 틀림없습니다. 제가 한 부대를 이끌고 황하를 따라 북쪽 기슭을 막겠습니다.[15] 조조 군사들이 강을 건너지 못하면 20여 일이 안 되어 하동河東[16]의 군량이 다 떨어져 반드시 혼란에 빠질 것입니다. 그때 황하를 따라 남쪽으로 내려가 그들을 공격한다면 조조를 사로잡을 수 있을 것입니다."

한수가 말했다.

"그렇게까지 할 필요가 없네. 어찌 '군사가 반쯤 건넜을 때 공격하라'[17]는 병법의 말도 듣지 못했는가. 조조군이 반쯤 건넜을 때를 기다렸다가 자네가 남쪽 기슭에서 친다면 조조군은 모조리 강물에 빠져 죽을 것이네."

마초가 말했다.

"숙부님의 말씀이 매우 훌륭하십니다."

즉시 사람을 시켜 조조의 군사가 언제 황하를 건너는지 알아보게 했다. ❹

한편 조조는 군사 정돈을 마치고 세 부대로 나누어 위하를 건너고자 전진시켰다.[18] 군마가 강어귀에 당도했을 때 동이 트기 시작했다. 조조는 먼저 정예병을 선발해 북쪽 기슭으로 건너가 군영을 세우도록 했다. 조조 자신은 측근 호위 군장 100명을 거느리고 남쪽 기슭에 앉아 검을 어루만지며 군사들이 강을 건너는 것을 살펴보았다. 그때 별안간 보고가 들어왔다.

"뒤쪽에 하얀 전포를 입은 장군이 당도했습니다!"

사람들은 모두 마초로 알고 한꺼번에 떼를 지어 배에 올랐다. 강변의 군사들도 앞다퉈 배에 오르는데 왁자지껄하는 소리가 그치지 않았다. 그러나 조조는 여전히 앉아서 움직이지 않은 채 검을 어루만지며 떠들지 못하게 했다. 사람들이 아우성치고 말들이 울어대는 소리가 들리면서 적들이 벌떼처럼 몰려오자 배 위에 있던 한 장수가 기슭으로 뛰어오르면서 외쳤다.

"적들이 이르렀습니다! 승상께서는 배에 오르십시오!"

조조가 보니 바로 허저였다. 조조가 중얼거렸다.

"적이 이른다 한들 무슨 상관이 있겠느냐?"

고개를 돌려보니 마초가 이미 100여 보 떨어진 곳까지 이르렀다. 허저가 조조를 잡아끌어 배에 태우려 했을 때 배는 이미 기슭에서 1장 정도 떨어진 거리였다. 허저는 급히 조조를 등에 업어 배로 뛰어올랐다. 수행하던 장수와 사졸들도 모두 물로 들어가 뱃전을 잡아당기며 목숨을 건지고자 배에 오르려고 다투었다. 배가 작아 뒤집어지려 하자 허저가 칼을 뽑아 마구 찍어 대니 배를 붙들고 있던 손들이 모조리 잘려나가고 군사들은 물속으로 빠졌다. 급히 노를 저어 하류로 내려갔다. 허저는 선미에 서서 나무 삿대로 분주히 배를 저었다. 조조는 허저 다리 옆에 엎드려 있었다. 마초가 강기슭까지 쫓아왔으나 배가 이미 강 가운데에 흘러가자 즉시 활을 집어 화살을 얹으면서 날랜 장수들에게 소리 질러 강을 따라 내려가면서 화살을 쏘라 명했다. 화살이 비 오듯 세차게 쏟아졌다. 허저는 조조가 다칠까 염려되어 왼손으로 말 안장을 들어 조조를 가렸다. 마초의 화살은 빗나가는 법이 없어 배 위에 노를 젓던 사람들이 활시위 소리와 함께 물속으로 빠졌고, 배 안에 타고 있던 수십 명도 모두 화살에 맞아 쓰러졌다. 결국 노 젓는 사람이 없게 되자 배는 흔들리더니 세찬 물살에 휩쓸려 빙빙 돌았다. 허저는 홀로 신기한 위력을 발휘하여 두 넓적다리 사이에 방향키를 끼고 흔들며 중심을 잡고 한 손으로는 삿대를 잡고 배를 저었으며 다른 한 손으로는 말안장을 들어 조조를 가려 보호했다.

이때 위남渭南현령 정비丁斐[19]는 남산 위에 있다가 마초가 조조를 몹시 급하게 추격하는 것을 보고는 조조가 다칠까 염려되어 즉시 군영 안의 소와 말을 모조리 밖으로 몰아냈다. 그러자 소와 말들이 온 산과 벌판에 가득했다. 그것을 본 서량 군사는 모두 몸을 돌려 소와 말을 잡느라 조조를 추격할 마음이 없어졌고 조조는 이 때문에 벗어날 수 있었다. 비로소 북쪽 기슭에 이르자 즉시 배와 뗏목에 구멍을 뚫어 가라앉혔다. 조조가 강에서 화를 피하고 있다는 소식을 들은 장수들이 급히 와서 구했을 때는 조조가 이미 기슭에 오른 뒤였다. 허저는 몸에 두꺼운 갑옷을 걸친 덕분에 화살이 모두 갑옷에 박혀 있었다. 장수들이 조조를 보호하며 들판 군영에 이르자 모두 땅바닥에 엎드려 절을 올리며 안부를 물었다. 조조가 웃으며 말했다.

"내 오늘 하마터면 작은 도적 때문에 곤란에 빠질 뻔했구나!"

허저가 말했다.

"누군가 말과 소를 풀어 적을 유인하지 않았더라면 적들은 틀림없이 강을 건너려고 했을 것입니다."

조조가 물었다.

"적을 유인한 자가 누구더냐?"

아는 자가 대답했다.

"위남현령 정비입니다."

잠시 후 정비가 들어와 뵈었다. 조조가 감사했다.

"공의 좋은 계책이 아니었으면 내 적들에게 사로잡히고 말았을 것이오."

즉시 명하여 전군교위典軍校尉[20]로 임명했다. ❺

정비가 말했다.

"적이 비록 잠시 물러났다고는 하지만 내일 반드시 다시 쳐들어올 것입니다. 좋은 계책으로 그들을 막아야 합니다."

조조가 말했다.

"내 이미 준비해놓았소."

즉시 장수들을 불러 제각기 황하를 따라 용도[21]를 만들고[22] 잠시 군영의 다리로 삼아 적이 쳐들어왔을 때는 용도 밖에 병력을 배치하게 했다. 안에는 깃발들을 세워 의병[23]으로 위장했다. 다시 황하를 따라 참호를 파고 부슬부슬한 흙으로 장막을 만들어 덮은 다음 강 안쪽에 군사들을 배치해 적들을 유인했다.

"적들이 급히 쳐들어오다가 반드시 참호에 빠질 것이니 빠지면 즉시 공격하라."

한편 마초는 한수에게 돌아가서 말했다.

"거의 조조를 잡을 수 있었습니다! 어떤 한 장수가 용기를 내어 조조를 들쳐 업고 배에 탔는데 누군지 모르겠습니다."

한수가 말했다.

"내 듣자 하니 조조가 대단히 건장한 자들을 선발해 장막 앞에서 호위하게 했는데 '호위군虎衛軍'이라 부른다고 하더군. 게다가 날랜 장수인 전위와 허저가 그들을 이끈다고 하는데 전위는 이미 죽었으니 지금 조조를 구한 자는 틀림없이 허저일 걸세. 용기와 힘이 남보다 뛰어나 사람들이 모두 '호치虎癡(어리석은 호랑이)'라고 부르는데 그와 마주치면 얕잡아 보지 말게나."❻

"저 또한 그 이름을 들은 지 오래입니다."

"지금 조조가 황하를 건넜으니 장차 우리 뒤를 기습할 것이네. 속히 공격해서 그들이 군영을 세우지 못하게 해야 하네. 군영을 세운다면 급히 섬멸하기 어려울 것이네."

"이 조카의 어리석은 생각으로는 역시 북쪽 기슭을 차단하여 저들이 황하를 건너지 못하게 하는 것[24]이 상책일 것 같습니다."

"조카님이 군영을 지키고 나는 군사를 이끌어 강을 따라 조조와 싸우는 것은 어떠한가?"

"방덕을 선봉으로 삼아 숙부님을 따라가게 하겠습니다."

이에 한수는 방덕과 함께 군사 5만 명을 이끌고 곧장 위남[25]에 이르렀다. 조조는 장수들에게 용도 양쪽에서 그들을 유인하게 했다. 방덕이 먼저 철기 1000여 명을 이끌고 돌격해왔다. 그러나 함성이 일어난 곳에서 인마가 모조리 함정에 떨어져 말들이 구덩이 속으로 빠지고 말았다. 방덕은 몸을 훌쩍 뛰어오르더니 흙구덩이에서 나와 평지에 섰고 즉시 여러 명을 죽이고 걸어서 겹겹의 포위망을 뚫고 나갔다. 한수가 이미 포위된 가운데 곤경에 처하자 방덕이 그를 구하려 했다. 그때 마침 조인의 부하 장수 조영曹永과 맞닥뜨렸으나 방덕이 한칼에 찍어 조영을 말 아래로 떨어뜨리고 그 말을 빼앗아 한 갈래 혈로를 뚫고는 한수를 구출하여 동남쪽을 향해 달아났다. 등 뒤에서 조조군이 추격해왔으나 마초가 군사를 이끌고 호응하여 조조군을 물리치고 다시 태반의 군마를 구출했다. 날이 저물 때까지 싸우고서야 비로소 돌아왔는데 인마를 점검해보니 장좌 정은程銀과 장횡張橫이 꺾였고 구덩이에 빠져 죽은 자가 200여 명이었다. 마초는 한수와 함께 상의했다.

"만약 오랜 시일이 지나도록 끌다가 조조가 황하 북쪽[26]에 군영을 세우기라도 한다면 적을 물리치기 어려울 것이니, 차라리 오늘 밤 기회를 틈타 가볍게 무장한 기병들을 이끌고 들판의 군영을 빼앗는 것이 좋겠습니다."

한수가 말했다.

"군사들을 앞뒤로 나누어 서로 구원할 수 있도록 해야 할 것이네."

이에 마초는 자신이 선봉대가 되고 방덕과 마대를 후군으로 삼아 뒤에서 호응하게 하고선 그날 밤 바로 나아가기로 했다.

한편 조조는 군사를 수습해 위하 북쪽에 주둔하고 있었는데 장수들을 불러 말했다.

"적은 우리가 아직 방책을 세우지 못한 것을 얕잡아 보고 틀림없이 들판의 군영을 빼앗으러 올 것이오. 사방에 군사들을 매복시켜놓고 중군은 비워두시오. 포 소리를 신호로 매복해 있던 군사들이 일제히 일어나면 곧 사로잡을 수 있을 것이오."

장수들은 명에 따라 군사들을 매복시켰다. 그날 밤 마초는 먼저 성의成宜에게 30기를 이끌고 앞쪽으로 나아가서 정탐하게 했다. 인마가 없는 것을 본 성의는 곧장 중군으로 치고 들어갔다. 서량의 군사들이 이른 것을 본 조조 군사들은 즉시 신호포를 쏘았다. 그때 사방에 매복해 있던 군사들이 모두 뛰쳐나왔으나 단지 기병 30명만 에워쌀 수 있었다. 성의는 이미 하후연에게 살해당한 후였다. 그때 배후에서 마초가 방덕, 마대와 함께 군사들을 세 갈래로 나누어 벌떼처럼 몰려들었다.

설령 매복 군사들이 적을 기다렸을지라도
어떻게 맹장들 앞다투는 것을 감당하랴
縱有伏兵能候敵, 怎當健將共爭先

승부는 어떻게 날 것인가?

제58회 전포 벗고 수염까지 자른 조조

❶

마등과 한수의 관계

소설은 조조가 마등을 살해하여 마초가 부친의 원수를 갚고자 한수와 함께 군사를 일으키는 내용으로 전개하지만 마등과 한수의 관계 그리고 마등의 죽음에 대해 다시 살펴보아야 한다.

『자치통감』 권65 「한기 57」과 『삼국지』 「위서·장기전張旣傳」의 기록을 요약하면 "건안 13년(208), 전장군 마등과 진서장군鎭西將軍 한수가 성이 다른 형제 관계를 맺었으나 후에 부곡部曲(사병) 간에 서로 마찰이 일어나 원수지간이 되자 조정에서 사람을 파견해 화해시켰다. 조조가 형주를 정벌하고자 장기를 보내 조정으로 돌아오도록 설득했고 마등이 따랐다. 조조는 마등을 위위衛尉로 임명하고 아들 마초를 편장군으로 임명하여 그 무리를 인솔하도록 했으며 마등의 식솔들을 업성으로 이사오게 했다." 3년 후인 건안 16년(211)에 조조가 서쪽 정벌에 나서면서 마초, 한수와의 전쟁이 벌어진다. 전쟁에서 승리한 조조는 그 이듬해인 "건안 17년(212) 가을 5월에 마등을 죽이고 삼족을 멸했다."

소설은 마등을 죽인 뒤에 마초와 전쟁이 벌어지는 것으로 전개되지만 사실은 마초를 격퇴시킨 이후에 마등이 죽임을 당하는 것으로 역사는 기록하고 있다.

❷

조홍은 이때 소년 장군이었을까?

소설에서 조홍을 '소장군'이라고 표현하는데, 사실 이때 조홍은 젊은 소년 장군이라 불리기에는 나이가 많았다.

『삼국지』「위서·조홍전」의 기록에 따르면 조홍의 태어난 시기는 미상이지만 태화太和 6년(232)에 사망했다고 기록하고 있다.

『삼국지』「위서·무제기」에 따르면 제후들이 연합하여 동탁 토벌에 나선 때가 초평 원년(190)이었는데 이때 조홍도 참가했으며 서영徐榮과의 전투에서 조홍이 자기 말을 조조에게 주어 조조가 위기에서 벗어난 일이 있었다.(제5회) 그리고 조조가 마초와 전투를 벌인 시기는 건안 16년(211)으로 동탁과의 전쟁 때부터 마초와의 전투까지는 21년이라는 세월의 간극이 있다.

결국 조홍의 태어난 시기에 관한 기록은 없지만 다른 역사 기록을 통해 추론해보면 이때 조홍의 나이는 최소 40세는 넘었을 것이다. 아마도 서황과 동년배였을 가능성이 크다. 그리고 『삼국지』「위서·서황전」에 마초와의 전투 때 서황이 맹활약한 것으로 기록되어 있는데 조홍이 마초와의 전투에 참가했다는 기록은 보이지 않는다. 더욱이 「무제기」와 「조홍전」에도 역시 조홍이 이 전투에 참가했다는 기록은 없다.

❸

이통은 여기서 죽지 않았다

『삼국지』「위서·이통전李通傳」에 따르면 "유비와 주유가 강릉에서 조인을 포위했으며 따로 관우를 보내 북쪽 길을 끊어놓았다. 이통은 군사를 인솔하여 관우를 공격하고 말에서 내려 녹각鹿角을 치우고는 포위망을 뚫고 들어가 싸우면서 앞으로 나가 조인의 군사를 구출했는데, 무용이 여러 장수 가운데 으뜸이었다. 이통은 도중에 병에 걸려 세상을 떠났는데 이때 그의 나이 42세였다"고 기록하고 있다. 이통은 이때 마초에게 죽은 것이 아니라 건안 14년(209)에 병사한 것으로 이미 2년 전에 사망했다.

❹

『삼국지』 「촉서·마초전」 배송지 주 『산양공재기』는 소설과 다르게 기록하고 있다.

"당초에 조공의 군대가 포판蒲阪에 주둔하고 있었는데 황하 서쪽으로 건너려고 하자 마초가 한수에게 말했다.

'위수 북쪽에서 이들을 막는 데는 20일이면 됩니다. 하동河東(산시山西성 서남부 지구)의 곡식이 떨어지면 그는 틀림없이 달아날 것입니다.'

그러자 한수가 말했다.

'황하를 건너도록 두게나. 물속에서 다급하게 고통을 겪게 하는 것도 즐겁지 않겠는가!'

그러나 마초의 계획은 시행되지 않았다. 그 말을 들은 조공이 말했다.

'마초, 그 녀석이 죽지 않는 한 내게는 묻힐 땅이 없을 것이다.'"

❺

정비는 누구인가?

『삼국지』 「위서·조상전曹爽傳」 배송지 주 『위략』에 정비에 관한 기록이 있다.

"처음에 정비는 태조를 따랐는데 태조는 정비가 같은 고향 사람이라 특별히 그를 너그럽게 대해주고 아꼈다. 정비는 재물을 좋아하여 여러 차례 법을 위반했기에 그의 죄를 다스리기를 [조조에게] 요청했으나 [조조는] 늘 그를 용서해줬다. 전군교위典軍校尉가 되어 안팎을 관리했는데 [조조는] 매번 그가 건의하는 것을 들어주었다. 건안 말년에 태조를 따라 오를 정벌했다. 정비는 [조조를] 수행하면서 자신의 집에서 기르던 소가 여위고 허약하자 이에 사사로이 관부의 소와 바꿨고 이 일이 적발되어 감옥으로 압송되었으며 관직을 박탈당했다. 그 후에 태조가 정비에게 물었다.

'문후文侯(정비의 자), 너의 인수는 어디에 있느냐?'

정비는 [조조가] 농담하는 것을 알고서 대답했다.

'병餠(둥글넓적한 밀가루 음식)과 바꾸었습니다.'

태조가 웃으면서 좌우를 돌아보며 말했다.

'동조연東槽掾 모개毛玠가 여러 차례 정비를 고발하여 나로 하여금 엄하게 다스리도록 하려 했다. 내가 이 사람이 청렴하지 않다는 것을 모르는 것이 아니라 이유가 있어서다. 내게 정비가 있는 것은 비유하자면 집안에 주인의 물건을 훔치는 개가 있으나 도리어 쥐를 잘 잡을 수 있는 것과 같아서, 비록 약간의 손실은 있을지라도 주머니 속에 저장해둔 물건을 지킬 수 있다.'

그러고는 정비의 관직을 회복시켜주고 처음과 같이 임용하고 따르게 했다. 몇 년 뒤에 병으로 죽었다."

「위서·무제기」에 "교위 정비가 소와 말을 풀어 적을 유인하자 적군은 소와 말을 빼앗으려고 크게 혼란스러워졌으므로 조공은 강(황하)을 건널 수 있었다"고 기록되어 있어, 정비가 소와 말을 풀어 조조를 구했던 일은 사실임을 알 수 있다.

❻

호위군虎衛軍

역사 기록을 보면 조조의 호위 군사 중에 '호위군'이라는 명칭은 없었다. 그렇지만 친위대인 '호표기虎豹騎'는 존재했다. 호표기는 용맹한 기병으로 조씨의 장수들만이 통솔할 수 있었던 정예 핵심 부대였다. 그에 관한 기록을 살펴보면 다음과 같다.

『삼국지』「위서·조인전」은 "조인의 동생 조순曹純은 호표기를 통솔하여 [조조를 따라] 남피南皮를 포위했다"고 했고 배송지 주 『위서』에는 "조순이 감독하는 호표기는 모두가 천하의 용맹하고 정예한 병사였으며, 혹은 백인장百人將(많은 병사를 인솔하는 군관) 중에서 보충하기도 했는데 태조는 그 수장을 선발하는 데 어려움을 겪었다. 조순을 선발하여 독督으로 삼았고 그들을 어루만지자 매우 인심을 얻었다. 조순이 죽자 유관 부서의 관리가 조순을 대신할 자를 선발해야 한다고 말했는데 태조가 '조순에 견줄 자를 어찌 다시 얻을 수 있겠는가! 내가 단독으로 독을 담당해도 되지 않을까?'라고 말하고는 결국 선발하지 않았다"고 기록되어 있다. 또한 「위서·조휴전」은 "항상 [조조를] 따라 출정했으며 호표기를 인솔하여 숙식하며 보위하도록 했다"고 했고, 「위서·조진전」에는 "[조조는] 조진에게 호표기를 통솔하여 영구현靈丘縣(치소는 산시(山西성 링추(靈丘)의 도적을 토벌하도록 했다"고 기록되어 있다.

「위서·조인전」에 "조순은 장판(長坂)에서 유비를 추격하여 그의 두 딸과 군수 물자를 획득했고 도망쳐 흩어진 [유비의] 병사들을 거두었다"고 기록되어 있는데 이때 하루 밤낮으로 300리를 달리며 유비를 추격했던 조순의 부대가 호표기였던 것 같다. 역사 기록에 호표기의 정확한 병력 수에 관한 기록은 없지만 조조가 가장 신임했던 용맹한 정예 기병이었으며 조조의 호위를 담당한 부대였던 것은 사실이다.

또한 「위서·허저전」에 "그날로 허저를 도위로 임명하고 숙식하며 호위하도록 했다. 허저를 따르는 협객들을 모두 호사(虎士)(궁중 보위를 담당하는 무사)를 담당하게 했다. (…) 마초 등을 크게 격파했고 허저는 적의 머리를 베어 무위중랑장(武衛中郎將)(궁정의 숙위를 담당. 무위는 중랑장에 덧붙은 호칭이다)으로 승진했다. 무위라는 호칭은 이때부터 시작되었다"는 기록이 있어, 무위군(武衛軍)은 허저가 거느렸던 호위군인 것으로 보인다.

반간계에 걸려든 마초

허저는 벌거벗은 채 마초와 싸우고,
조조는 글을 지워서 한수를 이간시키다

許褚裸衣鬪馬超,
曹操抹書間韓遂

그날 밤 양쪽 군사들은 혼전을 벌이다가 날이 밝아서야 각기 군사들을 수습했다. 마초는 위구[1]에 군사를 주둔시켰고 밤낮으로 군사를 나누어 앞뒤로 공격했다. 위하渭河 안쪽에 있던 조조는 배와 뗏목을 쇠사슬로 연결한 부교를 세 개 만들어 남쪽 기슭에 닿도록 설치했다. 조인은 군사를 이끌어 강을 끼고 군영을 세우고는 군량을 실은 수레를 연결하여 병풍처럼 차단했다. 그 소식을 들은 마초는 군사들에게 각기 풀 더미 하나씩을 겨드랑이에 끼고 불씨를 휴대하게 했다. 그는 한수와 함께 힘을 합쳐 군사를 이끌고 군영 앞으로 쳐들어가 풀 더미를 쌓아놓고 불을 질렀다. 조조 군사들은 막아내지 못하자 군영을 버리고 달아났고 수레와 부교가 모조리 불타버리고 말았다. 서량의 군사들은 대승을 거두고 위하를 막았다. 군영을 세우지 못한 조조는 내심 걱정하며 두려워했다. 순유가 말했다.

"위하의 모래흙을 가져다 토성을 쌓으면 견고하게 지킬 수 있을 것입니다."

조조는 3만 명의 군사를 선발해 흙을 멜대로 지고 날라 성을 쌓게 했다. 그러자 마초는 또 방덕과 마대를 보내 각기 500명의 군마를 이끌고 가서 왔다 갔다 하면서 부딪쳤다. 게다가 모래흙이 단단하지 못해 쌓으면 바로 무너져 조조는 어찌해볼 도리가 없었다.

이때는 9월 말이라 날씨가 몹시 추웠고 먹장구름이 잔뜩 끼어 있는 날씨가 여러 날 계속되었다. 조조가 군영 안에서 울적해하고 있었다. 그때 별안간 보고가 들어왔다.

"어떤 한 노인이 왔는데 승상을 뵙고 책략을 말씀드리겠다고 합니다."

조조가 청해 들였다. 그 노인을 보니 학의 골격에 소나무 같은 자태를 지녔는데 생긴 모습이 고아하면서도 굳세고 소박했다. 그에게 물어보니 경조² 사람으로 종남산³에 은거하고 있으며 성이 누婁이고 이름이 자백子伯이며 도호는 '몽매거사夢梅居士'라고 했다. 조조는 그를 빈객의 예절로 대접했다. 자백이 말했다.

"승상께서 위하에 걸쳐 군영을 세우고자 하신 지가 오래인데, 지금 어찌하여 이 기회를 틈타 보루를 쌓지 않으십니까?"

조조가 말했다.

"모래흙 땅이라 보루를 쌓을 수 없소. 은사께서는 무슨 좋은 계책이 있어 내게 가르침을 주시려 하오?"

"승상께서는 군사를 신과 같이 부리시지만 날씨를 모르십니다. 연일 검은 구름이 끼어 있어 삭풍朔風이 불기라도 한다면 반드시 완전히 얼어붙을 것입니다. 바람이 불기 시작한 다음에 군사들을 몰아 흙을 나르고 그 흙에 물을 뿌리게 하시면 날이 밝을 때쯤이면 토성이 완성될 것입니다."

조조는 크게 깨닫고 자백에게 후한 상을 내렸지만 자백은 받지 않고 떠났다.❶

그날 밤 북풍이 크게 불어왔다. 조조는 군사를 모조리 휘몰아 흙을 멜대에 지어 나르게 하고 물을 뿌리도록 했다. 물을 담을 도구가 없자 물이 새지 않는 촘촘한 비단 주머니를 만들어 물을 담아 흙에 끼얹게 했는데 쌓는 동시에 얼어붙었다. 동이 틀 무렵에는 모래와 물이 단단히 얼어붙어 토성이 완성되었다. 정탐꾼이 마초에게 그 사실을 보고했다. 마초가 군사를 이끌고 와서 살펴보고는 깜짝 놀라 신령의 도움이 있지는 않았나 의심했다.

이튿날 마초는 대군을 집결시켜 북을 울리며 진격했다. 조조가 직접 말을 타고 군영에 나갔는데 허저만 그 뒤를 따랐다. 조조가 채찍을 휘두르며 크게 소리쳤다.

"내가 단기로 이곳에 왔으니 마초는 나와서 대답하라."

마초가 말을 타고 창을 잡고는 나갔다. 조조가 말했다.

"너는 내가 군영을 세우지 못하는 것을 깔보았는데 지금 하룻밤 사이에 하늘이 쌓게 해주었다. 어찌하여 일찌감치 항복하지 않느냐!"

마초가 버럭 화를 내며 돌진해 조조를 사로잡으려 했다. 그런데 조조 등 뒤에 눈을 둥그렇게 뜨고 손에 강철 칼을 잡고는 고삐를 당겨 말을 세우고 있는, 괴상하게 생긴 한 장수가 보였다. 마초는 허저가 아닐까 의심이 들어 채찍을 휘두르며 물었다.

"네 군중에 호후⁴라는 자가 있다고 들었는데 어디에 있느냐?"

허저가 칼을 잡고 크게 소리 질렀다.

"내가 바로 초군⁵ 땅 허저다!"

허저의 눈에서 신기한 광채가 발산되었는데 위풍이 넘쳤다. 마초는 감히 움직이지 못하고 바로 고삐를 당겨 돌아갔고 조조 또한 허저를 데리고 군영으로 돌아갔다. 그 광경을 본 양군 가운데 놀라지 않는 자가 없었다. 조조가 장수들에게 일렀다.

"적 또한 중강仲康(허저의 자)이 바로 호후라는 것을 알고 있구나!"

이때부터 군중에서 모두 허저를 호후라고 불렀다. 허저가 말했다.

"제가 내일 반드시 마초를 사로잡겠습니다."

조조가 말했다.

"마초는 용맹하니 얕잡아 봐서는 안 되네."

"맹세컨대 죽기로 싸우겠습니다!"

즉시 사람을 불러, 호후가 단신으로 마초와 싸우기를 원하니 내일 결판을 내자는 전서戰書(도전장)를 보냈다. 전서를 받은 마초는 크게 노했다.

"어찌 감히 나를 이토록 업신여긴단 말이냐!"

즉시 내일 맹세컨대 '호치虎癡(어리석은 호랑이)'를 죽이겠다는 답장을 보냈다.

이튿날 양군이 군영 밖에서 진세를 펼쳤다. 마초는 방덕을 왼쪽 날개로, 마대를 오른쪽 날개로 삼았으며 한수는 중군을 맡았다. 마초가 창을 잡은 채 말고삐를 놓고 달려나와 크게 소리쳤다.

"호치는 빨리 나와라!"

문기 아래에 있던 조조가 장수들을 돌아보며 말했다.

"마초는 여포의 용맹에 뒤지지 않는구나!"

미처 말이 끝나기도 전에 허저가 말에 박차를 가해 칼을 춤추듯 휘두르며 달려나갔다. 마초도 창을 잡고 맞붙어 싸웠다. 100여 합을 싸웠어도 승부를 가리지 못했다. 말들이 피로해지자 각기 군중으로 돌아가 말을 바꿔 타고 다시 진 앞으로 나왔다. 또 100여 합을 싸웠으나 승부를 내지 못했다. 성질이 난 허저가 나는 듯이 진중으로 돌아가더니 투구와 갑옷을 벗어 던져버렸고 온몸에 돋아난 근육이 드러났다. 시뻘건 알몸으로 칼을 잡고 몸을 돌려 말에 오르더니 마초와 결전을 벌이고자 달려나갔다. 양쪽 진영의 군사들은 깜짝 놀랐다. 두 사람이 다시 30여 합을 싸웠을 때 허저가 위엄을 떨치며 칼을 치켜들더니 그대로 마초를 내리찍었다. 재빨리 스치듯 피한 마초는 한 창으로 허저의 명치를 겨냥해 냅다 찔렀다. 그 순간 허저는 칼을 버리고 들어오는 창을 겨드랑이에 끼며 잡았다. 두 사람은 말 위에서 서로 창을 빼앗으려 다투었다. 허저는 힘이 장사라 '얍!' 하는 소리와 함께 창대가 '뚝!' 하며 부러지고 말았고 각기 두 동강 난 창대를 잡고 말 위에서 서로 두들겼다. 조조는 혹여 허저가 실수할까 걱정되어 즉시 하후연과 조홍 두 장수에게 일제히 뛰쳐나가 협공하게 했다. 조조의 장수들이 한꺼번에 달려나오는 것을 본 방덕과 마대는 양 날개의 철기들을 호령하며 종횡무진 돌진해 들이쳤다. 조조군은 큰 혼란에 빠졌다. 허저는 팔에 두 대의 화살을 맞았고 장수들은 허둥대며 군영으로 물러났다. 마초는 곧장 토성의 도랑까지 치고 들어갔고 조조군은 군사 태반을 잃고 말았다. 조조는 성을 굳게 지키면서 나가 싸우지 못하게 했다. 마초는 위구渭口로 돌아와 한수에게 일렀다.

"치열하게 싸우는 놈들을 많이 봤지만 허저 같은 놈은 없었습니다. 진정 '호치'더군요!"❷

한편 조조는 계책을 써야 마초를 깨뜨릴 수 있다고 생각하여 서황과 주령에게 황하 서쪽으로 건너가 군영을 꾸리고[6] 앞뒤에서 협공하도록 은밀히 명했다. 어느 날 조조는 성 위에서 마초가 수백 기를 이끌고 군영 앞까지 이르렀다가 나는 듯이 왔다 갔다 하는 것을 보았다. 한참 동안 관찰하던 조조는 투구를 땅바닥에 내던지며 말했다.

"마씨 자식이 죽지 않으면 내가 죽어도 묻힐 땅이 없겠구나!"

그 말을 들은 하후연은 내심 분개하며 고성을 질렀다.

"내 이 땅에서 죽을지언정 맹세코 마씨 도적놈을 없애버리고 말겠습니다!"

즉시 본부 군사 1000여 명을 이끌어 군영 문을 활짝 열고는 곧장 달려나갔다. 조조가 급히 제지하려 했으나 막지 못했고 혹여 실수라도 있지 않을까 걱정되어 황급히 직접 말에 올라 지원하러 앞으로 달려나갔다. 조조군이 오는 것을 본 마초는 이에 선봉대를 후군 부대로 삼고 후군 부대를 선봉으로 돌려 일자로 늘어세웠다. 하후연이 당도하자 마초가 맞붙어 싸웠다. 마초는 멀리 어지러운 군중 속에서 조조를 보고는 하후연을 버려두고 곧장 조조에게 달려들었다. 깜짝 놀란 조조가 말을 돌려 달아났고 조조군은 큰 혼란에 빠졌다.

한참 뒤를 쫓는데 별안간 조조의 한 부대가 이미 황하 서쪽에 군영을 세웠다는 보고가 들어왔다.[7] 마초는 크게 놀라더니 추격할 마음이 없어져 급히 군사를 거두고 군영으로 돌아와 한수와 상의하면서 말했다.

"조조군이 빈틈을 이용해 이미 황하 서쪽[8]으로 건너갔습니다. 이제 우리 군이 앞뒤로 적의 공격을 받게 되었으니 어찌하면 좋겠습니까?"

부하 장수 이감李堪이 말했다.

"차라리 영토를 할양하고 화친을 청하여 양쪽 집안이 잠시 각자 군사를 물린 다음 겨울을 지내고 따뜻한 봄이 되었을 때 별도로 계책을 상의하는 것이 좋을 듯합니다."

한수가 말했다.

"이감의 말이 가장 훌륭하니 따를 만하다."

마초는 망설이며 결정하지 못했으나 양추楊秋와 후선侯選도 모두 화친을 하자고 권했다. 이에 한수는 마침내 양추를 사자로 삼아 곧장 조조 군영으로 보내 영토를 할양하고 화친을 청하는 글을 전달하게 했다. 조조가 말했다.

"그대는 잠시 군영으로 돌아가게. 내 내일 사람을 시켜 답신을 보내겠네."

양추가 작별하고 돌아갔다. 이때 가후가 들어와 조조를 뵙고 말했다.

"승상께서는 어떻게 하실 생각이십니까?"

조조가 말했다.

"공의 의견은 어떠하오?"

가후가 말했다.

"전쟁에서는 속임수도 마다하지 않으니 화친을 허락하는 척하십시오. 그런 다음에 반간계를 써서 한수와 마초를 서로 의심하게 만든다면 쉽사리 깨뜨릴 수 있을 것입니다."

조조가 손뼉을 치며 크게 기뻐했다.

"천하의 고견과 서로 합치되는 게 많소. 문화文和(가후의 자)의 꾀는 내 마음속의 뜻과 같소."❸

이에 사람을 시켜 답신을 보냈다.

"내가 천천히 군사를 물린 뒤 그대에게 황하 서쪽9의 땅을 돌려주겠소."

그러는 한편 부교를 세우고 회군의 뜻을 보였다. 편지를 읽은 마초는 한수에게 일렀다.

"조조가 비록 화친을 허락하기는 했지만 간웅이라 예측하기 어렵습니다. 만일 준비하지 않았다가 도리어 제지를 받을 수 있습니다. 제가 숙부님과 함께 교대로 병력을 이동시켜 오늘 숙부님께서 조조에게 가시면 저는 서황에게 향하고, 내일 제가 조조에게 향하면 숙부님은 서황에게 가십시오. 각기 분담하면서 준비하여 그 속임수를 방비해야 합니다."

한수는 그 계책에 따라 실행했다.

어느새 누군가 그 사실을 조조에게 보고했다. 조조가 가후를 돌아보며 말했다.

"내 일이 이루어지는구려!"

그러고는 물었다.

"내일은 누가 이쪽으로 오느냐?"

그 사람이 보고했다.

"한수입니다."

이튿날 조조가 장수들을 이끌고 군영을 나가자 좌우에서 조조를 둘러쌌
다. 그 중앙에 있던 조조가 유독 뚜렷하게 드러나 보였다. 한수의 사병 대부
분이 조조를 알지 못하는 자라 진을 나와 구경했다. 조조가 크게 소리쳤다.

"너희는 나를 보고 싶어 그러느냐? 나 또한 사람으로 눈이 넷에 입이 둘
인 괴물은 아니다. 단지 지모가 많을 뿐이니라."

군사들은 모두 두려워하는 기색을 감추지 못했다. ❹

조조가 사람을 시켜 진을 건너가 한수에게 전했다.

"승상께서 삼가 한수 장군과 말씀 나누기를 청하십니다."

한수가 즉시 진을 나가보니 조조가 갑옷도 입지 않고 무기도 지니지 않아
그 또한 갑옷을 벗어버리고 간편한 복장에 혼자 나갔다. 두 사람은 말 머리
가 서로 교차되자 각기 고삐를 당기고 이야기를 나누었다. 조조가 말했다.

"내가 장군의 부친과 함께 효렴에 천거되었기에 일찍이 그분을 숙부처럼
모셨소. 나 또한 공과 함께 벼슬길에 올랐는데 이미 여러 해가 지났구려. 장
군께서는 금년에 연세가 어떻게 되시오?"

한수가 대답했다.

"마흔입니다."**10**

"지난날 도성에 있었을 때 모두가 젊은 청년이었는데 어느 결에 중년의 나

이가 되었구려! 어떻게 해야 태평해진 천하에서 함께 즐길 수 있겠소!"

지나간 일들을 세세하게 이야기할 뿐 결코 군사 상황에 대해서는 언급조차 하지 않았다. 말을 마치더니 껄껄 웃었다. 한 시진時辰(2시간) 가까이 이야기하다 비로소 말을 돌려 헤어졌고 각기 군영으로 돌아갔다.❺

일찌감치 누군가 이 사실을 마초에게 보고했다. 마초는 황급히 한수에게 와서 물었다.

"오늘 조조가 진 앞에서 무슨 말을 했습니까?"

한수가 말했다.

"도성에서 있었던 옛일을 이야기했을 뿐이네."

"어찌하여 군사 사무에 관해서는 말씀하지 않으셨습니까?"

"조조가 말을 꺼내지 않는데 내가 어떻게 혼자 말을 하겠는가?"

마초는 속으로 매우 의심했으나 더 이상 물어보지 않고 물러났다.

한편 군영으로 돌아온 조조는 가후에게 일렀다.

"공은 내가 진 앞에서 그와 대화를 나눈 뜻을 알겠소?"

가후가 말했다.

"그 뜻이 비록 묘하기는 하나 아직 두 사람을 이간시키기에는 부족합니다. 제게 한 가지 계책이 있는데 한수와 마초가 서로 원수가 되어 죽이게 하겠습니다."

조조가 그 계책을 물었다. 가후가 말했다.

"마초는 용맹한 사내에 지나지 않아 중요한 기밀을 알지 못합니다. 승상께서 친필로 서신 한 통을 쓰셔서 한수에게만 보내시되 중간에 글자를 희미하게 쓰고 결정적인 부분은 덧칠해서 지워서 바꿔 쓴 다음에 보내시고 고의로 마초가 그것을 알게 하십시오. 그러면 마초는 틀림없이 편지를 보여달라고 할 것입니다. 중요한 곳이 모두 고쳐져 있거나 지워져 있는 것을 보면 마초는 자신이 기밀을 알까 두려워 한수가 내용을 지우고 고쳐 쓴 것으로 의심할 것입니다. 승상께서 한수와 단독으로 대화를 나눈 것에 대해 의심이 들었을 테니 그 의심이 결국은 반드시 혼란을 일으킬 것입니다. 그때 우리는 더욱 은밀하게 한수 부하 장수들과 연계하여 서로 이간시킨다면 마초를 도모할 수 있을 것입니다."

조조가 말했다.

"그 계책이 대단히 묘하구려."

즉시 편지 한 통을 썼고 중요한 곳은 모조리 고치고 지운 다음에 확실하게 봉하고는 고의로 많은 수행원을 보내 한수의 군영으로 가서 편지를 전달하고 돌아오도록 했다.

과연 누군가 마초에게 이 사실을 보고했다. 내심 더욱 의심이 든 마초가 곧장 한수에게 와서 편지를 보여달라고 했다. 한수가 편지를 마초에게 건넸다. 마초는 편지에 글자들이 고쳐지고 지워진 것을 보고는 한수에게 물었다.

"편지가 어찌하여 모두 고쳐지고 지워져 뒤죽박죽입니까?"

한수가 말했다.

"원래 이렇게 왔는데 무슨 까닭인지 모르겠네."

"어찌 초고를 보내는 사람이 있겠습니까? 틀림없이 숙부님께서 제가 자세한 내용을 알까 걱정하셔서 먼저 고치고 지운 것이겠지요."

"혹시 조조가 초고를 실수로 봉해 보낸 것은 아닐까?"

"저는 더 믿지 못하겠습니다. 조조는 세밀한 사람인데 어찌 이런 실수를 하겠습니까? 저는 숙부님과 힘을 합쳐 역적을 죽이려고 하는데 어찌하여 갑자기 다른 마음이 생기셨습니까!"

"자네가 만약 내 마음을 믿지 못하겠다면 내일 내가 조조를 속여 진 앞으로 불러내 이야기를 나눌 테니 그때 자네가 진 안에서 뛰쳐나와 한 창에 찔러 죽이게."

"그렇게 하신다면 비로소 숙부님의 진심을 알 수 있을 것입니다."

두 사람은 약속을 정했다.

이튿날 한수가 후선, 이감, 양흥, 마원, 양추 등 다섯 장수를 이끌고 진을 나갔다. 마초는 진문 그림자 속에 숨어 있었다. 한수가 사람을 시켜 조조 군영 앞으로 가서 크게 소리 지르게 했다.

"한수 장군께서 승상께 말씀을 나누고자 청하십니다."

조조는 이에 조홍에게 명하여 수십 기를 이끌고 곧장 진 앞으로 나가 한수를 만나게 했다. 말이 몇 걸음 떨어진 곳에 이르자 조홍이 말 위에서 몸을 숙여 공경을 표하며 말했다.

"어젯밤 승상께서 장군의 말씀에 호의를 보내시며 절대로 실수가 없도록 하라고 말씀하셨습니다."

말을 마치더니 바로 말을 돌렸다. 그 말을 들은 마초는 크게 성내며 창을 잡고 말을 질주해 나오더니 바로 한수를 찌르려 했다. 다섯 장수가 제지하며 그를 타일러 군영으로 돌아왔다. 한수가 말했다.

"조카님은 의심하지 말게나. 나는 나쁜 마음을 갖지 않았다네."

마초가 어떻게 믿으려 하겠는가. 그가 원망하며 돌아갔다. 한수가 다섯 장수와 상의했다.

"이 일을 어떻게 해명해야 좋겠는가?"

양추가 말했다.

"마초는 무예에만 의지하여 항상 주공을 업신여기는 마음이 있었습니다.

그러니 조조를 이기고 나면 겸손하게 사양하며 양보하려 들겠습니까? 제 어리석은 생각으로는 차라리 몰래 조공에게 투항하여 뒷날 봉해진 후작 자리나 잃지 않도록 하는 것이 나을 듯합니다."

한수가 말했다.

"내가 마등과 결의형제를 맺었는데 어찌 그렇게 하겠는가?"

"일이 이미 이 지경에 이르렀으니 그렇게 하지 않을 수 없습니다."

"그러면 누가 소식을 전하겠느냐?"

"제가 가기를 원합니다."

한수는 이에 비밀 편지를 써서 양추를 조조의 군영으로 보내 투항의 뜻을 말했다. 조조는 크게 기뻐하며 한수를 서량후西涼侯로 봉하고 양추를 서량태수[11]로 임명하며 나머지 사람에게도 모두 관작을 내려주기로 허락했다. 그리고 불을 놓는 것을 신호로 함께 마초를 꾀하기로 약속했다. 양추는 절하며 감사하고 돌아와 한수를 만나 그 일을 자세히 이야기했다.

"오늘 밤 불을 질러 밖에서는 공격하고 안에서는 호응하기로 했습니다."

한수는 크게 기뻐하며 즉시 군사들에게 명하여 중군 군막 뒤에 마른 장작을 쌓게 했고 다섯 장수에게는 각기 칼과 검을 들고 명령을 기다리도록 했다. 마초를 주연에 거짓으로 청한 다음에 술자리에서 그를 도모하기로 상의했으나 한수는 망설이며 결단을 내리지 못했다.

그런데 뜻하지 않게 마초가 이미 그러한 사실을 자세히 탐지했고 즉시 심복 수행원 몇 명을 데리고 검을 잡고 앞서가며 방덕과 마대에게 뒤에서 지원하게 했다. 마초가 슬그머니 걸어서 한수의 군막 안으로 들어가자 다섯 장수와 한수가 밀담하는 모습이 눈에 들어왔고 양추가 하는 말이 들렸다.

"일이 지체되어서는 안 되니 속히 실행하십시오!"

크게 성난 마초가 검을 휘두르며 곧장 뛰어들어 호통을 쳤다.

"도적놈들이 어찌 감히 모략을 써서 나를 해치려 한단 말이냐!"

모두 깜짝 놀랐다. 마초는 한수의 얼굴을 향해 검을 찍었으나 한수가 황급히 손으로 내려치는 검을 막았다. 그 바람에 한수는 왼손이 찍혀 잘려나가고 말았다. 다섯 장수가 칼을 휘두르며 한꺼번에 달려들었다. 마초는 훌쩍 뛰어 군막 밖으로 나왔고 다섯 장수는 그를 에워싸고 마구 내리쳤다. 마초는 홀로 보검을 휘두르며 힘껏 맞섰다. 보검이 번쩍하는 곳에 선혈이 튀어 날았고, 마완이 찍혀 거꾸러졌으며 양흥은 잘게 다진 고깃덩어리가 되니 세 장수는 각자 목숨을 건지고자 달아났다. 마초가 다시 군막으로 들어가 한수를 죽이려고 했을 때는 이미 좌우 측근들이 구출해 도망간 뒤였다. 그때 군막 뒤에서 불길이 일어나더니 각 군영의 군사들이 모조리 움직이기 시작했다. 마초는 재빨리 말에 올랐다. 방덕과 마대 또한 당도하여 서로 혼전을 벌였다. 마초가 군사를 이끌고 싸우러 나왔을 때 사방에서 조조군이 몰려들었는데, 앞에는 허저, 뒤에는 서황, 왼쪽은 하후연, 오른쪽에는 조홍이었다. 서량의 군사 전열은 점점 오합지졸이 되어갔다. 마초는 방덕과 마대가 보이지 않자 이에 100여 기를 이끌고 위하 다리 위에서 길을 차단했다. 날이 희미하게 밝아오니 이감이 한 부대를 거느리고 다리 아래로 지나가는 것이 보였다. 마초는 창을 잡고 말고삐를 놓은 채 내달리며 그를 추격했고 이감은 창을 끌며 달아났다. 마침 우금이 말을 몰아 마초의 뒤를 쫓다가 시위를 당겨 그를 향해 화살을 쏘았다. 마초는 등 뒤에서 '씨잉!' 하는 시위 소리를 듣고는 얼른 몸을 피했다. 그 화살은 그대로 날아가 앞에서 달리던 이감에 정통으로 꽂혔고 이감은 그만 말에서 떨어져 죽고 말았다. ❻

마초가 말을 돌려 우금에게 달려들었으나 우금은 말에 박차를 가하며 달아났다. 마초는 다리 위로 돌아와 멈춰섰다. 조조의 군사들이 앞뒤에서 대규모로 몰려오는데 호위군이 앞장서며 마초를 향해 어지럽게 화살을 쏘아댔다. 마초가 창으로 쳐내자 화살들이 어지럽게 날리며 땅바닥에 떨어졌다. 마초는 따르던 기병들에게 왔다 갔다 하면서 부딪치라고 명했으나 조조군의 포위가 견고하여 뚫고 나갈 수가 없었다. 마초는 다리 위에서 한바탕 크게 소리 지르더니 황하 북쪽[12]으로 뚫고 들어갔고 따르던 기병들은 모두 차단되어 갇히고 말았다. 마초는 홀로 진중에서 좌충우돌했으나 도리어 누군가가 몰래 쏜 쇠뇌에 말이 맞아 주저앉으면서 그만 땅바닥에 떨어지고 말았고, 이에 조조군이 달려들었다. 위급한 상황에 별안간 서북쪽 모퉁이에서 한 떼의 군마가 치고 들어오니 바로 방덕과 마대였다. 두 사람은 마초를 구출하고 군중의 전마를 마초에게 내줘 타도록 했다. 그러고는 몸을 돌려 한 갈래 혈로를 뚫고 서북쪽을 향해 달아났다. 마초가 빠져나갔다는 소식을 들은 조조는 장수들에게 명령했다.

"밤낮을 가리지 말고 쫓아가 기필코 마가 놈을 잡아라. 수급을 가져오는 자에게는 천금의 상과 만호후萬戶侯를 하사할 것이고, 사로잡는 자는 대장군에 봉하겠노라."

명령을 받은 장수들은 서로 공을 다투느라 줄지어 추격에 나섰다. 마초는 사람과 말이 피로한 것도 돌아볼 겨를 없이 황급히 달리기만 했다. 따르던 기병들도 점차 모두 흩어졌고 달아날 수 없는 보병들은 대부분 사로잡혔다. 그는 남아 있던 30여 기와 방덕, 마대와 함께 농서 임조[13]를 향해 달아났다.

한편 조조는 친히 안정[14]까지 추격했으나 마초가 이미 멀리 달아난 것을 알고는 비로소 군사들을 수습해 장안으로 돌아갔다. 장수들이 모두 모였다. 한수는 왼손을 잃어 불구자가 되었기에 조조는 그를 장안에서 쉬게 하고 서

량후의 직책15을 수여했다. 양추와 후선은 모두 열후로 봉하고 위구渭口를 지키게 했다.❼

그러곤 회군해 허도로 돌아가려 했다. 그때 자가 의산義山인 양주참군涼州參軍 양부楊阜가 장안으로 조조를 만나러 왔다. 조조가 묻자 양부가 말했다.

"마초는 여포의 용맹이 있는 데다 강인羌人들의 열렬한 지지를 받고 있습니다. 지금 승상께서 기세를 몰아 소탕하시지 않는다면 그가 훗날 힘을 기를 테니 농상의 각 군16은 다시 나라의 소유가 되지 못할 것입니다. 바라건대 승상께서는 잠시 회군하지 마십시오."

조조가 말했다.

"나는 본래 군사를 남겨두어 그를 정벌하고자 했으나 중원에 일이 많은 데다 남쪽도 평정되지 않아 오래 머물 수 없소. 그대가 나를 위해 보전해주시오."

양부는 승낙하면서 위강韋康을 양주자사로 추천했고, 두 사람은 함께 군사를 통솔하여 기성17에 주둔하면서 마초를 방비했다. 양부는 떠나기 앞서 조조에게 청했다.

"장안에 반드시 많은 군사를 남겨 지원해주십시오."

조조가 말했다.

"내 이미 결정했으니 그대는 마음을 놓으시오."

양부가 하직하고 떠났다.

장수들이 모두 물었다.

"처음에 도적들이 동관을 차지하고 있을 때 위하 북쪽은 길이 비어 있었는데, 승상께서는 하동으로부터 풍익18을 공격하지 않으시고 도리어 동관을 지키면서 시일이 오래 지나도록 시간을 끌다가 나중에 북쪽으로 건너 군영을 세우고 견고하게 지키셨습니다. 이는 무엇 때문입니까?"

조조가 말했다.

"처음에 도적들이 동관을 지키고 있을 때 내가 처음 당도하자마자 바로 하동을 취했다면 적들은 틀림없이 각 군영을 나누어 여러 나루터를 지켰을 것이고 그러면 하서를 건널 수 없었을 것이오. 그래서 나는 일부러 많은 수의 군사를 결집시켜 모조리 동관 앞에 모이게 한 다음 적들이 모두 남쪽을 지키며 하서를 방비하지 않게 했으므로 서황과 주령이 건널 수 있었던 것이오. 그런 다음 내가 군사를 이끌고 북쪽으로 건너가 수레를 연결시키고 울타리를 구축하며 길을 만들고 모래흙에 물을 부어 얼린 토성을 축조한 것은 적들에게 우리가 약하다는 것을 알게 하려 한 것으로 그 마음을 교만하게 만들어 준비하지 않게 하려고 했던 것이오. 그리고 교묘하게 반간계를 쓰면서 사졸들의 힘을 비축시킨 다음에 하루아침에 깨뜨렸소. 이것이 바로 이른바 '별안간 벼락이 치는 소리가 나면 사람들이 미처 귀를 막을 사이가 없다疾雷不及掩耳'는 것이오. 군사의 변화란 굳이 한 가지 방법에 있는 것이 아니오."

장수들이 또 물었다.

"승상께서는 적들의 군사가 증가하고 무리가 더해졌다는 소식을 들을 때마다 기뻐하는 표정을 지으셨는데, 무엇 때문입니까?"

조조가 말했다.

"관중은 멀리 떨어진 변경 지역이라 만일 적의 무리가 각기 험준한 지형에 의지하여 저항하고 있었다면 그들을 1~2년 이내에 평정하지 못했을 것이오. 그러나 지금 모두 한곳에 모였으니 그 무리가 비록 많다 하더라도 사람들 마음이 하나로 뭉치지 않아 이간시키기 쉽고 단번에 전멸시킬 수 있어서 내가 기뻐한 것이오."

장수들이 절을 올리며 말했다.

"승상의 신령 같은 묘책은 저희가 미칠 수가 없는 바입니다!"

조조가 말했다.

"이 또한 그대들 문무의 힘에 의지한 것이오."

그러고는 즉시 군사들에게 후한 상을 내렸다. 하후연을 남겨 장안에 군사를 주둔시키고 항복한 병사들은 각 부대에 나누어 배치했다. 하후연이 풍익 고릉[19] 사람인 성은 장張이고 이름은 기既이며 자는 덕용德容인 자를 책임지고 천거하자 그를 경조윤으로 임명하고 하후연과 함께 장안을 지키도록 했다. 조조가 회군하여 허도로 돌아오자 헌제가 난여鑾輿(천자의 수레)를 타고 곽까지 나와 영접했다. 그리고 조서를 내려 조조에게 찬례 때 이름을 부르지 않고[20] 조정에 들어갈 때도 종종걸음으로 빨리 걷지 않으며[21] 검을 풀지 않고 신을 벗지 않아도 되게 하니[22] 이는 한나라 재상 소하蕭何의 선례와 같은 것이었다. 이때부터 조조의 위엄이 중원과 변경 지역에 진동했다.❽

소식이 한중漢中으로 전해 들어가자 한녕[23] 태수 장로張魯가 깜짝 놀랐다. 원래 장로는 패국 풍[24] 사람이었다. 그의 조부 장릉張陵은 서천의 곡명산[25]에서 도가의 서적을 지어 사람들을 미혹시켰는데 모두 그를 공경했다. 장릉이 죽은 이후 그의 아들 장형張衡이 그 뒤를 이어 도를 행했다. 백성 가운데 그 도를 배우고자 하는 자가 있으면 쌀 5두를 내게 하여 세상에서 '미적米賊(쌀도둑)'이라고 불렀다. 장형이 죽자 장로가 이어서 그것을 행했다. 장로는 한중에 있으면서 스스로를 '사군師君'이라 칭했고 도를 배우러 오는 자들은 모두

'귀졸鬼卒'이라고 불렀으며 그중 우두머리를 '좨주祭酒'라 했고 또한 그중에 많은 무리를 통솔하는 자를 '치두대좨주治頭大祭酒'라 불렀다. 진실을 가장 중요한 것으로 삼아 힘썼으며 남을 속이는 것을 허락하지 않았다. 병을 앓고 있는 자가 있으면 즉시 단을 설치하고 병자를 조용한 방에 있게 하여 스스로 잘못을 반성하고 직접 마주하여 자기의 과실을 진술하게 한 다음에 그를 위해 기도를 올렸는데, 기도의 일을 주관하는 자를 '간령좨주奸令祭酒'라 불렀다. 기도하는 방법은 병자의 성명을 적고 '삼관수서三官手書'라 부르는 자신의 죄를 인정하는 글 세 통을 짓는다. 한 통은 산꼭대기에 놓고 하늘(천관天官)에 아뢰고, 또 한 통은 땅에 묻어 땅(지관地官)에 아뢰었으며, 마지막 한 통은 물에 가라앉혀 수관[26]에게 진술했다. 이와 같이 하여 병이 나으면 쌀 5두를 바치고 감사를 표했다. 또 '의사義舍'라는 집을 지어 집 안에 밥과 쌀, 땔감, 고기를 구비해놓고 지나가는 자들이 어느 정도 양껏 먹을 수 있도록 허락했다. 스스로 가져다 먹게 했는데 필요 이상으로 많이 가져가는 자는 천벌을 받는다고 했다. 그리고 경내에 법을 어기는 자가 있으면 반드시 세 번은 용서했으나 잘못을 고치지 않는 자는 처벌했다. 그들의 경내에는 따로 관리가 없고 좨주가 모든 것을 관할하고 있었다. 이렇듯 한중 땅에 웅거한 지 이미 30년이나 지났다. 나라는 멀리 떨어진 곳인 데다 정벌할 수도 없어 장로를 진남중랑장[27]으로 삼고 한녕태수를 겸하면서 공물을 바치게 했을 뿐이었다. 같은 해에 조조가 서량의 무리를 깨뜨리고 위엄이 천하에 진동한다는 소식을 듣고는 무리를 모아놓고 상의했다.

"서량의 마등이 살육되었고 마초도 방금 패했으니 조조가 반드시 우리 한중을 침략할 것이오. 내가 스스로 한녕왕漢寧王이라 칭하고 군사를 지휘하며 조조를 막고자 하는데 여러분은 어떻게 생각하시오?"

염포閻圃가 말했다.

"한천[28]의 백성은 10만여 호戸이고 재산과 양식도 풍족하며 사면이 험난한 데다 견고합니다. 지금 마초가 방금 패하는 바람에 서량의 백성이 자오곡[29]을 따라 한중으로 들어온 자가 수만 명이 넘습니다. 제 어리석은 생각으로는 익주의 유장이 우둔하고 나약하니 차라리 먼저 서천의 41주[30]를 빼앗아 근거지로 삼은 다음에 왕이라 칭해도 늦지 않을 것입니다."

장로가 크게 기뻐하며 마침내 아우인 장위張衛와 함께 군대를 일으키기로 상의했다. 일찌감치 정탐꾼이 서천[31]으로 들어가 이런 사실을 보고했다.

한편 익주의 유장은 자가 계옥季玉으로 바로 유언劉焉의 아들이자 한나라 노공왕魯恭王의 후예였다. 장제章帝 원화[32] 연간에 봉지가 경릉竟陵으로 변경되어 그 종족의 방계가 이곳에 거주하게 되었다. 이후 유언은 익주목에 이르게 되었으나 흥평 원년(194)에 악성 종기에 걸려 죽었다. 그러자 익주의 높은 관리인 조위趙韙 등이 함께 유장을 보위하여 익주목으로 삼았다. 유장은 일찍이 장로의 모친과 아우를 죽였기 때문에 서로 원수지간이었다. 그는 방희龐羲를 파서[33] 태수로 임명하여 장로를 저지하게 했다. 이때 방희는 장로가 군대를 일으켜 서천을 빼앗으려 한다는 것을 탐지하고 급히 유장에게 보고했다. 평소에 나약했던 유장은 이 소식을 듣고는 내심 크게 걱정하며 급히 관원들을 모아놓고 대책을 상의했다. 이때 별안간 한 사람이 의연하게 나서며 말했다.

"주공께서는 안심하십시오. 비록 재주는 없으나 장로가 감히 눈을 똑바로 뜨고 서천을 쳐다보지 못하도록 하겠습니다."

촉 땅의 모신이 나섰을 뿐인데

형주 호걸들이 모이게 되는구나

只因蜀地謀臣進, 致引荊州豪傑來

이 사람은 누구인가?

제59회 반간계에 걸려든 마초

①

누자백婁子伯은 누구인가?

『삼국지』「위서·최염전崔琰傳」은 누자백에 대하여 이렇게 기록하고 있다.

"처음에 태조는 시기심과 각박한 성격으로 용인하지 못한 자가 있었는데, 바로 노국의 공융, 남양의 허유와 누규婁圭로 그들 모두 옛 관계에 의지하여 공경하지 않았다가 처형되었다." 배송지 주 『위략』에는 "누규는 자가 자백子伯으로 어려서 태조와 친분을 맺었다. 초평初平(한 헌제 유협의 연호, 190~193) 연간에 형주 북쪽 경계에서 무리를 모았고 이후 태조에게 갔다. 태조는 그를 대장大將이라고 하면서도 군대를 통솔하지 못하게 했고 항상 회의에 참여하여 의논만 했다. 하북이 평정된 이후 기주에 있었다. 그 뒤로 태조가 자식들을 데리고 놀러 나갈 때 자백도 항상 함께 따라갔다. 자백이 좌우를 돌아보며 '이 집의 아버지와 아들은 오늘처럼 놀기만 한다'고 말했다. 이 말을 누군가 고했고 태조는 그가 비방하는 뜻이 있다고 여겨 마침내 그를 체포하여 처벌했다'고 기록되어 있다. 또 『오서』에는 "마초 등을 격파하는 데 자백의 공이 많았다. 조공이 항상 '자백의 계책은 내가 미치지 못하는구나'라고 탄식했다"고 기록되어 있다.

누자백은 조조를 따라 마초와의 전쟁에 참여했으며 소설처럼 어느 날 갑자기 나타난 은사는 아니었다. 오히려 그는 허유처럼 조조의 미움을 받아 죽임을 당한 인물이었다.

❷

허저와 마초가 격투를 벌였을까?

『삼국지』「위서·허저전」은 다음과 같이 기록하고 있다.

"태조는 한수, 마초 등과 단창필마로 회담을 했는데 좌우에는 아무도 따르지 못하게 하고 오직 허저 한 사람만 데리고 갔다. 마초는 자신의 힘만 믿고 음흉하게 태조에게 돌진하려고 했으나 평소에 허저의 용맹을 들었기에 수행하는 자가 허저가 아닐까 의심했다. 이에 태조에게 물었다.

'공에게 호후虎侯라는 자가 있다고 하던데, 어디에 있습니까?'

태조는 뒤돌아보며 허저를 가리켰고 허저는 눈을 부라리며 노려보았다. 마초는 감히 움직이지 못했고 이에 각자 진영으로 돌아갔다. 훗날 교전하여 마초 등을 크게 격파했고 허저는 적의 머리를 베어 무위중랑장武衛中郎將(궁정의 숙위를 담당)으로 승진했다. 무위라는 호칭은 이때부터 시작되었다. 군중에서는 허저가 힘은 호랑이와 같으나 어리석었기 때문에 호치虎癡라고 불렸다. 이것이 마초가 호후에 대해 묻고 지금까지 천하가 그렇게 부르며 모두 그의 이름처럼 여기는 이유다."

소설과는 다르게 허저가 웃통을 벗어던진 채 마초와 격투를 벌였던 일은 없었다. 오히려 마초가 허저의 위세에 눌렸고 싸움에서 크게 패했다고 기록되어 있다.

❸

『삼국지』「위서·가후전」은 다음과 같이 기록하고 있다.

"태조가 위남渭南에서 한수, 마초와 싸웠는데 마초 등은 자신들의 토지를 할양해주는 것으로 화친을 모색하고 자식을 인질로 삼으라고 요구했다. 가후는 이를 허락하는 척할 수 있다고 생각했다. [조조가] 계책을 물으니 가후가 대답했다.

'그들을 이간시키면 됩니다.'

태조가 말했다.

'무슨 말인지 알겠소.'

그러고는 가후의 계책을 모두 사용했다."

또한 『삼국지』 「위서·무제기」에 "마초가 영토를 할양하는 것을 굳게 요청하고 자식들을 인질로 보내니 공은 가후의 계략을 받아들여 허락하는 척했다"고 기록되어 있다.

❹

『삼국지』 「위서·무제기」 배송지 주 『위서』는 다음과 같이 기록하고 있다.

"공(조조)이 후일 다시 한수 등과 대화를 나누었는데 제장들이 말했다.

'공께서 적과 대화를 나누실 때 경솔하게 하시면 안 됩니다. 목행마木行馬(관부 문 앞에 나무를 교차시켜 난간같이 만든 장애물로 길을 막는 데 사용하여 행마라 불렀다)로 방비하셔야 합니다.'

공이 그것을 옳다고 여겼다. 적장이 공을 만날 때 모두 말을 탄 채 인사했는데, 구경하던 진인秦人, 호인胡人들이 몇 겹으로 뒤섞였다. 공이 웃으면서 적에게 말했다.

'너희는 나 조공曹公을 보고 싶은가? 나 또한 사람이며 눈이 넷도 아니고 입이 둘도 아니다. 다만 지모가 많을 뿐이니라!'

호인들이 앞뒤로 몰려들어 구경했다. 또한 철기 오천을 늘어세워 10겹의 진을 이루니 광채가 해처럼 빛나 적들이 더욱 놀라며 두려워했다."

❺

조조와 한수의 나이

『삼국지』 「위서·무제기」의 기록에 따르면 "공은 한수의 아버지와 같은 해에 효렴으로 천거되었으며, 또 한수와는 비슷한 시기에 태어난 동년배였다"고 기록하고 있다. 그리고 배송지 주 『전략』에 한수가 죽었을 때(건안 20년, 215) '70여 세'였다고 기록되어 있다. 조조는 155년생으로 이때 나이가 57세였다. 소설에서 조조와 전투를 벌였을 때(건안 16년, 211) 한수가 '40세'라고 조조에게 대답했지만 이 기록에 근거해 보면 그때 한수의 나이는 적어도 60대 중후반이었음을 알 수 있다.

❻

『삼국지』「위서·무제기」에 "싸움이 오랫동안 지속되자 비로소 호기虎騎(조조 수하의 정예 기병)를 출동시켜 협공하여 크게 무찌르고 성의成宜와 이감李堪 등을 참수했다"고 기록되어 있어, 이감은 우금이 쏜 화살에 맞아 죽은 게 아니었다.

❼

한수는 항복하지 않았다

소설처럼 한수가 마초에게 손을 잃고 조조에게 투항했다는 내용은 허구이며, 한수는 처음부터 끝까지 조조에게 저항하다 생을 마감한 사람이다.

『삼국지』「위서·무제기」에 따르면 "건안 16년(211) 9월, 한수와 마초 등은 양주로 달아났고 양추는 안정安定으로 도망쳐 관중은 평정되었다"고 했으며, 4년 뒤인 "건안 20년(215) 5월, 서평西平, 금성金城의 장수 국연麴演, 장석蔣石 등이 함께 한수를 참수하고 그 머리를 보내왔다"고 기록하고 있다. 결국 한수는 조조에게 패한 뒤에도 하후연과 계속 전투를 벌였고 4년이 지나서야 조조가 아닌 다른 사람에게 살해당했다.

또한 소설에서 양추는 사전에 관직을 보장받고 조조에게 투항했다고 서술했지만 사실은 투항한 다음에 작위를 받았다. 양추에 대해 『삼국지』「위서·무제기」는 다음과 같이 기록하고 있다. "건안 16년(211) 10월, [조조]군은 장안에서 북쪽으로 양추 정벌에 나섰고 안정을 포위했다. 양추가 항복하자 그의 작위를 회복시켜주었으며 그의 땅에 남아 백성을 위로하도록 했다."

❽

조조가 서쪽 정벌에 나선 이유는?

조조가 한수와 마초 토벌에 나서며 승리를 거두기는 했지만 손실도 많은 전쟁이었다. 소설에서는 순유가 손권을 취한 다음에 유비를 공격하자는 의견을 내놓자 조조가 남쪽 정벌에 나섰다가 그 틈에 마등이 습격해올 것을 우려해 일단 마등을 불러들여 제거하면서 전쟁이 시작된 것으로 전개하는데, 이는 실제 역사와 많이 다르다. 조조가 서쪽 정벌에 나선 이유에 대해 많은 견해가 있겠지만 역사 기록을 근거해 살펴보면 다음과 같다.

『삼국지』「위서·주유전」과 『자치통감』권66 「한기 58」에 근거하면 건안 16년(211) 12월에 주유가 손권에게 다음과 같이 말했다.

"저는 분위장군奮威將軍(손유孫瑜)과 함께 촉을 취하러 나가고 싶습니다. 촉 땅을 얻은 뒤에 진격하여 장로를 병합하고 분위장군을 남겨 그 땅을 공고히 한 후에 마초와 동맹을 맺을 것입니다."

주유의 사망으로 이 일은 실현되지 않았지만 주유와 마초의 동맹 시도가 조조에게는 큰 위협이었을 것으로 판단된다. 「위서·무제기」에 따르면 "건안 16년(211) 봄 정월, 장로가 한중漢中을 점거했고, 3월에 [조조는] 종요를 파견하여 정벌하도록 했다. 이때 관중에 있던 장수들은 종요가 자신을 습격하려 한다고 의심했다. 이에 마초, 한수, 양추, 이감, 성의 등이 반란을 일으켰다. [조조는] 조인을 파견하여 그들을 토벌하게 했다. 7월, 공은 서쪽 정벌에 나섰고 마초 등과 동관潼關을 사이에 두고 주둔했다"고 기록되어 있다.

여기서 조조 진영 내부에서는 서쪽 정벌에 대해 여러 의견이 제시되었는데『삼국지』「위서·위기전衛覬傳」배송지 주『위서』는 다음과 같이 기록하고 있다.

"사례교위 종요鍾繇는 3000명의 병사를 이끌고 관중關中(한수, 마초 등)으로 들어갔는데, 겉으로는 장로를 토벌하는 것이었지만 실제로는 협박하여 인질로 삼으려고 했다. 그러자 위기가 이렇게 주장했다. '만일 병사들이 관중으로 들어간다면 마땅히 장로를 토벌해야겠지만 장로는 깊은 산속에 있고 길은 통하지 않으니 저들이(한수, 마초 등) 반드시 의심을 품을 것입니다. 한차례 놀라게 한다면 험한 지형과 강력한 무리로 인해 아마도 걱정거리가 될 것입니다.' 조조는 처음에 위기의 의견이 옳다고 했지만 종요가 그 임무를 담당하게 되자 마침내 종요의 견해에 따르게 되었다. 태조가 친히 정벌하여 가까스로 그들을 평정했지만 죽은 자는 헤아릴 수 없을 정도였다. 조조는 위기의 의견을 따르지 않은 것을 후회했다."

또 『자치통감』 권66 「한기 58」은 "창조속倉曹屬 고유高柔가 대군이 서쪽으로 출병한다면 한수와 마초가 자신들을 기습하는 것으로 의심해 선동하여 반란을 일으킬 것이라고 간언했지만 조조는 따르지 않았다. 결국 관중의 장수들은 의심을 품게 되었고 마초, 한수, 후선侯選, 정은程銀, 양추, 이감, 장횡張橫, 양흥梁興, 성의成宜, 마원馬玩 등 10부 10만여 명이 반란을 일으켰다"고 기록하고 있다.

조조와 마초 무리와의 전쟁에는 많은 이유가 내재되어 있지만 역사 기록을 간단하게 정리하면 장로를 정벌하기 위한 명분으로 조조는 군대를 일으켰고 장로의 한중을 점령하려면 마초와 한수가 있던 관중을 지나가야 하기에 마초와 한수는 이를 자신들에 대한 공격으로 의심해 반란을 일으킨 것이라고 요약할 수 있다.

서촉으로 가는 길

장영년은 도리어 양수를 힐난하고,
방사원은 서촉을 취하려 의논하다

張永年反難楊修,
龐士元議取西蜀

그때 유장에게 계책을 바친 자는 바로 익주 별가로 성은 장張, 이름은 송松이며 자가 영년永年이라 했다. 이 사람은 생김새가 추했는데 이마가 곡괭이처럼 튀어나오고 머리가 뾰족하며 납작한 코에 이가 드러나 있고 5척도 안 되는 작은 키지만 말할 때는 목소리가 구리종이 울리는 듯했다. 유장이 물었다.

"별가는 무슨 고견이 있어서 장로의 위급함을 풀 수 있다고 하시오?"

장송이 말했다.

"제가 듣기로는 허도의 조조가 중원을 소탕하여 여포와 두 원씨가 모두 멸망했고 근래에는 또 마초를 깨뜨려 천하에 대적할 자가 없다고 합니다. 주공께서 진상물을 준비하시면 제가 직접 허도로 가서 조조가 군대를 일으켜 한중을 취하고 장로를 도모하도록 설득하겠습니다. 그렇게 된다면 장로는 적을 막아낼 겨를도 없게 될 테니 어찌 감히 다시 촉중[1]을 엿보겠습니까?"

유장이 크게 기뻐하며 황금과 진주, 비단을 진상물로 삼고 장송을 사자로 파견했다. 장송은 이에 몰래 서천을 그린 지리도를 감추고 수행원 몇 기를 데리고 허도로 향했다. 어느새 누군가 이 사실을 형주에 보고했다. 공명은 즉시 사람을 시켜 허도로 들어가 소식을 알아보도록 했다.

한편 허도에 당도한 장송은 역관에 머물었는데 매일 승상부로 가서 조조를 기다리며 만나 뵙기를 청했다. 조조는 마초를 깨뜨리고 돌아온 뒤로 자신의 뜻을 이루었다고 여기며 오만해져 매일 주연을 베풀었고 일이 없으면 나가지 않고 국정도 모두 승상부에서 상의했다. 장송은 사흘을 기다린 후에야 비로소 통성명을 할 수 있었다. 게다가 좌우의 근시들이 먼저 뇌물을 받아먹은 다음에야 겨우 안으로 들였다. 조조는 대청에 앉아 있었다. 장송이 절을 올리자 조조가 물었다.

"네 주인 유장은 여러 해 동안 공물을 바치지 않았는데 무엇 때문인가?"

장송이 말했다.

"오는 길이 험한 데다 도적이 암암리에 출몰하여 바칠 수가 없었습니다."

조조가 큰 소리로 꾸짖었다.

"내가 중원을 깨끗하게 쓸어버렸는데 무슨 도적이 있다는 말이냐?"

"남쪽에는 손권이 있고 북쪽에는 장로가 있으며 서쪽에는 유비가 있습니다.[2] 갑옷 입은 병사들이 최소 10만여 명인데 어찌 태평할 수 있겠습니까?"

조조는 우선 장송이 추하게 생겨 반쯤 기뻐하지 않았고, 또 말하는 것을 들어보니 비위에 거슬려 옷소매를 뿌리치고 일어나 후당으로 들어갔다. 좌우에서 장송을 책망했다.

"그대는 사신으로 왔으면서 어찌하여 무턱대고 버릇없이 행동하시오? 다행히 승상께서 그대가 멀리서 온 체면을 보아 처벌하지 않은 것이오. 그대는 속히 돌아가시오!"

장송이 웃으면서 말했다.

"우리 서천에는 아첨하는 사람이 없소."

그때 별안간 계단 아래에서 한 사람이 크게 소리 질렀다.

"그대 서천은 아첨할 줄 모른다고 말하는데, 그럼 우리 중원은 어찌 아첨하는 자가 있단 말이오?"

장송이 그 사람을 보니 눈썹이 듬성듬성하고 눈이 가늘었지만 하얀 살결에 정신이 청명해 보였다. 그에게 성명을 물으니 바로 태위 양표楊彪의 아들인 양수楊修로 자가 덕조德祖였고 현재 승상 문하에서 창고를 관장하는 주부[3]로 있었다. 이 사람은 박식하고 언변이 능한 데다 식견이 남보다 뛰어났다. 장송은 양수의 민첩한 말재간을 알고는 그를 난처하게 만들고 싶은 마음이 생겼다. 양수 또한 자신의 재주를 믿고 천하의 선비들을 깔보고 있었는데 이때 장송의 조롱하는 말을 듣고는 즉시 바깥 서원[4]으로 청했다. 손님과 주인 자리에 앉자 장송에게 일렀다.

"촉의 길이 험난한데 멀리서 오느라 노고가 많으시오."

장송이 말했다.

"주인의 명을 받들었으니 비록 끓는 물에 뛰어들고 타는 불을 밟는다 하더라도 감히 사양해서는 안 되지요."

양수가 물었다.

"촉중은 풍토가 어떠하오?"

"촉은 서쪽 군으로 옛날에는 익주益州라고 불렀소. 길에는 험준한 금강[5]이 있고 웅장한 검각[6]으로 땅이 이어져 있소. 왕복 거리가 208정[7]이고 둘레의 길이가 3만여 리지요. 닭이 울고 개 짖는 소리를 서로 들을 수 있으며[8] 시장과 골목 문이 끊임없이 이어져 있지요. 밭은 기름지고 땅에는 수목이 울창하여 해마다 홍수와 가뭄의 근심이 없으며, 나라는 부유하고 백성은 풍족하여 늘 관악기를 불고 현악기를 뜯는 즐거움이 있습니다. 게다가 생산되는 물자는 산처럼 쌓여 있으니, 천하에 이곳을 따라올 곳은 없지요!"

양수가 또 물었다.

"촉중의 인물들은 어떠하오?"

"문文에 있어서는 상여[9]의 부賦가 있고 무武로는 복파[10]의 재주가 있으며, 의술로는 중경[11]의 능력이 있고 점술에는 군평[12]의 신비로움이 있지요. 구류삼교[13]에 '그 같은 종류에서 뛰어나고 그 같은 무리가 모여 있는 곳에서 빼어난'[14] 자가 지극히 많으니 어찌 일일이 기술할 수 있겠소!"

양수가 또 물었다.

"지금 유계옥劉季玉(유장의 자)의 수하에 공 같은 분이 몇이나 있소?"

"문무에 뛰어나고 지혜와 용기를 갖추었으며 충성스럽고 의로운 인사가 100명은 될 것이오. 나같이 재주 없는 무리야 수레에 싣고 두斗로 될 만큼이나 많아 진기하지 않으니 일일이 다 말할 수가 없지요."

"공은 근래에 무슨 직책에 있소?"

"능력에 비해 높은 지위에 있는데 머릿수만 채우느라 별가의 소임을 맡고 있으나 심히 직분에 어울리지 않습니다. 감히 공께 묻건대 조정에서 무슨 관직을 맡고 계시오?"

"현재 승상부의 주부로 있소."

"공께서는 대대로 고관대작을 지내시는 가문으로 오래전부터 듣고 있었는데, 어찌하여 조정에 서서 천자를 보좌하지 않고 구차하게 승상부 문하에서 일개 아역衙役이나 하고 계시오?"

그 말을 들은 양수는 얼굴 가득 부끄러운 기색을 띠면서 억지로 대답했다.

"내가 비록 낮은 관직에 있지만 승상께서 군사 행정과 돈과 양식의 막중한 일을 위임하셨고 아침저녁으로 가르침을 많이 받아 지극히 깨우쳤기에 이 직책을 맡고 있을 뿐이지요."

장송이 웃으면서 말했다.

"제가 듣건대 조승상이 문에 있어서는 공자와 맹자의 도에 밝지 못하고, 무에 있어서는 손무와 오기의 책략에 도달하지 못했으면서 오로지 무리하게 점령하는 데 힘쓰고 높은 자리를 차지했다고 하던데 어찌 가르치면 명공을 깨우치게 할 수 있겠소?"

"공이 변방 구석에 살고 계시니 어찌 승상의 큰 재주를 알겠소? 내 공께 한 가지 보여드리리다."

그러고는 좌우를 불러 작은 상자 안에서 책 한 권을 가져오게 하여 장송에게 보여줬다. 장송이 제목을 보니 『맹덕신서』[15]였다. 처음부터 끝까지 훑어보니 전체 13편으로 모두 군사를 부리는 방법이었다. 장송이 읽고 나서 물었다.

"공은 이것이 무슨 책이라고 생각하시오?"

양수가 말했다.

"이 책은 승상께서 옛일을 골라 지금의 상황과 비교 대조한 것으로 『손자 십삼편』[16]을 본떠서 지으신 것이오. 공은 승상께서 재주가 없다고 얕잡아 보는데, 이 책이 후세에 전해질 만하지 않소?"

장송이 껄껄 웃으며 말했다.

"우리 촉중에는 삼척동자도 암송할 수 있는데 어찌 '신서新書'라 하시오? 이것은 전국시대에 이름 없는 사람이 지은 것인데, 조승상이 도둑질하여 자기가 지은 것처럼 하니 족하 같은 사람이나 속일 수 있을 뿐이오!"

"승상께서 비밀리에 소장하고 계신 책이라 비록 이미 책으로 만들어지긴

했지만 아직 세상에 전해지지는 않았소. 공께서 촉중의 아이들도 유창하게 암송할 수 있다고 말씀하셨는데, 어찌하여 나를 속이시오?"

"공이 믿지 못하겠다면 내 암송해보리다."

즉시 『맹덕신서』를 처음부터 끝까지 낭송하는데 단 한 글자도 틀리지 않았다. 양수가 깜짝 놀랐다.

"한번 보기만 하면 잊지 않으니 참으로 천하의 기재올시다!"

후세 사람이 찬탄한 시가 있다.

괴상하게 생긴 그 모습 기이하고
고상하지만 외모는 변변치가 않네
삼협의 물줄기처럼 말을 쏟아내니
한눈에 열 줄의 글을 읽어내누나

그 용기는 서촉 땅에서 으뜸가고
문장은 한없이 넓은 하늘 꿰뚫네
백가와 제자를 모조리 아울렀으니
한 번만 봐도 남김없이 외우는구나

古怪形容異, 淸高體貌疏
語傾三峽水, 目視十行書
膽量魁西蜀, 文章貫太虛
百家幷諸子, 一覽更無余❶

장송이 바로 작별하고 돌아가려 했다. 그러자 양수가 말했다.

"잠시 역관에 기거하고 계시면 제가 다시 승상께 아뢰어 공과 대면할 수 있도록 해주겠소."

장송이 감사하고 물러갔다.

양수가 들어가 조조를 만나 뵙고 말했다.

"조금 전에 승상께서는 어찌하여 장송을 푸대접하셨습니까?"

조조가 말했다.

"말하는 것이 불손하여 내가 일부러 냉담하게 대했네."

"승상께서는 예형도 용납하셨는데 어찌하여 장송은 받아들이지 않으십니까?"

"예형의 문장은 당대에 널리 퍼져 있어서 내 차마 그를 죽일 수 없었네. 장송은 무엇에 능하단 말인가?"

"그 입이 폭포처럼 거침없고 말재주가 유창하여 막힘이 없음은 말씀드릴 필요도 없습니다. 마침 제가 승상께서 저술하신 『맹덕신서』를 보여줬는데 그가 한 번 훑어보더니 즉시 암송했습니다. 이토록 견문이 넓고 기억력이 좋은 사람은 보기 드뭅니다. 장송이 말하기를 이 책은 전국시대에 이름 없는 자가 지은 것인데 촉중의 아이들도 모두 암기할 수 있다고 했습니다."

조조가 말했다.

"혹시 옛사람과 내가 우연히 서로 겹치는 것은 아니겠지?"

그러고는 그 책을 찢어 불태우라 명했다. 양수가 말했다.

"이 사람을 대면하시어 천조天朝(조정朝廷의 존칭)의 기상을 보여줄 필요가 있습니다."

"내일 내가 서쪽 조련장에서 군사를 점검하고 있을 테니 그대가 먼저 그를 데리고 오면 우리 군대의 위용을 보여주고 그가 돌아갈 때 내가 가까운 시일 내에 강남으로 내려가 바로 서천을 거두어들이겠다고 전하게 하겠네."

양수가 명령을 받들었다.

이튿날이 되자 장송과 함께 서쪽 조련장에 도착했다. 조조가 호위군 정예병 5만 명을 조련장에 늘어세우고 점검하고 있었다. 과연 투구와 갑옷의 색은 선명하고 전포는 찬란했다. 징과 북 소리가 하늘을 진동했고 과와 모가 햇빛에 번득였는데 사면팔방으로 각기 대오를 나누니, 오색 깃발들은 흩날리고 인마는 하늘 높이 솟아오를 듯했다. 그러나 장송은 곁눈질로 바라볼 뿐이었다. 한참이 지나서야 조조가 장송을 불러 손가락으로 가리키며 말했다.

"자네는 서천에서 이런 영웅적인 인물들을 본 적이 있는가?"

장송이 말했다.

"저희 촉중에서 이런 무기와 갑옷을 본 적은 없습니다. 단지 인의로써 백성을 다스릴 따름입니다."

조조가 안색을 바꾸며 그를 보았으나 장송은 전혀 두려워하는 기색이 없었다. 양수가 여러 번 장송에게 눈짓을 보냈다. 조조가 장송에게 일렀다.

"나는 천하의 쥐새끼들을 초개와 같이 하찮게 볼 뿐이다. 대군이 이르는 곳마다 싸워서 이기지 못한 적이 없었고 공격해서 차지하지 못한 곳이 없었으며 나를 따르는 자는 살았고 거역하는 자는 죽었다. 자네는 아는가?"

장송이 말했다.

"승상께서 군사를 휘몰아 가시는 곳마다 싸우면 반드시 이기고 공격하면 반드시 빼앗으신 것을 저 또한 평소에 잘 알고 있습니다. 지난날 복양에서 여포를 공격하고 원성에서 장수와 싸우시던 날, 적벽에서 주랑과 마주치고 화용에서 관우를 만나셨으며, 동관에서 수염을 자르며 전포를 버리고 위수에서 배를 빼앗아 화살을 피하셨을 때, 이 모두가 천하에 대적할 수 없는 것이지요!"

조조는 크게 노했다.

"썩어빠진 선비 놈이 어떻게 감히 나의 약점을 끄집어낸단 말이냐!"

좌우에 소리 질러 목을 치라 명했다. 양수가 간언했다.

"장송이 비록 참수당할 만하지만 촉도[17]로부터 공물을 바치러 왔으니 만일 그를 참수한다면 먼 곳 사람들의 염원을 잃게 되지 않을까 걱정됩니다."

조조는 분이 수그러들지 않았다. 순욱 또한 간언하자 조조는 그제야 죽음은 면해줬지만 그를 매질하여 내쫓게 했다.

역관으로 돌아온 장송은 그날 밤 서천으로 돌아가고자 짐을 정돈하여 성을 나갔다. 장송은 혼자 생각했다.

'내 본래 서천의 주군州郡을 조조에게 바치고자 했는데 이렇게 사람에게 예의가 없을지 누가 생각이나 했겠는가! 내가 이곳으로 올 때 유장 앞에서 큰소리쳤는데 오늘 이렇게 불만족스럽게 빈손으로 돌아간다면 촉중 사람들한테 비웃음을 살 것이다. 내 듣기로는 형주의 유현덕이 어질고 의로운 사람이라는 말이 퍼진 지 오래되었으니 차라리 그쪽 길로 돌아가는 것이 나을 듯하다. 이 사람이 어떤지 시험해보면서 내 주견을 결정해야겠다.' ❷

이에 말을 타고 하인들을 이끌며 형주 경계로 향했다. 앞쪽에 영주[18] 경계에 이르렀을 때 별안간 한 부대의 군마가 달려오는 것이 보였는데 대략 500여 기로 우두머리 대장은 간편한 복장을 입고 있었다. 말고삐를 당겨 앞으로 와서는 물었다.

"혹시 장별가가 아니십니까?"

장송이 말했다.

"그렇소."

그 장수가 황망히 말에서 내리더니 두 손을 맞잡고 예를 행하며 소리 높여 경의를 표했다.

"조운이 기다린 지 오래되었습니다."

장송도 말에서 내려 답례했다.

"혹시 상산의 조자룡 아니시오?"

"그렇습니다. 저는 주공이신 유현덕의 명령을 받들어 달려온 것입니다. 말에 채찍질하며 먼 여정을 가시는 대부를 위해 특별히 저에게 잠시나마 술과 음식을 바치라고 명하셨습니다."

말을 마치자 군사가 무릎 꿇고 술과 음식을 받들었고 조운이 공경하며 이를 올렸다. 장송은 혼자 생각했다.

'사람들이 유현덕은 너그럽고 어질며 손님을 사랑한다고 하더니 지금 보니 과연 그렇구나.'

마침내 조운과 함께 술 몇 잔을 마시고 말에 올라 함께 형주[19] 경계에 이르렀다. 날이 저물어 역관 앞에 당도하자 대문 앞에 100여 명이 시립하고 있었고 북을 두드리며 장송을 영접했다. 한 장수가 말 앞에서 예를 행하며 말했다.

"형님의 명령을 받들어 먼 길을 오느라 고생하신 대부를 위해 관 아무개가 역정驛庭(역참의 정원)에 물을 뿌리고 청소하여 편히 쉬시도록 했습니다."

장송은 말에서 내려 운장, 조운과 함께 역관으로 들어갔고 손님과 주인의 예를 갖춰 차례대로 자리에 앉았다. 잠시 후 술자리가 마련되자 두 사람은 성심성의를 다해 권했다. 한밤중까지 마시고서야 비로소 술자리가 끝났고 하룻밤을 잤다.

이튿날 조반을 마치고 말에 올라 3~5리도 가지 못했는데 한 떼의 인마가 오는 것이 보였다. 바로 현덕이 복룡, 봉추를 거느리고 친히 맞이하러 나온 것이었다. 멀리서 장송을 본 현덕이 서둘러 말에서 내려 기다렸다. 장송 또한 황망히 말에서 내려 상견했다. 현덕이 말했다.

"오래전부터 대부의 고명하신 이름을 우렛소리처럼 들어왔습니다. 그러나 구름과 산이 가로막고 아득히 멀리 떨어져 있어 가르침을 들을 수 없는 것을 한스러워했소. 지금 도성으로 돌아가신다는[20] 소식을 듣고 각별히 영접하러 왔소. 만일 저를 버리지 않으신다면 황주[21]에서 잠시나마 쉬시면서 목마른 자가 물을 마시고자 하듯 간절히 바라던 사모의 뜻을 위로해주세요. 그럼 진실로 천만다행일 것입니다!"

장송은 크게 기뻐했고 즉시 말에 올라 말고삐를 나란히 하며 성으로 들어갔다. 부중 대청에 올라 각자 예를 행한 후 손님과 주인 순서에 따라 앉았고 주연을 베풀어 환대했다. 술을 마시는 동안에 현덕은 한담을 나눌 뿐 서천의 일에 대해서는 한마디 말도 꺼내지 않았다. 그러자 장송이 부추겼다.

"지금 황숙께서 지키는 형주에는 몇 개의 군이 있습니까?"

공명이 대답했다.

"형주는 잠시 동오로부터 빌린 것으로 동오에서 매번 사람을 시켜 돌려달라고 하고 있소. 지금 우리 주공께서는 동오의 사위이시라 잠시 이곳에 몸을 의탁하고 있을 뿐이오."

장송이 말했다.

"동오는 6군 81주[22]를 차지하고 있는 데다 백성은 강하고 나라는 부유한데 아직도 만족할 줄 모른단 말이오?"

방통이 말했다.

"우리 주공께서는 한나라 황숙이시나 주군을 점유하지 못하고, 다른 자들은 한나라의 새싹 뿌리를 갉아먹는 해충들인데 도리어 세력에 의지해 토지를 침략하여 점령하고 있으니, 오직 지혜로운 자만이 공평하지 못한 것이지요."

현덕이 말했다.

"두 공께서 그렇게 말씀하지 마시오. 내게 무슨 덕이 있다고 감히 많은 것을 바라겠소?"

장송이 말했다.

"그렇지 않습니다. 명공께서는 바로 한실의 종친이시고 인의가 사해를 가득 채우고 있습니다. 주군을 점유하는 것은 말할 필요도 없고 정통을 이어받아 황위에 오르신다 하더라도 본분에 벗어나는 것이 아닙니다."

현덕이 두 손을 맞잡고 인사하며 감사했다.

"공의 말씀은 지나치시오. 내가 어찌 감히 감당하겠소!"

이로부터 연이어 장송을 사흘간 머물게 하면서 주연을 베풀었지만 결코 서천의 일은 꺼내지도 않았다. 장송이 작별하고 가려 하자 현덕이 십리장정23까지 나와 주연을 베풀며 전송했다. 현덕은 술잔을 들어 장송에게 말했다.

"대부께서 저를 버리지 않고 사흘 동안 머물러주시어 큰 은혜를 입었습니다. 오늘 작별하면 어느 때 다시 가르침을 받을 수 있을지 모르겠소."

말을 마치더니 눈물을 줄줄 흘렸다. 장송이 혼자 생각했다.

'현덕이 이토록 너그럽고 선비를 사랑하는데 어찌 그를 버릴 수 있겠는가? 차라리 이 사람을 설득해서 서천을 취하게 하는 것이 좋겠다.'

그러고는 말했다.

"저 또한 조석으로 모시고 싶으나 기회를 얻지 못하는 것이 한스러울 따름입니다. 제가 보건대 형주 동쪽에는 손권이 범처럼 버티고 앉아 있으면서 항상 형주를 차지하려 하고 있고, 북쪽에는 조조가 매번 고래처럼 집어삼키려 하고 있습니다. 이 땅 역시 오래도록 연연할 곳이 아닙니다."

현덕이 말했다.

"오래전부터 그렇다는 것은 알고 있었지만 몸을 의탁할 곳이 없구려."

장송이 말했다.

"익주는 요새로 비옥한 들판이 1000리나 뻗어 있으며 백성은 풍족하고 나라는 부강합니다. 지혜롭고 재능 있는 인사들이 황숙의 덕을 오래도록 경모해왔습니다. 만일 형양의 무리를 일으켜 빠르게 서쪽을 향하신다면 패업을 이룰 수 있을 뿐만 아니라 한실도 부흥시킬 수 있을 것입니다."

"내가 어찌 감히 그것을 감당하겠소? 유익주 또한 황실의 종친으로 촉중에 은택을 베푸신 지 오래되었소. 다른 사람이 어찌 그곳을 차지하여 동요시킬 수 있겠소?"

"저는 주인을 팔아 영화를 구하려는 것이 아니라, 지금 명공을 만나 뵙고 감히 진심으로 가슴속의 말을 다 토로하지 않을 수 없기 때문입니다. 유계옥劉季玉(유장의 자)이 비록 익주의 땅을 차지하고는 있지만 천성이 어리석고 나약하여 현량한 사람을 등용하고 능력 있는 인재를 쓰지 못하는 데다, 더욱이 북쪽에 있는 장로가 수시로 침범하려 하고 있습니다. 그리하여 인심은 흩어지고 현명한 군주를 얻기만을 생각하고 있습니다. 제가 이번에 조조에게 투항하고 귀순하고자 했습니다만 역적 놈이 제멋대로 굴며 간웅을 뽐내고 덕과 재능 있는 인사를 오만한 태도로 대할 줄을 어찌 짐작이나 했겠습니까? 그래서 특별히 명공을 찾아뵌 것입니다. 명공께선 우선 서천을 취하여 토대로 삼으신 다음에 북쪽으로 한중을 도모하고 또 중원을 거두어 천조를 바로잡으신다면 그 이름이 청사靑史에 길이 남을 것이며 그 공 또한 더없이 클 것입니다. 명공께서 과연 서천을 취할 뜻이 있으시다면 원컨대 저는 개와 말의 작은 수고로움도 마다하지 않고 안에서 호응하겠습니다. 명공의 뜻은 어떠하신지요?"

"그대의 후의에 깊이 감사드리오. 그러나 유계옥과 나는 동족 간이라 만일 그를 공격한다면 천하 사람들에게 욕지거리를 당할까 두렵소."

"대장부가 세상을 살아가는데 공훈을 세우고 업적을 쌓으려면 남보다 한 발 앞서 선점해야 합니다. 지금 만일 취하지 않으신다면 다른 사람이 차지할 것이고 그때는 후회해도 늦을 것입니다."

"듣건대 촉으로 가는 길은 험난하여 수없이 많은 산과 내 때문에 두 수레가 나란히 갈 수가 없고 말고삐를 연결할 수 없다고 하던데, 비록 그곳을 취한다 하더라도 무슨 좋은 계책을 쓸 수 있겠소?"

장송이 이에 소매에서 지도를 꺼내 현덕에게 건네며 말했다.

"명공의 성덕에 깊이 감격하여 감히 이 지도를 바칩니다. 이 지도를 보시면 바로 촉중의 도로를 알 수 있을 것입니다."

현덕이 조금 펼쳐서 보니 지도에 모든 지리와 여정이 적혀 있는데, 거리의 원근, 산천의 요충지, 창고의 돈과 양식이 하나하나 전부 분명하게 기재되어 있었다. 장송이 말했다.

"명공께서는 속히 도모하셔야 합니다. 저에게 진심으로 의기투합하는 벗이 두 명 있습니다. 법정法正과 맹달孟達이라 하는데 이 두 사람이 반드시 도울 것이니 그들이 형주에 오게 되면 심중의 일을 함께 의논해도 좋을 것입니다."

현덕이 두 손을 맞잡고 감사하며 말했다.

"푸른 산은 늙지 않고 깊고 맑은 물은 영원히 존재하는 법이오. 훗날 일이 이루어지면 반드시 후하게 보답하리다."

"제가 현명한 군주를 만났기에 진심으로 알려드리지 않을 수 없었을 뿐입니다. 어찌 감히 보답을 바라겠습니까?"

말을 마치고는 작별했다. 공명은 운장 등에게 명하여 수십 리 밖까지 호송하게 했다.

익주로 돌아온 장송은 먼저 친구 법정을 만났다. 법정은 자가 효직孝直이며 우부풍右扶風 미현[24] 사람으로 현사인 법진法眞의 아들[25]이었다. 장송이 법정을 만나 상세하게 이야기했다.

"조조는 현명한 이를 가볍게 여기고 선비를 멸시하니 근심을 같이 나눌 수는 있으나 즐거움을 같이할 수 없는 사람이오. 내 이미 익주를 유황숙에게 허락했기에 오로지 형과 함께 상의하고자 하오."

법정이 말했다.

"나도 유장은 무능하다고 생각하고 있었으니 이미 유황숙을 만날 마음을 가진 지 오래되었소. 이제 마음이 상통하니 또 무엇을 의심하겠소?"❸

잠시 후 맹달이 당도했다. 맹달은 자가 자경子慶[26]으로 법정과는 동향 사람이었다. 맹달이 들어오다 법정과 장송이 밀담을 나누는 것을 봤다. 맹달이 말했다.

"내 이미 두 공의 뜻을 알아차렸소. 장차 익주를 바치려는 것이지요?"

장송이 말했다.

"그렇게 하려고 하오. 형이 한번 맞추어보시오. 누구에게 바치려는 것이 합당하다고 하겠소?"

맹달이 말했다.

"유현덕이 아니고서는 안 되지요."

세 사람은 손뼉을 치며 크게 웃었다. 법정이 장송에게 일렀다.

"형은 내일 유장을 만나면 어떻게 하려고 하오?"

장송이 말했다.

"내가 두 공을 형주로 갈 만한 사자로 추천하겠소."

두 사람은 승낙했다.

이튿날 장송이 유장을 뵈었다. 유장이 물었다.

"갔던 일은 어떻게 되었소?"

장송이 말했다.

"조조는 바로 한나라 역적으로 천하를 찬탈하고자 하여 말을 꺼낼 수가 없었습니다. 그자는 이미 서천을 빼앗을 마음을 품고 있었습니다."

"이 일을 어떻게 하면 좋겠소?"

"제게 한 가지 계책이 있는데 반드시 장로와 조조가 감히 서천을 함부로 넘보지 못하게 하겠습니다."

"무슨 계책이오?"

"형주의 유황숙은 주공과는 같은 종친인 데다 인자하고 관대해 장자[27]의 기풍이 있습니다. 적벽의 격렬한 전투 이후로 조조가 그 사람 이름을 듣기만 해도 담낭이 찢어질 지경인데 하물며 장로 따위는 어떻겠습니까? 주공께서는 마땅히 유황숙께 사자를 보내 친하게 지내셔야 합니다. 그를 바깥의 구원군으로 삼으신다면 조조와 장로를 막을 수 있을 것입니다."

"나 또한 그런 마음을 가진 지 오래되었소. 누구를 사자로 보낼 만하오?"

"법정과 맹달이 아니면 가서는 안 됩니다."

유장은 즉시 두 사람을 불러들였고, 서신 한 통을 써서 법정에게 건네며 사자가 되어 형주에서 먼저 상호 교류를 하게 했다. 다음으로 맹달에게 정예병 5000명을 이끌고 가서 서천으로 들어오는 현덕을 영접하며 지원하게 했다. 한창 상의하고 있는데 한 사람이 밖에서 갑자기 뛰어들어왔다. 그 사람은 온 얼굴에 땀을 비 오듯 흘리며 크게 소리 질렀다.

"주공께서 장송의 말을 들으시면 41개 주군[28]은 다른 사람 손에 들어갈 것입니다!"

장송이 깜짝 놀라 보니 바로 서낭중西閬中 파巴[29] 사람으로 성이 황黃, 이름이 권權이요, 자가 공형公衡이며 유장의 부중에서 주부를 맡고 있었다. 유장이 물었다.

"현덕은 나와 한집안이므로 내가 그와 결합하여 지원군으로 삼으려 하는데 그대는 어찌하여 그런 말을 하시오?"

황권이 말했다.

"저는 평소에 유비가 사람을 관대하게 대한다는 것을 알고 있습니다. 그는 부드러움으로 굳센 것을 이길 수 있으니 대적할 수 없는 영웅이며 멀리서도 인심을 얻고 가까이는 백성의 기대를 받습니다. 게다가 제갈량과 방통의 지모를 가지고 있고 관우, 장비, 조운, 황충, 위연을 날개로 삼고 있습니다. 만일 촉중으로 불러들여 그를 부곡[30]으로 대접한다면 유비가 어찌 고분고분 조심하며 비위를 맞추려 하겠습니까? 그렇다고 그를 손님의 예로 대한다면 한 나라에 두 명의 주인이 있는 것이니 용납할 수 없습니다. 지금 신의 말을 들으시면 서촉은 태산 같은 안정이 있을 것이나, 듣지 않으시면 주공께서는 계란을 쌓아놓은 것처럼 위태로움에 처하실 것입니다! 장송이 지난번 형주를 거쳐 왔는데 틀림없이 유비와 함께 모의했을 것입니다. 먼저 장송을 참수한 다음에 유비를 끊으신다면 천만다행일 것입니다."

유장이 말했다.

"조조와 장로가 온다면 어떻게 그들을 막을 것이오?"

황권이 말했다.

"차라리 경계를 폐쇄하고 요새로 오는 길을 끊은 다음 도랑을 깊게 파고 보루를 높여 조용해지기를 기다리시는 것이 좋을 듯합니다."

"적병이 경계를 침범하여 눈썹에 불이 붙은 것처럼 매우 절박한 상황인데, 시기가 태평해지기를 기다린다면 늦을 것이오."

결국 그의 말을 따르지 않고 법정을 사신으로 파견하려 했다. 이때 또 한 사람이 가로막았다.

"안 됩니다! 절대로 안 됩니다!"

유장이 보니 바로 장전종사관[31]으로 있는 왕루王累였다. 왕루가 머리를 조아리며 아뢰었다.

"지금 장송의 말을 들으시면 스스로 재앙을 자초하시는 것입니다."

유장이 말했다.

"그렇지 않소. 내가 유현덕과 가까운 관계를 맺으려는 것은 진실로 장로를 막고자 함이오."

"장로가 경계를 침범하는 것은 옴 같은 피부병이나, 유비가 서천에 들어오는 것은 바로 심장과 배에 큰 화근을 만드는 것입니다. 더군다나 유비는 세상의 효웅으로 처음에는 조조를 섬겼다가 그를 해치려 했고, 나중에는 손권을 따르다가 형주를 빼앗았습니다. 심술이 이와 같은데 어찌 함께 있을 만하겠습니까? 지금 그를 불러온다면 서천은 끝장날 것입니다!"

유장이 큰 소리로 꾸짖었다.

"다시는 함부로 지껄이지 말거라! 현덕은 나의 종친인데 그가 어찌 나의 기업을 빼앗는단 말이냐?"

즉시 두 사람을 끌어내고 마침내 법정을 출발시켰다.

익주를 떠난 법정은 곧장 형주로 가 현덕을 뵈었다. 배알을 마치고 유장의 서신을 바쳤다. 현덕이 편지를 뜯어보니 다음과 같았다.

"족제[32] 유장이 두 번 절하며 현덕 종형 장군 휘하에 글을 올립니다. 영웅의 명성을 경모한 지 아주 오래되었지만 촉도가 험난하여 미처 공물을 바치지 못했으니 몹시 황송하고 부끄럽습니다. 듣자니 '길하든 흉하든 서로 구원하고 우환과 재난을 당하면 서로 의지한다'고 했습니다. 친구 간에도 이러한데 하물며 종족 간에는 어떻겠습니까? 지금 북쪽에 있는 장로가 아침저녁으로 군대를 일으켜 제 경계를 침범하려 하니 심히 안심할 수 없는 상황입니다. 이에 파견한 자가 삼가 서신을 바치니 들어주시기 바랍니다. 동족 간의 정을 생각하여 형제 간의 의리를 온전하게 지키고자 한다면 가까운 시일 내로 군대를 동원하여 미친 도적들을 토벌해주시기 바랍니다. 영원히 이와 입술 같은 사이가 된다면 자연히 후한 사례가 있을 것입니다. 글로는 하고 싶은 말을 다 표현할 수 없으니 오로지 오시기만을 기다릴 뿐입니다."

편지를 읽고 난 현덕은 크게 기뻐하며 주연을 베풀어 법정을 대접했다. 술이 몇 순배 돌자 현덕이 좌우를 물리치고 법정에게 은밀하게 일렀다.

"효직孝直(법정의 자)의 명성을 경모해온 지 오래되었소. 장별가도 공의 크고 훌륭한 덕을 자주 이야기했는데 이제야 가르침을 듣게 되니 심히 평생의 위로가 되오."

법정이 감사하며 말했다.

"촉중의 아전이 어찌 말할 만한 가치가 있겠습니까! 무릇 말은 백락[33]을 만나면 울부짖고 사람은 자기를 알아주는 사람을 만나야 목숨을 바친다고 했습니다. 장별가가 지난번에 말씀드린 것을 장군께서는 다시 하실 마음이 있으신지요?"

현덕이 말했다.

"나는 홀로 기객[34]으로 지내면서 일찍이 슬퍼하고 탄식하지 않은 적이 없었소. 굴뚝새 같은 작은 새도 머물 수 있는 작은 나뭇가지가 있고 교활한 토끼도 안전을 위해 세 개의 굴을 파놓는다고 하던데 하물며 사람이야 무슨 말이 필요하겠소? 촉중의 부유한 땅을 차지하고 싶지 않은 것은 아니나, 유계옥은 나와 동족 간인데 차마 도모할 수 없으니 어찌하겠소."

"익주는 토지가 비옥하고 자원이 풍부한, 하늘에서 내려준 곳간 같은 나라이기에 난세를 다스릴 수 있는 군주가 아니면 차지할 수 없는 곳입니다. 지금 유계옥은 현인을 임용할 줄 모르니 그 기업은 오래지 않아 틀림없이 다른 사람 손에 들어갈 것입니다. 오늘에서야 그 스스로 장군께 넘겨주는 것이니 절대로 놓쳐서는 안 됩니다. 어찌 '많은 사람이 토끼를 잡으려고 쫓아도 한 사람이 잡으면 토끼는 먼저 잡은 그 사람 것逐兎先得'이라는 말도 듣지 못하셨습니까? 장군께서 서천을 취하고자 하신다면 제가 목숨을 돌보지 않고 진력하겠습니다."❹

현덕이 두 손을 맞잡고 감사했다.

"상의할 여유를 주시오."

그날 술자리가 끝나자 공명이 친히 역관으로 돌아가는 법정을 전송했다. 현덕은 홀로 앉아 망설이고 있었다. 그때 방통이 들어와 말했다.

"일을 마땅히 결정해야 하는데 결정하지 못하는 것은 어리석은 사람입니다. 고명하신 주공께서 어찌 이토록 의심이 많으십니까?"

현덕이 물었다.

"공은 어떻게 하면 좋겠소?"

"형주는 동쪽에 손권이 있고 북쪽으로는 조조가 있어 뜻을 얻기 어렵습니다. 익주는 호구가 백만인 데다 땅은 넓고 재물은 풍부해 대업의 기반으로 삼을 만합니다. 지금 다행히 장송과 법정이 안에서 도와주겠다고 하니 이것은 하늘이 내려준 기회입니다. 구태여 의심하실 필요가 있겠습니까?"

현덕이 말했다.

"지금 물과 불처럼 상극이 되어 대적하는 자는 조조요. 조조가 급하게 나오면 나는 느긋하게 행동하고, 조조가 포악하게 하면 나는 어질게 대하며, 조조가 교묘하게 속이면 나는 충성을 다해야 하오. 매번 조조와 반대로 행한다면 일을 이룰 수 있을 것이나 만약 작은 이익 때문에 천하에 신의를 잃는다면 나는 차마 하지 못하겠소."

방통이 웃으며 말했다.

"주공의 말씀은 비록 하늘의 이치에 합치되는 것이나 난리를 겪는 시기에 군대를 부리고 강자를 다투는 데는 한 가지 길만 있는 것은 아닙니다. 만일 융통성 없이 상식적인 도리만 고집한다면 한 발자국도 나아갈 수 없으니 임기응변도 적절히 따르셔야 합니다. 게다가 '약자를 합병하고 우매한 자를 공격하며,'[35] '도리에 역행하여 취했으나 도리에 순응하며 지키는 것'[36]은 탕왕과 무왕의 도리[37]입니다. 일을 결정한 후에 의로써 보답하고 대국으로 봉해준다면 무엇이 신의를 저버린다고 하겠습니까? 지금 취하지 않는다면 끝내는 빼앗길 따름입니다. 주공께서는 바라건대 심사숙고하십시오."

현덕은 이에 문득 깨달으며 말했다.

"금석 같은 말씀을 폐부에 새기리다."

그리하여 마침내 군대를 일으켜 서쪽으로 진군할 일을 공명과 함께 의논했다. 공명이 말했다.

"형주는 중요한 곳이니 반드시 군사를 나누어 지키셔야 합니다."

현덕이 말했다.

"내가 방사원, 황충, 위연과 함께 서천으로 나아갈 것이니, 군사께서는 운장, 익덕, 자룡과 함께 형주를 지키시오."

공명이 승낙했다. 이에 공명은 형주를 총괄하여 지키고, 관공은 양양의 중요한 길목을 막고 동시에 청니의 협곡 입구³⁸를 맡았으며, 장비는 네 개 군을 통솔하며 장강을 순시했고, 조운은 강릉에 주둔하면서 공안을 지키며 안정시키도록 했다. 현덕은 황충을 선봉대로 삼고 위연을 후군으로 삼았다. 그리고 현덕 자신은 유봉, 관평과 함께 중군에 있었고 방통은 군사가 되어 마보군 5만 명을 이끌고 서쪽을 향해 출발했다. 막 출발하려 할 때 별안간 요화廖化가 한 부대를 이끌고 항복하러 왔다. 현덕은 바로 요화에게 운장을 보좌하면서 조조를 막게 했다.

이해 동짓달 군사를 이끌고 서쪽을 향해 출발했다. 몇 정程을 가지 않았는데 맹달이 나와 맞이했다. 그가 현덕을 알현하고 말했다.

"유익주가 제게 군사 5000명을 이끌고 멀리 나가 영접하라고 명했습니다."

현덕은 사람을 익주로 보내 먼저 유장에게 보고하게 했다. 유장은 바로 연도의 주군³⁹에 서신을 발송하여 현덕에게 돈과 양식을 공급하라고 일렀다. 또한 부성⁴⁰으로 직접 나가 현덕을 친히 영접하고자 즉시 수레와 휘장, 깃발과 갑옷을 색깔이 선명한 것으로 준비하라는 명령을 하달했다. 주부 황권이 들어와 간언했다.

"주공께서 이번에 가신다면 틀림없이 유비에게 화를 당하실 것입니다. 여러 해 주공의 녹을 받았기에 주공께서 다른 사람의 간사한 계책에 빠지시는 것을 차마 그냥 보고만 있을 수 없습니다. 바라건대 심사숙고하십시오!"

장송이 말했다.

"황권의 이 말은 종족 간의 의리를 이간시켜 소원하게 만들고 도적들이 위세를 떨치게 만드는 것이니, 진실로 주공께는 아무런 이익이 없습니다."

유장이 이에 황권을 큰 소리로 꾸짖었다.

"내 뜻이 이미 결정되었는데 너는 어찌하여 나를 거역하려 드느냐!"

황권이 머리를 찧어 피를 흘리면서 유장에게 가까이 다가가 그의 옷을 입에 물고 간언했다. 크게 노한 유장이 옷자락을 확 잡아당기며 일어났다. 그 바람에 옷자락을 물고 놓지 않던 황권의 앞니 두 개가 빠지고 말았다. 유장은 좌우에 고함을 질러 황권을 끌어내게 했다. 황권은 통곡하며 돌아갔다.

유장이 가려고 하는데 한 사람이 소리 질렀다.

"주공께서는 황공형黃公衡(황권의 자)의 충언을 받아들이지 않고 스스로 사지로 가려 하십니까!"

또 한 사람이 계단 앞에 엎드려 말렸다. 유장이 보니 바로 건녕 유원[41] 사람으로 성이 이李요, 이름이 회恢였다. 이회가 머리를 조아리며 간언했다.

"군주에게는 직간하는 신하가 있어야 하고 아비에게는 직언으로 충고하는 자식이 있어야 한다'고 들었습니다. 황공형의 충성스럽고 의로운 말을 반드시 듣고 따르셔야 합니다. 만일 현덕을 서천으로 들이신다면 이것은 문안으로 호랑이를 맞아들이는 것과 같습니다."

유장이 말했다.

"현덕은 나의 종형인데 어찌 나를 해치려 들겠는가? 다시 말하는 자가 있으면 반드시 참수하리라!"

좌우에 큰 소리로 꾸짖어 이회를 끌어내게 했다. 장송이 말했다.

"지금 촉중의 문관들은 각기 자신들의 처자식만 돌보느라 주공을 위해 온 힘을 다하지 않으며 장수들은 공에 의지해 오만해져 각기 다른 뜻을 품고 있습니다. 유황숙을 얻지 못한다면 적은 바깥에서 공격하고 백성은 안에서 치려 할 것이니 반드시 패망의 길로 들어설 것입니다."

유장이 말했다.

"공이 꾀한 것이 내게 깊이 이로울 것 같구려."❺

이튿날 유장은 말에 올라 유교문楡橋門을 나갔다. 그때 사람이 와서 보고했다.

"종사 왕루가 스스로를 밧줄로 묶고 성문 위에 거꾸로 매달려 있는데 한 손에는 간언을 드리는 글을 들고 다른 손으로는 검을 잡고서는 주공께서 자신의 간언을 따르지 않으시면 그 묶인 밧줄을 스스로 끊어 이 땅에 떨어져 죽겠다고 합니다."

유장이 왕루가 손에 들고 있는 글을 가져오게 하여 읽었다.

"익주종사 신 왕루가 피눈물을 흘리며 간절하게 고합니다. 신이 듣건대 '좋은 약은 입에 쓰나 병에는 이롭고, 충언은 귀에 거슬리나 행실에는 도움이 된다'고 했습니다. 옛날에 초나라 회왕懷王이 굴원屈原의 말을 듣지 않고 무관武關의 회맹會盟에 참석했다가 진秦나라에서 곤경에 처했습니다. 지금 주공께서 가벼이 대군을 떠나 유비를 부성에서 맞이하려고 하시는데 가는 길은 있어도 돌아올 길이 없을까 두렵습니다. 장송을 저잣거리에서 참수하고 유비와의 약속을 끊어버리신다면 촉중의 노인과 어린아이들에게는 커다란 행운일 것이고 주공의 기업 또한 매우 다행일 것입니다!"

편지를 읽은 유장은 크게 노했다.
"내가 어진 사람과 서로 만나는 것은 마치 지초芝草와 난초蘭草 같은 향초와 친근해지는 것과 같은데 너는 어찌하여 나를 누차 모욕한단 말이냐!"
왕루는 크게 외마디 소리를 지르더니 스스로 그 밧줄을 끊어 땅에 떨어져 죽었다. 후세에 탄식하여 지은 시가 있다.

성문에 거꾸로 매달려 간언하는 글 받들고
한목숨 서슴없이 버려 유장에게 보답하네
이 부러진 황권도 끝내 유비에게 항복하니
화살 같은 곧은 절개 어찌 왕루만 하겠는가
倒挂城門捧諫章, 扸將一死報劉璋
黃權折齒終降備, 矢節何如王累剛 ❻

유장은 3만 명의 인마를 이끌고 부성으로 향했고 후군은 양식, 돈과 비단을 수레 1000여 량에 가득 싣고 현덕을 맞이하러 갔다.
한편 현덕의 선봉대가 이미 점강42에 당도했다. 도착할 때마다 첫째로는 서천의 보급이 있었고, 둘째로는 현덕이 백성의 물건을 하나라도 제멋대로 가져가는 자가 있으면 목을 치겠다고 엄명을 발포했다. 이에 당도하는 곳마다 백성에게 조금도 피해를 주지 않았다. 백성은 노인을 부축하고 어린아이를 이끌며 길을 가득 채우고 현덕을 우러러보며 향을 사르고 절을 올렸다.

현덕은 모두 좋은 말로 위로했다.

법정이 방통에게 은밀히 일렀다.

"일간에 장송의 밀서가 당도했는데 부성에서 유장을 만나면 즉시 그를 도모하라고 했소. 그 기회를 절대로 놓쳐서는 안 되오."

방통이 말했다.

"그 뜻은 잠시 말씀하지 마시오. 두 사람이 만나기를 기다렸다가 기회를 틈타 바로 도모하지요. 만약 미리 새나가기라도 한다면 중간에 변고가 생길 것이오."

법정은 이에 비밀로 하고 더 이상 말하지 않았다. 부성은 성도에서 360리 떨어진 곳이었다. 이미 부성에 당도한 유장은 사람을 시켜 현덕을 영접하게 했다. 양군이 모두 부강[43] 가에 주둔했다. 현덕이 성으로 들어가 유장을 만나 형제의 정을 나눴다. 예를 마치고 눈물을 훔치며 마음속의 감정을 간절히 하소연했다. 연회를 마치고 두 사람은 각자 군영으로 돌아가 편히 쉬었다.

유장이 관원들에게 말했다.

"황권과 왕루 같은 무리가 종형의 마음을 모르고 근거 없이 의심하니 가소롭구려. 내 오늘 그분을 만나 뵈니 참으로 어질고 의로운 분이요. 그분을 얻어 바깥의 원조로 삼으면 또 조조와 장로 따위를 무엇하러 근심하겠소? 장송이 아니었더라면 그분을 잃을 뻔했구려."

이에 입고 있던 녹색 전포를 벗고 아울러 사람을 시켜 성도로 가서 장송에게 황금 500냥을 하사하게 했다. 이때 부하 장령과 속관인 유괴劉璝, 영포,[44] 장임張任, 등현鄧賢 등 일반 문무관원이 말했다.

"주공께서는 잠시 기뻐하지 마십시오. 유비는 부드러움 속에 강함이 있는 자라 그 마음을 아직 예측할 수 없으니 아직은 방비를 하셔야 합니다."

유장이 웃으면서 말했다.

"근심이 많구려. 내 형님이 어찌 두마음을 품겠는가!"

모두 탄식하며 물러났다.

한편 현덕이 군영으로 돌아오자 방통이 들어와 말했다.

"주공께서는 오늘 연회석상에서 유계옥의 동정을 살펴보셨습니까?"

현덕이 말했다.

"계옥은 참으로 진실한 사람이오."

"계옥이 비록 착하다고는 하나 그 신하인 유괴와 장임 등은 모두 불평하는 기색이 있었으니 얼마 동안은 길흉을 보장할 수 없습니다. 내일 주연을 베풀어 계옥을 연회석으로 청하고 담장을 장식하는 휘장 속에 도부수 100명을 매복시켜놓았다가 주공께서 잔을 던지는 것을 신호로 바로 술자리에서 그를 죽이시는 것이 나을 듯합니다. 그런 다음에 한꺼번에 성도로 몰려들어간다면 칼집에서 칼을 꺼내지 않고, 활시위를 당기지도 않고 앉아서 평정할 수 있을 것입니다."

현덕이 말했다.

"계옥은 나의 종친이고 진심으로 나를 대하고 있소. 더욱이 내가 촉중에 처음 왔기에 은혜와 신의를 세우지도 못했는데 만일 그런 짓을 행한다면 위로는 하늘이 용납하지 않을 것이고 아래로는 백성 또한 원망할 것이오. 공의 이번 계책은 비록 패자霸者라 하더라도 하지 못할 것이오."

"이것은 저의 계책이 아닙니다. 법효직이 장송의 밀서를 받았는데, 일을 지체해서는 안 되니 조만간에 그를 도모해야 한다고 말했답니다."

미처 말을 마치기도 전에 법정이 들어와 말했다.

"저희는 자신들을 위해 하는 것이 아니라 천명에 따를 뿐입니다."

현덕이 말했다.

"유계옥과 나는 동족 간이라 차마 빼앗지 못하겠소."

법정이 말했다.

"명공께서 틀리셨습니다. 그렇게 하지 않으면 장로는 촉이 제 어미를 죽인 원수라 반드시 촉을 빼앗고자 공격하러 올 것입니다. 명공께서는 멀리 산과 내를 넘고 군사와 말을 몰아 이미 이 땅에 당도하셨으니 전진하면 공이 있으나 물러나면 아무런 이로움이 없습니다. 만약 여우처럼 의심하는 마음을 가지고 시간을 오래 끈다면 크게 실책하실 것입니다. 게다가 계책이 한번 새나가기라도 한다면 도리어 다른 사람이 계략을 꾸밀까 걱정됩니다. 차라리 하늘이 내려주고 인심이 돌아온 때를 이용하면서 상대가 방심한 틈을 타 행동을 취하고 조기에 기업을 세우신다면 진실로 상책일 것입니다."

방통 또한 거듭 권했다.

주인은 몇 번이나 너그러운 도리를 간직했으나
노련한 신하들 한뜻으로 임기응변 계략 올리네
人主幾番存厚道, 才臣一意進權謀

현덕의 속마음은 어떠할까?

제60회 서촉으로 가는 길

❶

　『삼국지』「촉서·선주전」 배송지 주 『익부기구잡기益部耆舊雜記』에 "유장이 조공(조조)에게 장송을 파견했지만 조공은 몹시 무례하게 대했다. 조공의 주부 양수가 깊이 장송의 그릇을 알아보고 조공에게 장송을 불러 임용하라고 말했지만 조공은 받아들이지 않았다. 양수는 조공이 지은 병서를 장송에게 보여주었는데 연회석상에서 먹고 마시는 사이 한 번 훑어보고는 곧바로 암송했다. 양수는 이 때문에 장송을 더욱 기이하게 생각했"고 기록되어 있다.

　또한 『삼국지』「위서·무제기」 배송지 주 『위서』에 따르면 "태조 자신이 십만 글자의 병서를 지었는데 제장들이 정벌에 나설 때 모두 신서新書를 따랐다(『수서隋書』「경적지經籍志」에 위魏 무제武帝(조조)가 편찬한 『속손자병법續孫子兵法』 2권, 『병서약요兵書略要』 9권, 『위무제병법魏武帝兵法』 1권이 기재되어 있다)"고 했고, 손성孫盛의 『이동잡어異同雜語』에는 "많은 책을 폭넓게 읽었는데 특히 병법을 좋아했고 여러 학파의 병법을 발췌하여 모아 『접요接要』라 했으며 또 손무의 13편에 주석을 달았는데 모두 세상에 전해졌다"고 기록되어 있다.

❷

장송이 과연 조조를 조롱했을까?

『삼국지』「촉서·유장전劉璋傳」에 "유장은 또 별가 장송을 파견해 조공을 알현하도록 했는데, 이때 조공은 이미 형주를 평정하고 선주를 달아나게 했으므로 이전처럼 장송을 위로하고 중시하지 않았고 장송은 이 일을 원망했다. 그러다가 조공의 군대가 적벽에서 불리해지고 동시에 역병까지 겹쳐 죽어나갔다. 장송은 돌아와 조공을 헐뜯으며 유장에게 [조조와의] 관계를 끊도록 권했다"고 기록되어 있고, 『자치통감』 권65 「한기 57」에는 "익주목 유장은 조조가 형주를 점령했다는 소식을 듣고는 별가 장송을 파견해 조조에게 경의를 표하도록 했다. 장송은 왜소하고 사람됨이 방탕했으나 사리에 통달했으며 영리하고 결단력이 있었다. 조조는 이때 이미 형주를 평정하여 유비를 달아나게 했으므로 종전처럼 장송을 위로하고 중시하지 않았다. 주부 양수가 장송에게 관직을 내려주기를 건의했으나 조조가 받아들이지 않았다. 이 때문에 장송은 원한을 품고 익주로 돌아와 유장에게 조조와의 관계를 끊고 유비와 친교 맺기를 권했으며 유장은 그의 말을 따랐다"고 기록하고 있다.

두 기록을 종합해보면 일단 장송이 조조를 만난 때는 소설의 내용과는 다르게 조조가 남쪽 정벌에 나선 시기로 건안 13년(208)이었으며 장소도 형주였다. 소설에서는 장송이 대담하게 조조를 조롱하는 것으로 나오는데 형주 평정에 대한 축하 메시지 전달과 일종의 우호관계 증진을 위해 간 사자가 감히 조조 면전에서 비웃었다는 것은 말도 안 된다. 자신을 소홀히 대접한 것과 관직을 주지 않은 것에 대한 불만을 품고 유장에게 조조와의 관계 단절을 권한 것이다.

❸

장송이 유비에게 지도를 바쳤을까?

『삼국지』「촉서·선주전」 배송지 주 『오서』에 "유비는 먼저 장송을 만난 다음에 법정을 얻었는데, 두 사람 모두 두터운 은정으로 받아들였으며 은근한 기쁨을 보였다. 촉중의 넓이, 병기 창고와 인마의 숫자, 주요 도로의 원근 등을 물으니 장송 등이 그

것에 대해 구체적으로 말했고, 또 산과 내의 위치가 표시된 지도를 그려주어 익주의 허실을 모두 알게 되었다"고 기록되어 있다. 그러나 『자치통감』 권66 「한기 58·고이考異」에는 "유장과 유비전에 따르면 장송은 먼저 유비를 만나지 않았다. 오서가 틀렸다"고 기록하고 있어 유비를 만난 사람은 법정이라고 해야 한다. 「촉서·유장전」과 『자치통감』에서도 장송이 조조를 만나고 돌아오는 길에 유비를 만났다는 기록은 없고 모두 바로 익주로 돌아간 것으로 기록되어 있다. 결국 유장이 아닌 법정이 유비를 만나 지도를 건넨 것으로 볼 수 있다.

❹

법정은 왜 유장을 배신했을까?

『삼국지』 「촉서·법정전」에 "건안 초에 천하에 기근이 들자 법정은 같은 군 출신인 맹달과 함께 촉으로 들어가 유장에게 의지했다. 그는 오랜 시간이 지나서야 신도현新都縣(쓰촨성 청두成都 신두新都구) 현령이 되었다가 나중에 군의교위軍議校尉(후한 말년에 촉 땅의 유장이 설치한 무관으로 일종이 군사 자문관)로 배속되었다. 그는 이미 유장에게 신임을 받고 중용되지 못한 데다 또 익주에 함께 와서 거주하던 동향 사람들로부터 품행이 바르지 못하다는 비방을 받아 뜻을 이루지 못했다. 익주별가 장송과 서로 친하게 지냈으며 유장이 큰일을 함께 도모하기에 부족한 사람이라 여겨 항상 남몰래 탄식했다. 장송이 형주에서 조공을 만나보고 돌아와 유장에게 조공과의 관계를 끊고 선주와 친분 맺기를 권유했다. 장송은 마침내 유장에게 선주를 맞아들여 그로 하여금 장로를 토벌해야 한다고 설득했고 유장은 다시 법정을 사자로 파견하여 선주와 연락했다. 선주를 만난 법정은 공개적으로 유장의 견해를 설명하고 은밀하게 선주에게 계책을 바쳤다"고 기록되어 있다.

법정은 유장에게 중용되지 못한 데다 고향 사람들한테 비방까지 받아 불만이 많았다. 유장이 대사를 도모할 만한 그릇이 못 된다고 여기고 있다가 조조에게 푸대접받아 그를 원망하고 있던 장송과 의기투합해 배신하게 된 것이다.

⑤

이회는 유장을 위한 사람이 아니었다

『삼국지』「촉서·이회전」은 다음과 같이 기록하고 있다.

"이회는 유장이 반드시 실패하고 선주가 공을 이룰 것을 알고는 즉시 자신이 군郡 (건녕군建寧郡)의 사자인 체하고 북쪽 선주에게로 가서 면죽綿竹에서 배알했다. 선주는 이회를 칭찬하고 낙성雒城(쓰촨성 청두 신두구 동북쪽)까지 따르게 했으며, 또한 한중으로 파견해 마초와 우호관계를 맺도록 했다. 이에 마초는 선주에게 귀순하여 명을 따랐다."

⑥

『삼국지』「촉서·유장전」에 "유장의 주부 황권黃權이 이 일의 이로움과 해로운 점을 설명하고, 종사 광한廣漢 사람 왕루王累도 직접 익주 부서 대문에 거꾸로 매달려 간언했지만 유장은 하나도 받아들이지 않고 선주가 이르는 곳마다 물품을 대주고 영접하라 명령했다"고 기록되어 있다. 왕루가 거꾸로 매달려 간언했던 특이한 일은 사실인 듯하다.

제41회 필마단기로 아두를 구한 상산 조자룡

1 녹각鹿角: 군영의 방어물. 가지가 있는 나무를 뾰족하게 깎아서 군영의 주변에 묻어 적의
 침입을 방지하는 것으로 형태가 녹각 같다고 하여 녹각이라 불린다.

2 의양義陽: 현 명칭으로 위나라 시기에 설치. 치소는 지금의 허난성 신양信陽 북쪽.

3 강릉江陵: 현 명칭으로 전한 때 강릉현이 설치되었다. 형주 남군에 속했으며 군 치소다. 후
 베이성 장링江陵에 있었다.

4 오류.『삼국지』「촉서·선주전」의 기록에 따르면 "당양當陽에 이르렀을 때는 무리가 10여 만
 명이나 되었고 군수 물자를 실은 수레가 수천 량이나 되어 하루에 10여 리밖에 가지 못했
 다"고 기록하고 있다. 소설 내용에도 10여 만 명이라고 나와 있다.

5 양강襄江: 한수를 말하며, 양양 남쪽으로 흘러 장강에 유입된다.

6 오류. 진남후鎭南侯, 수군대도독水軍大都督, 조순후助順侯, 수군부도독水軍副都督은 모두 삼
 국 시기에 존재하지 않았던 작위와 관직 명칭이다. 채모와 장윤이 이러한 작위에 봉해지고
 관직에 임명되었다는 기록은 없다.

7 오류.『삼국지』「위서·유표전」 배송지 주『부자傅子』에 따르면 "괴월을 장릉章陵태수, 번정
 후樊亭侯에 봉했다"고 기록하고 있다.

8 오류. 청주에서 양양보다 허도까지의 거리가 더 멀기 때문에 '도성과 가깝다'는 말은 이치
 에 맞지 않는다. 조조가 유종을 '청주자사'로 삼은 것은 사실이다.

9 당양현當陽縣: 전한 때 설치되었고 형주 남군에 속했으며, 치소는 후베이성 당양當陽 동쪽.

10 장판교長坂橋: 당양교當陽橋라고도 하며 후베이성 당양 동북쪽의 창반포長坂坡 비탈 위쪽
 에 위치했다.

11 주모主母: 비첩(첩과 시녀), 여주인에 대한 호칭.

12 엄심경掩心鏡: 호심경護心鏡을 말하며, 전포의 가슴과 등 부분에 화살을 방어하는 구리거

울을 박아 넣은 것이다.

13 오류. 유선의 재위 기간은 223~263년이다. 즉, 42년이 아닌 41년이다.

14 후주後主: 한 왕조의 마지막 황제를 칭하는 것으로 유선劉禪을 말한다.

제42회 장판교의 호통 소리에 놀란 조조

1 한진漢津: 한진 나루터로 한수의 중요한 나루터다. 후베이성 징먼荊門 동남쪽이다.

2 면양沔陽: 남조 양梁이 후한의 운두현雲杜縣을 면양군沔陽郡으로 변경했고 수나라 때 면양 현으로 변경했다.(후베이성 셴타오仙桃) 후한 삼국 시기 형주에 이런 현 명칭은 없었다.

3 관건綸巾: 푸른색의 명주 끈으로 만든 두건. 제갈공명이 군중에서 사용했으므로 '제갈건諸 葛巾'이라고도 한다.

4 오류. 하구는 강하군에 속했으므로 유비는 하구로 가고 유기는 강하로 간다는 것은 맞지 않다. 강하군의 치소인 사선沙羨(우한 장샤구江夏區 진커우가도金口街道)으로 해야 맞다. 삼 국 시기에 위魏와 오吳는 각기 강하군을 설치했는데, 위나라 강하군은 처음에 치소가 석양 현石陽縣(우한 황피구黃陂區 동쪽)이었다가 후에 상창성上昶城(후베이성 윈멍雲夢 서남쪽)으 로 옮겼다. 오의 강하군은 처음에 치소가 사선이었다가 손권이 공안公安에서 악鄂에 도읍 을 정한 다음 무창군武昌郡을 세워 강하군의 치소를 무창현(어저우鄂州)이라 했다.

5 오류. 강하가 아닌 사선이라 해야 맞다.

6 오류. 강릉이라 해야 맞다.

7 오류. 형荊과 협峽은 후대에 설치된 행정 구역 명칭이다. 형은 형주부荊州府(명나라 때의 행 정 구역 명칭)를 말하며(후베이성 장링江陵), 협은 북주 시기에 설치되었다(후베이성 이창宜 昌). 형과 협이 아닌 강릉이라고 해야 맞다.

8 오류. 기蘄와 황黃은 후대에 설치된 행정 구역 명칭이다. 기蘄는 기춘蘄春, 황黃은 황주黃州 를 말한다. 기춘은 현 명칭으로 전한 때 현을 설치했으나 후한 때 후국으로 변경되었다. 형 주 강하군에 속했으며 치소는 지금의 후베이성 치춘蘄春 서남쪽이다. 황주는 후베이성 황 강黃岡을 말한다. 『후한서』 「군국지」에 의거해 여기서는 '기와 황'을 '기춘'이라 해야 맞다.

9 오류. 시상柴桑은 군이 아닌 현으로 양주 예장군에 속했으며 치소는 장시성 주장九江 서남 쪽에 있었다.

10 창오蒼梧: 군 명칭. 전한 원정元鼎 6년(기원전 111)에 설치되었다. 교주交州에 속했으며 치소 는 광신廣信(광시성 우저우梧州)이었다.

11 오류. 『삼국지』 「오서·사섭전士燮傳」과 「보즐전步騭傳」에 따르면 '오신吳臣'이 아닌 '오거吳巨' 로 기록되어 있다.

12 강표江表: 장강 남쪽 지구를 가리킨다. 중원에서 봤을 때 땅이 장강 밖에 있으므로 강표라 칭했다. 삼국시대의 강표는 형양 지구의 유표 세력을 가리키며 강동의 손씨와 구별했다.

13 오류. 『삼국지』 「오서·제갈근전」에 따르면 제갈근은 '참모'가 아니다. 사서에는 "손권의 장사 가 되었다가 중사마中司馬로 전임되었다"고 기록하고 있다.

제43회 제갈량이 강동의 모사들과 논쟁을 벌이다

1 과인寡人: 도덕 방면에서 덕이 부족한 사람을 의미한다. 고대에는 덕으로 나라를 다스리고 덕이 있는 자만이 천명을 받을 수 있다고 여겼는데, 바로 군주와 제후왕의 권위는 상천이 부여하는 것이며 덕이 있는 자에게만 상천이 천하를 줄 수 있는 것을 말한다. 군주와 제후왕이 만일 덕을 잃으면 존귀한 권위를 상실하기 때문에 군주와 제후왕이 자신을 과인이라 겸손하게 일컬었다. 과인은 진시황 이전 군주의 자칭이었고 춘추전국 시기에 상용되었다. 그 후에 황제들은 일반적으로 짐朕이라는 자칭을 사용했다. 『예기』 「곡례曲禮 하」에 따르면 '천자가 백성과 말할 때 스스로 과인寡人이라 했다'고 했다.

2 한상漢上: 한수 유역을 가리키며 형주 전체를 가리킬 때는 '강한江漢'이라 해야 한다.

3 한고조 5년(기원전 202)에 한나라 군대가 초나라 군대를 해하垓下(안후이성 링비靈壁 남쪽)에서 포위하여 몰살시켰고 항우는 오강烏江(안후이성 허현和縣 동북쪽)에서 자결했다. '사면초가四面楚歌'와 '우미인虞美人'의 고사는 이 싸움에서 유래되었다.

4 장의張儀와 소진蘇秦: 두 사람 모두 전국시대의 유명한 세객으로 언변에 능숙했다.

5 무부무군無父無君: 맹자가 묵적墨翟과 양주楊朱를 질책한 말로, 나중에는 인륜의 변하지 않는 도리가 없는 자를 비꼬는 말로 사용되었다. 출전은 『맹자』 「등문공滕文公 하」.

6 조참曹參: 전한의 개국 공신. 한나라 건국 후 평양후平陽侯로 책봉되었고, 이후 소하蕭何의 추천으로 승상이 되어 혜제惠帝를 보필했다.

7 고사高士: 지향하는 뜻과 품행이 고상한 사람으로 대부분 은사를 가리킨다.

8 신莘: 옛 국가명이며 '유신有莘'이라고도 한다. 허난성 카이펑開封 동남쪽이다.

9 등우鄧禹, 경엄耿弇: 두 사람 모두 후한의 개국 공신이다.

10 오류. 『삼국지』 「오서·정병전程秉傳」에 따르면 "정병은 자가 덕추이고 여남군 남돈南頓 사람"이라고 기록하고 있다. 여양이 아닌 '여남'이 맞다. 여양汝陽은 허난성 상수이商水 서북쪽이었다. 남돈南頓은 현 명칭으로 춘추시대 때 돈국頓國이 진陳에게 압박을 받자 남쪽으로 옮겼으므로 남돈이라 불렸다. 전한 시기에 현을 설치했고 예주 여남군에 속했으며 옛 치소는 허난성 샹청項城 서남쪽이었다.

11 양웅揚雄: 전한 시기의 사부가辭賦家. 신新을 세운 왕망의 대부가 되어 망대부莽大夫로도 불렸다. 후에 유흠劉歆의 죄에 연루되어 체포당하자 높은 누각에서 몸을 던져 죽었다.

12 『삼국지』 「오서·황개전」에 따르면 황개는 영릉零陵 천릉泉陵 사람이었다. 영릉은 군 명칭으로 전한 원정元鼎 6년(기원전 111)에 계양군桂陽郡을 분리해 설치했다. 형주에 속했으며 치소는 영릉(광시성 싱안興安 동북쪽)이었다가 후한 때 치소를 천릉泉陵(후난성 융저우永州 링링零陵구)으로 옮겼다. 천릉은 전한 때 천릉 후국을 설치했다가 후한 때 현으로 변경되었다. 치소는 후난성 링링구다.

13 오류. 『삼국지』 「오서·황개전」에 따르면 황개는 양관糧官이 아닌 '단양도위丹陽都尉'였다. 항개가 양관을 지냈다는 기록은 없다. 양관은 식량 창고의 양식을 관리하는 관리의 통칭이다.

14 오류. 오후吳侯는 손권을 가리키나 이때 손권은 아직 오후가 되지 못하고 토로장군討虜將軍 겸 회계태수였다.

15　조조와 맞설 방법이 없음을 가리킨다.『삼국지』「촉서·제갈량전」참조.

16　중국中國: 중원을 가리킨다. 고대의 황제들이 모두 있었던 황하 유역을 말하는 것으로 손권의 지역에 상대적인 말이다.

17　군주는 남쪽을 향해 앉았고 신하는 북쪽을 향해 무릎을 꿇고 엎드려 절을 올렸다.『예기』「교특성郊特性」에 "국군國君이 남쪽을 향해 앉는 것은 태양 빛을 마주함을 표시하기 위한 것이고 신하가 북쪽을 향해 배알하는 것은 국군을 마주하기 위함이다"라고 했다.

18　전횡田橫: 전국 칠웅 중 하나였던 제나라 종실인 전씨田氏의 일족. 진秦 말기에 형인 전담田儋과 함께 진나라에 반기를 들고 제나라를 다시 일으켰다. 유방이 천하를 평정하자 빈객 500여 명과 함께 섬에 숨어 살다가, 부름을 받고 낙양으로 가던 도중에 포로가 되어 한왕漢王을 섬겨야 한다는 부끄러움에 자결했다. 빈객 500여 명도 자결했다.

19　경기輕騎: 장비가 간편하여 행동이 빠른 기병.

20　노호魯縞: 노나라 땅에서 생산된 흰색의 생견生絹(삶지 않고 생사로 바탕을 거칠게 짠 비단)으로 가장 얇다고 전해진다.

21　출전은『한서』「한안국전韓安國傳」.

제44회 이교와 동작대부

1　파양鄱陽: 현 명칭. 양주 예장군에 속했으며 치소는 장시성 포양鄱陽 동북쪽이었다.

2　춘추시대 월나라가 오나라와 싸워 패한 뒤에 월왕 구천句踐은 재상 범려範蠡의 계책에 따라 오왕 부차夫差에게 절세미인인 서시西施를 바쳤다. 부차는 서시에 빠져 정사를 돌보지 않아 나라가 어지러워졌고 구천은 그 틈에 군사를 일으켜 마침내 오나라를 멸망시켰다.

3　부부賦: 『초사楚辭』에서 발전한 것으로『시경』의 풍자 전통을 계승해 시보다는 산문적인 성분이 늘어난 것이다. 부는 '펼친다鋪'는 의미로 문채를 늘어놓아 사물을 묘사하고 뜻을 표현하는 것이다.

4　태부太府: 관청 명칭으로 재물을 저장하는 창고 명칭. 또한 관직명으로 사방의 진상물과 재물의 출납을 관장하던 관원을 말한다. 여기서는 제왕의 궁정과 관서를 합친 말이다.

5　쌍궐雙闕: 고대 궁전, 사당, 능묘 앞 양쪽의 높은 대 위의 누각. 두 개의 궐 사이에 빈 공간이 있으므로 쌍궐이라 한다.

6　화관華觀: 즉 영봉관迎鳳觀을 말한다.

7　이교二喬: 강남의 두 미녀인 손책의 부인 대교大喬와 주유의 부인 소교小喬.

8　비웅飛熊: 강태공의 도호가 비웅이다. 전설에 따르면 주 문왕이 날아가는 곰(비웅)의 꿈을 꾸고 강태공을 만났다고 한다.

9　동황東皇: 천신天神인 동황태일東皇太一을 가리킨다.

10　운천궁天亘: '천공탄天功坦'으로 고쳐야 맞다. 그래야 다음 구절 '가원家願(집안의 염원)'과 대를 이룬다. '운雲'은 '공功(왕업)'의 오자로 천공天功은 '하늘의 공업'이다. '긍亘'도 '탄坦(크다, 대大)'의 오자로 의심된다. 소설 원문과 평황출판사는 '운천궁'이라 했으나 런민문학출판사는 '천운원天雲垣'이라 표현했다.

11 소설 원문에는 '쌍영雙逞'으로 나왔으나 평황출판사와 런민문학출판사는 '획영獲逞'으로 수정했다.

12 찬군교위贊軍校尉: 삼국 시기에 교위의 칭호는 매우 많았으며 직책 또한 달랐다. 찬군교위는 오나라에 설치되었고 노숙 한 사람에게만 주어졌으며 주유의 군사 사무에 참여, 협조했으므로 '찬군'이라 불렀다.

13 행영行營: 출정 때의 군영이며 군사 장관의 주둔지 사무처를 가리키기도 한다.

14 칠금령七禁令, 오십사참五十四斬: 고대의 군법으로 칠금령은 경군輕軍, 만군慢軍, 도군盜軍, 기군欺軍, 배군背軍, 난군亂軍, 오군誤軍으로 조항의 금령마다 또 약간의 규정을 포괄했는데 총 54개 항목으로 하나라도 위반하면 모두 참수했기 때문에 오십사참이라 불렸다.

15 오류. 『삼국지』 「오서·주유전」 배송지 주 『강표전』에 따르면 '원씨'가 아닌 '유표'라고 기록하고 있다.

16 삼강구三江口: 후베이성 황강黃岡 서쪽.

17 역정驛亭: 역참에 설치하여 여행객에게 휴식을 제공하던 처소. 옛날에는 역참에 정자가 있었으므로 역정이라고 불렀다.

제45회 군영회와 계략에 걸려든 장간

1 서산西山: 일명 번산樊山이라고도 함. 후베이성 어저우鄂州.

2 취철산聚鐵山: 허구의 지명.

3 오류. 42회 참조. 유비는 유기에게 강하군의 치소인 사선沙羨(우한 장샤구江夏區 진커우가도)으로 가라고 했다.

4 번구樊口: 형주 강하군 악현鄂縣에 속했으며 후베이성 어저우 서쪽이다.

5 악현鄂縣: 현 명칭으로 진秦 시기에 설치되었다. 형주 강하군에 속했으며 치소는 후베이성 어저우였다.

6 수채水寨: 물가의 방어용 울타리, 군영과 보루.

7 오류. 소설에서 오후는 손권을 가리키나 손권은 오후로 봉해진 적이 없다. 이때 토로장군겸회계태수였다.

8 누선樓船: 망루가 있는 큰 배. 갑판을 특별히 거대하게 만든 배로, 배가 높고 선수가 넓어 외관이 누각과 흡사하다고 하여 '누선'이라 칭했다. 고대 수전은 화살을 쏘고 배로 부딪쳐 상대 배에 뛰어올라 육박전을 펼치는 것이 대부분이었는데 함선의 크기가 수용할 수 있는 선원과 전사의 숫자, 그리고 함선의 충돌력을 결정짓기 때문에 누선이 수전에서 주력 함선의 역할을 담당했다. 그러나 배가 지나치게 높고 중심이 안정되지 않았으므로 대부분 내륙의 하천에서 벌어지는 수전에서 주력으로 사용되었다.

9 정석矴石: 배를 정박시킬 때 물속에 내려 선체를 안정시키는 돌덩어리로 닻에 해당된다.

10 오류. 채모와 장윤은 강동 사람이 아니다. 강한江漢(형주)으로 고쳐야 맞다.

11 강좌江左: 강동江東을 말한다. 옛사람들은 북방에서 내려다보았기 때문에 강동은 왼쪽에 있고 강서江西는 오른쪽에 있다.

12　갈포葛布로 만든 두건과 결이 거친 무명 의복으로 은사 혹은 도사의 복식.

13　사광師曠: 사광은 춘추시대 진晉나라의 악사로 귀가 밝아 음을 잘 판별했다고 한다.

14　편비偏裨: 장수와 참모의 통칭이다. 고대에 대장을 보좌하는 장령을 편비라 불렀고 부장이라고도 불렀다.

15　감주監酒: 주연 자리에서 임시로 예의를 감찰하는 관원.

16　육가陸賈, 역생酈生: 육가는 전한 초기의 정론가로 말재주에 능했다. 역생은 역이기酈食其로 또한 한나라 초기의 유세에 능한 인사였다.

제46회 화살 10만 대를 빌리다

1　군정사軍政司: 기구 명칭으로 새롭게 훈련된 각 군사 관원의 승진과 좌천, 전근, 심사와 상벌, 군수품, 군량과 급료, 군법, 감옥, 의료, 위생 및 기계 제조 등의 일을 관장했다.

2　전죽箭竹: 대나무의 일종으로 높이는 1장에 가깝고 마디 사이가 3척으로 단단하여 화살로 제조했다. '전죽'은 화살대를 만드는 대나무라는 뜻에서 붙은 이름이다.

3　여기서는 파촉巴蜀을 가리킨다.

4　삼오三吳: 『삼국지』『진서晉書』 중에 기재된 것으로 본다면 『수경주水經注』에서 오군吳郡, 오흥吳興, 회계會稽를 '삼오'라 했고, 『통전通典』『원화도현지元和郡縣志』에서는 오군, 오흥, 단양을 '삼오'라고 했다.

5　구하九河: 고대 황하의 아홉 개 지류를 말한다. 황하 하류의 허다한 지류의 통칭으로 일반적으로 황하를 가리킨다.

6　용백龍伯, 해약海若, 강비江妃, 수모水母: 신화 전설 속의 용신龍神, 해신海神, 여신女神, 수신水神을 가리킨다.

7　천오天吳: '천오天吳'를 말하며 수신이다. 머리가 여덟이고 사람 얼굴을 하고 있다.

8　곤鯤: 『장자』에 나오는 전설 속의 큰 물고기.

9　대우大禹: 하나라 시조인 우임금으로 홍수를 다스려 나라를 구했다고 하여 후세 사람들이 '대우'라 칭했다.

10　이루離婁: 전설 속 황제 때 인물로 시력이 좋아 백 걸음 밖의 털끝을 볼 수 있었다.

11　풍이馮夷: 전설 속 황하의 신으로 하백河伯이다. 일반적으로 수신水神(물의 신)을 칭한다.

12　병예屛翳: 신화 속 풍신風神(바람의 신)이다. 일설에는 운신雲神(구름의 신) 혹은 우신雨神(비의 신)이라고도 한다.

13　봉래蓬萊: 신화 중에서 발해 속에 신선이 산다는 세 개의 신산神山 가운데 하나로 나머지 둘은 방장方丈과 영주瀛洲다.

14　창합閶闔: 전설 속 천궁天宮의 남문南門이며 또한 황궁皇宮의 정문을 가리키기도 한다.

15　장려瘴癘: 중국 남부, 서남부 축축하고 더운 땅의 독한 기운으로 생기는 질병. 악성 학질 등의 병이다.

16　궁노수弓弩手: 활과 쇠뇌를 쏘는 사병.

17　기문奇門: '기문둔갑奇門遁甲'을 말한다. 고대 미신의 술수로 음양陰陽, 오행五行, 팔괘八卦,

구궁九宮, 간지干支에 근거하여 추산하고 하늘의 별과 지상의 구역을 덧붙여 군사 행동의 성패와 길흉을 예견할 수 있다.

18 음양陰陽: 여기서는 점성술로 길흉을 예측하는 술수를 가리킨다.

19 진도陣圖: 고대 군대 작전 시 사용했던 병력 배치와 대형 변화의 도식.

20 좌탑坐榻: 탑榻은 와탑臥榻과 좌탑의 두 종류가 있는데 와탑은 넓고 길어 앉을 수도 있었고 누울 수도 있었다. 좌탑은 몸을 기댈 수 있을 정도였다.

21 제기祭旗: 고대 미신의 일종으로 군대의 수령이 출정하기 전에 어떤 살아 있는 생물을 죽여서 신령에게 제사 지내는 것으로 신령의 도움을 구하는 것이다.

22 고육계苦肉計: 고의로 자신의 신체를 손상시켜 상대방을 속여서 신임을 얻는 계책.

23 파로장군破虜將軍: 손견을 말한다. 『삼국지』 「오서·손견전」에 따르면 "원술이 표를 올려 손견에게 파로장군을 행하게 하고 예주자사를 겸하도록 했다"고 기록하고 있다.

24 안탁案桌: 좁고 긴 형태의 탁자.

25 참모參謀: 삼국 시기에 이런 관직은 없었다. 참모는 당나라 후기 절도사節度使의 막료 관직이었다.

제47회 방통의 연환계

1 산음山陰: 현 명칭으로 진秦 시기에 설치되었다. 양주 회계군에 속했으며 치소는 지금의 저장성 사오싱紹興이었다.

2 오류. 『삼국지』 「오서·감택전」에 따르면 '용서傭書'로 기록했는데, 즉 감택은 고용되어 남을 위해 서적을 베끼는 일을 했다. 소설 원문에는 '남에게 고용되었어도'라는 말은 생략되어 있다.

3 아기牙旗: 깃대 위를 상아로 장식한 큰 깃발로 대부분 주장主將을 상징하며 의장으로도 사용한다.

4 손오孫吳: 손무孫武와 오기吳起로 두 사람 모두 고대의 유명한 군사 전략가다.

5 양저穰苴: 병법가. 춘추시대 제나라 사람이며 전田씨로 사마를 역임했기에 '사마양저'라 칭했다.

6 죽관竹冠: 대나무 껍질로 엮어 만든 모자로 전설에서는 유방이 처음으로 만들었다고 한다.

제48회 단가행

1 오류. 주가 아닌 현이라 해야 맞다(6군 83현).

2 오류. 후한 삼국 시기에 이 지구는 양주涼州라 했고, 송대 초기에 양주가 서량부西涼府가 되었다. 치소는 간쑤성 우웨이武威. 서량주西涼州가 아닌 '양주涼州'로 해야 맞다.

3 산관散關: 대산관大散關으로 주나라 산국散國의 요충지였으므로 산관이라 한다. 사례주 우부풍군 진창陣倉에 속했다. 위치는 산시陝西성 바오지寶雞 서남쪽 다싼링大散嶺 위에

있다.

4   남병산南屛山: 삼국 시기에 이런 산 명칭은 없었다. 조작한 산 명칭으로 후베이성 츠비赤壁 적벽 유적지에 남병이라는 산 명칭이 있다.

5   번산樊山은 후베이성 어저우鄂州에 있다. 지금의 구곡령九曲嶺 위쪽을 서산西山이라 하고 번구樊口에 접한 곳을 번산이라 한다. 오림烏林은 후베이성 홍후洪湖 북쪽.

6   오류. 조조는 교공喬公이 아닌 교현喬玄(109~183, 자는 공조公祖)과 교분이 두터웠다. 『후한서』 「교현전」 참조.

7   두목지杜牧之: 당나라 시인 두목杜牧으로 자는 목지牧之다.

8   작爵: 청동으로 만든 다리가 세 개 달린 고대 술잔.

9   조조가 지은 유명한 「단가행短歌行」이라는 시로 「대주당가對酒當歌」라고도 한다.

10   주나라 학자들이 푸른 옷깃의 의복을 입은 것을 묘사한 것으로 재능이 뛰어난 사람에 대한 사모를 표시한다.

11   전설에 따르면 주공이 간절하게 인재를 찾았는데, 밥을 먹고 있을 때 어떤 현사가 찾아오자 즉시 입안에 있던 음식물을 토해내고 나가서 맞이했다고 한다.

12   두강杜康: 전설에 따르면 최초로 술을 만든 사람이라고 한다.

13   상相: 현 명칭으로 예주 패국에 속했으며 치소는 안후이성 쑤이시濉溪 서북쪽에 있었다.

14   합비合肥: 후국 명칭. 전한 때 현을 설치했고 후한 때 후국으로 변경되었다. 양주 구강군九江郡에 속했으며 치소는 안후이성 허페이合肥에 있었다.

15   오류. 『삼국지』 「위서·유복전」에 따르면 유희劉熙는 유복의 손자이고 유복의 아들은 유정劉靖이다.

16   승장升帳: 원수元帥나 혹은 주장이 장막에 들어가 군사 상황을 듣고 명령을 내려 시행하는 것을 말한다. 나중에는 주도적인 지위에 오른 것을 비유했다. 또한 장수가 군막으로 부하를 소집하여 일을 논의하거나 명령을 내려 시행하게 하는 것을 말한다.

17   소춘小春: 음력 10월을 가리킨다. 음력 10월에 어떤 지역은 봄 날씨같이 따뜻하다 하여 '소춘'이라고 한다.

제49회 타오르는 적벽

1   양약涼藥: 화기를 다스리고 해열 작용이 있는 약재.

2   이인異人: 득도한 도사, 방사, 술법에 뛰어난 기인.

3   칠성단七星壇: 도교에서 북두칠성에 제사 지낼 때 사용하는 대.

4   오류. 『삼국지』 「위서·무제기」에 따르면 적벽대전은 건안 13년(208) 12월에 발생했다.

5   이십팔수二十八宿: 고대 천문학에서 태양과 달 궤도면의 항성을 28개의 별자리로 구분했다.

6   창룡蒼龍: 28수 가운데 동쪽 7개 별자리의 총칭. 각角은 용의 뿔, 항亢은 목, 저氐는 목과 가슴 사이, 방房은 어깨, 옆구리, 심心은 심장, 미尾는 꼬리, 기箕는 꼬리 끝이다.

7   현무玄武: 거북 혹은 거북과 뱀을 합한 형상이다.

8   봉의鳳衣: 도교에서 선인의 의복을 지칭한다.

9   닭의 깃털을 묶어 우보羽葆를 만드는 것으로, 우보는 고대 장례 의장물의 하나로 새의 깃털로 장대 끝을 묶어 뚜껑처럼 장식하는 것이다.

10   풍신風信: 계절의 변화에 따라 때에 맞춰 불어오는 바람. 여기서는 바람의 동태와 시작과 끝을 가리킨다.

11   보개寶蓋: 불도佛道 혹은 제왕 의장 등의 산개傘蓋.

12   황월黃鉞: 황금으로 장식한 긴 자루의 도끼로 천자의 의장용이며 또한 정벌에 사용되었다.

13   백모白旄: 군기의 일종으로 장대 끝을 야크 꼬리로 장식했으며 전군을 지휘할 때 사용한다.

14   주번朱幡: 붉은색 깃발로 지위가 존귀하고 명성이 혁혁한 자가 사용한다.

15   조도皂纛: 검은색 직물로 제조한 군중의 대기大旗.

16   화선火船: 화공 장비가 설치되어 있는 전선.

17   주가走舸: 평상시에 연락을 취하거나 응급 상황 때 사람을 구조하는 데 사용하는 간편한 작은 배.

18   오류. 유비는 하구에 있었고 적벽 하류에 위치해 있었다. '상류'가 아닌 '하류'로 해야 맞다.

19   오류. 삼국 시기에 황주黃州라는 지명은 없었다. 수隋 때 설치된 지명으로 후베이성 황강黃岡이었다. 후한 때는 악현鄂縣(후베이성 어저우鄂州)에 속했으므로 악현으로 고쳐야 맞다.

20   오류. 이릉彝陵은 현 명칭으로 즉 이릉夷陵을 말한다. 형주 남군에 속했으며 치소는 후베이성 이창宜昌 동남쪽, 장강 북쪽 기슭이었다. 이릉은 적벽에서 서북쪽으로 멀리 떨어져 있으므로 맞지 않다. 주릉州陵(후베이성 훙후洪湖 동북쪽, 장강 북쪽 기슭)으로 고쳐야 맞다.

21   한양漢陽: 수나라 때 설치된 행정 구역명으로 치소는 후베이성 우한武漢 한양漢陽이다.

22   오류. 삼국 시기에 한천漢川이라는 현 명칭은 없었으며 당나라 때 설치되었다. 후베이성 한촨漢川이다.

23   오류. 바로 뒤에 이어지는 문장에 네 부대라고 했다. '전선 네 부대가'로 고쳐야 맞다.

24   병부兵符: 고대에 명령을 전달하거나 혹은 병력을 이동시키고 장수를 파견할 때 사용한 증빙이다. 구리, 옥 혹은 나무와 돌로 제작되었고 호랑이 형상이라 호부虎符라고도 부른다. 두 개로 나누어 제작했는데 오른쪽은 국군國君에 남겨두고 왼쪽은 통솔자에게 교부했다. 군대를 파견할 때 반드시 두 개를 합쳐야 비로소 효력이 발생할 수 있었다. 전국시대, 진나라, 한나라 때 성행했다.

25   오류. 기蘄와 황黃은 후대에 설치된 행정 구역 명칭이다. 기는 기춘蘄春, 황은 황주黃州를 말한다. 기춘은 현 명칭으로 전한 때 현을 설치했으나 후한 때 후국으로 변경되었다. 형주 강하군에 속했으며 치소는 후베이성 치춘蘄春 서남쪽이었다. 황주는 후베이성 황강黃岡을 말한다. 『후한서』 「군국지」에 의거해 여기서는 '기와 황'을 '기춘'이라 해야 맞다. 42회 참조.

26   오류. 여기서 형주는 강릉을 말한다. 강릉은 남군의 치소이므로 남군과 형주, 강릉과 남군을 병기해 표기할 수 없다. 형주(주 명칭)-남군(주 내의 군 명칭)-강릉(군 치소)이다. 그러므로 여기서는 남군을 경릉竟陵으로 고쳐야 하고 형주를 강릉江陵으로 고쳐야 한다.

27   오류. 상기 주석에 따라 남군을 경릉으로 고쳐야 하고 형주를 강릉으로 고쳐야 한다.

28   오류. 이릉은 오림에서 멀리 떨어져 있고 강릉 서북쪽이므로 강릉으로 고쳐야 한다.

29   호로곡葫蘆谷: 당시 오림과 화용華容의 중간.

30   오류. 후한 삼국시대에 남이릉, 북이릉은 없었다.

31 무창武昌: 악현鄂縣을 말한다. 오의 강하군은 처음에 치소가 사선沙羨(우한 장샤구 진커우가도)이었다가 손권이 오왕을 칭하고 악현을 도성으로 삼은 다음 무창군을 세워 강하군의 치소를 무창현(어저우鄂州)이라 했다. 여기서는 사선이라 해야 맞다.

32 화용도華容道: 화용의 오솔길을 가리킨다. 화용은 전한 때 현을 설치했다가 후한 때 후국이 되었다. 형주 남군에 속했으며 치소는 후베이성 젠리監利 서북쪽. 『자치통감』 권65 「한기 57」의 주석에 따르면 "화용현華容縣은 남군에 속했다. 이 길로 화용현에 이를 수 있다"고 했다.

33 허허실실虛虛實實: 참과 거짓이 뒤섞여 있고, 가짜를 진짜처럼 만들다. 허를 찌르고 실을 꾀하는 계책으로 적의 강점은 피하고 약점을 노리면서, 나의 강점은 감추고 약점은 노출시키는 계략이다.

34 교도수校刀手: 근거리에서 적과 싸우는 병사 중 하나로 일반적으로 양손으로 장도長刀(자루가 긴 대도)를 잡고 있다.

35 동지冬至가 지나면서 낮이 점점 길어지기 때문에 고대 사람들은 양기陽氣가 처음으로 생기는 것으로 여겼고, 그래서 동지를 '일양생一陽生'이라고도 칭했다.

36 세기祭旗: 고대 미신의 일종으로 군대 수령이 출정하기 전에 어떤 살아 있는 생물을 죽여서 신령에게 제사 지내는 것으로 신령의 도움을 구하는 것이다.

37 복물福物: 제수용품을 말한다. 대부분 신에게 제사 지내는 술과 고기를 가리키며 제사를 지낸 다음 사람들에게 나누어 먹도록 하여 '산복散福'이라 불렀다. 이 때문에 제수용품을 '복물'이라 칭했다.

38 대도기大纛旗로 고대 군대 안에서 사용하는 큰 깃발이며 정방형의 '수帥기'와 직사각형의 '삼군령기三軍令旗'로 함께 원수와 대본영의 위치를 표시한다. 길이는 5척, 높이는 3척의 삼각 깃발이다.

제50회 화용도

1 이 시는 이백李白의 「적벽가송별赤壁歌送別」에서 인용했다.

2 오류. 앞의 내용에 따라 '강릉'이라 해야 한다.

3 오류. 의도宜都는 강릉의 서쪽. 군 명칭으로 형주에 속했다. 후베이성 이두宜都 서북쪽이다. '의도의 북쪽'이란 말은 삭제해야 한다.

4 오류. 남이릉, 북이릉이란 지명은 없다. 큰길, 산길이라 표현해야 맞다. 이하 동일.

5 호로구葫蘆口: 지금의 후베이성 장링성江陵城 서북쪽.

6 나과鑼鍋: 군중에서 사용하는 용구로 낮에는 밥을 지어 먹는 데 사용하고 야간에는 두드려 시각을 알렸다.

7 허즉실지虛則實之, 실즉허지實則虛之: 불리한 형세에 처했을 때는 일부러 배짱이 두둑한 모양으로 위장하면서 상대를 위협해 감히 경솔하게 진격하지 못하게 하고, 자신의 병력이 충분한 상황에서는 일부러 텅 빈 듯 빈틈을 보이면서 적을 유인해 공격하는 책략이다.

8 오류. 여기서는 강릉을 가리킨다.

9 『설문說文』에 500명의 군사를 '여旅'라 했다. 여기서는 한 부대 정도의 의미다.

10 춘추시대 때 위衛나라가 유공지사庾公之斯를 파견해 자탁유자子濯孺子를 추격하게 했다. 두 사람 모두 활을 잘 쏘았으나 마침 자탁유자가 병이 생겨 활을 당겨 화살을 쏠 수 없게 되었다. 유공지사가 그에게 말했다. "나는 윤공지타尹公之他에게 활쏘기를 배웠는데 윤공지타는 또 그대에게 활쏘기를 배웠으니 내가 차마 그대의 활쏘기 재주로 그대를 다치게 할 수 없소." 이에 화살촉을 빼버린 다음 화살촉 없는 화살 네 대를 쏘고는 돌아갔다. 이것은 옛날의 처지를 잊지 않고 은혜를 저버리지 않는다는 의미다. 『맹자』 「이루離婁 하」에 나오는 말인데 여기서는 『춘추』에 나오는 것으로 인용했다.

11 오류. 화용은 남군의 속현이므로 '남군 가까이'는 이치에 맞지 않다. 군 소재지인 강릉으로 봐야 한다.

12 오류. 하후돈이 지키는 곳은 양양으로 역시 형주다. 조인이 관할하는 곳은 남군이다. 남군으로 고쳐야 맞다.

13 『삼국지』 「오서·오주전」과 『자치통감』 권65 「한기 57」에 따르면 조조는 "조인과 서황에게 강릉을, 악진에게는 양양을 지키도록 했다"고 기록하고 있다.

14 『삼국지』 「위서·장료전」과 『자치통감』 권66 「한기 58」에 따르면 적벽대전 이듬해인 "건안 14년(209) 12월에 장료, 악진, 이전 등에게 7000여 명을 인솔하여 합비에 주둔하게 했다"고 기록하고 있다.

15 오류. 이릉은 남군의 속현이다. '남군'을 삭제해야 맞다.

제51회 연합군의 남군 다툼

1 유강구油江口: 고대 장강의 지류. 유강이 장강으로 유입되는 곳으로 적벽대전 이후 유비가 이곳에 성을 축조하고 군대를 주둔시켰고 아울러 공안현公安縣을 설치했다. 후베이성 궁안公安 동북쪽.

2 오류. 남군은 한수 유역에 속하므로 '강한江漢(형주)'으로 고쳐야 맞다.

3 오류. 남군은 군 명칭으로 군의 치소인 '강릉성'이라 해야 맞다. 이하 동일.

4 오류. 『삼국지』 「오서·주유전」에 따르면 "대강大江(장강)을 사이에 두고 있었다"고 기록하고 있다.

5 여장女墻: 성벽 위에 요철 형태로 낮게 쌓은 담장. 화살 구멍이 있는 성가퀴.

6 옹성甕城: 성문 밖에 축조한 반원형의 작은 성으로 성문을 보호하고 방어를 강화하기 위해 쌓은 성.

7 오류. 형주는 주의 명칭으로 구체적인 성의 명칭이 아니다. 여기서는 강릉을 가리키나 강릉은 이미 조운이 빼앗았다.

8 오류. 남군은 군 명칭으로 치소는 강릉이다. 조운이 이미 빼앗았다.

제52회 미인을 돌아보지 않은 조자룡

1   오류. 남군은 군 명칭으로 치소인 강릉이라 해야 맞고 형양(형주)은 주 명칭이므로 양양이
    라 해야 맞다. 이하 동일.

2   오류. 형주는 주 명칭이지 어떤 성의 명칭이 아니다. 강릉이라 해야 맞다. 이하 동일.

3   고황膏肓: 심장 아래 부분이 '고膏'이고 심장과 횡격막 사이가 '황肓'이며 약효가 도달할 수
    없는 곳이다.

4   오류. 남군, 양양을 얻은 유현덕이라고 해야 맞다.

5   오류. 『삼국지』「촉서·마량전馬良傳」에 따르면 양양襄陽 사람으로 기록되어 있다.

6   오류. 형양은 형주 전체를 가리킨다. 여기서는 형주의 치소인 양양을 말한다.

7   무릉武陵, 장사長沙, 계양桂陽, 영릉零陵: 무릉은 군 명칭으로 한 고제 5년(기원전 202)에 설
    치되었다. 형주에 속했으며 치소는 의릉義陵(후난성 쉬푸漵浦 남쪽)이었다가 후한 시기에 치
    소를 임원臨沅(후난성 창더常德 서쪽)으로 옮겼다. 장사는 군, 국 명칭으로 전국시대 때 진秦
    이 초를 멸하고 설치했다. 전한 초기에 장사국長沙國을 설치했고 치소는 임상臨湘(후난성
    창사長沙)이었다. 후한 시기에 와서 관할 지역이 점점 축소되어 군으로 변경되었으며 형주
    에 속했다. 계양은 군 명칭으로 전한 고제 때 설치되었다. 형주에 속했으며 치소는 침현郴縣
    (후난성 천저우郴州)이었다. 영릉은 군 명칭으로 전한 원정元鼎 6년(기원전 111)에 계양군을
    분리해 설치했다. 형주에 속했으며 치소는 영릉零陵(광시성 싱안興安 동북쪽)이었다가 후한
    때 치소를 천릉泉陵(후난성 융저우 링링零陵구)으로 옮겼다.

8   상강湘江: 후난성의 가장 큰 강으로 장강의 주요 지류 가운데 하나다.

9   오류. 실제로는 무릉이 가장 가깝고 장사가 그다음으로 가까우며 영릉과 계양은 비교적 멀
    다. '먼저 영릉을 취하고'라고 해야 맞다.

10 오류. 강릉이라고 해야 맞다. 이하 동일.

11 오류. 주 11번에 따라 "운장은 남아서 형주를 지키게 했고 미축과 유봉은 강릉을 지키게 했
    다"를 "운장은 남아서 강릉을 지키게 했다"로 고쳐야 맞다.

12 오류. 영릉은 주가 아니라 형주에 속한 군이었다.

13 영릉군零陵郡의 치소는 천릉(후난성 융저우 링링구)이었다. 그러므로 여기서의 성은 천릉성
    을 말한다.

14 오류. 자신을 소개할 때는 본관을 말하는 것이 관례다. 제갈량의 본관은 '낭야'다. 남양은
    제갈량이 은거했던 융중을 관할하는 군 명칭이다.

15 오류. 영릉은 군 명칭으로 치소는 천릉(후난성 융저우 링링구)이다. 천릉이라 해야 맞다.

16 오류. 영릉군은 형주에 속한 군이므로 형주로 간다는 말은 옳지 않다. '강릉'이라 해야 맞다.

17 오류. 관군교위管軍校尉라는 직책은 존재하지 않았다. 『삼국지』「위서·원술전」에 따르면 진
    응陳應은 진규陳珪의 둘째 아들이나 계양태수의 속리를 지냈다거나 어떤 직책을 맡고 있
    었다는 기록은 없다. 그리고 태수는 속리로 교위를 두지는 않았다.

18 계양령桂陽嶺: 산 명칭으로 후난성 린우臨武 북쪽에 있다.

19 오류. 계양은 군 명칭으로 치소는 침현郴縣(후난성 천저우郴州)에 있었으므로 침현성을 나
    갔다고 표현해야 맞다.

20 술을 마시며 마음껏 즐김을 말한다.
21 오류. 가형家兄은 남에게 자기의 형을 부르는 말이다. 이 부분은 조범이 한 말이 아니라 번 씨 부인이 한 말로 '가형'이란 표현은 맞지 않는다. '도련님 성과 같은 사람'이라고 표현해야 정확한 말이다.
22 존형尊兄: 동년배의 연장자 혹은 자기 형에 대한 경칭.
23 오류. 침현성이라 해야 맞다.
24 강한江漢: 형강荊江을 가리킨다. 강은 장강을 말하고, 한은 한수를 가리킨다.

제53회 두 영웅의 결투

1 오류. 무릉武陵은 군 명칭으로 치소는 임원臨沅이다. '임원성'이라 해야 맞다.
2 오류. 계양桂陽은 군 명칭으로 치소는 침현郴縣이다. '침현'이라 해야 맞다.
3 오류. 형주는 주의 명칭이다. 여기서는 '강릉'이라 해야 맞다.
4 1석石은 26.4킬로그램, 2석은 즉 52.8킬로그램.
5 오류. 장사는 군 명칭으로 치소는 임상臨湘이다. '임상성'이라 해야 맞다.
6 타도계拖刀計: 거짓으로 패한 체하며 칼을 아래로 드리우고 달아나다 적이 방비하지 않는 틈을 이용해 갑자기 돌아서서 공격하는 계책.
7 오류. '임상'이라 해야 맞다.
8 삼參은 삼수參宿로 별의 이름이며 이십팔수 가운데 하나다.
9 한남漢南: 장사를 가리킨다. 장사는 장강 이남에 있기 때문에 '한남漢南'이 아닌 '강남江南'이라 해야 맞다.
10 상담湘潭: 여기서는 후난성을 남북으로 흐르는 상강湘江을 가리키며 장사를 경유한다.
11 유현攸縣: 현 명칭으로 전한 때 설치되었다. 형주 장사군에 속했으며 치소는 후난성 유현攸縣 동북쪽에 있었다.
12 오류. '강릉'이라 해야 맞다.
13 공안公安: 현 명칭으로 후베이성 궁안公安 동북쪽이다.
14 오류. 『후한서』「군국지」에 따르면 후한 때 '파릉군巴陵郡'은 존재하지 않았다. 서진西晉 시기에 설치된 현 명칭으로 남조南朝 송宋 때 군이 되었다. 후난성 웨양嶽陽이었다. 주유는 원래 파구巴丘(현 명칭, 치소는 장시성 샤장峽江 북쪽)를 지키고 있었다. 파구라 해야 맞다.
15 오류. 한양군漢陽郡은 후한 명제明帝 영평永平 17년(74)에 천수군天水郡을 변경해 설치했다. 양주涼州에 속했으며 치소는 기현冀縣(간쑤성 간구甘谷 동쪽)이었다. 한양군은 지금의 간쑤성 경계로 방위가 맞지 않는다. 『삼국지』「오서·오주전」에 따르면 건안 15년(210) "장사군(치소는 임상으로 후난성 창사)을 나누어 한창군漢昌郡(치소는 후난성 핑장平江 동남쪽)을 설치했으며 노숙을 태수로 임명하고 육구陸口(후베이성 츠비赤壁 서북쪽의 루시커우陸溪口, 육수陸水가 장강으로 유입되는 곳)에 주둔하게 했다"고 기록하고 있다. 한양군이 아닌 한창군이라 해야 맞다.
16 구주九州: 중국의 별칭으로 고대에 전국을 아홉 개 구역으로 구분하여 구주라 했다.

17 전서戰書: 적군이 교전을 통지하는 문서.

18 맹분孟賁은 전국시대 사람이고, 하육夏育은 주周나라 사람으로 두 사람 모두 용사였다.

19 오류. 남서南徐와 윤주潤州는 같은 지역명(장쑤성 전장鎭江)이다. '남서'는 동진東晋 때 서주西州를 설치했다가 남조 유송劉宋 때 남서로 개명되었다. '윤주'는 수隋대에 설치된 행정 구역 명칭이다. 두 지명은 같은 지역이므로 같이 사용할 수 없다. 손권이 주둔하던 당시 명칭은 '경성京城'이었다.

20 오류. 『삼국지』 「오서·태사자전」 배송지 주 『오서』에 "7척의 검을 지니고"라고 되어 있다.

21 북고산北固山: 장쑤성 전장鎭江 동북쪽의 장강 물가에 있다. '남서의 북고산'이 아닌 '경성의 북고산'이라 해야 맞다.

22 판본에 따라 '태사형太史亨'과 '태사향太史享'으로 다르게 기록하고 있다.

제54회 새신랑이 된 유비

1 전당錢塘: 현 넝칭으로 진秦 시기에 설치되었다. 치소는 저장성 항저우杭州 서쪽.

2 오류. 후한 시기의 행정 구역은 주-군-현으로 이루어져 있다. 6군 83현이었다.

3 오류. 주유가 제갈량보다 여섯 살 더 많다.

4 오류. 서천西川은 당나라의 지명이다. '익주益州'로 해야 맞다. 이하 동일.

5 오류. 시상柴桑은 군이 아니라 양주 예장군에 속한 현 단위다. '시상군'이 아닌 '시상'이라 해야 맞다.

6 오류. '강릉성'이라 해야 맞다.

7 국태國太: 제왕 모친의 속칭으로 대부분 소설이나 희곡에서 사용한다.

8 오류. 형주는 강릉, 남서南徐는 경성京城(경구京口)으로 바꿔야 맞다. 이하 동일.

9 여기서 국로國老는 나라의 중신을 가리킨다.

10 오류. 위의 문장에 맞춘다면 '몇 시간' 정도로 표현해야 맞다.

11 망문과부望門寡婦: 남녀 쌍방이 약혼을 결정한 후 결혼도 하기 전에 남자가 먼저 죽으면 여자는 과부로 수절해야 하는 것을 가리킨다.

12 감로사甘露寺: 장쑤성 전장鎭江 동북쪽 북고산北固山 위에 위치해 있다.

13 방장方丈: 처음에는 사원을 가리켰으나 나중에는 장로, 주지의 방을 가리켰다. 사원의 주지를 가리키기도 하며 또한 사찰에서 귀빈을 대접하는 장소를 말한다.

14 슬하膝下: 본래는 자녀가 양친에게 사용하는 용어로 어린아이가 부모의 무릎 곁에 있는 것을 가리킨다.

15 유비와 손권이 나중에 건립한 촉한蜀漢과 동오東吳 정권을 말한다.

16 주마파駐馬坡: 장쑤성 난징南京 청량산淸凉山 공원 내에 위치해 있다. 제갈량이 시상에서 손권을 설득해 연합하여 조조에게 대항하기로 하고 경구로 가는 길에 건업을 지나면서 이곳에서 말을 세우고 "진정 제왕의 집이 될 만하다"고 감탄했다고 한다.

17 강좌江左: 고대 지리상 '동'을 '좌'라 했기 때문에 강좌는 장강 하류 지역의 동쪽 지역, 즉 '강동江東'을 말한다.

제55회 손부인마저 빼앗기고 쓰러진 주유

1 관가파管家婆: 관료나 지주의 가사를 관리하는 지위가 비교적 높은 여자 하인.
2 오중吳中: 오군吳郡을 가리킨다.
3 군주郡主: 고대 여성에 대한 봉호封號. 군주는 진晉 때 시작되었고 황제의 딸을 공주로 봉
   했을 때 군군으로 봉읍을 삼았기 때문에 군공주郡公主라 하여 줄여서 군주라 칭했다. 명
   나라에 이르러서는 황제 혹은 국왕의 친족 가운데 왕으로 봉해진 사람의 딸을 군주로 봉
   했다. 여기서는 손부인을 가리킨다.
4 유랑포劉郎浦: 후베이성 스서우石首 서북쪽.
5 장강변의 유랑포구劉郎浦口를 가리킨다.
6 오류. 삼국 시기에 황주黃洲라는 지명은 없었다. 수隋 때 설치된 지명으로 후베이성 황강黃
   岡에 속했다. 후한 시기에는 악현鄂縣에 속했으므로 악현으로 고쳐야 맞다. 악현은 현 명칭
   으로 진秦 시기에 설치되었다. 형주 강하군에 속했으며 치소는 후베이성 어저우鄂州였다.

제56회 주유의 가도멸괵지계

1 오류. 업鄴은 기주 위군魏郡에 속했으며 주의 치소인 동시에 군의 치소였다. '업성鄴城'이라
   해야 맞다. 업성은 성읍 명칭으로 춘추시대 제 환공이 축성했다고 전해지며 전국시대 때
   위魏 문후文侯가 현을 설치했다. 한 시기에 위군의 치소였고 후한 말에 기주, 상주相州의 치
   소였다. 건안 18년(213), 조조가 위왕魏王이 되자 이곳에 도읍을 정했다. 두 개의 성이 있는
   데 남북이 서로 이어져 있고 옛터의 범위는 허베이성 린장臨漳 서쪽과 허난성 안양安陽 북
   쪽 교외 일대를 포함한다.
2 오류.『삼국지』「위서·무제기」에 따르면 동작대는 건안 15년(210) 봄이 아니라 겨울에 완공
   되었다고 기록하고 있다.
3 천리구千里駒: 어리고 힘이 넘치는 좋은 말을 가리킨다. 또한 능력이 지극히 강한 소년 인재
   를 비유해서 사용하기도 한다.
4 촉금蜀錦: 쓰촨성에서 생산되는 채색 비단으로 난징南京의 운금雲錦, 쑤저우蘇州의 송금宋
   錦, 광시성의 장금壯錦과 함께 중국의 4대 비단이다.
5 천명을 받는다는 의미는 마땅히 황제가 되어야 한다는 의미다.
6 묘도墓道: 묘 앞 혹은 묘실 앞의 통로. 여기서는 묘문墓門(묘도의 문)을 가리킨다.
7 공자는 주 문왕이 비록 천하의 3분의 2를 차지했어도 여전히 상나라의 신하로 칭한 것을
   최고의 도덕이라 칭찬했다.
8 『삼국지』「위서·무제기」에 "196년 헌제가 조조를 대장군으로 삼고 무평후武平侯에 봉했다"
   고 기록하고 있다. 무평후국의 국은 봉국封國을 말한다. 병권과 승상의 직위를 버리고 후작
   의 봉국으로 돌아가는 것으로 편안한 퇴직 생활을 하겠다는 뜻이다.
9 주공周公: 성이 희姬, 이름이 단旦이다. 주 문왕의 넷째 아들이며 무왕의 동생이다.
10 왕망王莽: 자는 거군巨君으로 신新 왕조의 건립자다.

11 오류. 형주의 강남 4군은 한수 유역이 아니므로 '한수 지역'을 '형주'로 바꿔야 맞다.

12 오류. 대리소경大理少卿이란 관직은 존재하지 않았다. 『삼국지』 「위서·화흠전」에 따르면 의 랑議郎으로 삼았다고 기록되어 있다.

13 오류. 후한 때에는 서천西川이란 지명이 없었으므로 '서촉西蜀'으로 바꿔야 한다. 이하 동일.

14 춘추시대 때 진晉나라는 우虞나라에 길을 빌려 괵虢나라를 공격했다. 진나라는 괵나라를 친 다음 군사를 회군시켜 기세를 몰아 우나라까지 멸망시켰다.

15 출전은 『손자』 「계計」로 "적이 방비하지 않는 곳을 공격하고 적이 생각하지 못한 곳으로 돌격하라攻其無備, 出其不意."

16 와궁窩弓: 맹수 등 큰 사냥감을 잡기 위해 숲속에 설치해둔 활(덫).

17 오류. 강릉이라 해야 맞다.

18 오류. 53회에서 유기가 죽고 유비는 관우에게 양양을 지키게 했다. '강릉'을 '양양'으로 바꿔야 한다.

19 자귀秭歸: 현 명칭으로 전한 때 설치되었다. 형주 남군에 속했으며 치소는 후베이성 쯔구이秭歸였다.

20 잔릉屛陵: 현 명칭으로 전한 때 설치되었다. 형주 무릉군武陵郡에 속했으며 치소는 후베이성 궁안公安 서쪽이었다.

제57회 봉추를 품다

1 오류. 적장은 이름을 불러야 하므로 유비, 제갈량이라 해야 맞다.

2 오류. 손권이 오후가 되기 전이니 '토로장군'이라 해야 맞다. 그리고 손유는 손견의 동생 손정孫靜의 차남으로 손권보다 다섯 살 많아 '아우'가 아닌 '종형從兄'이라 해야 맞다. 이하 동일.

3 파구巴丘: 29회의 파구현巴丘縣이 아닌 산 명칭이다. 후난성 웨양 남쪽.

4 군사중랑장軍師中郎將: 유비가 임시로 설치한 관직 명칭으로 제갈량이 유비에게 귀의한 후 처음 맡은 관직이다.

5 오류. 제갈량은 적벽에서 조조에 대항할 때 만난 이후로 주유를 만난 적이 없으며 '시상'이 아닌 '적벽'이라 해야 맞다.

6 정상停喪: 사람이 죽은 뒤에 영구를 안치하고 매장하지 않는 것.

7 『삼국지』 「오서·노숙전」에 따르면 주유 사망 후 "노숙을 분무교위奮武校尉(건안 초 손책이 설치했다)로 임명하고 주유를 대신해 군대를 통솔하게 했다. 주유의 부하 병사 4000여 명과 봉읍 네 현을 모두 노숙에게 예속시켰다"고 기록하고 있다.

8 장성將星: 옛사람들은 제왕, 장수, 재상과 하늘의 별자리가 상응한다고 생각했는데, 장성은 대장을 상징하는 별자리다.

9 증상烝嘗: 본래는 겨울 제사(烝)와 가을 제사(상嘗)를 말했는데, 이후 제사로 통칭했다.

10 흠향歆饗: 신명神明이 제물을 받아서 먹음.

11 약관弱冠: 남자가 20세에 성인이 되었는데 처음에 관을 쓰면 몸이 아직 건장하지 않기에

약관이라 칭했다.

12 『삼국지』 「오서·손책전」에 따르면 조조가 표를 올려 손책을 토역장군討逆將軍으로 삼고 오후로 봉했다고 기록하고 있다.

13 삼기三紀: 1기紀는 12년으로 삼기는 즉 36세를 말한다.

14 열요列曜는 걸출한 인재를 비유한다.

15 서성舒城은 주유가 태어난 서현舒縣(안후이성 루장廬江 서남쪽)을 말한다

16 무호蕪湖: 현 명칭으로 전한 때 설치되었다. 양주 단양군에 속했으며 치소는 안후이성 우후蕪湖 동쪽이다.

17 형초荊楚: 형주를 가리킨다. 관할 구역 대부분이 전국시대 때 초나라 경내에 있었기 때문에 형초라 칭했다.

18 오류. 유비는 이때 강릉에 있었고 뇌양현은 동북이 아닌 동남쪽으로 멀리 떨어져 있다. 뇌양현耒陽縣은 현 명칭으로 형주 계양군에 속했으며 치소는 후난성 레이양耒陽에 있었다.

19 형남荊南: 형주 남쪽 지역으로 형주 강남의 네 개 군을 말한다.

20 고대에 현의 관할 구역은 대략 100리였기 때문에 100리를 현의 대칭으로 사용했다.

21 오류. 『삼국지』 「촉서·방통전」에 따르면 "제갈량과 함께 군사중랑장으로 임명했다"고 했다. 부군사중랑장副軍師中郎將이라는 직책은 없다.

22 오류. 후한 삼국 시기에 이 지구는 양주涼州였고, 송대 초기에 양주涼州가 서량부西涼府가 되었다. 치소는 간쑤성 우웨이武威다.

23 천수군天水郡 난간현蘭干縣: 천수군은 군 명칭으로 전한 무제 원정元鼎 3년(기원전 114)에 설치되었고 치소는 평양平襄(간쑤성 퉁웨이通渭 서북쪽)이었다. 왕망이 진융군鎭戎郡으로 변경했다. 후한 명제明帝 영평永平 17년(74), 한양군漢陽郡으로 변경 및 설치되었고 양주涼州에 속하여 치소를 기현冀縣(간쑤성 간구甘谷 동남쪽)으로 옮겼다. 삼국시대 위魏 시기에 다시 천수군天水郡이 되었다. 난간현蘭干縣은 간쑤성 퉁웨이通渭 경계였다.

24 농서隴西: 군 명칭으로 진秦 시기에 설치되었다. 농산隴山 서쪽에 있어 농서라는 지명을 얻었다. 양주涼州에 속했으며 치소는 적도狄道(간쑤성 린타오臨洮남쪽)였다.

25 초평初平: 후한 헌제獻帝 유협劉協의 연호로 190~193년에 사용되었다.

26 오류. 후한 삼국 시기에 이런 직책은 없었다. 문하시랑門下侍郎은 당대唐代의 직책이다. 진, 한 시기에 황문시랑黃門侍郎과 시중이 황제의 근시였다. 문하시랑이 아닌 시랑侍郎이라 해야 맞다.

27 복파장군伏波將軍: 후한 초기의 마원馬援을 가리킨다.

제58회 전포 벗고 수염까지 자른 조조

1 치서시어사治書侍御史: 어사중승御史中丞의 속관으로 법률에 의거하여 판명하기 어려운 안건을 처리했다.

2 오류. 유비가 있던 강릉은 남군의 군치였으니 남군으로 사람을 보낸다는 것은 이치에 맞지 않다. 『삼국지』 「촉서·제갈량전」의 배송지 주 「영릉선현전零陵先賢傳」에 따르면 제갈량은

이때 임증臨烝(치소는 지금의 후난성 형양衡陽)에 있었다고 기록하고 있다.

3 동관潼關: 요충지 명칭. 사례주 홍농군 화음현華陰縣에 속했으며 산시陝西성 퉁관潼關 북쪽에 있었다. 산시陝西성, 산시山西성, 허난성 세 성의 요충지다.

4 장좌將佐: 장령(고급 장교)과 보좌관(참모).

5 오류. 『삼국지』「위서·방덕전」에 따르면 "이름은 방덕龐德, 자는 영명令明"이라 기록하고 있다.

6 조조의 서쪽을 말한다. 옛날에 서쪽을 오른쪽이라 했다.

7 오류. 『삼국지』「촉서·마초전」에 따르면 한수를 '진서장군鎭西將軍'으로 삼았다고 기록하고 있으며 제57회에도 진서장군으로 나와 있다.

8 오류. 후작侯爵 가운데 가장 높은 등급을 현후縣侯로 삼았으며 한 개의 현을 식읍으로 했다. 서량(양주涼州로 해야 함)은 주州이지 현이 아니다.

9 오류. 장안은 군이 아니므로 군수가 없다. 『삼국지』「위서·종요전」에 따르면 시중의 신분으로 사례교위를 겸하도록 한 다음 관중의 여러 군대를 감독하게 했다고 기록하고 있다. 여기서는 장안을 지키는 장수라고 표현해야 무난할 듯하다.

10 소설에 등장하는 허구의 인물이다.

11 오류. 『삼국지』「위서·무제기」에 따르면 동탁 토벌에 나선 때가 초평 원년(190)이었고 이때 조홍도 참가했다. 조조가 마초와 전투를 벌인 시기는 건안 16년(211)으로 이때 조홍은 최소 40세 전후로 봐야 할 것이다. 이하 동일.

12 하서河西: 지구 명칭. 춘추전국시대에는 지금의 산시山西성과 산시陝西성 사이의 황하 남단 서쪽 지구를 가리켰다. 한漢, 위魏 시기 이후로는 지금의 간쑤성과 칭하이성 사이의 황하 서쪽, 즉 허시쩌우랑河西走廊과 황수이湟水강 유역 일대를 가리켰다.

13 포판진蒲阪津: 포판현蒲阪縣 서쪽 황하 나루터 명칭. 일명 포진蒲津이라고 한다. 산시山西성 융지永濟 서쪽 푸저우蒲州 황하 동쪽 기슭에 있었다.

14 위하渭河: 위수渭水의 다른 명칭으로 황하의 가장 큰 지류다. 오류로 『삼국지』「위서·무제기」에 따르면 "조공은 동관潼關에서 북쪽으로 황하를 건넜다"고 기록하고 있다. 황하는 동관 지구에서 동쪽으로 L자 모양으로 흐른다. 조조 군대는 동관 동쪽에 주둔해 있었기 때문에 북쪽으로 황하를 건너고 다시 포판진 서쪽으로 황하를 건너 위수 북쪽에 이르게 된다. 그런 다음 남쪽으로 위수를 건너 마초와 결전을 벌이게 된다.

15 오류. 『삼국지』「위서·무제기」에 따르면 마초는 황하를 건너지 않았으며 위구渭口(위수가 황하로 유입되는 곳으로 산시陝西성 화인華陰 동북쪽)에서 대항했다고 기록하고 있어, 여기서는 북쪽 기슭이 아닌 황하 기슭으로 바꿔야 맞다.

16 오류. 『삼국지』「위서·무제기」에 따르면 조조는 황하를 건너 하북에 이르렀기에 이미 하동군河東郡 안에 있었다.

17 소설 원문은 "兵半渡可擊"인데, 『손자』「행군行軍」에 따르면 "군대가 강을 건너서는 반드시 강에서 먼 곳에 주둔해야 한다. 객客(적군)이 물을 건너 쳐들어오면 물가에서 맞아 싸워서는 안 되고, 절반을 건널 때까지 기다렸다가 공격하면 이롭다絕水必遠水. 客絕水而來, 勿迎之於水內, 令半濟而擊之利."

18 오류. 『삼국지』「위서·무제기」에 따르면 '위하'가 아닌 '황하'로 해야 맞다.

19 오류. 후한 말에 위남현이란 지명은 없었다. 16국 시기 전진前秦 때 설치되었으며 산시陝西
   성 웨이난渭南 동남쪽에 위치한다. 『삼국지』 「위서·무제기」에 따르면 "교위校尉 정비丁斐가
   소와 말을 풀어 유인했다"고 기록하고 있다. 정비는 현령이 아닌 교위였다.
20 오류. 『삼국지』 「위서·무제기」와 앞의 주석에 따르면 정비는 이때 이미 교위였다.
21 용도甬道: 좌우 양옆에 울타리 혹은 엄폐물을 놓아 수레와 말이 통행할 수 있는 도로 혹은
   통로.
22 오류. 황하 서쪽으로 건너가 제각기 황하를 따라 용도를 만들게 했다고 해야 맞다.
23 의병疑兵: 허장성세虛張聲勢로 적을 현혹시키는 군사, 군대의 진법 혹은 군사의 대오.
24 오류. 조조는 이미 서쪽으로 황하를 건넜기 때문에 이곳은 위수 북쪽이다. 여기서의 북쪽
   기슭은 위수 북쪽 기슭으로 마초는 조조군이 위수 남쪽으로 건너오는 것을 방비해야 했다.
   '저들이 위수를 건너지 못하게 하는 것'으로 바꿔야 맞다.
25 오류. '위북渭北(위수 북쪽)'이라고 해야 맞다.
26 오류. '위북(위수 북쪽)'이라고 해야 맞다.

제59회 반간계에 걸려든 마초

1 위구渭口: 위수渭水가 황하로 유입되는 곳으로 산시陝西성 화인華陰 동북쪽이다.
2 경조京兆: 경조윤京兆尹을 말한다. 전한 태초太初 원년(기원전 104) 우내사右內史를 변경해
   군급郡級 행정 구역이 되었으며 삼보三輔 가운데 하나였다. 속한 지역이 도성 부근이었으
   므로 군이라 부르지 않았다. 사례주에 속했으며 치소는 장안(산시陝西성 시안西安 서북쪽)
   에 있었다.
3 종남산終南山: 산시陝西성 중난산終南山을 말한다.
4 호후虎侯: 『삼국지』 「위서·허저전」에 따르면 허저가 '호치虎癡'라 불렸는데 마초가 '호후虎
   侯'에 대해 물어 그 이후로 천하가 허저를 호후라 부르면서 이름처럼 여겼다는 기록이 있다.
   이 당시 허저는 관내후關內侯였다.
5 오류. 이때 아직 초군譙郡은 없었다. 『삼국지』 「위서·허저전」에 따르면 허저는 초국譙國 초
   현譙縣 사람으로 기록하고 있는데 예주 패국沛國에 속했다.
6 오류. 조조는 동관에 있을 때 이미 서황과 주령에게 포판진에서 은밀히 황하 서쪽으로 건
   너가게 했다. 이때 이들은 이미 위하渭河(위수渭水) 북쪽에 있었고 마초는 위하 남쪽에 있
   었다. 서황과 주령이 위하 남쪽으로 건너가야 앞뒤로 협공할 수 있게 된다.
7 오류. 위하 남쪽이라고 해야 맞다.
8 오류. 상기 주석에 따라 위하 남쪽이라고 해야 맞다.
9 오류. 위하 남쪽이라고 해야 맞다.
10 오류. 『삼국지』 「위서·무제기」 배송지 주 『전략』에 한수가 죽었을 때(215) 70여 세였다고 기
   록되어 있다. 조조는 이때 나이가 57세였다. 소설에서 조조와 전투를 벌였을 때(211) 한수
   가 40세라고 조조에게 대답했지만 그때 한수의 나이는 적어도 60대 중후반은 되었음을 알
   수 있다.

11 오류.『삼국지』「위서·무제기」에 따르면 안정安定 태수로 삼았다고 기록하고 있다.

12 오류. 위수 북쪽이라 해야 맞다.

13 임조臨洮: 현 명칭으로 진秦 시기에 설치되었다. 양주涼州 농서군隴西郡에 속했으며 치소는 간쑤성 민현岷縣이었다.

14 안정安定: 군 명칭으로 전한 원정 3년(기원전 114)에 설치되었다. 양주涼州에 속했으며 치소는 고평현高平縣(닝샤 후이족 자치구 구위안固原)이었다가 후한 때 치소를 임경현臨涇縣(간쑤성 전위안鎭原 동남쪽)으로 옮겼다. 간쑤성 동부와 산시陝西성 접경 지구다.

15 오류. 후는 봉작封爵으로 직책이 아니다.『삼국지』「위서·무제기」에 따르면 한수는 결코 조조에게 항복하지 않았기 때문에 작위를 받을 리가 없다.

16 양주涼州 관할의 여러 군. 농상隴上은 농우隴右라고도 하며 농산隴山 서쪽 지구를 가리킨다. 지금의 산시성 서부, 간쑤성 동부 일대를 가리킨다.

17 기성冀城: 기현冀縣을 말하며 춘추시대 때 진 무공 10년(기원전 688)에 설치되었다. 후한 시기에 양주涼州 한양군漢陽郡의 치소였다. 간쑤성 간구甘谷 동남쪽.

18 풍익馮翊: 군 명칭으로 후한 시기의 명칭은 좌풍익左馮翊이었다. 사례주에 속했으며 치소는 고릉현高陵縣(산시陝西성 시안 가오링高陵구 서남쪽)이었다.

19 고릉高陵: 현 명칭으로 진秦 시기에 설치되었다. 후한 시기에 좌풍익의 치소였으며 산시성 가오링구 서남쪽이었다.

20 찬배불명贊拜不名: 신하가 황제를 배알할 때 찬례贊禮하는 자가 바로 이름을 부르지 않고 단지 관직만을 부르는 것으로 이것은 황제가 대신에게 주는 일종의 특수한 예우다. 찬례는 의식을 거행할 때 사회자가 의례의 순서를 선창하고 사람으로 하여금 예를 행하도록 하는 것이다.

21 입조불추入朝不趨: 신하가 천자를 알현할 때 반드시 종종걸음으로 걸으며 공경을 표시해야 하는데, 그렇게 하지 않는 것은 황제의 특별한 대우다.

22 검리상전劍履上殿: 황제의 특별한 허락을 거쳐 중신이 황제를 알현할 때 검을 풀지 않고 신발을 벗지 않는 것으로 특별한 영예를 표시하는 것이다.

23 한녕漢寧: 군 명칭으로 한중군漢中郡을 가리킨다. 장로가 한중을 차지하고 한녕으로 명칭을 고쳤다. 전국시대 후기 진秦이 설치했다. 후한 때 치소는 남정南鄭(산시陝西성 한중漢中)이었다.

24 풍豐: 현 명칭으로 예주 패국沛國에 속했으며 치소는 장쑤성 평현豐縣이다.

25 곡명산鵠鳴山: 산 명칭으로 학명산鶴鳴山을 말한다. 쓰촨성 다이大邑 서북쪽.

26 수관水官: 도교에서 하늘天, 땅地, 물水을 받드는 삼신관三神官 가운데 하나.

27 오류.『삼국지』「위서·장로전」에 따르면 '진민중랑장鎭民中郎將'으로 삼았다고 기록하고 있다. 이는 임시로 설치한 관직이다.『후한서』「유언전劉焉傳」에는 '진이중랑장鎭夷中郎將'이라 기록되어 있다.

28 한천漢川: 한중漢中 평원을 가리킨다.

29 자오곡子午谷: 관중關中에서 한중으로 통하는 통로이며 길이가 300킬로미터다.

30 오류. 서천은 당대의 지명이며 한중은 포함되지 않는다. 익주의 한중군漢中郡, 파군巴郡, 광한군廣漢郡, 촉군蜀郡, 건위군犍爲郡의 5군이 관할하는 54개 현을 가리킨다. 여기서 한중

군 9현을 제외하면 45현이다. 익주의 45개 현이라고 해야 맞다.

31 오류. 후한 시기에는 서천西川이란 지명이 없었으므로 '서촉西蜀'으로 바꿔야 한다.

32 원화元和: 후한 장제章帝 유달劉坦의 두 번째 연호로 84~87년에 사용되었다.

33 파서巴西: 군 명칭으로 건안 6년(201) 유장이 파군을 나누어 파서군을 설치했다. 치소는 낭중閬中(쓰촨성 랑중閬中)이었다.

제60회 서촉으로 가는 길

1 촉중蜀中: 지금의 쓰촨성 중부 지역으로 촉지蜀地를 보통 촉중이라 부른다.

2 오류. 허도를 중심으로 하면 남쪽에 손권과 유비, 서쪽에 장로가 있다.

3 오류. 『삼국지』「위서·진사왕식전陳思王植傳」 배송지 주『전략』에 "창조속창曹屬 주부主簿"로 기록되어 있다.

4 서원書院: 송나라에서 청나라에 이르기까지 개인 혹은 관부에 설립하여 사람들에게 독서, 학술 강연을 제공하던 장소로 전담자가 주관했다.

5 금강錦江: 민강岷江 지류 가운데 하나로 비단을 이 강물에 씻으면 색채가 선명해진다고 하여 금강이라 불렸다.

6 검각劍閣: 요충지 명칭으로 검문관劍門關을 가리킨다. 쓰촨성 젠거劍閣에 위치하고 있다.

7 정程: 하루의 노정을 말한다. 208정은 즉 208일 동안 갈 거리를 말한다. 대략 계산한 도로의 노정으로 한 구간의 길을 가리키기도 한다.

8 인구가 밀집되어 있음을 말한다. 또한 백성이 평안히 살면서 즐겁게 일하는 것을 형용하기도 한다. 출전은 『맹자』「공손추公孫丑 상」으로 "마을이 밀집되어 닭 울음소리와 개 짖는 소리를 서로 들을 수 있을 정도로 사방 변경에 이르기까지 제나라는 이미 그렇게 많은 백성을 보유하고 있다鷄鳴狗吠相聞, 而達乎四境, 而齊有其民矣."

9 상여相如: 사마상여司馬相如로 자는 장경長卿이다. 한 무제 때의 걸출한 문학가로 한나라 부賦의 대표 작가다.

10 복파伏波: 복파는 장군의 봉호다. 가장 유명한 복파장군伏波將軍은 후한 개국 공신 가운데 한 명인 마원馬援으로 마복파馬伏波라 불렸다.

11 중경仲景: 장기張機로 후한 시기의 유명한 의학가다. 중경은 장기의 자다.

12 군평君平: 엄준嚴遵으로 전한 시기의 유명한 점술가다. 은거하면서 벼슬길에 오르지 않았고 일찍이 쓰촨성 청두成都에서 점을 치며 생계를 꾸렸다. 군평은 엄준의 자다.

13 구류삼교九流三敎: 종교, 학술의 각종 유파를 가리키며 삼교구류三敎九流와 같은 말이다. 삼교는 유교, 불교, 도교를 가리키고, 구류는 유가, 도가, 법가, 음양가, 명가, 묵가, 종횡가, 잡가, 농가를 가리킨다.

14 출호기류出乎其類, 발호기췌拔乎其萃: 출전은 『맹자』「공손추 상」이다.

15 맹덕신서孟德新書: 손자의 병법에 주석을 단 책으로 지금은 『조조집曹操集』에 실려 있다.

16 손자십삼편孫子十三篇: 『손자병법』을 말하는 것으로 모두 13편이다.

17 촉도蜀道: 촉중蜀中의 도로를 가리키나 일반적으로 촉지蜀地를 말한다.

18 오류. 영주郢州는 주 명칭으로 남송 때 설치되었으며, 치소는 후베이성 우창武昌이었다. 후한 말에는 형주 강하군江夏郡에 속했다. 여기서는 '강하'로 고쳐야 맞다.

19 오류. 강하는 형주에 속했으므로 형주에 이르렀다는 말은 틀리다. 유비는 남군의 치소인 강릉에 있었다. 형주를 '남군'으로 고쳐야 맞다.

20 오류. '회도回都(도성으로 돌아감)'라 했는데, 여기서는 도성인 허도가 아닌 서천으로 되돌아간다고 해야 옳은 표현이다.

21 황주荒州: '황량한 주'로 본주本州의 겸칭이며 형주를 말한다.

22 오류. 동오는 6군 83현이다.

23 십리장정十里長亭: 10리 간격으로 도로에 장정長亭(정자)을 설치했고 5리에는 단정短亭을 설치했는데 여행객들이 쉬었던 곳이다. 성에서 가까운 10리 장정은 항상 송별하는 장소로 이용되었다.

24 미현眉縣: 서주西周 시기 미읍郿邑이었고 전한 때 미현을 설치했다. 사례주 우부풍右扶風에 속했으며 치소는 산시陝西성 메이현眉縣 동쪽이었다.

25 오류. 『삼국지』「촉서·법정전」에 따르면 법정은 법진의 '손자'로 기록되어 있다.

26 오류. 『삼국지』「촉서·유봉전」에 "맹달은 본래 자가 자경子敬이었는데 선주(유비)의 숙부 유자경劉子敬의 이름과 휘를 피하기 위해 자도子度로 바꾸었다"고 기록되어 있다.

27 장자長者: 덕망이 높은 사람.

28 오류. 45개 현으로 바꾸어야 맞다.

29 오류. 『삼국지』「촉서·황권전」에 황권은 파서巴西 낭중閬中 사람으로 기록되어 있다.

30 부곡部曲: 한 시기의 군대 편제 명칭. 『속한서續漢書』「백관지百官志」에 "대장 군영에 오부五部가 있었고 부部에 교위校尉 한 명을 두었으며 부部 아래에 곡曲이 있었다"고 했다. 이 때문에 군대를 부곡이라 부른다. 위魏, 진晉 이후에는 무장 사병을 부곡이라 했다. 여기서는 '부하'의 의미로 쓰였다.

31 오류. 장전종사관帳前從事官이란 관직은 없었다. 『삼국지』「촉서·유장전」에 따르면 "종사從事 광한 사람 왕루"로 기록되어 있다.

32 족제族弟: 고조가 같고 증조가 다른 같은 항렬을 '족형제'라 하고 그중에서 연장자가 나이가 어린 자에 대해서 '족제'라 한다. 즉 자기보다 나이 어린 같은 항렬을 '족제'라 한다. 또한 일반적으로 동족 동년배 중에서 비교적 나이가 어린 자를 '족제'라고도 한다.

33 백락伯樂: 본명은 손양孫陽이고 춘추시대 때 말의 좋고 나쁨을 잘 가렸다.

34 기객寄客: 타향에서 기거하는 사람.

35 겸약공매兼弱攻昧: 출전은 『상서尚書』로 약소국을 합병하고 정치가 혼란한 국가를 공격한다는 뜻이다.

36 역취순수逆取順守: 출전은 『한서漢書』로 무력을 사용하여 정권을 탈취한 다음에 봉건 규범에 따라 정권을 유지한다는 의미다.

37 상나라 탕왕이 하나라 걸왕을 멸망시키고 주나라 무왕이 상나라 주왕을 멸망시킨 방법이다. 걸왕과 주왕이 잔인하고 포악하여 탕왕과 무왕이 무력으로 소멸시켰다고 한다.

38 오류. 청니青泥 하구河口로 해야 맞다. 청니의 협곡 입구는 산시陝西성 란톈藍田 동남쪽으로 양양과는 거리가 멀다. 청니 하구가 양양 부근이다. 청니는 후베이성 상양襄陽 서북쪽이다.

39 오류. 당시 행정 구역은 주-군-현으로 익주에는 군과 현만 있다.

40 부성涪城: 부현涪縣으로 전한 때 설치되었다. 익주 광한군廣漢郡에 속했으며 치소는 쓰촨성 몐양綿陽 동쪽.

41 건녕建寧 유원兪元: 『삼국지』「촉서·후주전」에 "건흥建興 3년(225) 제갈량이 남쪽의 네 군을 평정하고 익주군을 건녕군으로 바꾸었다"고 기록하고 있다. 이때는 아직 익주군이었다. 건녕의 치소는 미현味縣에 있었으며 윈난성 취징曲靖에 속했다. 유원兪元은 현 명칭으로 전한 때 설치되었다. 익주군에 속했으며 치소는 윈난성 청장澄江 남쪽이었다.

42 점강墊江: 현 명칭으로 진秦 시기에 현을 설치했다. 익주 파군에 속했으며 치소는 충칭重慶 허촨구合川區다.

43 부강涪江: 가릉강嘉陵江의 지류.

44 오류. 『삼국지』「촉서·선주전」에 따르면 영포泠苞는 없고 '냉포冷苞'로 기록되어 있다. 글자가 비슷해서 생긴 오류로 보인다.

삼국지 3

1판 1쇄 2019년 4월 26일
1판 3쇄 2022년 12월 23일

지은이 나관중
정리자 모종강
옮긴이 송도진
펴낸이 강성민
편집장 이은혜
마케팅 정민호 이숙재 김도윤 한민아 정진아 이민경 정유선 김수인
브랜딩 함유지 함근아 김희숙 고보미 박민재 박진희 정승민
제작 강신은 김동욱 임현식
독자모니터링 황치영

펴낸곳 (주)글항아리│출판등록 2009년 1월 19일 제406-2009-000002호
주소 10881 경기도 파주시 회동길 210
전자우편 bookpot@hanmail.net
전화번호 031-955-1936(편집부)│031-955-2696(마케팅)
팩스 031-955-2557

ISBN 978-89-6735-616-3 04910
      978-89-6735-613-2 (세트)

잘못된 책은 구입하신 서점에서 교환해드립니다.
기타 교환 문의 031-955-2661, 3580

geulhangari.com